Régions naturelles et noms de pays

Étude sur la région parisienne

Éditions du Comité des travaux
historiques et scientifiques

FORMAT 64

ISBN 978-2-7355-0684-4
SODIS F30693.5

Suivi éditorial et mise en pages : Soledad Muñoz Gouet

Régions naturelles et noms de pays

Étude sur la région parisienne

Lucien Gallois

suivi du compte rendu de Paul Vidal de la Blache
paru dans le *Journal des savants* en 1909

Préface de
Marie-Vic Ozouf-Marignier
et Marie-Claire Robic

Paris
Éditions du CTHS
2008

Portrait de Lucien Gallois (avant 1912)
© American Geographical Society

Préface

Depuis un siècle, terroirs, pays et toponymes suscitent des regains périodiques d'actualité et d'attention de la part du monde scientifique et de l'opinion toute entière. Tel est le cas lorsque Lucien Gallois publie, à l'aube du XXe siècle, *Régions naturelles et noms de pays*. L'ouvrage prend ainsi place dans un faisceau de centres d'intérêt dont on peut, à grands traits, brosser le tableau. La Belle Époque exalte alors les petites patries au sein de la grande, et célèbre la France à travers la variété de ses paysages et de ses traditions provinciales. Au même moment, la géographie française, toute occupée à son affirmation comme discipline scientifique, fonde une part de sa rationalité sur la recherche d'un mode de découpage pertinent de la surface terrestre et trouve la solution dans la région naturelle. Lucien Gallois, qui appartient à la première génération des disciples de Paul Vidal de la Blache (1845-1918), contribue, dans le sillage de son maître, à donner à la géographie sa raison naturaliste. Né en 1857, il est aussi contemporain d'Auguste Longnon (1844-1911), historien spécialiste de la Gaule romaine, qui consacre des recherches aux *pagi* et aux circonscriptions anciennes. Ce dernier donne en outre un développement considérable à la toponymie en l'enseignant au Collège de France. Confrontés à la nécessité de désigner les formes et paysages qu'ils observent, les géographes sont eux-mêmes sensibles aux noms de lieux et au langage vernaculaire. Les débats politiques du moment, enfin, agitent la question de la décentralisation et l'hypothèse de remplacer les circonscriptions administratives séculaires par des divisions territoriales plus accordées aux identités locales, aux sentiments d'appartenance et aux formes d'organisation de la vie sociale et économique. Concluant une série de travaux plus partiels, le livre de Lucien Gallois entre en résonnance avec ces enjeux épistémologiques et civiques sous la forme d'une ample dissertation savante, comportant un volet général sur le lien entre régions naturelles et noms de pays, et une expérimentation sur le terrain de la région parisienne. Notons toutefois la volonté résolue de Gallois de faire œuvre scientifique, à la différence d'initiatives contemporaines qui tendent à la vulgarisation, et de se tenir à distance du contexte politique[1].

Lors de sa parution, l'ouvrage est salué par des recensions très élogieuses en géographie et en histoire, mais il semble que sa réception n'ait pas dépassé les limites du public spécialisé et de l'interconnaissance. L'érudition et l'exigence empirique et épistémologique du propos en font en effet un choix de savants tournés vers la géographie historique, la notion de région et celle de territoire. Gallois est beaucoup plus tard étudié par les historiens de la géographie et redécouvert aux « riches heures de la notion de pays »[2] lorsque les sciences sociales et le débat public mettent le local à l'honneur. On peut ainsi déceler un moment d'actualité du livre dans les années 1970-1980, concomitant du développement de travaux historiques sur la géographie classique, d'études des territoires de la vie quotidienne et du mouvement « Vivre et travailler au pays ». Ce contexte n'a cessé depuis de se réactiver, en

1. Gallois, L., 1908, p. 229-231.
2. Mathieu, N., 1983.

liaison avec plusieurs phénomènes : l'instauration de la décentralisation, la mondialisation croissante, la quête de racines et de référents territoriaux. À partir des années 1990, les politiques nationales d'aménagement du territoire ont même expressément mis le pays à l'honneur : il s'agit d'encourager les espaces locaux dotés d'une cohérence géographique, sociale et économique, et reconnus comme tels par leurs habitants, à se constituer en territoires de projet. Près de quatre cents pays ont ainsi vu le jour entre 1995 et aujourd'hui. Souvent baptisés de noms de pays anciens, ils sont imaginés avec beaucoup de liberté, tantôt en référence à des réalités historiques, tantôt en fonction de réalités et d'objectifs plus contemporains. Plus largement, tout un ensemble d'initiatives publiques ou privées tend à valoriser le lien au lieu et les particularités locales, comme c'est le cas dans le domaine de la production agricole et industrielle, de la culture et du tourisme. Ces politiques françaises trouvent leur écho dans la majeure partie des pays européens où micro-régions et terroirs sont également valorisés. Pour qui s'interroge sur ces recompositions et leurs nouvelles désignations, le livre de L. Gallois offre une grille d'analyse et des mises en garde précieuses. Il permet notamment d'explorer la signification des baptêmes et des délimitations, des appropriations et des usages. Comme l'écrivait déjà Jean-Claude Chamboredon en 1988, on peut trouver dans cet ouvrage « les éléments d'une théorie de l'appartenance territoriale et de la conscience géographique collective et "spontanée" (avec ses errements, sa labilité, sa vérité) »[3]. À l'image des sensibilités collectives, les sciences humaines dans leur ensemble, et la géographie au premier titre, ont aussi fait du territoire une notion de prédilection. Et dans ce champ le local s'est taillé une belle place, qu'il

3. Chamboredon, J.-C., 1988, « Résumé », p. 159.

s'agisse d'une commodité de méthode : un espace à la mesure de l'enquête individuelle ou interdisciplinaire, ou bien d'un véritable objet : une forme sociale et spatiale particulière et pertinente. Monographies revisitées ont ainsi refleuri en histoire, sociologie, anthropologie et géographie, notamment chez des chercheurs qui se sont souvent reconnus dans l'étiquette de ruralistes. En quête des traditions, des sociabilités ou du développement local, ces études ont généré une pluralité de définitions du territoire, voire même une incertitude conceptuelle aujourd'hui soulignée dans les approches rétrospectives. *Régions naturelles et noms de pays* offre à cet égard une leçon toujours magistrale, car il envisage le territoire à travers ses propriétés essentielles : comme espace approprié par une société ou un pouvoir, comme forme matérielle pourvue d'une étendue et de limites (éventuellement incertaines ou mouvantes), comme espace de représentation symbolique (par la dénomination ou l'image cartographique). Ce sont précisément les chercheurs engagés dans la réflexion épistémologique et historique sur le thème du territoire qui réinvestissent aujourd'hui les questions de toponymie, à travers le contexte des recompositions territoriales et des bouleversements géopolitiques récents[4]. Que l'on s'attache à la construction de la nation ou du local, aux identités sociales ou aux figures paysagères, ou encore plus largement aux pratiques et représentations de l'espace, la lecture de Lucien Gallois s'impose comme une référence. Les interrogations qui fondent *Régions naturelles et noms de pays*, dont certaines ne reçurent probablement pas l'écho mérité lors de sa parution, trouvent ainsi une nouvelle actualité. C'est le cas des développements sur l'histoire de la notion de région naturelle, sur la labilité, dans l'espace et dans le

4. De La Soudière, M., 2004 ; Giraut, F. et Houssay-Holzschuch, M., 2008.

temps, des désignations et des tracés, sur la communication entre savoirs savants et savoirs vernaculaires, sur les logiques et le pouvoir des cartes.

LUCIEN GALLOIS, LIEUTENANT PARMI LES « ÉCLAIREURS » DE LA GÉOGRAPHIE UNIVERSITAIRE MODERNE

Lucien Gallois (1857-1941) appartient à cette génération de géographes universitaires intermédiaires entre les pionniers de la géographie moderne, tel Paul Vidal de la Blache ou Pierre Foncin, qui ont été formés initialement à l'histoire et qui ont, au départ, fait œuvre d'historiens, et les premiers géographes spécialisés, qui ont soutenu directement une thèse de géographie et qui ont constitué, dès la première décennie du XXe siècle, la jeune garde de l'école française de géographie. Avec ses condisciples de l'École normale tels Bertrand Auerbach (1856-1942), Marcel Dubois (1856-1916), Paul Dupuy (1856-1948), Lucien Gallois a contribué à la définition scientifique et à la promotion institutionnelle de cette nouvelle discipline que le régime républicain appelait de ses vœux, et que des lobbies disparates – économiques, pédagogiques, militaires, patriotiques, coloniaux – soutenaient de leurs côtés depuis la fin du Second Empire et, surtout, depuis les traumatismes nationaux nés de la Défaite et de la Commune. En accompagnant l'action propre de Vidal de la Blache tel un véritable « lieutenant » – ainsi que le qualifiait le Directeur de l'enseignement supérieur en 1900[5] –, Lucien Gallois a assumé, plus que tout autre, plusieurs « batailles » pour légitimer la place de la géographie parmi les sciences. Après les pionniers et après cette

5. Dossier personnel, Archives nationales F^{17} 20789.

génération d'« éclaireurs », Albert Demangeon, Emmanuel de Martonne, Jean Brunhes, Jules Sion, Raoul Blanchard, etc., pouvaient travailler, chacun à sa manière, à l'approfondissement du domaine.

Entré à l'École normale supérieure en 1881 et visant l'agrégation d'histoire et géographie, Gallois a dû suivre, à côté de la formation moderniste dispensée par Vidal de la Blache, « caïman » à l'Ecole depuis 1877, un cursus dominé par la géographie historique classique représentée à la Sorbonne par Louis-Auguste Himly. C'est ainsi que, intéressé à la géographie, il a dû choisir pour ses thèses des sujets historiques : *Les géographes allemands de la Renaissance* pour la thèse française, et une étude sur Oronce Finé, auteur de l'une des premières cartes générales de la France, pour la thèse latine (1891). Il s'en tirait avec les plus grands honneurs, comme le soulignait le rapport sur la soutenance adressé au recteur : « A l'âge de 35 ans à peine, il est un savant et un maître. Le rapport de M. Le Doyen est fort élogieux et il ne l'est pas trop. Dans la coulisse, où la critique se donne comme d'habitude plus libre cours qu'en séance publique, les juges ne tarissaient pas de leur admiration pour une science si abondante, si nourrie, si précise, si sûre. »[6]

On sait que la promotion de la géographie comme savoir autonome s'est faite en France par son développement au sein de l'Université, dans le cadre des Facultés des lettres, au cours d'un processus double d'affranchissement à l'égard de l'histoire (dont la géographie historique était l'humble servante) et d'appui sur les sciences naturelles (la géologie tout particulièrement), qui apportaient la légitimité scientifique nécessaire en ce moment positiviste de la Troisième République. Mais ce mode d'autonomisa-

6. *Ibid.*

tion a été conquis au cours des trois dernières décennies du XIXe siècle, face à d'autres propositions qui réclamaient pour la géographie un statut de discipline indépendante et scientifique. Trois voies se sont dessinées progressivement et des alliances successives se sont opérées pour les mettre en œuvre. La première revendiquait pour la géographie un statut de science de « synthèse » entre faits de nature et faits de culture, et mettait au cœur de la problématique la différenciation de la Terre en « contrées » ou en « physionomies régionales » résultant de l'association hommes / nature. La seconde, anthropocentrée, estimait que le rôle propre de la géographie consistait à connaître la Terre comme habitat de l'homme, considérant alors que la nature devait être étudiée non pas en soi, à la manière des sciences naturelles, mais comme une ressource à exploiter au mieux. La troisième faisait de la géographie physique le tout de la discipline, en vertu de la chaîne déterministe qui conduit de la nature à l'homme. Trois groupes de géographes et quelques auteurs particulièrement se sont faits les champions de ces postures concurrentes. Dans le groupe des promoteurs du paradigme « chorographique » ou régional, outre Vidal de la Blache, référence en la matière, Bertrand Auerbach s'est engagé très tôt, composant à propos de la Lorraine la première monographie géographique destinée à illustrer la valeur épistémologique de l'étude synthétique des différents pays composant une région (1890 et 1893). À sa suite, et immédiatement après ses thèses, Lucien Gallois a entrepris de telles monographies et les a publiées dans les premiers numéros des *Annales de géographie* : il s'est fait lui aussi le champion de cette conception de la géographie. C'est autour de Marcel Dubois, appelé en 1885 à la Sorbonne pour professer la géographie coloniale, que se sont rassemblés les défenseurs d'une géographie finalisée par le projet d'une connaissance utile à l'occupation humaine, qu'elle s'opère dans le cadre colonial ou dans tout autre espace. Enfin les géologues (et plus généralement les naturalistes des facultés des sciences ou des lycées), défendaient à l'instar de leur chef de file, le géologue, polytechnicien et professeur à l'Institut catholique Albert de Lapparent, les droits d'une géographie physique pure, qui était souvent réduite à la seule géomorphologie.

Maître dans le mouvement de balance entre l'histoire et les sciences naturelles, ferraillant à plusieurs reprises avec son condisciple Marcel Dubois, s'appuyant à l'inverse sur les géologues tout en gardant de nécessaires distances, Gallois a revendiqué régulièrement pour la géographie la posture de charnière ou de synthèse entre les sciences historiques et les sciences naturelles.

Ce livre sur *Régions naturelles et noms de pays* enregistre parfois explicitement, parfois en creux, le subtil travail de distanciation qu'il a fallu opérer avec les unes et avec les autres pour forger une place légitime à cette nouvelle discipline. Gallois s'y fait, comme au long de sa carrière, le défenseur d'une posture « d'entre-deux » que sa formation initiale a pu favoriser.

Une formation initiale atypique, prélude à une carrière brillante

L'originalité de Gallois parmi les agrégés d'histoire et géographie, c'est que, par sa formation secondaire, il était l'un des meilleurs connaisseurs des sciences mathématiques, physiques et naturelles et sans doute l'un des littéraires les plus pénétrés des valeurs de scientificité et de rationalité défendues par les responsables de la politique universitaire. N'avait-il pas suivi un parcours tout à fait atypique, en se préparant d'abord à une carrière de polytechnicien ? Après avoir effectué deux ans de mathématiques spéciales, il avait obtenu le baccalauréat ès sciences et avait été admissible en 1877 au concours de Polytechnique. Mais il avait finalement renoncé aux sciences, repris le cursus secondaire classique (Rhétorique et Philosophie) au lycée Henri IV, et s'était présenté au concours d'Ulm où il était admis en 1881 (à sa quatrième tentative et après une admissibilité en 1880). C'était, selon Raoul Blanchard, suivre sa vraie « vocation », les Lettres, plutôt que de se contraindre à ce que sa « volonté » de Lorrain lui avait d'abord dicté : « mettre toutes ses forces au service de la patrie blessée »[7].

Après cette hésitation entre sciences et lettres, carrière militaire et carrière de professeur, le parcours de Gallois est direct. Il est vite repéré par le monde sorbonnard et par la haute administration universitaire. Agrégé d'histoire et géographie en 1884 (13e sur 17), il est professeur au lycée de Nice l'année suivante. Puis il est appelé à l'École normale supérieure comme surveillant (Vidal de la Blache, qui y était sous-directeur, a appelé à cette fonction nombre de futurs géographes), et il est nommé chargé de cours en géographie à la faculté des lettres de Lyon en 1888 en remplacement de Émile-Félix Berlioux. Après des thèses brillamment défendues en janvier 1891 à Paris, il devient professeur de géographie à la même faculté à partir du mois d'avril et deux ans après, à la rentrée de 1893-94, il est nommé maître de conférences de géographie à la faculté des lettres de Paris. Quelques années plus tard, en 1898, il prend la succession de Vidal de la Blache lorsque celui-ci quitte l'École normale

7. Blanchard, R., 1941, p. 505. Dauphinois par son père, Lorrain par sa mère, Lucien Gallois était né à Metz où son père avait été conduit à diriger une usine textile ; la famille avait opté pour la France après le Traité de Francfort.

supérieure pour la chaire de la Sorbonne, qui prend à sa demande l'intitulé de géographie tout court au lieu de géographie historique. Avec le changement de statut de l'École normale supérieure, Gallois se retrouve chargé de cours à la Sorbonne en novembre 1904 puis professeur adjoint en janvier 1905 et enfin professeur titulaire d'une chaire de géographie et de topographie en mai 1909.

Carrière rapide : les preuves ne manquent pas d'une précoce reconnaissance des mérites de Gallois. Ainsi, l'inspecteur général Foncin apprécie d'emblée le professeur débutant (c'est en 1885, il a donc déjà 28 ans et une expérience de maître auxiliaire), qui : « A l'assurance et l'autorité réservées d'ordinaire à un maître expérimenté [...] L'éclat, le trait, l'esprit ne sont pas dans sa manière, mais il a le sérieux réservé d'ordinaire à un maître, le bon sens, la conviction, et ce sont là, surtout en histoire, des qualités essentielles. »[8] Son appel comme surveillant à l'École normale supérieure atteste de l'intérêt que lui porte Vidal, qui a été son professeur pendant les années d'école. Qu'il remplace Berlioux à Lyon alors qu'il n'a pas achevé ses thèses signale que l'on compte sur lui pour une relève dans cette importante faculté : le rapport de 1890 qui est fait sur son activité universitaire, très louangeur, signale que ses cours à la faculté et son cours municipal de géographie attirent un public aussi nombreux que celui de son prédécesseur, qu'il est très apprécié des étudiants, et que la faculté est prête à demander que la chaire soit déclarée vacante en sa faveur. Il prend ainsi à 31 ans la succession de l'un de ces géographes autodidactes qui ont occupé les chaires de géographie créées dans la décennie 1870 pour former les futurs professeurs de géographie des lycées.

8. Dossier personnel, *op. cit.*

Gallois prend sa retraite en octobre 1927, après avoir été le premier directeur de l'Institut de géographie de la rue Saint-Jacques, qui a été conçu avant la guerre, mais qui n'a pu être fini et aménagé qu'à l'époque. À la même date, il apparaît à certains égards comme « le » patron de la géographie française, succédant à Vidal de la Blache encore, après sa mort en 1918, comme directeur de la *Géographie universelle* lancée dans les années 1906-1907 pour commencer à paraître en 1914, et dont aucun volume n'avait pu être publié avant le déclenchement de la guerre. C'est lui qui signe en 1927 la préface de ce grand œuvre, relativement tardif au total, de l'école française. C'est lui aussi qui, dès les premiers moments de la répartition des volumes par Vidal de la Blache, avait eu en charge un morceau de choix de cette collection : la France. Mais il ne réussit pas à en assurer la rédaction et c'est à Albert Demangeon et Emmanuel de Martonne, les principaux leaders de l'entre-deux-guerres, que revient l'achèvement de la *Géographie universelle*, en deux parties consacrées respectivement à la géographie physique et à la géographie humaine et économique de la France.

Une carrière inaccomplie de géographe moderne ? Qu'il échoue dans sa contribution à la *Géographie universelle*, censée illustrer les savoir faire de l'école française de géographie et sa capacité à rendre compte du monde contemporain, ne surprend sans doute pas ses élèves. Au long de sa carrière, Gallois s'est en effet orienté de plus en plus vers l'histoire de la géographie et de la cartographie, devenant dès ses thèses une autorité dans ce champ. Travaux sur Toscanelli, Christophe Colomb, Waldseemüller, la cartographie portugaise… : la découverte et la cartographie de l'Amérique fut l'un de ses domaines de prédilection. Comme sa thèse, comme ces articles, *Régions naturelles et noms de pays* révèle ses talents de découvreur de cartes, son goût de l'érudition et son génie de la critique cartographique. D'ailleurs, pour bien rendre compte de cette expertise en histoire de la géographie et de la cartographie, Emmanuel de Martonne deamande à un spécialiste, C. de la Roncière, conservateur à la Bibliothèque nationale, de l'aider à rédiger la notice nécrologique de Lucien Gallois, publiée dans les *Annales de géographie* en 1941. Dès la décennie 1900-1910, les jeunes géographes comme Demangeon, De Martonne, Vacher, se disaient à mi-voix qu'il était dépassé en matière de géographie humaine et surtout de géographie physique[9]. Pour autant, il a contribué comme ses jeunes collègues aux travaux de renseignement que l'état-major réclamait en urgence aux géographes pendant la Grande Guerre et aux études pour la préparation des traités de paix, tels ses travaux sur la Sarre : « Pendant la guerre de 1914-1918, il n'a guère quitté le Service géographique de l'Armée où sa silhouette était devenue familière et où on l'appelait "le Commandant" », rappelle Blanchard[10].

Plusieurs « batailles » pour défendre une posture mixte ou de synthèse

Loué par ses élèves comme Blanchard pour sa bonté, loué par ses contemporains pour sa bonhomie mais aussi pour son abnégation et pour son dévouement à la science, Lucien Gallois n'en a pas moins participé à plusieurs des « batailles » par lesquelles la géographie s'est imposée selon les traits constitutifs de l'école française de géographie. Il s'est engagé d'abord dans les débats du Congrès interna-

9. Voir la correspondance adressée à Demangeon, Archives Perpillou-Demangeon, Bibliothèque Mazarine.
10. Blanchard, R., 1941, p. 509.

tional de géographie de Paris de 1889, pour défendre une géographie structurellement mixte, pourrait-on dire. En effet, le camp des normaliens y a fait bloc contre une coalition de pédagogues et de militaires défenseurs d'un enseignement de la géographie locale, fondé sur l'étude de la carte d'état-major et sur un déterminisme géologique strict. Cette posture mixte s'exprime dans les vœux que Dupuy, Camena d'Almeida, Gallois et le président de séance, Vidal de la Blache, ont contribué à faire voter par la commission de pédagogie : pour une géographie combinant la connaissance locale avec une vue générale du monde, qui soit inscrite en facultés des lettres mais qui entretienne des relations « organiques » avec les divers savoirs naturalistes, qui maintienne un contact étroit avec l'histoire en restant dans le giron de l'agrégation d'histoire et de géographie plutôt que de constituer une agrégation spécialisée. Gallois, notamment, est intervenu systématiquement lorsque cette question de l'agrégation de géographie était soulevée, arguant du fait que « séparée de l'histoire, la géographie serait impuissante à former des esprits vraiment cultivés » (c'est son adversaire, Ludovic Drapeyron, qui parle)[11].

Par la suite, le ministère ayant défendu lui aussi l'option d'un développement universitaire de la géographie qui se ferait préférentiellement au sein des facultés des lettres mais avec l'appui de quelques créations de chaires dans les facultés de sciences, on peut observer toute une série de polémiques entre les géographes universitaires eux-mêmes, où inlassablement Gallois et Dubois se sont démarqués l'un de l'autre, le premier prônant une alliance forte entre géographie et sciences naturelles et le second une relation distante et sélective.

11. *Revue de géographie*, 1890, 26, p. 47.

Un différend s'est développé semble-t-il à la suite de la prise de position publique que Vidal de la Blache a adoptée dans un article publié dans le *Bulletin littéraire* en 1888, sous le titre « Des divisions fondamentales du sol français ». Reprenant sans doute des propos tenus dans ses cours de l'École normale, Vidal y développe l'idée selon laquelle c'est le cadre régional qui s'impose à la géographie moderne, et il entend exposer comment il convient d'appliquer ce principe à l'enseignement primaire et secondaire. Repris comme préface en tête de son manuel de géographie sur la France en 1897, ce texte fait ensuite autorité. Mais, dès 1892, il est ouvertement contesté par Marcel Dubois qui en récuse la pertinence dans la préface qui ouvre son propre manuel du secondaire. À l'inverse, Gallois entreprend, sitôt ses thèses soutenues, des monographies de petites régions. Est-ce le fondement de leur longue querelle ? En 1891, l'année même de la soutenance de Gallois, Dubois a été associé à Vidal de la Blache pour diriger la nouvelle revue de géographie lancée par Armand Colin, les *Annales de géographie*. Dubois jouit donc alors d'une certaine autorité pour orienter la nouvelle géographie, co-signant avec Vidal dans l'« Avis au lecteur » un appel apparemment consensuel à forger le « métier de géographe ». Cependant, peu après sa critique, Dubois quitte la direction des *Annales de géographie* en 1894 et est remplacé par Gallois et par le géologue indépendant Emmanuel de Margerie : dans ce qu'Olivier Soubeyran a appelé la « bataille des Annales », le parti de la géographie chorographique, d'une alliance serrée avec les géologues, et d'une posture de « fondement » plutôt que d'« engagement », – ou de science pure plutôt que de science appliquée –, l'emporte dans la revue.
Au-delà de la divergence sur la « méthode géographique », un *clash* était-il inévitable ? On peut penser que, malgré

le relatif silence de Vidal dans ce conflit, il y avait chez les savants une opposition réelle entre les tenants d'une science désintéressée à vocation de formation intellectuelle et ceux d'une science pragmatique liée à des intérêts extra-universitaires. On peut penser aussi que la haute administration universitaire ne soutenait pas le parti colonial que représentait Dubois. C'est ce que l'on peut induire de l'avis transmis au recteur par l'inspecteur général Perrens à la suite de la soutenance de Gallois. Rappelant la conclusion de Himly, président du jury, doyen de la Sorbonne, selon laquelle Gallois était fait pour un poste en faculté des lettres, Perrens ne surenchérissait-il pas en mettant Dubois et Gallois en concurrence pour la chaire de la Sorbonne ? : « […] je n'hésite pas à dire que si le professeur de géographie à Paris venait à prendre congé, Mr Gallois ne serait pas moins digne que M. Marcel Dubois d'être appelé à le suppléer. »[12] Pierre dans le jardin de Dubois, qui était alors maître de conférences de géographie coloniale à la Sorbonne et qui faisait partie du jury… Ils ont pratiquement le même âge (35 ans) et le même cursus, sauf la participation à l'École française d'Athènes pour Dubois, et un retard de quelques années pour Gallois.

Ce sont bien des intérêts mêlés que l'on retrouve en filigrane de son maître-ouvrage : à travers sa réflexion et ses enquêtes sur la toponymie et sur la division régionale, se condensent les batailles que Gallois mène pour défendre sa vision de la géographie légitime.

12. Dossier personnel, *op. cit.*

RÉGIONS NATURELLES ET NOMS DE PAYS : LES DEUX TERMES D'UN MÊME PROBLÈME ?

Genèse de la notion de région naturelle

L'ouvrage débute par la reconstitution des origines de la notion de région naturelle, et par là même, de la géographie nouvelle que forgent l'auteur et ses congénères, dans le sillage de leur maître Paul Vidal de la Blache. Ces bases naturalistes de la géographie sont recherchées dans les travaux des géologues et minéralogistes de la fin du XVIIIe siècle et de la première moitié du XIXe siècle. Gallois dévoile alors les cartes et écrits d'une série d'auteurs dont certains ont tenté une couverture nationale et même européenne de descriptions géologiques – Guettard et Monnet, Coquebert de Montbret, Omalius d'Halloy, Dufrénoy et Élie de Beaumont –, d'autres ayant travaillé à une échelle plus grande, celle de la région ou du département – Giraud-Soulavie, Cuvier et Brongniart, Arcisse de Caumont, Antoine Passy –, quelques uns d'entre eux usant de la grande et de la petite échelle. L'enquête de ces naturalistes professionnels et amateurs (plusieurs d'entre eux sont administrateurs) vise à l'identification d'un mode de division pertinent du globe, à l'encontre des deux tendances dominantes de l'époque, jugées l'une et l'autre comme artificielles et irrationnelles : d'une part, les découpages politiques et historiques ; d'autre part, le partage en bassins fluviaux à partir des lignes de crêtes et de partage des eaux, système inspiré des théories du géographe Philippe Buache (1700-1773). À revers de la géographie ancienne et moderne, trop assujettie à l'histoire, et pour démontrer la fantaisie des bassins de Buache, les premiers géologues affirment la pertinence de la composition lithographique et pédologique. Ils fondent ainsi une raison géologique que les géographes vidaliens s'approprient, alors qu'elle est, selon ces derniers, restée longtemps inaperçue. Si des travaux ont approfondi et interrogé avec les questionnements d'aujourd'hui ces travaux anciens[13], la revuc proposée par Lucien Gallois demeure une entrée commode et bien informée en matière. Elle permet à l'historien de la géographie de saisir les sources du raisonnement géographique au moment où la discipline s'affirme comme science et s'autonomise.

Élisée Reclus avait déjà plaidé en faveur d'une description de la terre attentive à la géologie. En 1888, dans un texte qui prend valeur de guide pour l'enseignement et d'affichage pour la discipline, Vidal de la Blache affirme nettement la proximité de la géologie et de la géographie. En 1908, Gallois développe ce lien dans le sens d'une filiation : à la géographie reviendrait la tâche de développer les études initiées par ces premiers géologues. La génération de Gallois est pénétrée de l'espoir scientifique que constitue la réalisation de la carte géologique de la France au 1 : 80 000e, source attendue d'avancées majeures pour la géographie. Celle-ci, qui est en voie d'achèvement lorsque Gallois écrit, avait été précédée en 1841 par la carte géologique d'Élie de Beaumont, d'échelle plus petite. Vidal de la Blache, qui ne disposait guère d'autre source cartographique pour faire l'étude du sol français, s'y réfère souvent dans ses travaux sur la France et fait école dans la diffusion de ce qu'on peut appeler le « legs Élie de Beaumont ». Il est par exemple suivi par Auerbach (1890-1893) dans son étude de la Lorraine. À son tour, Gallois suit de très près l'explication rédigée par le géologue à l'appui de sa carte et il remonte

13. Gohau, G., 2002 ; Laboulais, , I., 2004.

aux auteurs plus anciens qui se sont penchés sur la répartition des roches à la surface du globe. Pourtant, ce n'est pas une histoire de la géologie qu'il vise ainsi mais bien plutôt de fonder géologiquement la problématique géographique, tout au moins sa partie chorographique, à une certaine échelle : non celle de la zone ou de la grande région, déterminées prioritairement par le climat, mais celle de la région et du pays. L'interprétation de l'enquête topographique et le travail historiographique permettent de dépasser les positions des géologues en concluant d'abord à l'existence de régions naturelles complexes, qui résultent d'une combinaison de phénomènes nombreux, notamment humains, dont ils ne peuvent rendre compte car cette combinaison déborde de leur spécialité et de leur compétence de naturalistes. En particulier, la nécessité de l'histoire est opposée par là aux prétentions d'Albert de Lapparent, défenseur d'une formation strictement naturaliste du géographe. En revanche, affirmer l'existence de ces régions naturelles permet de valider, dans le camp des géographes, le programme de la géographie régionale contesté par Marcel Dubois. Chez Gallois, la mobilisation du savoir géologique hérité ne s'effectue donc pas sans réflexion critique et sans enjeux disciplinaires. Son travail de distanciation s'exerce de manière particulièrement aiguë à propos de l'assimilation entre région naturelle et pays, telle que les géologues du passé l'ont postulée, et c'est ici qu'intervient le nom de pays.

Pays et noms de pays

Reprenant l'argumentation des géologues Victor Raulin et surtout Antoine Passy, selon qui « le bon sens paysan a devancé la science » en distinguant par un nom particulier chaque étendue offrant le même aspect, Gallois constate que l'étude géologique de la répartition des roches et des sols conduit à celle des noms de pays : « Ainsi, en même temps que nos géologues signalaient l'existence de régions présentant sur une étendue suffisante une certaine uniformité d'aspect, ils reconnaissaient que des noms indépendants des divisions politiques ou administratives, ayant survécu à toutes leurs vicissitudes, paraissaient y répondre exactement. Régions naturelles et noms de pays devenaient ainsi les deux termes d'un même problème. »[14] L'enquête de l'auteur vise donc à examiner la relation entre ces deux termes. Partant, il est amené à critiquer le lien trop direct que les géologues du passé ont établi entre régions naturelles et pays, leur insensibilité aux problèmes d'échelle et leur adaptation plus ou moins habile du toponyme à l'espace stratigraphiquement homogène. S'il contribue dans le premier chapitre à montrer la dette de la géographie à l'égard de la géologie, il démontre dans le deuxième et dans l'application à la région parisienne, ce que Chamboredon a appelé « l'illusion géologique » et fonde cette fois le raisonnement géographique sur l'analyse critique des documents historiques, cartes et écrits, et sur l'observation sur le terrain.

En 1908, Gallois peut en effet se prévaloir d'un solide acquis de recherches sur les pays et noms de pays. En 1891, il a inauguré le premier numéro des *Annales de géographie* par un article sur la Dombes, affirmant ainsi, avec l'accompagnement de l'article de Louis Gallouédec sur la Sologne, l'intérêt de la géographie vidalienne pour le pays comme unité géographique. Ce premier article sur un pays est suivi d'une série publiée dans le même

14. Gallois, L., 1909, p. 3.

périodique : Mâconnais, Charolais, Beaujolais, Lyonnais en 1894-1895, Bassigny en 1901, Woëvre et Haye en 1904, les monographies de ces trois derniers pays étant publiées en annexe dans *Régions naturelles et noms de pays*. Lors du Congrès international des sciences historiques à Rome en 1903, il donne une première version d'une étude sur le pays de France, qu'il développe en 1908. Enfin, il s'intéresse encore à « L'origine du nom de Faucilles » en 1910.

Il est donc en quelque sorte un spécialiste de l'étude des pays et plus particulièrement de celle des noms de pays. Cette thématique ne lui est cependant pas propre et d'autres géographes avant lui, hors de l'école vidalienne, en ont mis en avant l'intérêt.

C'est ainsi que plusieurs auteurs de la *Revue de géographie* vantent dans les années 1870 les variétés locales de la France qui ont été obscurcies par la départementalisation et sa nomenclature indifférente aux dénominations vernaculaires[15] et proposent, comme Onésime Reclus, frère d'Élisée, l'avait tenté en 1880, de rebaptiser les départements par des associations de noms de pays : l'Eure-et-Loir deviendrait ainsi Beauce-et-Perche ou le Var, Estérel-et-Maures. Pierre Foncin (1841-1916), historien et géographe contemporain de Vidal de la Blache, qui fait une carrière de haut fonctionnaire de l'Instruction publique, s'aventure plus loin en élaborant un projet de fédéralisme administratif fondé sur un redécoupage de la France en régions et en pays. Son projet, esquissé en 1898 et plus amplement diffusé en 1903, reçoit une large approbation dans les milieux politiques impliqués dans le régionalisme et la décentralisation. Foncin y affirme la résurgence des anciens *pagi* gallo-romains sous la forme des pays, petites

15. Franck, J., 1877 ; Patriae Amans, 1889.

régions naturelles bien connues de leurs habitants qui les désignent par un nom qui a traversé les âges. Son propos s'appuie sur des recherches d'histoire et de géographie historique de la Gaule effectuées au début de sa carrière. Il fait alors autorité tout autant dans la sphère académique que dans les milieux réformateurs. Il ose avancer l'idée d'une coïncidence fréquente de ces quelques trois cents pays avec les arrondissements administratifs, ce qui donne lieu à une controverse répétée avec les géographes vidaliens. Foncin se réfère volontiers aux travaux de son contemporain, Auguste Longnon, successivement archiviste, enseignant à l'École pratique des hautes études et professeur au Collège de France. Membre du Comité des Travaux historiques et scientifiques, il en dirige la commission de géographie historique dans les années 1880. Il assigne à celle-ci un programme qui comprend notamment la réalisation de cartes historiques de la Gaule et l'étude des noms de lieux et de lieux-dits. Plusieurs ouvrages verront le jour, dont un recueil de travaux sur les *pagi* (1869-1872), un atlas historique inachevé (1882-1889), et, à titre posthume, les leçons professées sur les noms de lieux (1920). Toute l'œuvre d'Auguste Longnon est sous-tendue par un postulat : que la France actuelle garde les traces d'une France éternelle, celle des toponymes, des *pagi* et des *civitates*. Foncin adhère à cette conviction et l'enrichit d'un contenu géographique : si les pays peuvent constituer la base d'un nouveau découpage administratif, c'est non seulement en raison de leur immémorialité, mais aussi par leur caractère de région naturelle. Cette idée est également soutenue par les savants et érudits associés au mouvement leplaysien « La Science sociale » qui, à l'initiative d'Edmond Demolins, produisent entre les années 1890 et le premier conflit mondial une série d'enquêtes sociologiques sur les pays. La reconnaissance d'une désignation toponymique populaire guide pour eux aussi le choix des espaces d'étude, et à leurs yeux, met en évidence l'homologie entre le lieu et le type social[16]. Loin d'emboîter le pas à ces propositions scientifiques qui trouvent pourtant une reconnaissance académique et un succès politique certains, Gallois s'engage dans l'étude des pays avec un questionnement exigeant et une volonté de soumettre l'historiographie à une critique serrée.

Cette posture a été forgée progressivement. En effet, de ses premières études de pays, au début des années 1890, à la conclusion et clôture que constitue *Régions naturelles et noms de pays*, l'approche a évolué et le propos s'est fait plus acéré. Concernant la Dombes, Gallois interroge déjà le lien entre entité géologique et désignations populaires, mais il avance alors l'infaillibilité de la sagesse populaire et sa coïncidence possible avec le savoir géographique. Il salue ainsi « cet instinct populaire, d'une merveilleuse sûreté, qui a fait naître comme du sol lui-même les divisions rationnelles et fondamentales qu'on appelle les pays »[17]. Il semble suivre alors les leçons de Paul Vidal de la Blache qui, dès 1885, recommandait de s'inspirer des termes locaux pour fixer la terminologie géographique. Gallois fustige aussi, comme son maître en 1888, les limites historiques et politiques, indifférentes à celles qu'identifient si bien les savoirs vernaculaires, en particulier celui des paysans. Toutefois, dans le long développement consacré à l'histoire du paysage de la Dombes et aux aléas d'appartenance politique auxquels elle a été soumise, c'est une autre démonstration que Gallois cherche à déployer : il s'agit de mettre en évidence « les efforts intelligents et méthodiques de l'homme » pour conquérir la nature et la plier à son usa-

16. Ozouf-Marignier, M.-V., 2004.
17. Gallois, L., 1891-92, p. 127.

ge[18]. Ce raisonnement est alors couramment mis en œuvre par les vidaliens pour infirmer le déterminisme naturel, leurs exemples favoris étant de « mauvais pays »[19]. Peu à peu, Gallois délaisse l'étude de la mise en valeur des pays (encore présente dans ses articles sur les pays de la bordure occidentale de la Saône) et investit plus amplement l'étude des noms de pays. Il reprend et systématise les notations formulées par Vidal de la Blache dont il semble appliquer le programme d'étude sur la toponymie et le lexique populaire des termes géographiques, tel qu'il l'a formulé en 1903 au congrès des sciences historiques à Rome. On notera que Gallois y était présent et proposa lui aussi une communication sur la question des noms de pays, à travers l'exemple du pays de France situé au nord de Paris.

Quelles étaient les lignes directrices de ce programme ? Vidal établissait en premier lieu l'absence de concordance absolue entre pays et unités géologiques, certains pays pouvant relever d'une réalité physique différente, par exemple du seul relief (comme c'est le cas des pays de montagne) ou d'un genre de vie. Par cette observation, Vidal ouvrait la voie à une définition sociale du pays qu'il développera en rédigeant le compte rendu de l'ouvrage de son disciple en 1909. Il posait en second lieu le problème cartographique de la géographie des pays. En effet, le nom de pays prend valeur de « signalement » et ne permet pas nécessairement d'identifier des limites précises. Par ailleurs, les pays ne dessinent pas une couverture continue ni exhaustive de l'étendue géographique. Les géologues et cartographes du passé enfin, ont pu commettre des ajustements, des extrapolations ou des déformations en adaptant l'onomastique à la répartition des couches de

18. *Ibid.*, p. 131.

19. Ozouf-Marignier, M.-V., 2000.

terrain. Vidal propose ainsi de se livrer à un travail critique qui consiste à faire le tri entre les prétendus noms de pays et les authentiques, à étudier de près leur extension géographique, à éliminer les créations de toponymes faites uniquement pour les besoins de la carte. Il préconise en outre d'effectuer des enquêtes sur le terrain et d'interroger les habitants.

Gallois poursuit ce vaste projet d'expérimentation scientifique à partir du cas de la région parisienne. Il s'appuie sur une double méthode. Les sources historiques sont un premier champ d'analyse critique : dictionnaires topographiques, travaux des sociétés savantes, descriptions et traités de géographie anciens, guides, notices géologiques, cartes et cartulaires sont mobilisés dans un souci d'exhaustivité et selon une perspective de comparaison systématique. Les toponymes et les délimitations sont relevés avec une attention particulière aux confusions qui peuvent provenir des techniques de représentation cartographique, aux « arrangements » introduits par les savants, confrontés à la nécessité de combler les blancs de la carte, de fixer les tracés, de placer la nomenclature. Le souci de datation précise des toponymes vise à aller contre la tendance à renvoyer les noms de pays à la période gallo-romaine, voire à une origine immémoriale. Il s'accompagne d'une distinction systématique des désignations tirées d'un fief ou d'une division politique ou administrative et des noms de pays véritables.

La seconde méthode utilisée par Gallois relève de l'observation sur le terrain, mais il n'explicite cependant guère ses procédures d'enquête. On sait seulement qu'il réalise des excursions. Il met également à profit les relations nouées entre les géographes universitaires et les instituteurs en sollicitant de ces derniers des indications et des entretiens auprès des habitants. On peut dégager trois axes probables de ce travail de terrain. Il y a d'abord une enquête auprès de la population locale, destinée à connaître les limites que les gens du cru donnent à un pays. Ce pourrait être le contenu de la première enquête collective qu'il signale à propos du Bassigny, où il a recouru aux élèves de l'école normale de Chaumont. On peut imaginer que les élèves permettaient de déterminer, selon leurs communes d'appartenace, leur propre expérience et peut-être des enquêtes qu'ils auraient faites, où on usait de ce nom et où on ne l'utilisait pas. La deuxième dimension de la recherche sur le terrain demande plus de compétences géographiques. Il s'agit d'examiner la « physionomie » des lieux (topographie et contrastes topographiques, paysages et leurs variations, modes d'occupation du sol, sols agronomiques) et de la confronter aux usages toponymiques. Cette opération est très proche de l'interprétation. Le contact du terrain, la lecture paysagère assortie de l'examen de la carte géologique à grande échelle sont ici requis. On repère particulièrement bien cette procédure dans l'étude de la Woëvre. Un dernier registre d'enquête consiste dans la recherche de documents cadastraux dans les communes. Gallois l'évoque à propos des travaux de son collègue Auerbach, mais il ne semble pas y avoir recours lui-même. Signalons d'ailleurs qu'il se réfère volontiers aux travaux des autres élèves de Vidal, Demangeon ou Sion, eux-mêmes géographes de terrain dans le cadre de leurs recherches doctorales.

Dans les chapitres centraux du livre, Gallois examine successivement chaque pays de la région parisienne en mettant à l'épreuve la correspondance entre région naturelle et nom de pays. Autant de dénominations, autant de cas de figure, qui résistent à une présentation sommaire. Comme l'écrit Vidal de la Blache dans sa recension, « chaque nom mérite d'être étudié à part, comme l'a fait

M. Gallois. Chacun a son histoire propre. »[20] Véritable nom de pays correspondant parfaitement à une région naturelle et usité dans le langage populaire, comme la Beauce, dont la dénomination ne s'est jamais appliquée à aucune division politique ; nom savant et vagabond inconnu des habitants, comme le Hurepoix ; nom ancien, approprié et réaffecté par l'usage populaire, comme le Gâtinais, etc. Au passage, Gallois dépasse son projet initial et en arrive à des considérations qui relèvent d'une sociologie des sciences. Il en est ainsi de la distinction entre savoir populaire et savoir savant : l'enquête historique montre tout à la fois les emprunts par les géologues et cartographes de termes anciens attestés dans le langage commun et la diffusion de termes savants dans l'usage populaire. Par ailleurs, Gallois se montre sensible aux déplacements dans l'espace et aux modifications dans le temps de la relation entre toponyme et espace désigné, fondant une passionnante géohistoire de la conscience territoriale : « nous soupçonnons encore que des noms de pays peuvent se déplacer, s'étendre ou se restreindre avec certaines cultures, peut-être même changer de signification, s'appliquer à d'autres caractères que ceux qu'ils traduisaient à l'origine. »[21]

Au fil de son analyse et dans ses longues conclusions[22], Gallois apporte des contradictions majeures aux travaux de ces prédécesseurs. C'est ainsi que, fort de sa propre expertise, il lui arrive de contredire Longnon sur des questions d'érudition : preuves de dérivation de noms que

20. Vidal de la Blache, P., 1909, p. 400 (p. 372 de ce volume).

21. Gallois, L., 1908, p. 213.

22. Tandis que l'ouvrage débutait par une réflexion sur la notion de région naturelle et poursuivait par l'étude des noms de pays, il s'achève d'abord par une conclusion sur les noms de pays, puis par une autre sur les régions naturelles, donnant ainsi une forme parabolique à l'exposé.

le spécialiste de toponymie a exclues (par exemple sur la Puisaye), détection d'artefacts onomastiques, nécessité de distinguer entre les types de divisions territoriales, etc. Plus généralement, les résultats de l'étude diachronique de Gallois invalident le postulat d'une France des *pagi* qui aurait traversé les âges sans altération. Elle prive ainsi la revendication décentralisatrice et régionaliste de l'un de ses arguments : le pays serait une circonscription territoriale pertinente en raison de son intangibilité. Les apports de l'enquête de terrain, fondée sur la carte géologique, la description topographique des lieux, l'observation des paysages, la considération des sols agronomiques et le témoignage populaire, conduisent surtout le géographe à rectifier les conclusions de l'historien, à propos du pays de France par exemple. De cette manière, Gallois se met peut-être dans une posture de modernisateur de la géographie historique et des études toponymiques, voire d'éventuel successeur à Longnon[23].

Les auteurs de la *Revue de géographie* et Foncin sont également mis en porte à faux dans leur plaidoyer en faveur de l'institutionnalisation des pays. La démonstration de Gallois ne prouve pas seulement que *pagi* gallo-romains, pays « naturels » et pays reconnus par l'habitant ne coïncident pas – ou seulement fortuitement – révélant le caractère approximatif des assimilations posées par les

23. Lucien Gallois a rédigé la notice nécrologique d'Auguste Longnon dans les *Annales de géographie*. Tous deux titulaires de chaire au Collège de France, Émile Levasseur et Auguste Longnon sont décédés en 1911 à quelques semaines d'intervalle, ce qui a pu susciter des espoirs de succession chez les géographes. La correspondance adressée à Demangeon montre que Lucien Gallois a peut-être envisagé de se porter candidat, mais la chaire de Longnon n'a pas été renouvelée (par ailleurs la modestie légendaire de Gallois, que l'un de ses biographes, spécialiste de géographie historique, estimait excessive et finalement préjudiciable à la profession, aurait pu l'empêcher de prétendre à une telle position).

géographes impliqués dans la réforme administrative. Elle ne fait pas seulement voler en éclat la correspondance entre pays géographique et division administrative, arrondissement notamment. Elle fait aussi apparaître une relative antinomie entre le pays et la ville, alors que les auteurs épinglés en appellent volontiers à un maillage en micro-régions polarisées par une petite ville ou un bourg. Gallois constate en effet que les unités politiques ont été organisées par les villes. « Or, les villes n'ont pas nécessairement grandi au centre de régions naturelles »[24]. Et de rappeler que la Beauce était partagée entre des unités politiques dont les capitales, Chartres et Orléans, se trouvaient sur ses frontières. Vidal renchérira sur cette idée en affirmant que « la ville n'est pas une création qui sorte naturellement du pays : tout au contraire. »[25]

Quant aux écrits qui emboîtent régions et pays dans une cartographie simplifiée, au mépris des nuances multiples qui distinguent unités géologiques, territoires politiques et espaces d'appropriation populaire, ils sont disqualifiés à mots couverts dans l'ouvrage de 1908. Mais Gallois aura l'année suivante des mots très durs à propos du livre de Fèvre et Hauser, malgré la référence que ces derniers font à son travail[26]. De même, il invalide toute tentative de fonder une réforme territoriale sur les régions naturelles, les unités politiques et administratives et les régions économiques appartenant à une catégorie étrangère à la géographie.

Poussant à l'extrême son souci de différenciation des formes de découpage et d'identification des paysages et des territoires, Gallois ne clarifie pas seulement les multiples acceptions de la notion de région. Il fixe aussi le domaine

24. Gallois, L., 1908, p. 228.

25. Vidal de la Blache, P., 1909, p. 460 (p. 379 de ce volume).

26. Fèvre, J., Hauser, H., 1909.

d'une discipline, la géographie. Mais cette assignation n'est pas réalisée sans contradictions. En effet, à trop chercher les seuls pays véritables parce que naturels et à confier à la géographie la tâche de repérer, au-delà de ce petit effectif de régions naturelles désignées par un nom, les autres divisions physiques, Gallois dépossède ses propres analyses d'une partie de leur portée. Tandis qu'il a remarquablement mis en évidence la part de l'histoire et celle de la géographie dans la vie des noms de pays, la labilité dans l'espace et dans le temps des désignations et de leur extension, le va et vient des appropriations et des désinvestissements, sa quête d'une notion de région naturelle expurgée de ses avatars et ses insuffisances cantonne la géographie, dans sa conclusion, à un naturalisme strict. Elle la prive d'une composante historienne et territoriale que Gallois a pourtant, tout au long du livre, excellemment illustrée.

LA RÉCEPTION DE *RÉGIONS NATURELLES ET NOMS DE PAYS*

La réception initiale de *Régions naturelles et noms de pays* est paradoxale car elle a mêlé à des commentaires très élogieux un certain silence, qui fait douter que l'ouvrage ait été largement connu des géographes eux-mêmes à l'époque. La consécration de l'auteur est double, effectuée du côté académique par son mentor, Vidal de la Blache, et du côté des sciences sociales par le jeune Lucien Febvre. Vidal a présenté l'ouvrage à l'Académie des Sciences morales et politiques le 7 août 1909. Son compte rendu est paru dans deux publications prestigieuses, le *Journal des Savants* (septembre et octobre 1909), publié par l'Académie des Inscriptions et Belles Lettres, et les *Comptes rendus des séances de l'Académie des Sciences morales et politiques* (1910). Il s'y est fait l'interprète chaleureux, subtil et parfois légèrement distancié des thèses et de l'enquête de Gallois. En 1909 aussi, Lucien Febvre lui dédiait un long article louangeur paru dans la *Revue de synthèse historique*, cette publication récente par laquelle le philosophe Henri Berr tentait de galvaniser les sciences humaines. Chacun des deux critiques marquait l'importance du livre pour la géographie moderne en soulignant tant l'intérêt de la question du découpage régional que la pertinence de la méthode utilisée par Gallois. Vidal de la Blache concluait ses vingt-six feuillets en dévoilant le double registre (qui recouvrait implicitement le dépassement de l'un par l'autre), auquel contribuait la recherche de Gallois, érudition (classique voire traditionnelle) et science (moderne) : « Les érudits trouveront dans cet ouvrage la solution de plusieurs intéressants problèmes ; mais en outre il offrira matière aux réflexions de ceux qui, sous les noms, cherchent à scruter des réalités d'ordre scientifique. »[27] De son côté, Febvre applaudissait le rénovateur de la vieille géographie historique après avoir présenté l'ouvrage comme un « beau et bon livre [qui s'attaque à] une question capitale de méthode géographique »[28] : concluant une revue détaillée des cas étudiés, il saluait le rôle de Gallois dans la « renaissance contemporaine des études géographiques de notre pays »[29]. Ce sont des termes proches qu'il reprend en 1922 dans *La terre et l'évolution humaine* : « livre décisif » sur la question des « divisions primordiales », « beau livre » défendant la nécessité d'une « étude préalable, indépendante, du milieu physique » et dévoilant la vraie nature des pays.

En revanche, et à notre grand étonnement, le livre ne donne pas lieu à un compte rendu dans les *Annales de géographie*,

27. Vidal de la Blache, P., 1909, p. 462 (p. 381 de ce volume).
28. Febvre, L., 1961, p. 30 [Ière éd. 1909].
30. *Ibid.*, p. 35.

ni à un descriptif dans la *Bibliographie annuelle* des *Annales*, qui se contente de le recenser en le présentant comme une « suite et conclusion » de ses précedents travaux et en renvoyant à la synthèse qu'il faisait dans la revue en 1909. Effectivement, Gallois signait en ouverture des *Annales de géographie* de 1909 un article sur « Les noms de pays » qu'il présentait lui-même comme la « conclusion » nécessaire à ses travaux déjà parus depuis 1901. Mais, sous ce titre, tout en rappelant la continuité avec ses travaux sur le Bassigny et sur la Woëvre et la Haye, il ne traitait que de la moitié du sujet de son livre, en concentrant ses développements sur le crédit à accorder à ces toponymes[30]. Cependant, il soulignait au départ de l'article le lien entre noms de pays et régions naturelles et il brossait l'histoire héroïque – et inédite – des intuitions fécondes des géologues, ces « véritables initiateurs de nos études »[31], en reconstituant donc de Monnet à Élie de Beaumont la généalogie des précurseurs de la géographie. En un paragraphe, Gallois mettait en cause la généralisation de ces intuitions et revendiquait une entreprise critique sérieuse, qui ne pouvait relever selon lui que de spécialistes qualifiés, des savants formés à la critique historique : « [...] ce travail de critique n'incombait pas, raisonnablement, aux géologues : c'était aux géographes à la faire, et à des géographes habitués aux recherches historiques. »[32] Mais, ayant établi par là la légitimité du géographe-historien, il se concentrait sur ses apports en matière de critique des noms de pays et il oubliait la discussion finale qu'il avait faite, dans *Régions naturelles et noms de pays*, de la définition de la région naturelle, de la hiérarchie des facteurs gouvernant la division géographique du monde selon l'échelle, de

30. Soit le chapitre XI de *Régions naturelles et noms de pays*.
31. Gallois, L., 1909, p. 2.
32. *Ibid*. p. 6.

l'exhaustivité du découpage régional, etc.[33] En passant, il attribuait explicitement le fait que les prémonitions des géologues avaient été ignorées des géographes au maintien d'une tradition lettrée, « conséquence du long divorce qui a régné trop longtemps dans notre enseignement entre les Sciences et les Lettres »[34] – il visait les anciens titulaires de la chaire de géographie historique de la Sorbonne tel Guigniaut. Il soulignait alors la rupture que les géographes modernes avaient introduite par rapport à la tradition en substituant une science d'enquêtes locales à une science livresque.

Signe de son importance pour la direction des *Annales de géographie*, cet article était répertorié à la fois dans la table analytique sous les rubriques Géographie régionale et Géographie générale, mais sans être assorti d'une recension du livre : crainte de la redondance ou d'un soupçon de favoritisme envers l'un des directeurs de la revue ? Réserves sur son actualité ou sur sa pertinence ?

Ce demi-silence dans lequel est tenu *Régions naturelles et noms de pays* au sein des *Annales de géographie* se retrouve dans d'autres lieux. Sur le moment, les monographies régionales qui paraissent après la parution de l'ouvrage ne font pas référence au livre de Gallois, bien que leur chapitre d'ouverture porte sur les limites de la région étudiée et sur la division en pays, avec un intérêt certain porté au vocabulaire vernaculaire et au sentiment populaire des lieux[35], ou bien elles se contentent de le signaler, à côté de celles de ses monographies qui touchent à l'espace étudié. Les divers comptes rendus des thèses postérieures font aussi l'impasse sur les noms de pays. De même,

33. Voir le chapitre XII.
34. Gallois, L., 1909, p. 7.
35. Voir Sion, J., 1909, mais dont la thèse a été soutenue en 1908.

dans certaines publications comme *l'Action régionaliste*, qui a applaudi à cette géographie dont le *Tableau de la géographie de la France* et les monographies régionales ont montré la vitalité, l'ouvrage de Gallois est ignoré. Du côté des sociologues durkheimiens, qui tentent à l'inverse de disqualifier la géographie, le même silence est fait sur ce livre : François Simiand ne le cite pas dans la critique cinglante de la géographie qu'il publie dans *l'Année sociologique* (1906-1909) à propos des thèses de la jeune école française de géographie régionale (Demangeon, Blanchard, Vallaux, Vacher, Sion, De Felice, Levainville). Or Simiand y condamne l'hétérogénéité des faits retenus dans l'analyse régionale, la valeur de l'explication censée réunir ces faits de nature ontologique différente (phénomènes humains et milieu physique) et, enfin, le cadre d'étude, qui se devrait d'être comparatif – c'est-à-dire tout ce que Gallois défend au nom de la spécificité et de la légitimité de l'approche géographique. Ainsi *Régions naturelles et noms de pays* ne trouve vraiment d'écho ni chez les jeunes géographes, ni chez les publicistes qui au nom de la réforme régionale applaudissent à l'approche monographique des nouveaux géographes, ni chez les intellectuels qui contestent la rationalité de leur démarche.

Le silence des géographes des *Annales* rendrait-il compte d'une certaine obsolescence de la synthèse galloisienne sur les noms de pays, alors même que l'école française de géographie commence à s'installer véritablement dans l'enseignement secondaire, mais surtout dans le monde universitaire et en particulier dans celui des sciences humaines et sociales ? C'est ce que l'on est tenté de penser en remarquant que, dans le même volume des *Annales de géographie* où paraît l'article « Les noms de pays », un autre article témoignant de la méthode géographique moderne figure également : « Enquêtes régionales. Type de questionnaire », signé par Albert Demangeon. Sur treize points adressés en principe à l'instituteur ou au maire de chaque commune, la question des divisions territoriales figure à la fin, perdue dans une longue liste qui accorde aux questions de géographie naturelle puis aux questions d'économie rurale et de population la place belle ; les dénominations locales, les limites régionales perçues par l'informateur, enfin le vocabulaire vernaculaire n'ont qu'un rôle mineur dans l'enquête de terrain. On sait que ce type de questionnaires a été largement diffusé auprès des jeunes chercheurs et auprès d'amateurs curieux de géographie. Par rapport à l'enquête de terrain réclamée par Gallois en complément de la critique textuelle et cartographique, ces questionnaires visaient la constitution d'une information polymorphe sur les caractères naturels et humains des lieux, puisée à une source locale réputée fiable, proche des gens, éclairée et honnête. Sans négliger le recours aux archives, mais en y cherchant bien autre chose que les dénominations anciennes, la pratique du terrain devait apporter à la nouvelle géographie une somme documentaire objective.

Qu'en a-t-il été dans la pratique ? Le cas de l'œuvre de Raoul Blanchard est intéressant. Le questionnaire qu'il a diffusé, plus curieux toutefois du langage populaire, plaçait aussi le « nom de pays » en dernier. Cependant, comme l'a montré Bernard Debarbieux, Blanchard a créé une division originale des Alpes françaises, exhaustive et hiérarchisée, distincte de celle des géologues pour les niveaux supérieurs du découpage car relevant de critères climatiques et morphologiques, et mobilisant largement la toponymie populaire pour les unités inférieures, au nom de l'hypothèse de leur pertinence sémantique pour désigner effectivement des pays. Mais au fond, c'était adopter une pratique de découpage et de nomination qui tombait sous le coup de la critique adressée par Gallois à la systématisation des géologues-cartographes. Elle poursuivait bien la propension des géographes français à lier la partition de l'espace à un lexique approprié et se voulait explicitement guidée par la rationalité géographique ; mais cette opération systématique rompait avec la prudence de Gallois face à l'idée d'une couverture exhaustive de l'espace et à l'usage du lexique vernaculaire. En revanche, elle le suivait en adoptant un arrière-plan naturaliste (géomorphologique) prégnant. Et cette nomenclature s'est très vite imposée dans l'usage...

Dans les années quarante, alors que sortent de rares manuels de géographie, Gallois est encore ignoré, par exemple dans le *Que sais-je ?* publié en 1942 par René Clozier sur l'*Histoire de la géographie*. Il y institue le *Tableau* de Vidal en modèle de la description géographique, sélectionnant plusieurs pages pour en faire des exemples de la méthode. Nulle référence en revanche à Gallois, l'auteur posant le postulat de la méthode monographique sans s'inquiéter d'une justification. De même en est-il de l'influent manuel qu'André Cholley a publié en 1951 sous le titre de *La Géographie (guide de l'étudiant)*, avare de références certes, mais qui ignore Gallois ; tout juste le citait-il en 1942 dans la première édition.

Aussi peut-on se demander si l'étude de Gallois sur la fiabilité des noms de pays pour désigner des petites régions naturelles, si sa réflexion sur les régions naturelles et leur hiérarchie, si ses conclusions finales sur la nécessité rationnelle de partir des divisions physiques ont été effectivement connues, pouvant alors faire office de *doxa* pour les nouvelles générations de chercheurs et pour les enseignants de lycées ? Ou bien si la parution de l'ouvrage a plutôt autorisé en quelque sorte, sans lecture véritable, une pratique relativement arbitraire du découpage et de la dénomination géographiques, à tonalité ruraliste, avare de précautions, comme le suggère André Meynier en 1969 par exemple ? En tout cas, le découpage des Alpes par Blanchard montre (par comparaison avec les méthodes antérieures, empiriques et au coup par coup), l'usage d'une systématique, l'exercice d'un discours disciplinaire structuré, qui peut résulter au moins de la référence à Lucien Gallois, que Blanchard présente comme son « vieux maître »[36].

C'est finalement dans la décennie soixante que s'est faite, dans l'écrit du moins, la redécouverte de Gallois, qu'il s'agisse de sa promotion comme théoricien de la question régionale par Paul Claval, ou de la discussion de ses apports et des infidélités qui lui ont été faites par un géographe formé dans l'entre-deux-guerres et promoteur lui-même de la géographie régionale dans l'enseignement supérieur, André Meynier. Pour le premier, qui a développé une étude sur l'évolution de la géographie au service d'une élucidation du « malaise » de sa discipline[37], Gallois a eu pour premier mérite de s'intéresser à l'histoire de la géographie et de montrer la filiation française de la question régionale. Mais Paul Claval insiste surtout sur le rôle d'initiateur joué par Gallois dans sa discussion sur la notion de région naturelle. Il attribue presqu'indistinctement à Gallois et à Vidal l'analyse fine de types de régions – urbaine, historique, administrative –, conclut au rôle de Gallois dans la définition de la géographie comme « science-carrefour » et critique ses élèves pour n'avoir pas développé à sa suite

36. Blanchard, R., 1941, p. 505 et 512.
37. Claval, P., 1964.

une science générale des espaces régionaux. Plus nuancée est la présentation que fait Étienne Juillard des travaux de Gallois dans son « historique de la notion de région dans la géographie française »[38]. S'il y reprend fidèlement la question du rôle joué par la popularisation des noms de pays dans la promotion de la région naturelle, s'il rappelle le combat de Gallois consistant à « s'en tenir aux divisions physiques » pour définir le « caractère distinctif de la géographie par rapport aux autres sciences de l'homme », il estime que Vidal « était en train d'aller beaucoup plus loin »[39] : définition de la région comme forme particulière d'humanisation d'une certaine étendue, puis promotion théorique et pratique de la région nodale organisée par la ville. André Meynier enfin a rendu justice à Gallois pour sa critique méthodique de la nomenclature géographique, pour cette police des noms qu'il a effectuée en distinguant dans les toponymes entre vrais et faux noms de pays. Il insiste longuement sur la trahison des géographes, qui ont négligé la critique toponymique[40]. Quelques années plus tard, soulignant la pérennité de cet « ouvrage magistral »[41], Meynier relève une autre infidélité par rapport aux conclusions mêmes de Gallois, qu'il rappelle : « le cadre des régions naturelles ne s'applique nécessairement ni à la géographie économique ni à la géographie politique »[42]. « Trop de disciples enthousiastes méconnurent cette conclusion prudente et pensèrent pouvoir diviser le monde en cellules juxtaposées, à base lithologique, ce qui masquait

38. Julliard, E., 1967.
39. *Ibid.*, p. 11.
40. Meynier, A., 1969.
41. Meynier, A., 1975, p. 29.
42. Gallois, L. 1908, p. 233, cité dans Meynier, A., 1975, p. 29.

trop l'ensemble de la géographie »[43], conclut Meynier, qui escamote toutefois le constat final de Gallois selon lequel la notion de region naturelle est « le seul principe de division vraiment rationnel »[44].

Toutes ces discussions s'inscrivent dans une période de réévaluation de la notion de région qui est, conjointement, le fait des sciences humaines (géographie, économie régionale, politologie), celui de l'action administrative et celui de la pensée réformatrice des années soixante. Il s'ensuit notamment une mise en œuvre scientifique et pratique de la région « polarisée » ou « fonctionnelle » à laquelle Étienne Juillard, parmi les géographes français, a contribué. Il a donc su aussi la replacer dans la tradition géographique en en faisant un type d'organisation de l'espace à côté de la région « homogène », tout en rappelant le rôle de précurseur de Vidal. Si Gallois a été réhabilité comme initiateur par les opérations historiographiques liées à ce besoin de clarification conceptuelle, on lui a largement prêté des conclusions innovantes, et, en parallèle, la faiblesse de la réflexion conceptuelle des géographes de l'entre-deux-guerres était fustigée, comme pour mieux valoriser le renouveau des années 1960. Cependant, l'échelle pertinente était à l'époque moins celle des petits pays que celle de la région, deuxième niveau d'organisation territoriale après l'État : aussi la question du local et du nom de pays était-elle méprisée.

La décennie 1980 a créé une discontinuité en raison du repli sur le local qui a marqué les politiques d'après le premier choc pétrolier, avec notamment, dès le milieu des années soixante-dix, un désengagement de l'État dans la politique d'aménagement du territoire. Avec la vogue du pays,

43. Meynier, A., 1975, p. 29.
44. Gallois, L. 1908, p. 235.

Gallois pouvait rentrer dans l'actualité. Ce sont deux voies très différentes qui ont éclairé *Régions naturelles et noms de pays* dans cette nouvelle conjoncture. L'une, critique, se fondait sur une sociologie des sciences bourdieusienne pour montrer que la valorisation que Gallois avait faite de la notion de pays était moins une tentative de promotion de ce niveau géographique d'organisation sociale (ou d'identité sociale) qu'une mobilisation intéressée de la notion dans un processus de légitimation d'une discipline[45]. On montrait comment, par sa recherche, Gallois s'était distingué des divers concurrents et des anciennes traditions intellectuelles qu'il voulait dépasser ou subvertir pour établir la légitimité de sa posture, dans le contexte du début du XXe siècle. Ce faisant, tout en développant une critique pointue, décapante, il s'enfermait dans une logique paradoxale en concluant à la nécessité de « s'en tenir aux divisions physiques », alors même qu'il rappelait la variété des types de régions existantes, alors même qu'il avait démontré dans ses premiers travaux sur la région lyonnaise l'intérêt de la régionalisation d'origine urbaine et industrielle et, enfin, alors que son modèle, Vidal de la Blache, se convertissait à une conception moderniste de la régionalisation, en reléguant les petits pays au passé et en accentuant le rôle des flux de circulation dans l'explication géographique aux dépens des propriétés locales des sols. À ce titre, on peut souligner ici que les décalages sensibles dans le compte rendu de Vidal et les démarcations qu'il opère par rapport au texte de Gallois, manifestent l'inconfort dans lequel il se trouve face à son injonction : Lucien Gallois s'est posé, en somme, en gardien de frontière trop rigide.

Si ces critiques précédentes voulaient dévoiler le biais corporatiste du propos de Gallois, une défense intéressée

45. Robic, M.-C., 1982.

du « corps » des géographes plutôt qu'une défense et illustration de la réalité des pays, c'est à une réhabilitation de son travail empirique qu'a procédé le sociologue Jean-Claude Chamboredon dans le cadre d'un programme de recherche portant sur l'identité sociale et l'appartenance territoriale. Sous le titre « Cartes, désignations territoriales, sens commun géographique : les "noms de pays" selon Lucien Gallois »[46], en s'appuyant sur une critique de la construction sociale des catégories, Chamboredon révèle la complexité et la richesse de la recherche de Gallois : *Régions naturelles et noms de pays* aborde des sujets aussi importants que les rapports entre langage et réalité, les relations entre sens commun et savoir savant, les effets cognitifs des systèmes de représentation, la performativité de la nomination, les dimensions de l'identification territoriale... Au-delà de son naturalisme, de son réalisme, d'une tendance au primitivisme (qui fait qu'il présuppose un savoir populaire « pur » et qu'il vise pour ses enquêtes un sujet indemne de toute contamination par le langage savant ou demi-savant), le travail critique de Gallois rend sensible, comme le montre longuement Chamboredon, une multitude de problèmes de représentation et les questions de formation d'une « conscience territoriale ». Ainsi, du premier champ relèvent ses aperçus sur les « jeux de la langue » (arbitraire lié au fonctionnement de la langue ou à l'usage d'un système de catégories non homologue avec les contraintes cartographiques ou de l'espace), complexité d'un système de désignations héritées, peu cohérent en soi et par rapport à l'espace cartographique ; de l'autre, les difficultés de l'idée d'un « sens commun territorial » de plain pied avec un découpage déjà là, qui conduisent Gallois à pointer une « définition pragmatiste des découpages

46. Chamboredon, J.-C., 1988.

régionaux du sens commun » distincte de celle du savant et à prolonger cette analyse par des aperçus sur la « dissolution de la conscience populaire du découpage de l'espace », en notant soit la « miniaturisation » du découpage populaire, taillé à la mesure d'un horizon de perception limité, soit la focalisation qualitative (sur un type de sol par exemple) plutôt que spatiale de la perception. Au-delà de ses critiques des désignations, par son rappel de la variété des modes de découpages (économique, politique, urbain) le travail de Gallois permettrait encore de penser à une sociologie des appartenances régionales et de travailler sur les formes non langagières de diffusion des représentations. Au total pour Chamboredon, par son criticisme appliqué à une recherche empirique approfondie, Gallois soulève les bonnes questions qui devraient gouverner toute recherche scientifique sur les niveaux d'identification sociale, sur les inscriptions spatiales de l'identité et sur les désignations territoriales. Loin de relever de la « géographie historique à l'ancienne », *Régions naturelles et noms de pays* mérite d'être considéré comme une recherche exemplaire, et en tout cas extrêmement suggestive, sur ce que l'on appellerait aujourd'hui la question de la fabrication de l'identité territoriale.

Outre la valorisation de l'aspect socio-géographique du travail de Gallois, cette réhabilitation de son maître-ouvrage par une sociologie constructiviste a aussi l'effet de questionner le positivisme ou le réalisme que Gallois professe dans nombre de ses textes. N'est-il pas de ceux qui, comme nombre de ses contemporains « littéraires » ou « scientifiques », vantent les mérites de l'observation directe de la réalité, la valeur du concret, le rôle de l'induction, l'inutilité d'une médiation artificielle (par un indice mathématique par exemple) entre le réel et sa connaissance ?[47] Olivier Orain a souligné de son côté la fréquence de son usage du terme de « réalité » tandis que Olivier Soubeyran relevait la prégnance de ceux de « naturel » et de « naturellement ». La portée de son enquête serrée fait que sa conviction d'un accès direct à la réalité et de l'existence d'une continuité entre réel, langage et connaissance est contredite par les conclusions mêmes de son travail empirique.

Cette réévaluation de *Régions naturelles et noms de pays* ramène à l'actualité de cet ouvrage que nous signalions en introduisant cette préface. Plus largement, elle vaut aussi pour les travaux proprement vidaliens. Nous avons pu montrer non seulement l'intérêt que Vidal de la Blache a porté aux savoirs vernaculaires tels qu'ils sont exprimés dans le vocabulaire usuel et dans l'onomastique (nom des lieux-dits, pays, régions), mais aussi sa curiosité pour les représentations de l'espace et pour les projections identitaires. Nos recherches sur le petit pays et sur le territoire national ont montré aussi qu'il y avait chez lui, au moins à partir de la rédaction du *Tableau de la géographie de la France*, trois types de réflexion : le rôle des horizons d'interconnaissance dans une société sédentaire, l'émergence d'espaces vécus de plus vaste envergure que le pays, au gré de pratiques de mobilité comme le colportage ou le pèlerinage, et les entreprises de production symbolique d'identité, telle la construction de hauts-lieux par l'autorité politique ou religieuse.

Ces recherches sur la production de territoires appropriés de manière différentielle, y compris sous forme de réseaux de lieux et d'espaces circulatoires, n'ont guère été

47. Voir son commentaire sur la cartographie des isolignes dessinant les limites d'une agglomération urbaine, en 1910.

retenues par les contemporains, plus sensibles peut-être à la nouveauté que représentait la construction par le texte des géographes d'un territoire national et de ses petites patries. Sans doute étaient-elles peu valorisées sous un régime républicain unitaire qui, semble-t-il, n'a apprécié que le couple métonymique du pays, petite patrie / grande patrie. Elles ont été encore moins reçues, de même que les recherches empiriques de Gallois, par les géographes et par leurs collègues, y compris par des sociologues aveugles au lien territorial. Il y aurait là une discontinuité ignorée entre les premières générations de géographes et leurs suivants. Logique de clôture disciplinaire et logique étatique se seraient conjuguées pour occulter la richesse de *Régions naturelles et noms de pays* dans ces deux directions, celle de l'ethnogéographie et celle des formes de territorialité.

BIBLIOGRAPHIE

1. *Textes cités de Lucien Gallois*

1890, *Les géographes allemands de la Renaissance*, Paris, Ernest Leroux, 266 p.

1891-92, « La Dombes », *Annales de géographie*, p. 120-131.

1893-1895, « Mâconnais, Charolais, Beaujolais, Lyonnais. 1. Orogénie et géographie 2. Le Mâconnais et le Charolais 3. Le Beaujolais et le Lyonnais », *Annales de géographie*, 1893-1894 : p. 201-212, p. 428-449 et 1894-1895 : p. 287-309.

1894, *Lyon et la région lyonnaise*, Lyon, Société de géographie de Lyon, LXVI, 148 p.

1899, « La géographie et les sciences naturelles », *Revue universitaire*, 1, p. 38-47.

1901, « Le Bassigny. Étude d'un nom de pays », *Annales de géographie*, p. 115-122.

1904, « La Woëvre et la Haye. Étude de noms de pays », *Annales de géographie*, p. 207-222.

1904, « Une région naturelle française. Le pays de France », *Atti del congresso internazionale di scienze storiche (Roma, 1-9 Aprile 1903)*, p. 19-24.

1908, *Régions naturelles et noms de pays. Étude sur la région parisienne*, Paris, Armand Colin, IV-356 p.

1909, « Les noms de pays », *Annales de géographie*, p. 1-12.

1912, « Quelques études de villes. Vienne, Grenoble, Dijon », *Annales de géographie*, p. 294-311.

1927, « Avant-propos », Vidal de la Blache P., Gallois L. (dir.), *Géographie universelle*, vol. 1, Paris, Armand Colin, p. V-VIII.

2. *Notices sur Gallois*

Blanchard R., 1941, « Lucien Gallois », *Revue de géographie alpine*, p. 505-512.

Clout H., 2005, « Lucien Gallois 1857-1941 », *Geographers. Biobibliographical studies*, 24, p. 28-41.

Martonne E. de, 1941, « Lucien Gallois 1857-1941 », *Annales de géographie*, p. 161-167.

Meynier A., 1975, « Lucien Gallois (1857-1941) », *Les géographes français*, Bulletin de la section de géographie, Paris, CTHS, p. 25-33.

Tourneur-Aumont J., 1941, « Lucien Gallois et l'évolution contemporaine de la Géographie historique en France », *Annales de l'Université de Paris*, 1ère année, 3, p. 214-222.

3. Travaux de ses contemporains

Auerbach B., 1890, « La Lorraine. Essai de chorographie », *Revue de géographie*, 1, p. 175-185.

1893, *Le Plateau lorrain. Essai de géographie régionale*, Paris, Nancy, Berger-Levrault, 359 p.

Blanchard R., 1926, « Sur les noms des régions naturelles des Alpes françaises », *Revue de géographie alpine*, p. 455-462.

Demangeon A., 1905, *La Picardie et les régions voisines. Artois, Cambrésis, Beauvaisis*, Paris, Armand Colin, 495 p.

Drapeyron L, 1887, « Toponymie et topographie », *Revue de géographie*, 2, p. 401-409.

Dubois M., 1892, « Question de méthode », Avertissement de *Géographie de la France et de ses colonies*, Paris, Masson, p. I-V.

1898, « La géographie et l'éducation moderne », *Revue internationale de l'enseignement*, p. 233-243.

Dufrenoy A., Élie de Beaumont L., 1841, *Explication de la carte géologique de la France*, I, Paris, Imprimerie nationale, XXII-825 p.

Febvre L., 1961, *Pour une Histoire à part entière,* Paris, SEVPEN, p. 30-41 [Ière édition 1909, « Régions naturelles et noms de pays », *Revue de synthèse historique,* XVIII (3), p. 269-280].

Febvre L., 1922, *La terre et l'évolution humaine. Introduction géographique à l'histoire,* Paris, La Renaissance du livre, XXVI-472 p.

Fèvre J., Hauser H., 1909, *Régions et pays de France,* Paris, Félix Alcan, II-516 p.

Foncin P., 1898, *Les pays de France. Projet de fédéralisme administratif,* Paris, Armand Colin, 81 p.

1900, « Introduction à l'étude des régions et pays de France », *Revue de synthèse historique,* p. 14-20.

1903, *Régions et pays,* Toulouse, Société d'édition, 31 p.

Franck J., 1877, « Une carte de France à faire. Les départements actuels et les anciens pays », *Revue de géographie,* t. 1, p. 341-352.

Longnon A., 1869-1872, *Étude sur les* pagi *de la Gaule,* Paris, A. Franck, 1865, 52 p. ; 1872, 144 p.

1882-1889, *Atlas historique de la France,* Paris, Hachette.

1920-1929, *Les noms de lieu de la France. Leur origine, leur signification, leurs transformations,* publié par Paul Marichal et Léon Mirot, Paris, Honoré Champion, 4 fasc., 832 p.

Patriae Amans, 1889, « Les départements français, étude de géographie administrative », *Revue de géographie,* t. 24, juin, p. 401-411, et t. 25, juillet, p. 35-43 et août, p. 108-116.

Reclus O., 1880, *France, Algérie et colonies*, Paris, Hachette, 802 p.

Simiand F., 1910, Compte rendu de Demangeon, Blanchard, Vallaux, Vacher, Sion, *Année sociologique* 1906-1909, p. 723-732.

Sion J., 1909, *Les paysans de la Normandie orientale. Pays de Caux, Bray, Vexin normand, Vallée de la Seine*, Paris, Armand Colin, VI-544 p.

Vidal de la Blache P., 1885, « De quelques réformes de la terminologie géographique en France », *Revue de géographie*, t. 17, p. 169-173.

1888, « Des divisions fondamentales du sol français », *Bulletin littéraire*, 10 Octobre, p. 1-7, 10 Novembre, p. 49-57 [voir aussi préface de : Vidal de la Blache P., Camena d'Almeida P., 1897, *La France, Cours de géographie à l'usage de l'enseignement secondaire*, Paris, Armand Colin, 543 p].

1903, *Tableau de la géographie de la France*, Paris, Hachette, 395 p.

1904, « Les pays de France », *La Réforme sociale*, 5e série, t. 8, p. 333-344.

1904, « De la signification populaire des noms de pays », *Atti del congresso internazionale di scienze storiche (Roma, 1-9 Aprile 1903)*, p. 11-17.

1909, « Régions naturelles et noms de pays », *Journal des savants*, Septembre, p. 389-401, Octobre, p. 454-462.

1910, « Régions naturelles et noms de pays », *Comptes rendus des Séances et travaux de l'Académie des sciences morales et politiques*, 73, p. 101-128.

1911, « Sur la relativité des divisions régionales », *Athéna*, 11 Décembre, p. 1-8.

Van Gennep A., 1937, *Manuel de folklore français contemporain*, t. 3, Paris, A. Picard, 552 p.

4. Autres

Chamboredon J.-C., 1988, « Carte, désignations territoriales, sens commun géographique : les 'noms de pays' selon Lucien Gallois », *Etudes rurales*, 109, p. 5-54.

Cholley A., 1951, *La géographie (Guide de l'étudiant)*, Paris, PUF, 218 p.

Claval P., 1969, *Essai sur l'évolution de la géographie humaine*, Paris, Les Belles Lettres, 162 p. [Ière édition 1964].

Clozier R., 1942, *Histoire de la géographie*, Paris, PUF, 128 p.

Debarbieux B., 2001, « Différenciation et désignation géographique des objets alpins : six manières de faire », *Revue de géographie alpine*, t. 4, p. 43-65.

Giraut F. et Houssay-Holzschuch M., 2008, « Au nom des territoires ! Enjeux géographiques de la toponymie », *L'Espace géographique*, 2, p. 97-105.

Gohau G., 2002, *Histoire de la géologie*, Paris, La Découverte, 259 p.

Laboulais I., 2004, « Le voyage minéralogique de Guettard et Lavoisier », *Le voyage à l'époque moderne, Actes du Colloque des historiens modernistes*, Paris, Publications de Paris-Sorbonne, p. 65-82.

La Soudière M. de, 2004, « Lieux dits : nommer, dé-nommer, re-nommer », *Ethnologie française*, XXXIV, n° 1, p. 67-77.

Juillard É., 1967, « Historique de la notion de région dans la géographie française », Claval P., Juillard É., *Région et régionalisation dans la géographie française et dans d'autres sciecnes sociales*, Paris, Dalloz, p. 9-20.

Mathieu, N., 1983, « Les riches heures de la notion de pays », *Autrement-Mutations (le local dans tous ses états*), n° 47, février, p. 23-28.

Meynier A., 1969, *Histoire de la pensée géographique en France*, Paris, PUF, 224 p.

Orain O., 2008, *Le plain pied du monde. Postures épistémologiques et pratiques d'écriture dans la géographie française au* XXe *siècle*, Paris, L'Harmattan, à paraître.

Ozouf-Marignier M.-V., 2000, « Les géographes français et les 'mauvais pays', 1890-1930 », Berdoulay V., Soubeyran O. (dir.), *Milieu, colonisation et développement durable*, Paris, L'Harmattan, p. 73-84.

2004, « Le pays des leplaysiens : réalité sociale ou catégorie d'analyse », *Les Études sociales (les pays et leurs enjeux)*, 1er et 2e semestres, n ° 139-140, p. 7-38.

Ozouf-Marignier M.-V., Robic M.-C., 1995, « La France au seuil des temps nouveaux. Paul Vidal de la Blache et la régionalisation », *L'Information géographique*, t. 2, p. 46-56.

Robic M.-C. (dir.), 2000, *Le* Tableau de la géographie de la France *de Paul Vidal de la Blache, Dans le labyrinthe des formes*, Paris, Éditions du CTHS, 301 p.

1996, « La notion de pays chez Vidal de la Blache. Signification populaire et interprétation géographique », Redon O. (dir.), *Savoirs des lieux. Géographies en histoire*, Saint-Denis, Presses universitaires de Vincennes, p. 107-123.

1982, « Le pays et la défense du corps. Note à propos de *Régions naturelles et noms de pays* », *Géopoint 82 : Les territoires de la vie quotidienne. Recherche de niveaux signifiants dans l'analyse géographique*, Avignon, Groupe Dupont, Université de Genève, Université de Lausanne, p. 149-161.

Soubeyran O., 1997, *Imaginaire, science et discipline*, Paris, L'Harmattan, 482 p.

Marie-Vic OZOUF-MARIGNIER
Marie-Claire ROBIC

Groupe d'excursionnistes lors du « pèlerinage géographique d'Irlande en Italie » organisé par William Morris Davis (Harvard University) en 1911 (ici lors de l'excursion en Limousin conduite par Albert Demangeon, début septembre). Lucien Gallois est à droite de la photographie (debout), près de lui W.M. Davis, au centre (debout, vêtement foncé) se tient A. Demangeon

Groupe d'excursionnistes lors de l'« Excursion transcontinentale de l'American Geographical Society de New York » dirigée par William Morris Davis en 1912 à travers les USA. Lucien Gallois, debout, deuxième en partant de la gauche, à sa droite le géologue Emmanuel de Margerie, W.M. Davis au centre, accroupi (avec casquette)

L. GALLOIS
Professeur adjoint à la Faculté des Lettres de l'Université de Paris.

RÉGIONS NATURELLES

ET

NOMS DE PAYS

ÉTUDE
SUR LA RÉGION PARISIENNE

Avec 8 planches hors texte

INTRODUCTION

Le choix des divisions qu'il convient d'adopter dans l'étude des différentes régions du globe dépend de la conception même qu'on a de la géographie. Les anciens géographes ne s'en préoccupaient guère : n'ayant d'autre prétention que de décrire, ils s'en tenaient généralement aux États ou aux provinces. Ceux du XVIIe et du XVIIIe siècle restèrent plus attachés que jamais aux divisions politiques ou administratives. Comment s'en étonner, puisqu'ils ne séparaient pas la géographie de l'histoire? Mais à mesure qu'on a donné plus d'attention aux faits d'ordre physique, l'insuffisance des cadres traditionnels est apparue de plus en plus : la théorie des bassins fluviaux fut une première tentative pour trouver des divisions plus conformes à la réalité. L'étude du sol, du climat, de la végétation, de toutes ces causes qui se commandent et s'enchaînent, l'influence de plus en plus nettement aperçue des conditions physiques sur la vie matérielle de l'homme et, comme conséquence, sur les manifestations diverses de son activité, en montrant la nécessité d'expliquer les faits et non plus seulement de les constater, ont donné à la géographie une orientation nouvelle.

Les divisions politiques gardent, bien entendu, toute leur valeur : la vie économique d'un pays dépend, pour une part, de ses barrières de douanes. Les frontières sont des réalités, même quand elles ne répondent pas à des groupements de sympathies et d'intérêts que la force ne saurait imposer à la conscience des peuples. Le seul besoin de limiter son champ d'études conduit d'ailleurs souvent le géographe à conserver les cadres établis. Mais qu'il s'agisse de considérer le territoire d'un État dans l'ensemble dont il n'est pas possible de le détacher, qu'il s'agisse d'étudier en détail l'une de ses parties, il faut nécessairement adopter les divisions qui se prêteront le mieux au classement et à l'interprétation des faits, c'est-à-dire les emprunter à la nature elle-même. Ces divisions sont les régions naturelles.

L'expression est aujourd'hui couramment employée ; mais elle est prise souvent dans des sens différents. La nature est un ensemble très complexe. Quels caractères devront servir à distinguer les régions naturelles ?

Le problème se complique, dans nos pays de vieille civilisation, de difficultés particulières. Des noms y sont restés attachés depuis des siècles à des régions qui n'ont jamais correspondu à des divisions politiques ou administratives. Ce sont les noms de pays. Il semble bien qu'ils désignent de véritables régions naturelles et l'on a pu dire qu'il suffisait de les recueillir avec soin pour retrouver du même coup les divisions rationnelles du sol que l'instinct populaire, devançant la science, aurait depuis longtemps aperçues. Mais à quoi reconnaître les noms de pays ? Suffit-il qu'ils soient populaires et ne s'adaptent pas, ou ne s'adaptent plus à des divisions administratives ? D'autre part toute région naturelle a-t-elle vraiment un nom de pays ? Ceux qui s'appliquent aux études de géographie régionale savent combien ces questions sont parfois embarrassantes. Je me suis proposé d'y répondre dans le présent travail.

Le plan que j'ai adopté demande quelques explications.

Pour bien comprendre ce qu'on avait entendu par région naturelle, j'ai recherché comment on avait été conduit à cette notion. J'en ai trouvé l'origine, à la fin du XVIIIe et au début du XIXe siècle, chez les premiers géologues français : Monnet, Giraud-Soulavie, Cuvier et Brongniart, d'Omalius d'Halloy qui appartient au même groupe, et qui d'ailleurs, jusqu'en 1815, fut citoyen français. C'est en France aussi, par une conséquence presque nécessaire, que l'attention s'est portée d'abord sur les noms de pays. Je n'ai donc pas eu, dans ce préambule historique, à citer l'opinion de savants étrangers qui ne sont entrés que plus tard dans le débat, sans y apporter d'idées nouvelles. J'ai suivi avec soin les discussions auxquelles les problèmes qui se posaient avaient donné lieu. Il ne m'a pas semblé qu'il s'en soit dégagé une doctrine suffisamment nette. Il fallait donc, laissant de côté les théories, reprendre sans parti pris l'examen des faits.

J'ai choisi, pour l'étudier de ce point de vue, une portion assez étendue de notre territoire, celle qui va de Laon jusqu'à la Loire, des confins de la Normandie à ceux de la Champagne. Elle avait l'avantage de fournir, pour les noms de pays, des exemples nombreux et variés.

J'ai essayé, dans la conclusion, de généraliser les résultats de cette enquête.

D'assez longs appendices accompagnent cette étude. L'un est consacré aux noms de pays du département de l'Eure. N'acceptant pas entièrement les idées d'Antoine Passy qui avait pris ce département comme exemple, je devais contrôler ses affirmations sur le terrain même qui lui avait servi à les formuler.

J'ai reproduit deux études antérieurement publiées dans les *Annales de Géographie* sur des noms de pays n'appartenant pas à la région parisienne, parce qu'elles permettent de vérifier en d'autres parties du territoire français les conclusions auxquelles je suis arrivé. La première, sur le Bassigny, a été complètement remaniée grâce aux documents historiques qui n'étaient pas à ma connaissance lorsqu'elle a paru pour la première fois, grâce aussi à l'expérience acquise depuis par d'autres enquêtes. La seconde, plus récente, sur la Woëvre et la Haye, n'a guère été retouchée que dans les notes.

J'ai dû, pour rechercher dans le passé les traces des noms de pays, consulter les anciens traités de géographie et les anciennes cartes. L'emploi de ces dernières est assez délicat. Il est essentiel, quand on se sert de ces documents qui, presque toujours, ont eu de nombreux tirages, qui ont été copiés, imités, contrefaits, de s'assurer qu'on est bien en présence des tirages primitifs. On est exposé à se tromper d'un demi-siècle sur la date du dessin original. Il est donc nécessaire de procéder à un classement préalable. Ce travail m'a conduit, non pas à dresser un catalogue complet des cartes de la région parisienne —j'ai négligé, pour le XVIIIe siècle surtout, des imitations sans intérêt, —mais à suivre les progrès de la cartographie depuis ses origines, au XVIe siècle, jusqu'à l'exécution de la carte de Cassini, dans une région française particulièrement favorisée. Les résultats de cette étude m'ont paru mériter d'être connus. Nous sommes si mal renseignés sur l'histoire de notre cartographie que cette publication trouverait son excuse, même si elle ne fournissait pas l'indication d'une des sources de renseignements le plus souvent utilisées.

RÉGIONS NATURELLES
ET
NOMS DE PAYS

CHAPITRE I

LA NOTION DE RÉGION NATURELLE

Si l'on veut comprendre comment l'idée de région naturelle s'est introduite en France dans les esprits, il faut remonter jusqu'aux premiers essais tentés pour dresser la carte géologique de notre pays, c'est-à-dire pour en étudier directement le sol. Dès 1746, l'abbé Guettard publiait l'ébauche d'une carte géologique du Nord de la France et mettait en lumière la continuité des zones concentriques du bassin franco-anglais[1].

1. GUETTARD, *Mémoire et carte minéralogique sur la nature et la situation des terreins qui traversent la France et l'Angleterre* (*Hist. Acad. des Sciences*, 1746), p. 363. — Une erreur s'est glissée dans l'*Explication de la carte géologique de la France* de Dufrénoy et Élie de Beaumont, et je la signale parce qu'elle a été reproduite. Ils attribuent la première ébauche de la carte géologique de France à l'abbé Coulon. « Les traits les plus généraux et les plus simples de cette distribution sont déjà figurés avec un degré d'exactitude dont on a lieu d'être surpris dans une petite carte géologique de la France, publiée en 1664 par l'abbé L. Coulon, dans un ouvrage spécialement consacré à l'hydrographie. » DUFRÉNOY et ÉLIE DE BEAUMONT, *Expli-*

Plus tard Guettard s'adjoignit Lavoisier, ils étudièrent les terrains de la France du Nord et commencèrent à en dresser la carte. Un second collaborateur, Monnet, acheva une partie des cartes, en dressa d'autres et publia le tout, en 1780, avec un texte descriptif[1]. Il y insiste sur ce fait que la terre « n'est point formée d'un mélange confus de matières, mais que ces matières y sont distinguées les unes des autres et y observent tel ordre, que pendant une certaine étendue de pays, on trouve que telle ou telle matière en forme le fond.....

..... De là naît naturellement la division des terrains que nous distinguons sous les noms, par exemple, de pays à craie, et de pays à coquilles, etc.... On trouvera encore qu'il y a des pays qui sont caractérisés par deux ou trois matières qui s'y trouvent en même proportion ou à peu près et qui forment ensemble le même pays. Tel est par exemple le Soissonnais qui est formé de pierre calcaire et de sable ; une partie de la Thiérache qui est formée de marbre et de chyte[2]. » Ainsi Monnet est très frappé de l'existence de régions

cation de la carte géologique de la France, t. I, Paris, 1841, in-4, p. 16. L'ouvrage en question, indiqué en note, est le suivant : *Les rivières de France ou Description géographique et historique des cours et des débordements des rivières de France...* Paris, 1644 (et non 1664), 2 vol. in-8. Aucun des exemplaires que j'ai consultés ne contient de carte de ce genre et le texte ne fait aucune allusion à la nature du sol. Il n'y a pas eu d'autre édition que celle de 1644.

1. *Atlas et Description minéralogiques de la France,* Entrepris par ordre du Roi, par MM. Guettard et Monnet. Publiés par M. Monnet, d'après ses nouveaux voyages. Première partie comprenant le Beauvoisis, la Picardie, le Boulonnais, la Flandre française, le Soissonnais, la Lorraine allemande, une partie de la Lorraine française, le pays Messin, et une partie de la Champagne. Paris, 1780, in-4.

2. P. vii et viii.

ayant les mêmes caractères, mais il ne pense qu'à la composition minéralogique du sol; il ne semble pas qu'il ait aperçu tout ce que cette observation pouvait avoir de fécond pour l'étude de la géographie. Il a même soin de bien distinguer entre le sens qu'il donne au mot pays et celui qu'on lui attribue généralement, sans s'expliquer d'ailleurs sur cette acception vulgaire. « Le mot pays, dit-il, dans le langage des naturalistes, est très significatif, et présente à l'esprit une tout autre idée que celle qu'on y attache dans le langage ordinaire. Il désigne un ordre particulier de terrain dans une certaine étendue, pays à craie, pays à marbre....[1] » Il n'en est pas moins vrai que ces observations devaient nécessairement conduire à une conception nouvelle des divisions géographiques.

Exactement à la même époque, un autre des créateurs de la géologie française était amené lui aussi par l'examen direct du sol à des déclarations beaucoup plus nettes. Au début de son *Histoire naturelle de la France méridionale,* Giraud-Soulavie faisait observer que le partage physique du royaume était bien différent de son partage politique en diocèses, généralités ou gouvernements. « Le partage véritable et naturel de la physique de ce grand Royaume est fondé, disait-il, sur des principes plus relevés[2]. » C'est la première fois,

1. Au bas de la p. 1.

2. GIRAUD-SOULAVIE (l'abbé), *Histoire naturelle de la France méridionale.* Paris, 7 vol. in-8, 1780-1784. Voir t. I, p. 3-5. Soulavie fut un remarquable observateur. C'est lui qui a posé les principes au moyen desquels on peut établir l'âge relatif des terrains volcaniques. C'est lui aussi qui pour la première fois a montré le rôle que joue l'érosion dans la formation des vallées. Il a exposé ses idées sur ce sujet au t. VI de son *Histoire* : Principes de la

je crois, qu'on oppose ainsi les divisions politiques aux divisions naturelles. Il est vrai qu'en cherchant à établir ces divisions naturelles, Soulavie obéissait à des idées préconçues. Il adoptait les quatre grands bassins du Rhône, de la Garonne, de la Loire et de la Seine. Il était évidemment encore sous l'influence des théories de Buache et d'ailleurs il sortait du domaine de ses observations personnelles. Mais, quand il y rentre, combien ses remarques sont précieuses ! « J'ai souvent médité, dit-il, sur le système d'une division triviale du Vivarais, connu dans cette province dans les âges les plus reculés, puisqu'elle paraît dans les chartes les plus anciennes du gouvernement féodal. Le Vivarais est divisé, selon le plan, en Montagne, en Rive du Rhône, en Maillaguès, en Hautes et Basses Boutières, en Coiron et en Cevènes. La Nature est si différente dans ces contrées diverses, que ses variations influent puissamment sur les êtres organisés qui s'y trouvent, et surtout sur les productions végétales de la vie[1]. » Et il montre fort bien comment la nature du sol, l'altitude, le climat justifient cette division naturelle. S'il y eût eu alors dans nos différentes provinces des observateurs aussi pénétrants, combien la connaissance de la France en eût été avancée ! Il est étonnant que ce passage n'ait pas attiré l'attention ; mais il s'agissait d'un pays bien ignoré ; Soulavie, qui prit une part active à la Révolution, cessa de s'occuper d'histoire naturelle.

théorie des vallées ou sur les causes de la sculpture du globe terrestre. Voir sur ces travaux M. Boule, *Description géologique du Velay* (*Bullet. des Services de la carte géologique*, n° 28, t. IV, 1892-93, p. 12-13).

1. I, p. 154. J'ai reproduit, Appendice IV, tout ce passage de Giraud-Soulavie.

Son œuvre si remarquable n'eut pas le succès qu'elle méritait.

Ce désaccord entre les divisions politiques et les divisions naturelles du sol français que signalait Soulavie, il eût été possible de l'atténuer tout au moins, lorsque la Constituante, rompant les anciens cadres, décida d'en créer de nouveaux. Il ne semble pas que l'idée soit venue alors à personne de tenir compte des unités physiques. On se préoccupa surtout, dans cette œuvre hâtive, tout en faisant des concessions à l'opinion qui voulait conserver les anciennes provinces, de découper des circonscriptions d'étendue à peu près comparable, destinées à servir de cadres à toute l'organisation administrative. La géographie profita cependant, au moins indirectement, de cette division nouvelle. Elle nécessitait des enquêtes, ne fût-ce que pour l'établissement de l'impôt, et, dès 1796, l'ordre fut donné par le ministre de l'Intérieur, François de Neufchâteau, de faire procéder par département à des enquêtes statistiques. Ce fut le point de départ des travaux dont les résultats furent publiés dans les *Statistiques* dites « des Préfets », qui sont en réalité des états, quelques-uns fort remarquables, de la situation économique de ceux de nos départements qui ont donné lieu à ces publications[1].

La géologie et l'étude du sol n'étaient pas non plus

1. Voir sur ces enquêtes : J. PEUCHET, *Essai d'une statistique générale de la France*. Paris, an IX, in-8, et J. PEUCHET et P. G. CHANLAIRE, *Description topographique et statistique de la France*. Paris, 1810, 4 vol. parus, in-4. Préface historique. Le *Catalogue général de l'Histoire de France, Bibliothèque Impériale, Département des Imprimés*, t. I, 1855, in-4, contient la liste complète des Statistiques des Préfets, p. 50-51.

négligées. La Convention avait créé un Comité des mines qui décida de faire paraître un recueil : le *Journal des Mines*[1]. La rédaction en fut confiée à un homme dont le nom, bien ignoré aujourd'hui des géographes, mérite d'être tiré de l'oubli : Charles Coquebert de Montbret[2]. Fils d'un conseiller à la Cour des Comptes, il avait débuté dans la diplomatie comme consul à Hambourg, puis à Dublin. Rentré à Paris en 1793, il trouva, grâce à ses connaissances dans les sciences physiques et naturelles, un appui auprès de Fourcroy, de Monge, de Berthollet qui le firent mettre en réquisition par le Comité de Salut public pour l'établissement du système métrique et le Service des poudres. Il professait la géographie physique au Lycée républicain; il fit également, en 1796-97, un cours sur la géographie physique et les gîtes minéraux à l'École des Mines. Pendant tout le temps qu'il dirigea la publication du *Journal des Mines*, il ne cessa jamais de se préoccuper de l'étude physique du sol. Le Journal publiait des notices sur les richesses minérales de la France, par ordre alphabétique des départements. Coquebert mit en tête de chacune d'elles une petite description géographique[3]. Il aurait voulu que les ingénieurs, dans

1. Le *Journal des Mines* commença à paraître en vendémiaire an III (sept.-octobre 1794), fut interrompu en frimaire an VII (nov.-déc. 1798), probablement lors du départ de Coquebert de Montbret, repris en germinal an IX (mars-avril 1800) et continué jusqu'en 1815. Il fut alors remplacé par les *Annales des Mines* dont le premier volume, pour 1816, parut en 1817.

2. Charles Coquebert de Montbret, né à Paris en 1755. Voir sa *Notice biographique*, par le baron DE SYLVESTRE (*Mémoires publiés par la Société royale et centrale d'agriculture*, année 1832, p. 63-84).

3. Ces notices ne sont pas signées, mais elles sont certainement de Coquebert de Montbret. La table générale des matières pour les 28 premiers volumes les lui attribue.

leurs tournées, portassent leur attention sur tout ce qui intéresse la géographie[1]. Rentré, après le 18 brumaire, dans l'Administration des Affaires étrangères, il va à Amsterdam, à Londres, et quitte ce poste après la rupture du traité d'Amiens, pour être appelé au Conseil d'État, puis au Ministère de l'Intérieur, où il est chargé, en même temps que des Services de l'Agriculture, du Commerce, des Manufactures, de la direction de la Statistique. Un de ses futurs collaborateurs nous a laissé sur la manière dont il entendait s'acquitter de cette partie de ses fonctions des détails pleins d'intérêt. « Lorsque M. le baron Coquebert de Montbret, dit-il, était chargé de la direction de la Statistique de la France, il avait conçu le projet d'une description générale de ce vaste État, qui fût établie sur des bases moins variables que les divisions politiques ou administratives, et qui évitât les répétitions que nécessitent toujours les descriptions particulières de chacune de ces divisions artificielles ; il voulait en conséquence appuyer son travail sur une *division en régions physiques* ; mais il sentait que les bassins hydrographiques, invariables à la vérité, n'étaient pas plus féconds en résultats généraux que les circonscriptions politiques ; il pensait, au con-

1. En tête de la notice sur les Basses-Alpes (*Journal des Mines*, t. VI, an V, cah. 32, p. 619), Coquebert se montre déjà dans ces notices très préoccupé des divisions naturelles. Dans celle du département de l'Ain, il fait observer qu'il eût mieux valu lui rattacher « le petit pays précédemment connu sous le nom de Bresse châlonnaise... qui a en effet avec le reste de la Bresse beaucoup plus de rapports physiques qu'avec le département de Saône-et-Loire. » Il parle, à propos du département de l'Aisne, de ce qu'on entendait en général par Picardie, et des « petites contrées » qui y étaient contenues et qui, pour le département de l'Aisne, étaient la Thiérache, le Vermandois, le Laonnais, le Tardenois, le Soissonnais, partie du Valois et de la Brie champenoise ou Galvèse.

traire, que les seules divisions propres à atteindre le but qu'il se proposait étaient celles déterminées par la nature du sol. En effet, c'est de cette circonstance que dépendent les productions d'un pays, et malgré les modifications que peuvent apporter les mœurs, les gouvernements et les autres accessoires, les habitants sont en général dans une dépendance continuelle des productions de leur sol[1]. » L'exécution de ce projet supposait une étude préalable du sol français et une détermination de ses régions physiques. Il ne pouvait donc pas être question, pour Coquebert de Montbret, d'appliquer immédiatement ses idées. D'ailleurs il ne resta pas assez longtemps à la tête du Service de la Statistique. En 1805, il fut envoyé en Hollande, pour mettre à exécution le traité conclu à propos de l'Octroi de la navigation du Rhin. Il devint ensuite directeur général des Douanes de Hollande, après la réunion de ce pays à la France, et nous le retrouvons en 1812, à Paris, comme secrétaire général du Ministère du Commerce. Il prit sa retraite en 1815 et se consacra tout entier à un grand ouvrage sur la géographie physique et économique de l'Europe, dont il continua, en voyageant, à réunir les matériaux, et qu'il n'a pas eu malheureusement le temps d'achever. Nous verrons qu'il resta toujours fidèle à ses idées sur les divisions physiques et qu'il travailla jusqu'à sa mort à les propager.

La géologie se constituait. Elle trouvait dans l'étude

1. D'Omalius d'Halloy, *Observations sur un Essai de carte géologique de la France, des Pays-Bas et des contrées voisines* (*Annales des Mines*, t. VII, 1822, p. 353).

des fossiles le principe de méthode qui lui avait manqué jusque-là. En 1808, Cuvier et Brongniart avaient publié un *Essai sur la géographie minéralogique des environs de Paris,* ébauche d'un travail plus important qui parut en 1810 accompagné d'une carte[1]. Dans cette description, où, pour la première fois, la géologie sert de base à la géographie, ils distinguaient, sans les désigner de ce nom, un certain nombre de régions naturelles. « Le bassin de la Seine est séparé pendant un assez grand espace de celui de la Loire, par une grande plaine élevée, dont la plus grande partie porte vulgairement le nom de Beauce... Cette plaine s'appuie vers le Nord-Ouest à un pays plus élevé qu'elle, et surtout beaucoup plus coupé, dont les rivières d'Eure, d'Aure, d'Iton, de Rille, d'Orne, de Mayenne, de Sarte, d'Huine et de Loir tirent leurs sources ; ce pays, dont la partie la plus élevée, qui est entre Seez et Mortagne, formait autrefois la province du Perche et une partie de la basse Normandie, appartient aujourd'hui au département de l'Orne... »[2]. Ils parlent ailleurs de la région « qui porte vulgairement le nom de Gâtinais français ».

1. L'*Essai sur la Géographie minéralogique des environs de Paris,* par MM. Cuvier et Alex. Brongniart, fut lu le 11 avril 1808 à l'Institut et inséré dans le *Journal des Mines* (t. XXIII, 1808) et dans les *Annales du Muséum* (t. XI, 1808). Il fut ensuite considérablement augmenté par les auteurs et publié avec le même titre dans: *Mémoires de la classe des sciences mathématiques et physiques de l'Institut Impérial de France* (année 1810, Paris, 1811). C'est à tort que le tirage à part de cette seconde édition indique, dans la préface, que la lecture fut faite en 1810. Cette seconde édition est accompagnée d'une *Carte géognostique des environs de Paris,* par MM. Cuvier et Brongniart (1810). Il y eut une troisième édition (in-4) en 1822, sous le même titre, et une quatrième (in-8) en 1835, sous le titre : *Description géologique des environs de Paris.*

2. *Journal des Mines,* t. XXIII, 1808, p. 422-423.

En 1808 également, un tout jeune homme, d'Omalius d'Halloy, originaire de Liège, qui était venu à plusieurs reprises suivre à Paris les cours du Muséum d'histoire naturelle, publiait un *Essai sur la géologie du Nord de la France,* c'est-à-dire de toute la région comprise entre le Boulonais, le Sud de l'Ardenne et le Rhin[1]. Ce mémoire est tout à fait important pour le sujet qui nous occupe. Se proposant de décrire les différentes formations géologiques de cette vaste région, d'Omalius hésite sur la méthode à suivre, et se décide pour une division « en régions ou contours géologiques, pour l'établissement desquels » il combinera « la nature et l'aspect du terrain avec les positions géographiques ». Voici les divisions qu'il établit : d'abord, à l'Ouest, une région basse et unie, dont un canton moins étendu, la Campine, ne présente en général que des bruyères ou des landes sablonneuses ; le reste comprend toute la ci-devant Flandre et peut être désigné de ce nom. Viennent ensuite les terrains plus anciens du Boulonais et du Hainaut et entre les deux une région « de calcaire horizontal » le ci-devant pays d'Artois qui n'est, en réalité, que le prolongement vers le Nord du « vaste bassin crayeux de la Picardie ». Au Sud-Est, « le pays montueux » est traversé dans toute sa longueur par une bande aride formant une région bien caractérisée, c'est l'Ardenne. Entre l'Ardenne et les terres basses de la Flandre, il distingue le Condros,

1. *Essai sur la Géologie du Nord de la France* (*Journal des Mines,* t. XXIV, 1808, p. 123-158, 271-318, 345-392, 439-466). Sur d'Omalius d'Halloy, voir l'excellente notice d'ÉDOUARD DUPONT dans : *Annuaire de l'Acad. roy. des sciences, des lettres et des beaux-arts de Belgique,* t. XLII, 1876, p. 181-296.

nom « que l'usage vulgaire applique à la majeure partie de cette étendue ». Enfin, à l'Est, l'Eifel, le Hündsruck, et ce qu'il appelle le Luxembourg et le Palatinat. Il y aurait des réserves à faire sur les noms donnés à ces différentes régions. D'autre part, d'Omalius n'a en vue qu'une division pouvant se prêter à une description géologique : ce n'en est pas moins une division géographique qu'il ébauche, tout entière fondée sur la nature du sol, c'est-à-dire une division en régions naturelles.

Ces idées répondaient trop bien à celles de Coquebert de Montbret, pour qu'il n'ait pas encouragé le jeune géologue à étendre son œuvre. Il mit à sa disposition ses propres observations et tous les renseignements fournis par le bureau de la Statistique et par les ingénieurs des Mines. D'Omalius accepta avec joie de coordonner toutes ces données et de dresser une carte des différentes natures de sol de l'Empire français. Il avait déjà, pour préparer son *Essai sur le Nord de la France,* entrepris à pied de longs voyages. Il en fit d'autres plus étendus, parcourut, toujours à pied, l'Italie, les Alpes, la Bavière, la Souabe, tout le Sud-Est, l'Ouest et le Centre de la France, et, à la fin de 1813, il remettait au Comité des Mines une carte accompagnée d'un mémoire explicatif. L'une et l'autre ne purent être publiés qu'en 1823, la carte à une échelle réduite. Elle portait comme titre : *Essai d'une carte géologique de la France, des Pays-Bas et de quelques contrées voisines,* dressé par J.-J. d'Omalius d'Halloy d'après les matériaux recueillis de concert avec M. le baron Coquebert de Montbret[1]. Outre qu'elle était

1. *Observations sur un Essai de carte géologique de la France, des Pays-Bas*

plus étendue et plus précise que les premiers essais de Guettard et Monnet, elle en différait en ce qu'elle distinguait les terrains par leur âge et non plus par leur nature. Ce n'était pas exactement ce qu'avait souhaité Coquebert de Montbret et, dans son mémoire, d'Omalius expose les raisons qui l'ont décidé. « Deux points de vue principaux semblent conduire également à la division d'un pays en régions physiques déterminées par la nature du sol : l'un le considère géologiquement, c'est-à-dire par époque de formation ; l'autre ne l'envisage que sous le rapport de sa nature minéralogique, ou plutôt chimique. On croirait, au premier aperçu, que ce dernier moyen est celui qui atteint le mieux le but, puisqu'il semble le plus en rapport avec l'action que certaines terres exercent sur la végétation ; mais, d'un autre côté, les différents états des substances qui composent le terrain, la position physique du sol, et d'autres circonstances qui tiennent aux époques de formation, exercent souvent une influence aussi marquée. C'est ainsi que les pâturages des Alpes pennines, les garrigues du Languedoc et les champs de la Beauce présentent de bien grandes différences dans leur aspect et leurs productions, quoique le sol y soit également de nature calcaire[1]. « Et il mon-

et des contrées voisines, par J.-J. D'OMALIUS D'HALLOY (*Annales des Mines*, t. VII (1822), p. 353-376). Ce mémoire a été composé à la fin de 1813, dit une note au bas de la page 353. La carte est à l'échelle de 1 : 4 000 000 environ. Elle accompagne également les quatre premières éditions des *Éléments de Géologie* de d'Omalius et ne fut supprimée qu'à partir de la publication de la carte de Dufrénoy et Élie de Beaumont en 1840. Il en a été fait une reproduction au Dépôt de la guerre belge en 1878.

1. P. 355-356. D'Omalius aurait pu ajouter que les changements de facies dans les couches de même âge empêchent de tenir compte sur une cart

tre l'avantage d'une carte proprement géologique, c'est-à-dire fondée uniquement sur la considération de l'âge des terrains. Toutefois, pour donner satisfaction à son collaborateur, il prépara avec lui une édition à plus grande échelle, où Coquebert de Montbret devait introduire des renseignements agricoles, notamment les limites de culture de la vigne, de l'olivier, de l'oranger. Mais cette carte, bien que la mise en vente en ait été annoncée, n'a jamais paru [1].

D'Omalius, en dressant sa carte géologique d'après l'âge des terrains, n'entendait d'ailleurs pas renoncer aux principes qui l'avaient guidé en 1808. Il restait convaincu que la nature du sol peut fournir des divisions applicables à la géographie autant qu'à la géologie et il le disait dans un autre mémoire composé et lu à l'Institut en 1813, mais qui ne parut qu'en 1817 [2]. Dans ce travail, où il détermine l'étendue des dépôts tertiaires qui entourent Paris, il montre fort bien que ces for-

géologique d'autre chose que de l'âge des terrains, considération essentielle pour le géologue, moins importante pour le géographe qui se préoccupe davantage de la nature des terrains. Les deux points de vue auxquels se plaçaient d'Omalius et Coquebert de Montbret n'étaient pas les mêmes.

1. Coquebert de Montbret présenta seulement en 1825 à la Société de géographie de Paris une carte manuscrite intitulée : *Essai d'une carte agricole de la France, des Pays-Bas et de quelques contrées voisines*, par M. le baron Coquebert de Montbret. Cette carte, qui est conservée à la Bibliothèque de la Société, représente simplement par des teintes plates : les pays sans vignes, les pays à vignes, à oliviers, à orangers. Elle témoigne de recherches très consciencieuses. La limite septentrionale de la vigne y est indiquée avec une très grande précision.

2. *Mémoire sur l'étendue géographique du terrain des environs de Paris*, par J. J. d'Omalius d'Halloy (lu à l'Institut, le 16 août 1813) (*Annales des Mines*, t. I, 1816. Paris, 1817, p. 230-266). La carte est à l'échelle de 1 : 2 000 000 environ. Elle est accompagnée de la première coupe qui ait été donnée du bassin de Paris du Nord au Sud, de Hirson à Guéret.

mations « ont une véritable disposition géographique, ce qui divise jusqu'à un certain point la contrée en régions physiques, qui se distinguent par leur aspect et leurs productions agricoles[1] ». En fait, ces différentes régions ne sont pas déterminées avec précision ; il ne s'agit encore que d'une ébauche : c'est ainsi que d'Omalius confond dans une même division tous les dépôts tertiaires situés au Nord de la Seine, « pays à sol inégal, sillonné par beaucoup de vallées et de vallons, d'une nature assez sèche, où la culture est très variée et se distingue par la production de beaucoup de vins ». Il caractérise mieux le pays connu sous le nom vulgaire de Brie, « humide et couvert d'étangs, ce qui est dû aux argiles qui accompagnent le calcaire siliceux et les meulières dont le sol est presque partout recouvert » ; la Beauce, « grand plateau de calcaire d'eau douce... remarquable par son uniformité et sa culture presque exclusivement en graines céréales » ; le pays « nommé vulgairement le Gâtinais, contrée basse, humide, peu fertile et généralement couverte de forêts[2]. » Il nomme encore, en bordure et en dehors des formations tertiaires, la région connue sous le nom vulgaire de Perche, pays de bocage, sillonné par de nombreux vallons, la Sologne, basse, marécageuse, peu fertile et de nature sableuse, la Touraine, la Puisaye, la Champagne, le Perthois, le pays de Bray.

A cette époque l'influence de la nature du sol sur les faits géographiques est très nettement aperçue par nos

1. P. 248.
2. P. 248-49.

géologues. En 1818, dans son éloge de Werner, Cuvier la proclame sur un ton lyrique qui l'entraîne à dépasser la mesure : « La Lombardie n'élève que des maisons de brique, à côté de la Ligurie qui se couvre de palais de marbre. Les carrières de travertin ont fait de Rome la plus belle ville du monde ancien ; celles de calcaire grossier et de gypse font de Paris l'une des plus agréables du monde moderne. Mais Michel-Ange et le Bramante n'auraient pas pu bâtir à Paris dans le même style qu'à Rome, parce qu'ils n'y auraient pas trouvé la même pierre ; et cette influence du sol local s'étend à des choses bien autrement élevées. A l'abri des petites chaînes calcaires inégales, abondantes en sources, qui coupent l'Italie et la Grèce, dans ces charmants vallons riches de tous les produits de la nature vivante, germèrent la philosophie et les arts. » Mais ce qui suit devient contestable : « Dans les pays où les lois, le langage sont les mêmes, un voyageur exercé devine par les habitudes du peuple, par les apparences de ses demeures, de ses vêtements, la constitution du sol de chaque canton, comme d'après cette constitution le minéralogiste philosophe devine les mœurs et le degré d'aisance et d'instruction. Nos départements granitiques produisent sur tous les usages de la vie des hommes d'autres effets que les calcaires : on ne se logera, on ne se nourrira, le peuple, on peut le dire, ne pensera jamais en Limousin ou en Basse-Bretagne, comme en Champagne et en Normandie.[1] »

Après les environs de Paris, la province de France

1. *Éloge historique d'Abraham Gottlob Werner*, lu le 16 mars 1818. CUVIER, *Recueil des Éloges historiques...*, t. II, 1819, in-8, p. 325-326.

qui la première fut l'objet d'une étude géologique méthodiquement conduite fut la Normandie. Grâce à l'initiative de la Société Linnéenne de Normandie, un certain nombre de savants entreprirent la description géologique des sept départements de la Seine-Inférieure, de l'Eure, de l'Orne, du Calvados, de la Manche, de la Sarthe et de l'Oise. Chacune de ces descriptions devait être accompagnée d'une carte à la même échelle. Cette œuvre considérable n'a pas été achevée : elle exigea en effet plus de temps qu'on ne l'avait pensé d'abord ; mais, outre des études fragmentaires, elle a donné lieu à quatre publications importantes : les descriptions géologiques du département du Calvados par de Caumont, de la Seine-Inférieure et de l'Eure par Antoine Passy, de l'Oise par L. Graves. Les travaux de de Caumont et de Passy doivent, pour la question qui nous occupe, retenir tout particulièrement notre attention.

L'*Essai sur la topographie géognostique du département du Calvados* qui parut dès 1828 est une œuvre remarquable par la justesse et la netteté des idées qui y sont exprimées[1]. « L'étude de la géologie, dit M. de Caumont, se lie essentiellement à celle de la géographie physique et de la géographie proprement dite ; car les roches produisent, selon leur nature, une configuration différente du sol. Il n'est personne qui n'ait été frappé du contraste qui existe entre l'uniformité de la plaine de Caen et les régions montagneuses du Bocage. Si j'ajoute que la presqu'île du Cotentin s'avance au-

1. De Caumont, *Essai sur la topographie géognostique du département du Calvados*. Caen, 1828, in-8, et Atlas in-4.

jourd'hui dans la mer, parce que ses roches, d'une assez grande dureté, ont opposé à l'action des flots plus de résistance que les autres, qu'il en est de même de la presqu'île de Bretagne, de celle de Cornouailles..., il restera démontré que la géologie est nécessaire pour connaître à fond la géographie. Sans elle on ne pourra bien distinguer les régions naturelles qui forment des divisions et des subdivisions bien plus rationnelles que les divisions politiques qui changent avec les siècles et ne sont basées que sur le caprice. Enfin je pense que la géographie n'arrivera à son plus haut degré de perfection que lorsque la constitution géologique du globe sera assez bien connue, pour que l'on puisse dresser de bonnes cartes géologiques de tous les pays. Elles seules peuvent en effet donner une idée exacte de la configuration du sol ; les cartes ordinaires les mieux faites ne sauraient indiquer que la différence qui existe entre un pays montueux et un pays plat ; jamais elles ne rendront le *facies* particulier des éminences calcaires, schisteuses, granitiques ou quatzeuses (*sic*) : au lieu que les cartes géologiques, en indiquant les différentes espèces de roches par des couleurs diverses, font aussi prévoir quelle est la configuration du sol, outre qu'elles offrent l'immense avantage d'en indiquer la nature[1]. » Et plus loin : « Peut-il voyager avec fruit celui qui ne possède pas quelques notions de géologie ? qu'il parcoure la Suisse, l'Auvergne, la Normandie, ou tout autre pays ; il verra bien des montagnes, des plaines, des sites variés, mais dans tout cet assemblage il ne distinguera que des pierres confusément entassées,

1. P. 7.

de l'aspect desquelles il ne pourra que jouir machinalement. Que de circonstances inaperçues viendront au contraire le charmer s'il peut reconnaître la nature des terrains et fixer leur niveau géologique ! Il verra chaque butte, chaque vallée, avec un plaisir qui ne peut être bien conçu que par ceux qui l'ont éprouvé[1]. »

Un de ses chapitres est intitulé : topographie physique et régions naturelles. Il en compte trois principales, subdivisées en plusieurs autres qu'il décrit en quelques mots avec une exactitude parfaite. Il s'excuse de faire à la géographie une part qu'on pourra trouver excessive, mais il a cru « devoir insister sur tout ce qui pouvait montrer la liaison de la géognosie des roches avec la géographie physique, la géographie des plantes, la géographie économique etc....[2] » Il observe très justement que les matériaux de construction et l'aspect des maisons ne sont pas les mêmes dans les trois régions qu'il distingue. Il y a dans ces pages un sentiment très exact de la nature, pas de généralisations hâtives, pas d'exagérations.

Dans sa *Description géologique de la Seine-Inférieure*, qui parut en 1832[3], et plus tard dans celle du département de l'Eure qui n'a été publiée qu'après sa mort, en 1874[4], Antoine Passy professe la même doctrine. Comme de Caumont, il saisit parfaitement le lien qui existe entre la géologie et la géographie ; comme lui, il est un partisan convaincu des régions naturelles. « On

1. P. 11.

2. P. 60, note 1.

3. Antoine Passy, *Description géologique du département de la Seine-Inférieure*. Rouen, 1832, in-4.

4. *Description géologique du département de l'Eure*. Évreux, 1874, in-4.

trouve éparses, dit-il, dans plusieurs anciens écrivains des remarques ingénieuses et des vues justes que l'état de la science ne leur avait pas permis de porter bien loin » et il cite le passage de Monnet sur les pays à craie ou à marbre. Il ajoute : « Ces remarques n'embrassent qu'un seul côté de la question ; mais ces différences minéralogiques, comme on disait alors, ou géologiques, ont pour corollaires des changements dans l'aspect du pays, dans la végétation, dans sa culture, dans la forme des habitations, leur disposition isolée ou par groupes, et c'est à ces distinctions qu'on a donné le nom de régions naturelles. »

Les mêmes idées trouvaient une pleine confirmation dans un ouvrage fondamental pour la connaissance du sol français : l'*Explication de la carte géologique* de Dufrénoy et Élie de Beaumont, dont le premier volume parut en 1841[1]. Dès 1811, avant l'achèvement de la carte de d'Omalius d'Halloy, on avait reconnu la nécessité de faire procéder à une étude plus attentive du terrain. Le projet fut repris en 1822, mais le travail ne commença effectivement qu'en 1825. Sous la direction de Brochant de Villiers, professeur de géologie à l'École des Mines, deux jeunes ingénieurs, Dufrénoy et Élie de Beaumont, furent chargés des reconnaissances. Une grande carte géologique en six feuilles, à l'échelle de 1 : 500 000, était terminée en 1835 et communiquée déjà à plusieurs savants ; mais les difficultés de la gravure en retardèrent l'apparition jusqu'en 1840. On en publia en même temps une réduction à 1 : 2 000 000, servant de

1. Dufrénoy et Élie de Beaumont, *Explication de la carte géologique de la France*. Paris, in-4, t. I, 1841 ; t. II, 1848 ; t. III, 1873.

tableau d'assemblage, et bientôt après commença à paraître le texte explicatif. Les deux auteurs y reprennent, à leur tour, les déclarations de leurs devanciers : « L'étude de la constitution de l'écorce du globe terrestre, réduite à la considération des masses principales et véritablement importantes, nous la présente.... comme composée de pièces d'une assez grande étendue, dont chacune offre un certain degré d'homogénéité[1]. » Et rappelant les passages cités plus haut de Monnet, ils ajoutent : « Les contours de chacun de ces pays, d'une composition spéciale, sont ordinairement assez faciles à saisir, parce que chacune des matières minérales qui constituent les différents compartiments de l'écorce terrestre imprime généralement à la partie correspondante de la surface des caractères particuliers : d'où il résulte que leurs limites respectives se décèlent extérieurement par des circonstances plus ou moins frappantes, que l'œil saisit avec facilité dès que l'esprit en est prévenu[2]. »

Il semble donc qu'à cette date rien n'ait dû empêcher l'application à la géographie de principes proclamés avec cette unanimité par des savants sans parti pris, dont la conviction s'était faite par l'observation directe de la nature. On constate, non sans regret, qu'il a fallu au contraire beaucoup de temps pour qu'ils fussent acceptés, et qu'ils n'ont vraiment pénétré dans la géographie en France qu'après 1870.

De ce retard les causes sont multiples. Et d'abord la géologie était encore une science toute nouvelle. Bien

1. P. 4-5.
2. P. 5.

peu de personnes en soupçonnaient l'intérêt et les applications pratiques. Le public instruit en était resté aux célèbres discussions entre Plutoniens et Neptuniens. Dès le début, Coquebert de Montbret, qui jusqu'à sa mort, en 1831, ne cessa de travailler à la vulgarisation des idées qu'il voulait introduire dans l'étude de la terre, put s'apercevoir qu'il n'était pas suivi.

La Société de Géographie de Paris avait été fondée en décembre 1821. Il comptait naturellement parmi les premiers adhérents. Sur sa proposition, la Société mit au concours, en 1824, la question suivante : « Description physique d'une partie quelconque du territoire français, formant une région naturelle. La Société indique comme exemples les régions suivantes : Les Cévennes proprement dites, les Vosges, les Corbières, le Morvan, le bassin de l'Adour, de la Charente, celui du Cher, celui du Tarn, le Delta du Rhône, la côte basse entre Sables d'Olonne et Marennes, la Sologne, enfin toute contrée de la France distinguée par un caractère physique particulier. Les rapports physiques et moraux de l'homme, lorsqu'ils donnent lieu à des observations nouvelles, doivent être rattachés à la description de la région[1]. » Deux mémoires furent adressés en 1827. L'un était intitulé : *Essai sur la description physique du bassin du Cher,* l'autre : *De l'état ancien et de l'état actuel de la baie du Mont Saint-Michel et de Cancale, des marais de Dol et de Châteauneuf, et des environs de Saint-Malo, depuis le cap Fréhel jusqu'au Cotentin.* Hélas! ni l'un ni l'autre des concurrents n'avait compris ce que voulait dire l'expression « région

1. *Bulletin de la Soc. de Géog.*, t. II (1824), p 43, 44.

naturelle ». Le premier surtout n'avait décrit que les contrées arrosées par le Cher, dans la traversée du département de ce nom. Et dans son rapport Coquebert de Montbret lui explique que « le bassin d'une rivière ne doit obtenir cette dénomination *région naturelle* qu'autant que le pays sur lequel il s'étend offre dans toute son étendue une même constitution physique de laquelle résultent les mêmes productions, le même genre d'agriculture, et, généralement parlant, les mêmes habitudes populaires, toutes choses qui sont en relation les unes avec les autres[1]. » Il montre qu'il ne fallait pas confondre un pays granitique, tel que la partie du sud du Berry, et un pays de plaines calcaires, tel que le reste de cette province. Pour éviter toute méprise, il répète une fois de plus que le but de la Société est de voir substituer des limites prises dans la nature à celles que donnent les circonscriptions administratives, de voir déterminer des régions offrant des analogies naturelles, au lieu des rapports arbitraires et variables qui résultent des divisions politiques. Le sujet fut maintenu au concours jusqu'en 1836, mais il ne tenta plus personne, ce qui est significatif.

Il faut bien se rendre compte aussi qu'il ne suffisait pas de proclamer un principe. Ces régions naturelles du sol français, comment les reconnaître, comment en dresser la liste? Pour cette œuvre délicate, les documents faisaient encore trop souvent défaut. Malgré le soin avec lequel elle avait été dressée, la carte géologique à 1 : 500 000 de Dufrénoy et Élie de Beaumont

1. *Rapport sur le Concours relatif à la description d'une région naturelle de la France* (*Ibid.*, t. IX (1828), p. 143, 149).

n'était encore qu'une ébauche. Toute carte géologique à grande échelle doit nécessairement être précédée d'un levé topographique. Les premières feuilles de la carte d'État-Major à 1 : 80 000 parurent en 1833 ; en 1850, le public n'avait à sa disposition qu'un peu plus de la moitié de la collection. Dès 1835, il est vrai, le directeur général des Mines demandait aux préfets de faire voter par les Conseils généraux les crédits nécessaires à l'exécution des cartes géologiques départementales, à l'imitation de ce qui avait été fait déjà dans quelques parties de la France. La demande fut généralement accueillie et l'on se mit presque partout à l'œuvre. Mais l'entreprise était longue, les auteurs de compétence inégale, l'entente n'existait pas toujours entre eux sur les divisions à établir dans la stratigraphie. La publication de ces monographies s'espacera sur plus de quarante années et la série n'est pas complète. Une œuvre d'ensemble s'imposait, ce fut la Carte géologique détaillée, établie sur les feuilles de la carte topographique à 1 : 80 000, dont l'exécution fut décidée en 1868, commencée après 1870, et s'achève actuellement. C'est le document fondamental, indispensable à l'étude du sol français, le véritable guide du géographe dans la recherche des régions naturelles.

En fait, tant qu'on n'a pas eu à sa disposition ces ressources de travail, disons : tant qu'on n'a pas connu avec précision la nature du sol de la France, toute tentative pour fonder sur ce principe une division rationnelle devait conserver un caractère provisoire. Les grandes unités pouvaient être discernées sans difficulté ; il n'en était pas de même pour les petites. On s'exposait même à ne pas se rendre suffisamment compte de ce que pouvaient être des unités de ce genre. Nous aurons l'occasion d'examiner dans la suite les premiers essais tentés pour établir une division rationnelle de la France, et nous verrons qu'ils n'échappent pas à toute critique.

Outre ces raisons, il y en avait une autre, peut-être plus puissante encore, c'est que la théorie des régions naturelles se heurtait à un autre principe de division beaucoup plus commode, qui devait séduire par sa simplicité ceux que l'observation directe du sol ne mettait pas en défiance : le principe des bassins fluviaux. On sait que l'origine de cette théorie est dans un mémoire de Buache présenté en 1752 à l'Académie des Sciences[1]. Cherchant à déterminer les traits généraux de la structure du globe, Buache les trouve, sur les continents, dans les chaînes de montagnes qu'il fait coïncider avec les lignes de partage des eaux. Il les prolonge, au travers des Océans, par des chaînes sous-marines, jalonnées par les terres émergées : archipels, îles, parfois même simples bancs de sables. L'idée que les lignes de partage doivent correspondre à des hauteurs fut assez généralement acceptée. L'écoulement des eaux ne suppose-t-il pas nécessairement une pente? Lorsqu'en 1804 Walckenaer fit paraître la traduction de la *Géographie* de Pinkerton, il mit en tête une introduction de Lacroix, où les conceptions de

1. [Philippe] Buache, *Essai de géographie physique, où l'on propose des vues générales sur l'espèce de Charpente du Globe, composée des chaînes de montagnes qui traversent les mers comme les terres...* (*Hist. Acad. roy. des Sciences*, 1752. *Mémoires de math. et de phys.*, p. 399-416). Voir pl. I la reproduction de la carte du bassin de la Seine qui accompagne ce mémoire.

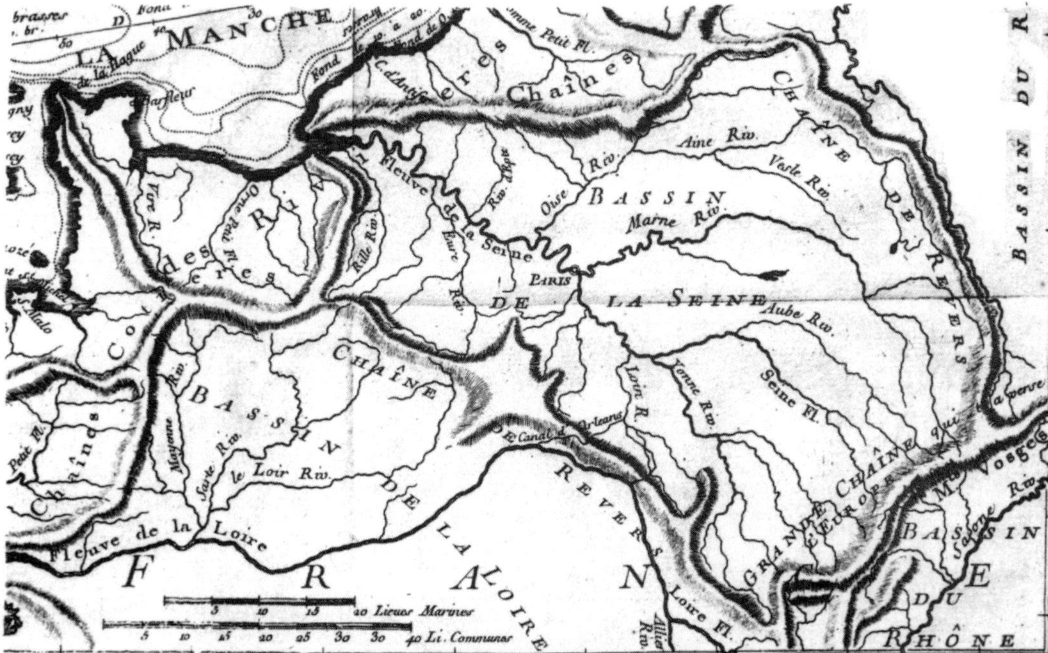

Le bassin de la Seine, d'après la carte qui accompagne le Mémoire de Buache (1752). Réduction de 1/5e.

Buache sont adoptées sans restriction[1]. L'Atlas qui accompagnait cet ouvrage avait été revu et corrigé par J. N. Buache : il faut lui rendre cette justice qu'il mit une certaine discrétion dans le dessin de ses chaînes montagneuses. Lacroix donna en 1811 une seconde édition, très augmentée, de son introduction. Dans un chapitre intitulé : Description des régions naturelles de la surface terrestre, il reprend la théorie des bassins qu'il illustre même par un exemple tiré du bassin de la Seine.

En vain Malte-Brun, dans son *Précis de la Géographie universelle* qui commença à paraître en 1810[2], montrait-il tout ce qu'il y avait d'arbitraire dans les affirmations de Buache, en vain faisait-il observer qu'il n'y a « que des collines au centre de la Russie d'Europe, quoiqu'on y trouve le partage d'eaux entre quelques-uns des plus grands fleuves de l'Europe », l'Atlas de Lapie, qui accompagne cet ouvrage, contient des cartes où l'orographie est d'accord avec les principes condamnés[3]. Sur la carte de France, en particulier, on trouve, pour la première fois si je ne me trompe, deux chaînes de hauteurs se détachant des Faucilles pour encadrer la vallée de la Meuse. Malte-Brun lui-même, au

1. *Géographie moderne* rédigée sur un nouveau plan par J. PINKERTON. Traduite de l'anglais par C.-A. WALCKENAER. Introduction par S.-F. LACROIX. Accompagnée d'un Atlas in-4° de 42 cartes dressées par ARROWSMITH, d'après les dernières et les meilleures autorités. Revues et corrigées par J.-N. BUACHE. Paris, an XII.

2. MALTE-BRUN, *Précis de la géographie universelle ou Description de toutes les parties du monde* sur un plan nouveau, d'après les grandes divisions du globe, 8 vol. Paris, 1810-1829.

3. *Atlas complet du Précis de la géographie universelle de M. Malte-Brun*; dressé..... par M. LAPIE, Capitaine Ingénieur géographe, Paris, 1812, in-f°.

tome VIII, où il décrit la France, rattache nos montagnes à « la ligne de faîte qui divise l'Europe en deux grands versants : Les Pyrénées se réunissent aux Cévennes, les Cévennes aux Vosges, qui elles-mêmes se rattachent au Jura vers le Sud et vont former les Ardennes vers le Nord[1]. » La chaîne Armorique, dit-il plus loin, « va s'unir au plateau de la Beauce, qui n'est séparé que par la petite vallée qu'occupe le Vernisson de la branche qui forme les montagnes du Morvan. C'est ainsi que ces deux chaînes peuvent être considérées comme formant un seul groupe[2] ».

Le partisan le plus décidé des lignes de partage et de la théorie des bassins qui en est la conséquence fut un officier, longtemps attaché au Dépôt de la guerre, Denaix. Pour lui, la seule division rationnelle qu'on doive adopter, non seulement dans les études de géographie physique, mais en général dans toute étude géographique, c'est la division par bassins. Il écrivait en 1827 : « Sans supposer des chaînes de montagnes alignées où il n'y a que des groupes irréguliers ; sans supposer des liaisons où les chaînes ne sont pas continues ; sans supposer des arêtes apparentes où, hors les temps d'écoulemens extraordinaires amenés par les pluies, l'œil chercherait vainement une ligne de séparation des eaux, l'on ne saurait nier que les bassins hydrographiques ne soient entourés et séparés les uns des autres par une suite de faîtes ou de *dos,* formant une ceinture de montagnes, de collines ou de talus... Puisque les arêtes supérieures des plans inclinés sur

1. P. 182.
2. P. 183.

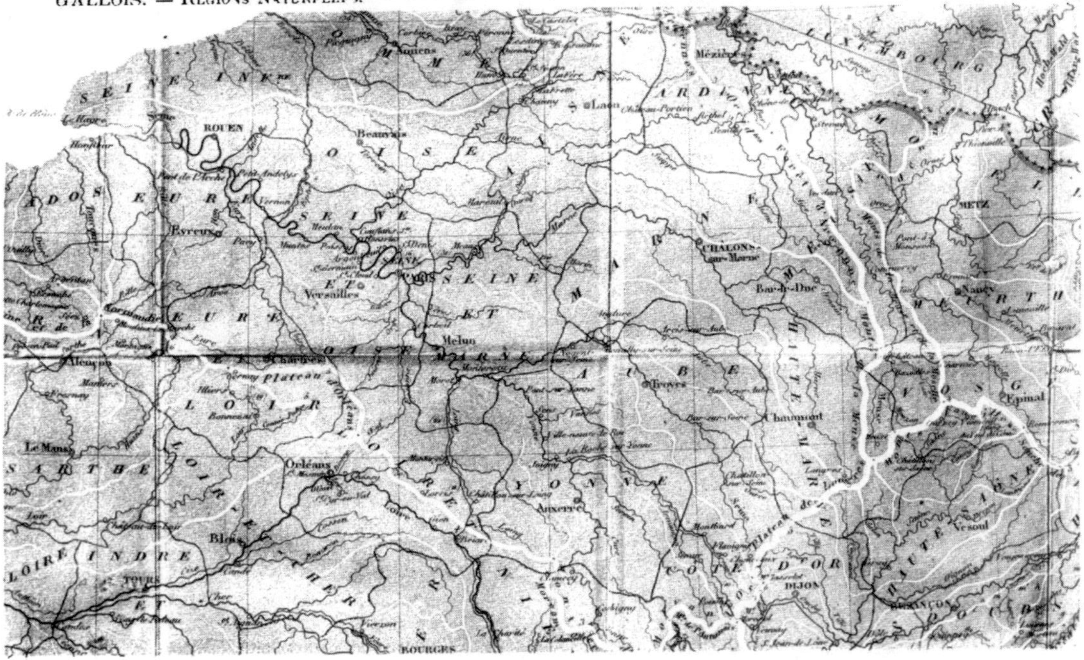

Fragment d'une carte accompagnant la *Géographie prototype de la France* de Denaix (1841). Réduction de 1/5ᵉ.

lesquels se précipitent les météores aqueux forment l'intersection commune de versans opposés, les températures, les produits, les communications ont, par cette opposition, des caractères qui leur sont propres, et que l'on doit étudier avec soin, si l'on veut connaître les rapports et les discordances des différentes parties de la terre. La division du globe en ses régions naturelles [lisez : bassins hydrographiques] est donc la base fondamentale de toute étude géographique[1]. » En 1841, Denaix publiait, comme application de ses idées, une *Géographie prototype de la France,* accompagnée d'une carte[2]. Le principe des lignes de partage y est suivi jusqu'à ses conséquences extrêmes : jamais on n'a poussé plus loin le dédain des réalités.

C'est à ces théories que répondaient Dufrénoy et Élie de Beaumont lorsqu'ils écrivaient, précisément en 1841 : « Les lignes géologiques qui déterminent les contours des masses minérales dessinent, en quelque sorte, le squelette d'une contrée, tandis que les lignes hydrographiques ne représentent que ces traits purement extérieurs qui, sur un même visage, varient avec les années. De plus, les vallées des rivières ne sont que des sillons isolés, tandis que le modelage général du relief de la terre se rattache aux lignes géologiques. Si nous pouvions voir la surface de la terre de très loin et bien éclairée par le soleil, comme nous voyons celle de la lune, à peine y distinguerions-nous de légers enfoncements que suivent les plus grands fleuves, et les

1. A. Denaix, *Essais de géographie méthodique et comparative.* Paris, 1827, in-8, p. XIII-XIV.

2. A. Denaix, *Géographie prototype de la France.* Paris, 1841, in-8. Voir pl. II la reproduction d'une partie de la carte de Denaix jointe à cet ouvrage.

lignes de proéminences qui nous frapperaient le plus seraient presque toujours intimement liées à la forme et à la distribution des masses minérales. Ces lignes proéminentes ne peuvent rester sans influence sur la direction des cours d'eau, cependant elles ne déterminent pas toujours le contour des bassins hydrographiques, parce qu'elles présentent souvent des dentelures qui permettent aux rivières et même aux grands fleuves de les traverser. De là des discordances nombreuses et souvent capitales qui existent entre le relief réel de la surface d'une contrée et le dessin linéaire que le tracé des cours d'eau semble présenter de ce même relief[1]. »

Ce langage si juste, si mesuré, ne devait pas trouver d'écho. Les temps n'étaient pas encore venus.

1. *Ouv. cité*, p. 8.

CHAPITRE II

LES NOMS DE PAYS

Parmi les difficultés qu'ont rencontrées ceux qui les premiers ont proposé, en géographie, des divisions rationnelles, il en est une qui doit être examinée à part : quels noms convenait-il de leur attribuer? Cette question des noms a plus d'importance qu'il ne paraît tout d'abord : on a dit avec raison qu'il n'y a pas de science précise sans une bonne nomenclature. Pour avoir appliqué, sans une attention suffisante, aux régions naturelles des noms qui appartenaient à d'autres divisions, on a créé et perpétué des confusions qui ont fini par obscurcir la notion même de région naturelle.

Dès 1808, nous l'avons vu, d'Omalius d'Halloy s'était préoccupé de cette difficulté. Après avoir exposé les raisons pour lesquelles il procéderait, dans sa *Description géologique du Nord de la France,* par régions géographiques, il écrivait : « Les dénominations qu'il convenait de donner à ces régions ne laissaient pas de présenter certaines difficultés : je ne pouvais les désigner par la nature du terrain et les noms des départements, puisqu'une même formation se retrouve dans des parties très éloignées les unes des autres, et que les départements sont quelquefois traversés par plusieurs de ces divisions naturelles : une simple série numérique n'eût point assez facilité la mémoire ; j'ai pensé que je pouvais employer soit les noms vulgaires par lesquels les habitants distinguent déjà des pays caractérisés par un aspect ou des productions particulières, soit les noms des anciennes provinces qui pourraient se trouver comprises dans l'étendue de ces régions, et qui ayant perdu leur démarcation administrative, ne présentaient pas une idée aussi exacte à cet égard que les départements actuels[1]. » Le procédé est en somme le suivant : déterminer des régions naturelles fondées avant tout sur la nature du sol, et leur attribuer soit des noms de pays correspondant à peu près à ces régions, soit des noms de provinces qui en rappellent suffisamment l'étendue. Ce sont à peu près les mêmes principes qu'il appliqua plus tard à un projet de division rationnelle du globe qu'il ne cessa, pendant toute sa vie, de recommander aux géographes.

Détourné en 1815 de ses travaux scientifiques par ses fonctions administratives[2], d'Omalius y revint après 1830 et se mit à écrire des livres didactiques. En 1831, il publiait ses *Éléments de géologie*[3]. Il y introduit, en 1835, une description abrégée du globe « considérée sous le rapport purement géographique[4] ». Il donne

1. *Essai sur la géologie du Nord de la France*, p. 19-20.

2. De 1815 à 1830, d'Omalius d'Halloy fut gouverneur de la province de Namur.

3. *Eléments de Géologie*, Paris, 1831, in-8.

4. *Éléments de Géologie ou seconde partie des Éléments d'histoire naturelle inorganique*, par J.-J. d'Omalius d'Halloy, 2e édition. Paris, 1835, in-8. Le traité de géologie devient ainsi le 2e vol. d'un ouvrage dont le premier porte comme titre : *Introduction à la géologie ou première partie des Éléments*

à part, en 1839, une *Division de la terre en régions géographiques*[1]. Il résume enfin ses idées, en 1844, dans une *Note sur les divisions géographiques* communiquée à l'Académie royale de Bruxelles[2].

Son but est de substituer, dans la description du globe, aux divisions politiques arbitraires et changeantes, des divisions permanentes qu'il appelle géographiques. Elles seront nécessairement de plusieurs ordres. Pour les plus grandes unités : continents et principales subdivisions des continents, aucune difficulté, la nature fournit des indications suffisantes. Par divisions de 3e ordre, il entend surtout les principaux États. Il ne faut pas, en effet, sous peine de ne pas être suivi, se mettre trop ouvertement en contradiction avec l'usage. Mais, à défaut de groupements politiques suffisamment homogènes, il adopte des divisions plus conformes aux conditions naturelles, et leur conserve les noms que la tradition et l'histoire leur attribuent, ou il en crée, quand il n'y en a pas. Il appelle Italie la péninsule limitée au Nord par la ceinture alpine, bien

d'histoire naturelle inorganique, contenant des notions d'astronomie, de météorologie, de minéralogie, avec un Atlas de 3 tableaux et 17 planches, par J.-J. d'Omalius d'Halloy. Paris, 1833, in-8. — Il peut paraître singulier de voir une description du globe figurer dans un Traité de géologie : c'est que d'Omalius donne au mot géologie un sens très étendu. Il y comprend : la géographie, la géognosie, la géogénie. Par géographie, il entend d'ailleurs la géographie physique, même une partie seulement de la géographie physique. Il renvoie tout ce qui concerne la géographie politique aux ouvrages de statistique. Lui-même a publié plus tard : *Notions élémentaires de statistique*. Paris, s. d., in-8.

1. *Division de la terre en régions géographiques, conformément aux Éléments de géologie*, par J.-J. d'Omalius d'Halloy. Paris, 1839, in-8. Atlas de 6 cartes.

2. *Note sur les divisions géographiques* (*Bull. de l'Acad. roy. des Sciences et Belles-lettres de Bruxelles*, t. XI, IIe partie, 1844, p. 197-213).

qu'il n'y ait pas alors politiquement d'Italie, Slavogrèce notre péninsule des Balkans. Beaucoup plus intéressant est ce qu'il dit des unités plus petites, des unités de 4e ordre. « Je crois de même, écrivait-il en 1835, qu'il convient d'approprier des noms de petits États ou de provinces à la désignation des divisions de quatrième rang, ou plutôt de chercher, autant que possible, à pouvoir considérer comme telles ces petits États ou ces provinces ; mais il est souvent difficile de rattacher ces divisions politiques à des considérations naturelles, du moins lorsqu'elles sont encore en vigueur ; car, lorsqu'elles n'ont plus de délimitations officielles et que cependant leur nom est encore conservé par l'usage, comme pour la plupart des anciennes provinces de France, il est plus facile d'approprier ces dénominations à une division naturelle ; mais ce qui est surtout favorable pour ce genre de division, ce sont les régions caractérisées par quelques circonstances orographiques ou géognostiques, que le peuple sait généralement saisir avec beaucoup de discernement, et qu'il désigne presque toujours par des noms particuliers, que les géographes ont trop souvent négligés, pour s'attacher à des dénominations administratives, qui s'oublient aussitôt que la circonstance qui les a fait naître a cessé d'exister[1]. » Il revient avec insistance, en 1844, sur ces petites unités naturelles. Il demande qu'on les distingue avec soin. Mais il est impossible qu'une seule personne ou même qu'un groupe de personnes habitant un même pays détermine ces unités pour des régions étendues. « On n'obtiendra quelque chose de complet sur cette

1. *Éléments de géologie*, 2e édition, p. 42, en note.

matière qu'après que des habitants de chaque pays auront concouru à ce travail. Or, pour atteindre ce but, il faut appeler l'attention sur ce genre de recherches en présentant des exemples de semblables divisions, en stimulant, en quelque manière, le zèle des habitants d'un pays par l'imperfection de celles de ces divisions que l'on propose pour les régions qu'ils connaissent et en relevant, s'il est permis de s'exprimer de la sorte, les contrées géographiques de la défaveur dont elles sont frappées aux yeux des géographes ; défaveur qui est telle, que quand ils éprouvent la nécessité de citer une division de cette nature, ils se croient obligés d'employer un correctif, et de dire : la contrée *vulgairement* désignée par un tel nom. Cependant, bien loin de voir dans cette application du mot vulgaire une cause de mépris, on devrait, au contraire, y voir un titre d'illustration, car si une dénomination qui n'est soutenue par aucune disposition du pouvoir, peut s'établir ou se maintenir dans l'usage vulgaire, c'est qu'elle satisfait à un besoin en donnant un moyen plus facile de désignation ou en établissant une division plus naturelle que ce qui est consacré par les dénominations ou les démarcations politiques. Je pense donc que c'est à ces subdivisions vulgaires que l'on doit donner la préférence pour les descriptions géographiques...[1] » C'est la réhabilitation des noms de pays.

Mais si d'Omalius recommande d'adopter de préférence comme divisions les régions naturelles, il se hâte d'ajouter que dans la pratique la règle devra souf-

1. *Note sur les divisions géographiques*, p. 198-199.

frir de nombreuses exceptions. « Toutes les portions de la surface de la terre ne sont pas assez nettement tranchées pour que l'on puisse y appliquer un semblable système, et souvent ces divisions rompent d'autres rapports qui doivent être conservés[1]. » La chaîne des Alpes, par exemple, est une véritable unité naturelle ; or « l'usage s'astreindra-t-il jamais à admettre que l'Italie, la France, l'Allemagne, la Hongrie ne contiennent aucune portion de cette vaste chaîne de montagnes[2] ? » Il y a ici une confusion singulière entre les unités physiques et les unités politiques et l'on s'étonne que d'Omalius ait l'air de s'y laisser prendre. C'est qu'en réalité il est dominé par l'idée de découper des compartiments dont aucun ne chevauchera sur le voisin. Dès lors, malgré tout son désir de tenir compte des conditions naturelles, ses divisions risqueront toujours d'être arbitraires. Et il le reconnaît bien lui-même, quand après avoir montré qu'on peut fonder les divisions du globe sur des principes très différents, il ajoute : « il convient d'avoir aussi des divisions qui, n'étant pas déterminées par un principe exclusif, puissent mieux se prêter aux divers besoins de l'usage et que j'appelle *géographiques,* parce qu'elles n'ont d'autres caractères constants que d'exprimer une portion déterminée de la surface de la terre[3]. » En réalité ses divisions sont le résultat d'un compromis entre les conditions naturelles et des nécessités pratiques mal définies, et les noms qu'il leur donne se ressentent de cette indécision : empruntés le plus souvent à d'ancien-

1. *Ibid.*, p. 199.
2. *Ibid.*, p. 200.
3. *Ibid.*, p. 200.

nes divisions politiques, ils sont plus ou moins arbitrairement adaptés aux divisions nouvelles.

La note présentée en 1844 à l'Académie de Bruxelles est suivie d'un tableau des « régions et contrées géographiques du globe ». Il n'est présenté que comme une ébauche. La France, qui comprend tout le pays situé au Sud du Rhin, y est divisée en sept régions principales : Plateau Central, Bassin de Paris, Ouest, Sud-Ouest, Pays entre le Rhône et les Alpes, Pays entre les Alpes et l'Ardenne, Pays entre le Rhin et le Pas-de-Calais. Voici, à titre d'exemple, les subdivisions qu'il propose pour le Bassin de Paris[1].

Basse-Bourgogne.	Auxerrois.
	Sénonnais.
Gâtinais.	Septentrional.
	Propre.
	Puisaye.
Nivernais.	
Berry.	Oriental.
	Occidental.
Sologne.	
Beauce.	Basse.
	Haute.
	Chartrain.
Perche.	
Parisis.	Hurepoix.
	Mantais.
	Plaine de St-Denis.
Brie.	
Champagne.	Propre.
	Perthois.
	Réthelois.
	Montagne de Reims.

Picardie.	Méridionale.	Tardenois.
		Valois.
		Beauvaisis.
		Noyonnais.
		Soissonnais.
		Laonnais.
	Septentrionale.	Thiérache.
		Vermandois.
		Santerre.
		Amiénois.
		Ponthieu.
		Vimeux.
Haute-Normandie.		Pays de Bray.
		Vexin.
		Pays de Caux.
		Roumois.
		Pays d'Ouche.
		Neubourg.
		Lieuvain.

Aucune indication n'est fournie sur les raisons qui

1. *Ibid.*, p. 204-205.

ont déterminé ce choix; mais si l'on veut se rendre compte de la manière dont procède d'Omalius, on en peut trouver un excellent exemple dans sa *Description géologique de la Belgique,* édition nouvelle, mais complètement remaniée, de l'opuscule de 1808. Elle parut en 1842 accompagnée d'une carte qui résumait les travaux encore inédits de Dumont[1]. D'Omalius y reste fidèle aux divisions géographiques. « Si nous recherchons, dit-il, quelles sont, dans la Belgique, les *contrées géographiques* que l'usage conserve indépendamment des divisions politiques, nous reconnaîtrons que l'on peut en distinguer de deux sortes : les unes, qui se rattachent uniquement à quelques considérations naturelles, semblent remonter aux temps historiques les plus lointains; les autres qui tirent leur origine d'anciennes démarcations politiques[2]. » De la première catégorie sont l'Ardenne, le Condros, la Herve, la Famenne, etc..., de la seconde la Flandre, le Brabant, le Hainaut. Ayant fait une enquête pour savoir ce qu'on désignait au juste par Ardenne, d'Omalius avait constaté qu'on était loin de s'entendre. « On est d'autant moins d'accord sur sa délimitation que, ce nom annonçant un mauvais pays, les habitants des contrées voisines l'étendent ou le restreignent d'après leur point de départ et que ceux de l'Ardenne le renvoient respectivement à la partie occupée par ceux qui parlent un

1. *Coup d'œil sur la géologie de la Belgique*, par J.-J. d'Omalius d'Halloy. Bruxelles, 1842, in-8. Cet opuscule a été inséré, en 1853, dans l'*Abrégé de géologie*, qui est en réalité la 6e édition des *Éléments de géologie*, et dans les éditions de 1862 et 1868, cette dernière parue sous le titre de *Précis élémentaire de géologie*.

2. P. 3.

idiome différent; c'est ainsi que les habitants des contrées fertiles de la rive gauche de la Meuse comprennent souvent le Condros dans l'Ardenne, et que les habitants de la partie de l'Ardenne où l'on parle le patois liégeois ne reconnaissent pour l'Ardenne que la partie où l'on parle le patois lorrain. » Et il conclut : « Je crois que le meilleur moyen d'avoir une marche fixe et conforme à l'usage le plus général, c'est de considérer l'Ardenne comme limitée par les dépôts calcaires qui donnent un caractère particulier et plus de fertilité aux contrées qui l'environnent[1] ». Il n'y comprend donc pas le Condros, sur les limites duquel il hésite également : « On peut considérer cette région comme limitée par la Meuse et la plaine qui s'étend entre les parties inférieures de la Meuse et du Rhin, mais la portion septentrionale de cette étendue est plus connue sous le nom de *pays de Herve* et celle du Sud-Est sous le nom de *Famenne*[2]. » Même difficulté à propos des noms politiques : « On désigne ordinairement sous la dénomination de Hainaut, non seulement la province belge de ce nom, mais aussi la partie orientale du département français du Nord, et l'on peut considérer cette contrée comme se prolongeant jusqu'à la Meuse, de manière à comprendre le reste du pays entre la Sambre et la Meuse, pays que l'on considère quelquefois comme une petite contrée particulière laquelle a beaucoup de rapports avec le Condros, dont elle est en quelque manière le prolongement[3]. » On voit, par ces exemples, comment procède d'Omalius, il accepte

1. P. 4, note.
2. P. 5.
3. P. 6.

bien les données populaires ou historiques, mais il les interprète pour les adapter à ses contrées géographiques.

En 1844, Victor Raulin esquissait lui aussi une division de la France en régions naturelles[1]. Il avait débuté, dans sa longue carrière scientifique, par la publication, en 1843, de la première carte géologique, à échelle moyenne, de la région parisienne[2]. En la comparant à celle de Cuvier et Brongniart, parue en 1810, on peut juger des progrès qu'avait faits en trente ans l'étude du sol. Tout l'essentiel s'y trouve, il ne restera plus qu'à préciser les détails. « Pour faire saisir, comme il le dit lui-même, les rapports entre la géographie physique et la géognosie[3], » Raulin avait inscrit sur chacune des régions géologiques un nom de pays. En voici la liste en allant de l'Ouest à l'Est et du Nord au Sud : Basse-Picardie (au Nord de Beauvais, entre le Thérain et l'Oise), Noyonnais, Laonnais, Soissonnais, Thiérache, Vexin normand, Pays de Bray, Pays de Thelle, Vexin français, Valois, France, Tardenois, Champagne, Pays d'Ouche, Perche, Mantois, Hurepoix, Beauce, Brie, Gâtinais. Comment ces noms avaient-ils été choisis?

1. *Géologie de la France* (tir. à part 1844), dans *Patria*. Paris, 1847, in-12, t. I, col. 291. — Félix-Victor Raulin (1815-1905) enseigna de 1846 à 1885 la géologie à la Faculté des sciences de Bordeaux. Outre sa *Carte géognostique des environs de Paris*, il a publié : en 1847, *Mémoire sur la Constitution du Sancerrois*; en 1858, *Statistique géologique du département de l'Yonne*; en 1859, *Description physique de l'Ile de Crète*, sans compter un grand nombre de travaux particulièrement sur la géologie de l'Aquitaine.

2. *Carte géognostique du Plateau tertiaire parisien*. Paris, 1843. Échelle : 1 : 300 000.

3. Raulin (Vor), *Notice explicative de la Carte géognostique du plateau tertioire parisien* (*Rev. gén. de l'Architecture et des Travaux publics*, 4e année, 1843, p. 222-229).

« Nous avons inscrit sur notre carte les noms des anciennes divisions de cette partie de la France. Ces noms cadrent parfaitement avec la nature du sol[1]. » L'expression « anciennes divisions » est bien vague. Revenant plus tard sur cette carte, Raulin s'exprime un peu différemment : « Nous les avons désignées, dit-il, [les régions naturelles] par les dénominations usitées dans le pays, sans avoir besoin d'en créer de nouvelles[2]. » Mais tous ces noms sont-ils vraiment usités dans le pays? Ont-ils été dûment vérifiés? C'est ce que nous aurons l'occasion d'examiner dans la suite de ce travail. D'ailleurs Raulin n'insiste pas encore sur cette question des noms et ne fait pas de théorie.

Dans son travail de 1844, il propose une division de la France en 21 régions naturelles, qu'il désigne soit par des noms de montagnes : Alpes, Pyrénées, Vosges, Maures, Jura, Plateau central, Ardenne, soit par des noms de provinces : Provence, Bretagne, etc..., soit par des noms tirés de la nature du sol : Causses. Il la reprend en 1852, en l'étendant à la botanique, et la réduit à 16[3]. « Elles se distinguent, dit-il, les unes des autres par des caractères extérieurs bien tranchés et sont constituées chacune par un terrain particulier, ou par un grand groupe de terrains. Leurs limites ne coïncident pas du tout avec celles des grands bassins orographiques et hydrographiques. » Tous les noms sont empruntés à la division précédente. Il n'établit pas encore

1. *Ibid.*, p. 227.

2. *Essai d'une division de l'Aquitaine en pays* (*Actes de l'Acad. de Bordeaux*, t. XIV, 1852, p. 410).

3. *Essai d'une division de la France en régions naturelles et botaniques* (*Actes de la Société Linnéenne de Bordeaux*, t. XVIII (1852), p. 41-80).

de divisions élémentaires. Mais, en 1852 également, il fournit un exemple, pour l'Aquitaine, de ce que peuvent être ces subdivisions[1].

Ce travail est précédé d'un préambule où les considérations historiques se mêlent à d'autres d'un caractère plus géographique. Il est assez difficile d'en dégager une doctrine nette. Raulin semble croire que les anciennes divisions historiques se sont exactement superposées à des divisions naturelles. Ces « causes permanentes », et aussi l'influence religieuse, — car les divisions ecclésiastiques ont été calquées sur les anciennes divisions politiques — ont contribué à les maintenir à peu près. Leurs dénominations sont restées vivantes dans l'usage. Il ne s'agit donc que de les recueillir, Raulin dit: « de savoir choisir celles qui peuvent être les meilleures[2], » ce qui ne s'explique pas très bien, si ces dénominations correspondent vraiment à des divisions naturelles. Mais voici qui est plus grave : « Le géologue, en se servant de ces anciens noms,... ne peut donc les accepter tels que la politique et l'usage même les ont faits ; il doit les modifier dans leur contour, de manière que chaque nom représente une unité véritable, simple, et non une unité flanquée çà et là facticement de portions d'autres unités.... Tantôt une unité se divise en plusieurs parties ayant chacune son nom ; tantôt, au contraire, certaines portions seulement ont des dénominations particulières[3]. » Il y a dans tout cela des observations

1. *Essai d'une division de l'Aquitaine en pays* (*Rec. cité*, p. 401-436).
2. P. 410.
3. P. 416.

justes, mais aussi comme un aveu que les choses ne sont pas aussi simples qu'on veut bien le dire. D'autre part Raulin dit qu'il a recueilli les noms en usage, soit dans ses excursions, soit sur les anciennes cartes. Le second procédé, nous le verrons, ne doit être employé qu'avec précaution. En résumé, il y a là un effort très intéressant pour distinguer des régions naturelles, et un peu d'arrangement pour y appliquer des noms qui ne sont peut-être pas tous des noms de pays. C'est à peu près de la même manière qu'avait procédé d'Omalius.

Une troisième tentative pour déterminer les régions naturelles du sol français se rattache au nom d'Antoine Passy. Déjà, en 1832, un passage de sa *Description géologique de la Seine-Inférieure* fait pressentir quelle sera sa doctrine. « Le bon sens des paysans, dit-il, a devancé la science. Il a distingué par un nom particulier chaque étendue offrant le même aspect ou la même culture[1]. » Affirmation singulièrement hasardée et qui le conduira, nous le verrons, à des idées inexactes sur les pays.

Il reprend la question en 1857 dans son *Essai sur les contrées naturelles de la France*[2]. Il a substitué le mot contrées au mot régions parce qu'il entend réserver celui-ci aux très grandes surfaces : Steppes, llanos, pampas, déserts, systèmes de montagnes. A leur tour les contrées se subdivisent en cantons naturels « petits territoires souvent enclavés dans les régions ou les

1. *Ouv. cité*, p. 196.

2. *Essai sur les contrées naturelles de la France* (*Recueil des travaux de la Soc. libre d'agric., sciences, arts et belles-lettres de l'Eure*, 3e série, t. V, 1857-1858, p. 129-150).

contrées, mais qui s'en distinguent par une appellation locale fondée sur la présence d'un terrain particulier. Cette circonstance leur constitue une économie agricole appropriée à leur structure ». Ces régions, contrées ou cantons naturels, Passy avait cherché à les déterminer pour la France entière. Il en avait dressé une carte qui est restée inédite. Comment avait-il procédé? On voudrait trouver dans son travail des explications plus satisfaisantes. Passy commence par déclarer que si « ces divisions physiques de la France ne figurent plus dans les géographies modernes, elles apparaissent souvent dans les anciens traités de cette science; on les rencontre dans nos chroniques, et la mention de leurs noms dans ces temps reculés nous prouve que c'était la désignation réelle du pays. Ce nom souvent est antérieur même à l'époque où la puissance romaine a divisé notre territoire suivant ses convenances administratives[1]. » Et plus loin : « Le travail que j'ai entrepris, et dont je ne puis donner ici que le plan, consiste donc à retrouver au-dessous des dénominations officielles les dénominations antiques et constantes des divers membres de notre territoire ; à prouver que ces noms ne sont pas dus au hasard ou au caprice, que ce ne sont pas des sobriquets, pour ainsi dire, qui leur auraient été infligés ; mais que les appellations que ces parties de la France ont reçues de nos ancêtres, et qu'elles conservent de nos jours, sont fondées sur des données rationnelles. C'est un sous-sol géographique qu'il s'agit de mettre au jour[2]. » Ainsi c'est dans le

1. P. 130.
2. P. 131.

passé qu'il faudrait aller rechercher les noms qui correspondent aux divisions naturelles. Mais si ces dénominations « antiques et constantes » se conservent encore de nos jours, comme dit Passy, n'est-il pas plus commode et plus sûr d'en constater simplement l'existence ? « Les limites précises des régions naturelles sont difficiles à établir en ne consultant que les géographies, les cartes et les autres documents, dit-il encore ; mais, dans le pays même, il n'y a pas d'incertitudes. Le paysan dit : « Vous êtes en Morvan ou en Bazois, dans le Bocage ou dans la Campagne, en Vexin ou en Lyons, en Ouche ou en Lieuvin. » La conclusion serait qu'il faut partout procéder à des enquêtes de ce genre, mais Passy se dérobe : « J'ai dû recourir à une règle qui ne m'a pas trompé : ce sont les observations géologiques. En examinant les circonscriptions des régions ou des cantons naturels, on retrouve leurs limites par le changement du sol et du sous-sol : et cela était facile à prévoir[1]. » Et plus loin : « C'est en combinant les indications données par les cartes anciennes, les cartes géologiques et les documents anciens et nouveaux que j'ai tracé leurs limites[2]. » Il s'agit, il est vrai, ici des limites et non plus des noms, mais puisque les noms correspondent aux divisions naturelles, en retrouvant les unes on déterminera plus facilement les autres. Il est un point sur lequel Passy n'insiste pas dans ce travail : toutes les régions naturelles ont-elles des noms ? Il se contente, tout au début, d'une déclaration très générale et qui aurait besoin

1. P. 142.
2. P. 150.

d'être appuyée d'exemples; il l'admet d'ailleurs implicitement, puisqu'il s'attache précisément à rechercher ces dénominations[1]. Sa doctrine en somme n'a jamais varié sur ce point. Ce qu'il affirmait, en 1832, dans sa *Description de la Seine-Inférieure*, il le répète avec plus de netteté encore dans sa *Description géologique de l'Eure*. « Nous devons, dit-il,... caractériser géologiquement et agricolement les divisions physiques de notre territoire, plus anciennes que les divisions admises par les Romains et le Moyen-Age. Ces dénominations ne répondent pas aux divisions ecclésiastiques, féodales, juridiques ou administratives qui ont prévalu dans le monde officiel; elles sont demeurées inébranlables à travers les siècles dans le langage usuel des habitants. Nous ferons remarquer d'abord que les divisions naturelles du sol n'ont pas de limites précises. C'est la nature du terrain qui les fait reconnaître et dénommer, mais elles n'en sont pas moins admises avec certitude. D'après leur caractère physique et leur aspect individuel, les diverses parties de notre territoire ont reçu chacune un nom spécifique et ce nom se joint habituellement à celui des communes qui y sont comprises, pour les distinguer de leurs homonymes situés dans une autre région[2]. » Nous aurons précisément à examiner ce qu'il peut y avoir de vrai dans ces théories. Il est impossible, cependant, de ne pas remarquer dès maintenant qu'elles se concilient

1. « Dans toutes les parties du monde, on remarque des territoires qui se istinguent des territoires limitrophes par une physionomie particulière ou ontrastante. Ces espaces ont des caractères physiques qui leur sont propres : un nom significatif leur est attribué. » P. 129.

2. A. Passy, *Description géologique du département de l'Eure*, p. 61-62.

difficilement avec l'exemple tiré du département de l'Eure. Qu'est-ce en effet que ces deux noms de Vallée de la Seine, Plateau entre la Seine et l'Eure, donnés à deux des régions naturelles que Passy distingue avec raison dans ce département ?

D'Omalius, en 1861, revient encore une fois sur la nécessité d'adopter en géographie des divisions indépendantes des variations politiques et sur les noms qu'il convient de leur attribuer[1]. Il résume tout d'abord le débat. « M. V. Raulin, dit-il, envisageant la question entièrement sous le rapport des sciences naturelles a cru pouvoir faire concorder toutes ses divisions avec les considérations orographiques et géognostiques... M. A. Passy, persuadé que les dénominations particulières que l'on donne à certaines contrées sont toujours déterminées par des circonstances naturelles, s'est attaché à rechercher toutes les dénominations de ce genre qui ont été en usage en France et il a consigné les résultats de cet immense travail sur une carte qui n'est pas encore publiée[2]. » Il rappelle qu'il s'est placé à un autre point de vue et définit avec plus de précision encore ce qu'il a prétendu faire : « Tout en reconnaissant... la convenance d'appuyer ces divisions sur des considérations naturelles, j'ai cru que pour rendre ces divisions plus pratiques, il convenait également d'avoir égard à l'usage et de tâcher de les coordonner dans un système général de classification, en rejetant d'anciennes dénominations, tombées plus ou moins en désué-

1. *Notice sur les divisions géographiques de la région comprise entre le Rhin et les Pyrénées* (*Bullet. de la Soc. géologique de France*, 2e série, t. XIX, p. 215-239).

2. P. 216.

tude, lorsqu'elles sont inutiles, ou lorsqu'elles contrarient les nouveaux usages[1]. » Il reste donc fidèle à son principe, et s'est contenté d'introduire dans son projet de division de la France en régions géographiques quelques modifications sans importance. Pour les noms à donner à ces unités, les meilleurs seront évidemment ceux qui leur appartiennent exclusivement : les noms de pays ; tout ce qu'il propose pour les autres revient à dire qu'on se conformera à l'usage.

Il n'a pas été publié depuis d'étude théorique sur toutes ces questions, et le débat reste ouvert.

Plus on s'est dégagé des divisions artificielles, plus on a senti la nécessité de se conformer aux indications fournies par la nature, plus l'attention s'est portée sur les noms de pays. Mais les uns, subissant l'influence des idées de Passy, ont été tentés d'attribuer à toute région naturelle un nom de pays, ou même, renversant les termes du problème, ont pensé trouver dans les noms de pays une aide commode pour la détermination des régions naturelles. L'inscription sur la carte de France à 1 : 500 000[2] des noms vulgaires, tentative très intéressante à coup sûr, mais prématurée, parce qu'il eût été nécessaire de procéder tout d'abord à une revision critique de tous ces noms, a eu pour résultat de leur conférer comme une existence officielle et d'encourager ces tendances. Les autres, plus réservés, plus familiers avec l'histoire, ont bien compris qu'une partie de ces noms n'avaient qu'une origine

1. *Ibid.*
2. *Carte de la France dressée au Dépôt des Fortifications.*

historique, ou n'étaient que des appellations commodes, sans aucune valeur géographique. Il n'en reste pas moins qu'il plane encore sur ces noms de pays une incertitude qu'il importe de dissiper.

Et ce n'est pas seulement sur les noms de pays qu'il faut apporter plus de lumière, c'est sur la notion même de région naturelle. Est-il possible, comme le pensait d'Omalius, de diviser le globe en compartiments répondant plus ou moins aux conditions naturelles? La nature du sol peut-elle fournir à elle seule un principe de division? Est-ce bien d'ailleurs de divisions véritables qu'il s'agit? Toutes questions et d'autres encore qu'il est nécessaire d'élucider.

Nous sommes aujourd'hui, pour y répondre, beaucoup mieux informés que ceux qui ont eu le mérite de les aborder les premiers. Le monde physique, en particulier dans nos vieux pays d'Europe, nous est connu avec beaucoup plus de précision. D'autre part l'histoire, l'histoire territoriale surtout, a fait de très grands progrès, et nous disposons, pour étudier les noms, d'excellents répertoires qui nous permettent souvent de remonter, à travers leurs formes changeantes, jusqu'à leur origine. Enfin des travaux récents, s'ils n'ont pas résolu tous ces problèmes, nous ont montré comment ils devaient être posés [1].

1. Pour ne parler que de la France, je rappellerai que dès 1888 M. VIDAL DE LA BLACHE renouait la tradition dans un article destiné aux maîtres chargés de l'enseignement de la géographie. Il y montrait comment il faut partir de l'étude du sol et attirait particulièrement l'attention sur les noms de pays. *Des divisions fondamentales du sol français*. (*Bulletin littéraire*, t. II, 1888-89, p. 1-7, 49-57. Reproduit comme Introduction à *La France* par MM. P. VIDAL DE LA BLACHE et P. CAMENA D'ALMEIDA, *Cours de géographie à l'usage de l'enseignement secondaire*. Paris, librairie Armand Colin, 1897, in-12). On trouvera

Mais toutes ces ressources ne dispensent pas de recourir à la seule méthode qui, en géographie, ne trompe jamais : l'observation directe des faits. Est-il besoin de dire que pour connaître vraiment une région, pour en bien discerner la physionomie, il faut l'avoir parcourue sans hâte, l'esprit attentif à se rendre compte ? Pour savoir si un nom est vraiment populaire, est-il d'autre moyen que d'aller sur place faire des enquêtes ? J'ai donc étudié, avec la préoccupation de répondre à ces questions, la région parisienne. Il m'a semblé qu'elle était en France une de celles qui devaient fournir les enseignements les plus probants. En pays de montagne, l'altitude introduit des différences faciles à observer, les vallées sont des cadres où se concentre la vie, elles sont les unités politiques nécessaires ; leurs noms sont de véritables noms de pays. Dans un pays de plaines comme l'est la région parisienne, aucune division ne paraît s'imposer à priori, et il est très intéressant de rechercher d'où la différenciation peut naître, et comment elle se traduit dans le langage des habitants. Par région parisienne, j'entends à peu près l'ensemble des formations tertiaires dont Paris occupe le centre, sans dépasser toutefois au Sud le cours de la Loire.

l'application de ces principes dans son *Tableau de la géographie de la France*, t. I, 1re partie, de l'*Histoire de France depuis les origines jusqu'à la Révolution* de E. Lavisse. Paris, Hachette et Cie, 1903, in-8. Édition illustrée sous le titre : *La France. Tableau géographique*. Paris, Hachette et Cie, 1908, in-4. Parmi les ouvrages dont la lecture peut être le plus utile pour l'intelligence de ces questions, je citerai A. Demangeon, *La Picardie et les régions voisines : Artois, Cambrésis, Beauvaisis*. Paris, librairie Armand Colin, 1905, in-8. Voir particulièrement le ch. xvii, Les Divisions territoriales.

CHAPITRE III

LA BEAUCE

Je commencerai par la région située au Sud de Paris et du cours de la Seine. Un vaste plateau qui s'étend jusqu'à la Loire en occupe la plus grande partie : c'est la Beauce. Constitué par les calcaires de ce nom (calcaire de Beauce ou calcaire lacustre aquitanien, Oligocène), le plateau de Beauce, très faiblement ondulé, offre généralement l'apparence d'une horizontalité absolue. Presque partout il est superficiellement recouvert par des limons qui en assurent la fertilité ; ce fut et c'est encore un des greniers à blé de la France. La perméabilité des limons et des calcaires s'y est opposée à la formation des cours d'eau : sur 60 kilomètres le chemin de fer n'en rencontre pas un seul entre Étampes et Orléans. Une telle sécheresse du sol convient mal à la végétation forestière et la rareté des arbres en Beauce est proverbiale[1]. Mais ces caractères n'appartiennent

1. « La végétation, toute temporaire et herbacée, est incapable de retenir les eaux à la surface pendant une longue durée, l'absence de racines profondes s'oppose au rappel des eaux du sous-sol pendant les grandes chaleurs, l'évaporation est discontinue et d'un effet médiocre. Les essais de reboisement réussissent mal, la dessiccation fait périr les groupements isolés, toutes les tentatives récentes ont été malheureuses, les arbres fruitiers ne

vraiment qu'au centre du pays, à la région comprise entre Étampes et la forêt d'Orléans, entre Pithiviers et Châteaudun.

Au Sud, les calcaires de Beauce sont recouverts par des sables granitiques provenant de la désagrégation du Massif central, lorsque le contre-coup des mouvements alpins commença à se faire sentir dans ce massif, à le surélever et à raviver le travail de l'érosion. Ils occupent toute la région sur laquelle s'est étendue la Forêt d'Orléans. On n'a pas de preuves que la région boisée ait jamais dépassé vers le Nord ses limites actuelles. Les noms de localités comme Boiscommun, Courcy-aux-Loges, Chilleurs-aux-Bois, Neuville-aux-Bois, s'expliquent par son voisinage et ne supposent pas nécessairement des défrichements.

Au Nord, la Beauce se distingue très facilement d'une région beaucoup plus variée d'aspect, coupée de vallées, en grande partie couverte de forêts, et qui s'étend jusqu'aux portes de Paris. C'est qu'en effet, dans cette région, les calcaires de Beauce ont généralement subi, par un phénomène de décalcification, une transformation profonde : ils sont devenus cette pierre caverneuse, légère et résistante, si souvent employée à Paris dans les constructions, qu'on appelle la meulière. Mais la meulière n'existe pas partout en couches continues; on la trouve le plus souvent en masses isolées, empâtées dans des argiles. Quand ces meulières sont

viennent pas et quelques buissons médiocres dans d'anciens parcs restent dans un état stationnaire, les eaux gagnent rapidement la profondeur où elles sont complètement perdues pour la culture. » GUSTAVE-F. DOLLFUS, *L'Eau en Beauce* (*Bull. des Services de la Carte géol. de France*, n° 107, t. XVI, 1904-05, p. 2).

recouvertes de limon, elles fournissent encore de très bonnes terres de cultures; leur seule différence avec celles de la Beauce est d'être plus humides. Mais quand le limon fait défaut, elles ne peuvent guère porter que des forêts. Ce pays de la meulière, si différent de la Beauce, ne peut pas être confondu avec elle.

A l'Ouest et à l'Est, le plateau de Beauce perd également peu à peu son aspect typique. Aux abords de Chartres, les arbres deviennent moins rares; au delà de cette ville, le pays change de plus en plus. Si les limons forment toujours le sol cultivable, au calcaire de Beauce du sous-sol se substituent les argiles à silex provenant de l'altération superficielle de la craie sous-jacente. La terre devient de plus en plus humide, et l'on arrive à une région où les argiles et la craie font place aux sables du Perche. En allant du centre de la Beauce vers Châteaudun, c'est un autre aspect encore : ici les limons ont disparu, laissant à nu les calcaires dans lesquels a creusé son lit la rivière intermittente de la Conie. On a donné parfois à ce canton le nom de Beauce pouilleuse[1]. Plus au Sud, la forêt de Marche-

1. « Pour le vulgaire, il y a plusieurs Beauces distinctes... La Haute-Beauce, celle située au Nord, qui avoisine Dourdan et Étampes; la Beauce proprement dite ou Beauce moyenne, celle qui s'étend autour de Chartres; la Basse-Beauce, celle des environs de Vendôme, Blois et Orléans; enfin la Beauce pouilleuse, celle dont le sol est relativement moins fertile, et qui a pour ville principale Orgères. » D. Boutet, *La Culture en Beauce, son passé, son état actuel, son avenir* (*Mém. Soc. agriculture, sciences... d'Orléans*, t. VIII, 1864, p. 60). Même expression dans P. Roussille, *Monographie agricole d'Eure-et-Loir, Perche et Beauce*. Chartres, 1900, in-8. « Dans ce dernier canton [Orgères] le calcaire affleure presque le sol, sec à l'excès, pauvre, presque improductif et réfractaire à toute amélioration par les fumiers. Nous sommes là en Beauce pouilleuse, où l'on rencontre les pentes stériles et incultivables de la Conie, marais invraisemblable, couvert de

noir, établie comme celle d'Orléans sur les sables, interrompt les plateaux à limons qui reparaissent au delà jusqu'à Vendôme. Mais ils ne dépassent guère une ligne tirée de Vendôme à Blois.

Il en est de même quand on va vers l'Est. Qu'on parte de Pithiviers, par exemple, au delà du ravin où coule la petite rivière de l'Œuf, c'est encore un plateau tout semblable à la Beauce qu'on traverse, une riche région de cultures, une terre à limon, sans arbres. Pour en trouver, il faut atteindre les vallées : déjà celle de l'Œuf contraste par sa verdure avec la nudité des plaines voisines. Le ravin étroit de la Remarde n'est qu'un épais taillis où les arbres dépassant de la tête le niveau du plateau rappellent d'une façon inattendue certaines forêts-galeries des régions tropicales. Plus loin de véritables vergers se montrent au milieu des champs, et c'est d'un îlot de verdure qu'émerge dans la belle saison le haut clocher de Beaune-la-Rolande. Un léger ressaut de terrain accidente ici la plaine et donne l'illusion de collines dans un pays aussi uniformément plat. Beaune est sur une sorte de tertre correspondant à la limite des affleurements du calcaire de Beauce supérieur. En se relevant vers l'Est, ces couches supérieures ont donné plus de prise à l'érosion ; elles se détachent en faible relief sur la bande marneuse, de moindre résistance, qui les sépare de la plate-forme du calcaire de Beauce inférieur. Il en résulte une ligne de petites côtes, tournant leur pente vers l'Est, qui se pro-

roseaux superbes, hauts de $2^{m},50$, rigides, servant à couvrir les habitations, au milieu desquels apparaît tous les 15 ou 20 ans un pauvre petit ruisseau d'eau saumâtre, père de fièvres paludéennes, et qui disparaît après 4 ou 5 années d'un cours problématique et languissant. » P. 12.

longent vers le Nord à partir de Beaune, par Auxy, Beaumont-en-Gâtinais et, au delà de la vallée de l'Essonne, jusqu'aux environs de Malesherbes. Ces petites collines étaient autrefois garnies de vignes, qui débordaient aussi sur les plateaux voisins. Elles ont en grande partie disparu aujourd'hui, détruites par le phylloxera, et l'on n'a pas trouvé profit à les rétablir. Ce pays plus accidenté de l'ancien vignoble n'est plus la Beauce. Plus à l'Est, l'affleurement du calcaire de Beauce inférieur ramène bien l'horizontalité du sol, mais les limons manquent sur une partie de son étendue. Une vallée se creuse dans ce plateau et va jusqu'au Loing, celle du Fusain, sorti d'une région marécageuse qui introduit un nouvel aspect dans la physionomie du pays.

C'est donc à juste titre qu'on peut considérer le plateau de Beauce comme un véritable type de région naturelle. Dans la vraie Beauce, tout est uniforme : la constitution géologique du sol, l'aspect général, les cultures, même la manière de se grouper et de vivre. C'est une remarque devenue banale qu'en Beauce toutes les habitations sont agglomérées en villages serrés autour des puits communs ; car l'eau est rare sur ces plateaux si perméables : on ne l'obtient qu'à grands frais, par des forages profonds.

Et c'est exactement à cette région que s'applique dans le langage usuel le nom de Beauce. Lorsqu'on interroge les habitants du pays, ceux surtout qui ne sont pas suspects d'avoir puisé leurs connaissances dans les livres, on constate qu'ils n'hésitent guère sur les limites à donner à la Beauce que dans les régions où se fait insensiblement la transition avec les pays voisins.

Au Sud et au Nord, aucun doute : au Sud, c'est la forêt d'Orléans et au delà vers l'Ouest la vallée de la Loire; au Nord, c'est la limite des grands plateaux à céréales, suivant une ligne jalonnée à peu près par Malesherbes, Étampes, Dourdan, Rambouillet, Maintenon, anciens marchés de la région. — A l'Est, on ne met plus en Beauce la vallée de l'Essonne à partir du moment où elle est constituée par la réunion de l'Œuf et de la Remarde. Les habitants de la vallée de l'Essonne sont souvent appelés à Malesherbes et aux environs « les gens de la vallée ». Entre l'Essonne et la forêt d'Orléans on distingue surtout le pays à céréales de l'ancien vignoble. Pour cette raison, Pithiviers est considéré sans hésitation comme étant en Beauce, tandis que Beaumont et Beaune-la-Rolande n'y sont plus. Lorsqu'on veut fixer une limite précise, on adopte généralement le seul trait du paysage sur lequel l'attention puisse se fixer : le ravin de la Remarde, mais on sent bien que cette division est factice, et dans l'usage on n'éprouve pas le besoin de distinguer les deux régions avec une précision qui n'est pas dans la nature. — Il est moins facile, à l'Ouest, de dégager l'opinion dominante. A Chartres et dans les environs, on dit bien encore qu'on est en Beauce, mais on sait que la vraie Beauce est plus à l'Est. Cette hésitation se traduit par l'expression « pays chartrain », qu'on emploie souvent par opposition à la Beauce. Ce sont là des nuances très intéressantes à noter, parce qu'elles correspondent au changement qui s'introduit dans la nature du sous-sol. Sauf cette réserve, on étend généralement de ce côté la Beauce jusqu'à Nogent-le-Roi, Châteauneuf et Courville. Plus au Sud, en allant de Voves vers Bonneval, le paysan dit très bien que « la Beauce se gâte ». On la prolonge pourtant encore assez loin vers l'Ouest, jusqu'à Illiers et Brou qui seraient à l'extrême limite. A Illiers, une vieille tradition met l'une des églises en Beauce et l'autre en Perche. Et c'est bien surtout par opposition au Perche qu'on emploie dans cette région le nom de Beauce. Au Sud de Brou, la limite se rapprocherait du Loir ; elle l'atteindrait vers Châteaudun pour suivre sa vallée jusqu'à Vendôme. Pourtant, en se rapprochant de Vendôme, on met encore souvent en Beauce le pays qui est sur la rive droite du Loir. Mais on le distingue par une épithète : on dit la « Petite Beauce », non pas certainement qu'on fasse allusion aux dimensions plus restreintes de cette annexe : on entend simplement par là qu'elle n'est pas la vraie Beauce. Entre Vendôme et la Loire, l'opinion populaire est parfaitement d'accord avec les indications qu'on peut tirer du sol. La limite suit à peu près une ligne tirée de Vendôme à Blois.

Ainsi le nom de Beauce s'applique aujourd'hui exactement à la région qu'on a pu définir en se guidant surtout sur des considérations géologiques et les hésitations notées au sujet de ses limites à l'Ouest s'expliquent précisément par les modifications que subit le sous-sol dans cette direction.

Est-ce à dire que ceux qui l'emploient obéissent à des préoccupations de cet ordre ? Évidemment non. Le nom de la Beauce était populaire bien avant qu'on eût songé à étudier le sol qui la constitue. Ce qu'il évoque pour eux c'est un paysage familier, mais c'est surtout une terre, qui, malgré bien des transformations récentes, reste surtout la terre à céréales. Là où les cultures changent, et avec elles toute la vie rurale, on vous dira qu'on n'est plus en Beauce. Voilà comment la géologie, dans la mesure où elle rend compte des différences de sol, explique une dénomination où se traduisent avant tout des préoccupations agricoles.

Ces réflexions paraîtront peut-être superflues ; mais on a fait tant de confusions au sujet de ces noms de pays qu'elles ne sont pas inutiles. Sur la Beauce elle-même, une des plus simples, à coup sûr, de toutes les régions naturelles du sol français, il est étrange qu'on ait pu discuter et différer d'avis. Rien ne montre mieux combien toutes ces notions étaient naguère encore insuffisamment élucidées.

En 1861, M. Lucien Merlet publiait dans la collection des dictionnaires topographiques de la France celui du département d'Eure-et-Loir[1]. A l'article Beauce, il chercha à déterminer les limites du pays « à l'aide des chartes et des traditions locales ». Il y aurait déjà ici à faire une remarque, c'est qu'à utiliser des sources d'information aussi différentes on risque de se tromper, car c'est une question que de savoir si l'on a toujours entendu la Beauce de la même façon. Il est donc très important, dans les études de ce genre, de savoir à quelle époque on se place. Nous verrons qu'en fait le nom de Beauce, depuis qu'on le rencontre dans les textes, paraît s'être toujours appliqué à la même région. Aussi M. Merlet est-il arrivé à des résultats qui ne diffèrent pas sensiblement de ceux qu'a fournis notre enquête. Mais dans la préface du même dictionnaire, écrite

1. L. Merlet, *Dictionnaire topographique du département d'Eure-et-Loir comprenant les noms de lieu anciens et modernes*. Paris, 1861, in-4.

après l'article en question, il revient sur les limites de la Beauce et modifie ses conclusions premières. C'est qu'il écrit cette fois sous l'influence d'un collaborateur, M. de Boisvillette, dont un travail plus étendu allait paraître sur les « limites présumées de la Beauce[1] ». Cette étude très confuse ne méritait guère d'être prise comme modèle. Elle en avait probablement imposé à l'historien consciencieux qu'était M. Merlet par son apparence de rigueur scientifique. Elle a du moins pour nous l'avantage d'être très démonstrative des erreurs qu'on peut commettre sur ces questions par défaut de méthode.

M. de Boisvillette commence par une singulière affirmation : « on ne saurait méconnaître à priori, dit-il, que le premier géographe de la Beauce ait été géologue, donnant un nom spécial à une assise spéciale ; formation d'autant plus facile à classer, tout d'abord, qu'elle se montre, dans son ensemble, d'allure plus régulière. » S'il n'était question que du véritable calcaire de Beauce, on pourrait admettre cette régularité, mais l'auteur désigne sous ce nom tout l'ensemble de l'étage, tout l'Aquitanien, sans s'inquiéter de la nature des roches. Autrement dit, il confond avec le calcaire de Beauce la meulière et l'argile à meulière. En vertu de ce principe, il étend la Beauce au Nord jusqu'à la Seine, depuis les environs de Vernon jusqu'à Saint-Germain-en-Laye, en laissant seulement en dehors la vallée de la Mauldre et celle de son affluent le Rû de Gally qui entaillent le plateau jusqu'à Versailles. De

1. De Boisvillette, *Limites présumées de la Beauce* (*Mémoires de la Société archéologique d'Eure-et-Loir*, t. III, 1863, p. 78-106). L'article porte la date du 28 août 1860, et la carte qui l'accompagne celle de 1861.

Saint-Germain la limite va vers Fontainebleau en touchant à Corbeil ; elle se poursuit par la vallée du Loing, atteint la Loire à Orléans, englobe le plateau compris entre la Loire et le Loir à peu près jusqu'à la hauteur d'Amboise, suit le Loir jusqu'à Bonneval et gagne de là l'Eure en amont de Chartres. Puis elle suit l'Eure jusqu'à Nogent-le-Roi, pour rejoindre la Seine à Vernon. Il est vrai qu'après avoir tracé ces limites, M. de Boisvillette déclare qu'il les considère comme théoriques ; aussi se propose-t-il d'en vérifier l'exactitude à l'aide des documents historiques. Mais, par une véritable contradiction, il prétendra plus loin « suppléer à l'insuffisance des chartes par l'apparence des lieux ». Les documents historiques allégués sont de deux sortes : d'abord quelques passages d'historiens d'où il faudrait conclure que la Beauce s'étendait autrefois jusqu'aux portes même de Corbeil ou d'Orléans, puis des noms de localités que les chartes désignent comme étant en Beauce, ou qui, à diverses époques, ont pu être dites « en Beauce ».

Les passages d'historiens cités sont bien peu probants : « Si mist siège devant Corbeil du costé par devers Beausse » lit-on dans la *Chronique* de Cousinot[1]. Est-il possible d'inférer de ce texte que la Beauce s'étendait jusqu'à Corbeil, et l'auteur ne veut-il pas dire simplement : du côté où est la Beauce ? C'est dans le même sens qu'il faut évidemment comprendre ce passage de la Chronique de la Pucelle : « Les Anglais... se partirent de Jargeau, vinrent à puissance mettre le

1. *Chronique de Cousinot*, ch. 156. *Chronique de la Pucelle ou Chronique de Cousinot*. Édit. Vallet de Viriville. Paris, 1859, in-16, p. 166.

siège devant Orléans, devers la Beausse... Et ainsi appert que la ville fut enclose tant de la partie de Beausse que de Soulongne[1]. »

L'argument tiré des noms de localités dites en Beauce a une tout autre valeur. Il paraît impossible en effet, à moins d'une erreur grossière, qu'on ait pu dire « en Beauce » une localité qui n'aurait pas été considérée comme faisant partie de ce pays. C'est même sur les noms à suffixe[2] qu'on se fonde le plus souvent, pour affirmer l'existence de tel ou tel pays. Il faut cependant remarquer tout d'abord qu'un nom à suffixe ne peut servir à fixer les limites d'un pays à une époque déterminée, qu'autant que le suffixe est incontestablement un nom de pays. Lorsqu'un même nom a servi, comme il est arrivé souvent, à désigner à la fois une circonscription politique ou administrative et une région naturelle dont les limites ne coïncidaient généralement pas, il est impossible de dire a priori si la localité ainsi désignée appartenait au pays ou à la division administrative.

Il est très remarquable que le nom de Beauce n'ait jamais été appliqué à aucune division civile, mais il a servi, comme beaucoup de noms de pays, à désigner des subdivisions ecclésiastiques. Il y avait un doyenné de Beauce dans l'archidiaconé de Châteaudun de l'ancien diocèse de Chartres et un archidiaconé de Beauce dans le diocèse d'Orléans. Le fait qu'on ait pu emprun-

1. *Chronique de la Pucelle*, ch. 39. *Ibid.*, p. 265.

2. On pourrait critiquer l'expression « nom à suffixe » qui, en effet, n'est pas très exacte, le nom ajouté à celui d'une localité pour la différencier n'étant pas à proprement parler un suffixe. Mais c'est le terme passé en usage.

ter le nom de Beauce pour désigner des subdivisions de deux évêchés voisins prouve évidemment qu'il s'appliquait à un territoire étendu et que ce n'est pas de l'une ou de l'autre de ces circonscriptions qu'il a passé à la région naturelle. On le rencontre d'ailleurs dans des documents du VIIe siècle, antérieurement à l'établissement de ces subdivisions. C'est donc incontestablement un nom de région naturelle. Mais il ne s'en suit pas cependant, si l'on trouve dans le doyenné de Beauce du diocèse de Chartres ou l'archidiaconé de Beauce du diocèse d'Orléans une localité dite en Beauce, qu'elle soit dans la Beauce région naturelle. Car si ces deux circonscriptions ecclésiastiques ont une partie de leur territoire dans la Beauce telle qu'on l'entend aujourd'hui, il n'y est pas tout entier compris. Examinons donc avec soin, comme il faut toujours le faire, les noms de localités dites en Beauce qui peuvent fournir des indications sur les limites de ce pays.

A l'appui de sa théorie qui prolonge la Beauce au Nord jusqu'à la Seine, M. de Boisvillette cite trois localités : *Mesuns in Belsia Carnotensi, Belovilla et Verrinæ in Belsia Pitueriensi,* dont il est question dans une charte de donation faite en 1120 par le roi Louis VI à l'abbaye de Morigny, voisine d'Étampes. Adrien de Valois avait déjà cité cette charte et c'est à lui que M. de Boisvillette a emprunté la citation. Il identifie *Mesuns* avec Maisons-sur-Seine, *Belovilla* avec le château de Béloville près de Gometz-la-Ville, entre Limours et Orsay, et *Verrinæ* avec Verrières près de Palaiseau. En réalité aucune de ces identifications ne supporte l'examen. La charte en question de 1120 est une confirmation d'une donation antérieure de Philippe Ier. Elle est suivie, dans le cartulaire de Morigny, de deux autres confirmations de 1145 et de 1182[1]. Les localités qui sont citées dans ces chartes comme étant en Beauce sont les suivantes : *in Belsia Carnotensi : Mesuns, Bussetum* ou *Buxetum, Gormavilla* ou *Gormarvilla* ou *Gomarvilla, Guillarvilla* ou *Guillervilla; in Belsia Piverensi* ou *Piveriensi*[2] : *Bellovilla, Verrine* ou *Verrinne* ou *Verrines, Bussetum* ou *Buxetum, Eschanvillerum* ou *Eschenvillerum*. Les premières s'identifient tout naturellement avec Maisons (*Domus in Belsia* en 1254, dans le même cartulaire. — Eure-et-Loir, canton d'Auneau), Boissy-le-Sec (Seine-et-Oise, canton d'Étampes), Gommerville et Guilleville (Eure-et-Loir, canton de Janville); les secondes avec Bléville (commune de Césarville), Verrines (commune de Bouilly), Boisseaux ou Boësses, Échainvilliers (commune d'Aulnay-la-Rivière), toutes situées dans l'arrondissement de Pithiviers, et dans un rayon de moins de 20 kilomètres autour de cette ville. D'ailleurs les expressions *in Belsia Carnotensi, in Belsia Piveriensi* limitaient a priori les recherches aux environs de Chartres ou de Pithiviers[3]. Au-

1. *Cartulaire de l'abbaye de Morigny*. Bib. nat., Ms. latin 5648, copie beaucoup plus soignée que celle du Ms. 5439. Je donne les différentes formes des noms de localités dans les trois confirmations successives, d'après le Ms. 5648.

2. *Piverensis* ou *Piveriensis* : de Pithiviers, appelé souvent autrefois et même encore aujourd'hui par les gens du pays Pluviers.

3. L'erreur de M. de Boisvillette vient en partie de ce qu'il attachait aux expressions : *Belsia Carnotensis, Belsia Piveriensis, Belsia Dunensis* (cette dernière mentionnée dans une donation faite en 1162 à l'abbaye de Josaphat, voisine de Chartres), le sens trop précis de subdivisions de la Beauce. Aussi ne voyait-il pas de difficulté à étendre la Beauce de Pithiviers jusqu'aux portes de Paris. Mais ces expressions ne correspondent pas plus à des subdivisions plus ou moins précises de la Beauce que la Beauce elle-même n'est, à

cune localité du côté du Nord ou de l'Est n'a jamais été dite en Beauce, qui n'y soit encore aujourd'hui [1].

Il n'en est pas de même à l'Ouest et au Sud-Ouest. De ce côté les noms à suffixe « en Beauce » paraissent tout d'abord justifier la thèse de M. de Boisvillette. Quatre communes sont aujourd'hui officiellement qualifiées de « en Beauce » à l'Ouest de Vendôme, par conséquent en dehors des limites ordinairement attribuées à la Beauce. Trois sont entre la Loire et le Loir : Mar-

proprement parler, une division territoriale. Adrien de Valois était déjà tombé dans la même confusion, *Notitia Galliarum*. Paris, 1675, in-4, au mot *Belsa*.

1. Il est question dans le *Cartulaire de Notre-Dame de Paris* (édit. Guérard, t. I, p. 375) d'une localité *Arenville* qu'on met en Beauce en 1117 (Cujusdam terre, quam in Belsa habemus, Arenville nomine, que de potestate Corberose ville nostre est, medietatem Balduino de Dordentio ejusque heredibus imperpetuum habendam et possidendam concedimus). Guérard, dans le dictionnaire géog. placé à la fin du t. IV, l'a identifiée avec Avrainville (Seine-et-Oise, c^on d'Arpajon), qu'on ne considère pas aujourd'hui comme étant en Beauce. Cette identification ne paraît pas exacte. Dans le même Cartulaire (t. II, p. 319), on trouve, en 1275, la mention d'un *Areinville* situé dans le diocèse de Chartres (*in diœcesi Carnotensi sitas*). Avrainville était dans le diocèse de Paris. D'autre part, l'ancien nom d'Avrainville est *Evrinivilla* (1070), *Aurenvilla* (XIIIe s.), *Avrainvilla* (1458) (Cocheris, *Dict. des anciens noms de communes du département de Seine-et-Oise*. Versailles, 1874, in-8). Enfin, en 1070, l'église d'Avrainville fut cédée par l'évêque à l'abbaye de Saint-Germain-des-Prés (Guérard, Préface du *Cartulaire de Notre-Dame*, t. I, p. 56). Elle continua à appartenir à cette abbaye, comme le dit Lebeuf (*Histoire du diocèse de Paris*, t. XI, p. 23). Il ne s'agit donc pas du domaine qui fut attribué en 1117 à Beaudoin de Dourdan. Pour toutes ces raisons, je crois qu'il faut chercher *Arenville* dans le diocèse de Chartres et l'identifier avec Allainville, située en pleine Beauce, à l'Est d'Auneau. Cette localité est appelée *Villa Aleni* (IXe s.), *Alenvilla*, *Aleinvilla* (XIIIe s.) (Cocheris, *Ouv. cité*), *Alainvilla* (1351) (Longnon, *Pouillés de la province de Sens*. Paris, 1904, in-4, p. 172 D). Allainville est dans le canton de Dourdan, département de Seine-et-Oise, et beaucoup plus près de Dourdan qu'Avrainville.

cilly-en-Beauce, Huisseau-en-Beauce, Villedieu-en-Beauce. Une quatrième est au delà du Loir : Fontaines-en-Beauce, près de Troô. On a pu prétendre d'ailleurs que déjà au IXe siècle certaines localités situées sur les bords du Loir, à l'Ouest de Vendôme, avaient été dites « en Beauce ». Dans la Vie de saint Aldric, qui fut évêque du Mans de 832 à 856, figure une longue liste de métairies que le prélat avait créées ou restaurées et dont il disposa par testament. Cette liste est des plus intéressantes : elle permet de se rendre compte de l'état du pays à cette époque, des défrichements qui s'y faisaient, de la manière dont on y exploitait le sol. Quatre de ces métairies sont citées comme étant en Beauce : *Bovonis villare in Belsa, Villanova in Belsa, in Fraxinido in Belsa, in Cipetum super fluvium Liz in Belsa*[1]. Suivant l'exemple de M. de Pétigny, dans son *Histoire archéologique du Vendômois*[2], M. de Boisvillette identifie *Villanova* avec Villedieu, *Cepetum* avec les Hayes, *Fraxinidum* avec une localité située dans la petite vallée du Frêne entre les Pins et Beaumont-la-Chartre, et cette même vallée, qui aurait porté autrefois le nom de *Vallisboana,* avec *Bovonis Villare*. Il cite enfin, d'après la *Gallia christiana,* un Saint-Agil-en-Beauce (département de Loir-et-Cher, canton de Montdoubleau), qu'on mettrait certainement aujourd'hui dans le Perche.

1. *Gesta Domni Aldrici cenommanicæ urbis episcopi*... Texte publié et annoté par l'abbé R. Charles et l'abbé F. Froger. Mamers, 1889, in-4, p. 76-77, 102. C'est la meilleure des éditions des *Gesta Aldrici*. Il est regrettable cependant que les auteurs se soient contentés de reproduire les identifications antérieurement proposées pour les noms de lieux, sans en faire la critique.

2. 2e édit. Vendôme, Blois, 1882, in-8. La 1re édit. est de 1845.

Examinons d'abord les quatre localités dites actuellement en Beauce à l'Ouest de Vendôme : Marcilly, Huisseau, Villedieu et Fontaines. Sans hésitation on se refuse aujourd'hui dans le pays à mettre ces localités en Beauce[1]. Des deux côtés de la belle vallée du Loir, les plateaux sont uniformément recouverts d'argile à silex. Leurs flancs portent le plus souvent des vignes, qui montent jusque sur le bord du plateau, et pénètrent dans les petites vallées, dans les « coulées » qui l'entaillent. Dans l'intérieur, le sol est humide, coupé de bois, restes de l'ancienne forêt de Gâtines. L'habitation se disperse, le type d'exploitation est le « bordage » comme dans le Perche. On comprend qu'il soit impossible de confondre avec la Beauce ce véritable pays de bocage. Dans un très intéressant *Tableau statistique de l'arrondissement de Vendôme* que publia en 1823 M. de Passac[2], la distinction est très nette entre les grandes plaines de l'Est, « peu arrosées et peu coupées » et le pays de l'Ouest « formé de coteaux, de petits vallons et de plateaux arrosés de petites rivières, de ruisseaux, coupés de ravins et où chaque champ est enclos de haies[3] ». Visiblement, de Passac est gêné par les noms « en Beauce » qu'il rencontre dans cette région. Il cherche à les expliquer. A Marcilly, dit-il, on ne cultive que les céréales. Pour Fontaines, il ne sait quelle raison donner. « Le pays étant plus ouvert que dans les communes qui sont à l'Ouest, c'est peut-

1. « Comment pourrions-nous être ici en Beauce, me disait un habitant de Fontaines, puisque nous *faisons de la vigne.* » Le mot est typique et montre bien l'idée que le paysan se fait de la Beauce : pays à céréales.

2. *Vendôme et le Vendômois, ou Tableau statistique, historique ou biographique du Duché, aujourd'hui arrondissement de Vendôme.* Vendôme, 1823, in-4.

3. P. 5.

être la cause de ce nom de Fontaine-en-Beauce, quoique cette paroisse soit bien loin de ce qu'on nomme la petite Beauce. Le pays est plus plat et les champs n'y sont pas généralement entourés de haies. Elle produit du froment, de l'orge et de l'avoine, il y a des vignes et des bois[1]. » Nous ne retiendrons de cette tentative d'explication qu'une chose, c'est qu'au commencement du XIXe siècle les gens du pays ne comprenaient pas ces appellations « en Beauce ». Ils ne les comprennent pas davantage aujourd'hui. Comment donc en peut-on rendre compte ?

La première hypothèse qui se présente à l'esprit est celle d'une survivance. Cette région aurait autrefois fait partie de la Beauce, à une époque peut-être où le mot Beauce n'aurait pas eu le sens qu'on lui donne aujourd'hui. Mais si l'on réserve les localités citées dans la Vie de saint Aldric, qui seront examinées tout à l'heure, jamais, dans aucun des textes publiés relatifs à cette région, on ne rencontre les noms de ces localités accompagnés du suffixe[2]. Les deux plus éloignées vers l'Ouest des localités dites en Beauce, aux environs de Vendôme et de Blois, sont Lancôme, dans le Cartulaire blésois de Marmoutier, en 1315[3], et Vil-

1. P. 76.

2. Il n'a pas paru encore de dictionnaires topographiques pour les départements de Loir-et-Cher, de la Sarthe, du Loiret. Mais il existe pour cette région de nombreux cartulaires dont beaucoup ont été publiés. On peut d'ailleurs consulter : Th. CAUVIN, *Géographie ancienne du diocèse du Mans. Institut des Provinces de France*, Mémoires, 2e série, t. I. Paris, 1845, in-4. L'ancien diocèse du Mans s'étendait dans la vallée du Loir jusque tout près de Vendôme. Les Roches et Thoré en faisaient encore partie.

3. Decime de Longa Ulmo in Belsia, 1315. Abbé CH. MÉTAIS, *Marmoutier, Cartulaire Blésois*. Blois, 1889-91, in-8, p. 367.

leberfol dans le Cartulaire de Marmoutier pour le Dunois, en 1050-55[1]. Il faut donc en conclure que le suffixe « en Beauce » de Marcilly, Huisseau, Villedieu et Fontaines n'a été ajouté qu'assez tard. En réalité il est tout à fait récent.

Il est très remarquable que dans la liste des communes de chaque département que fit dresser le Ministère de l'Intérieur en l'an II, aucun ne porte le suffixe[2]. Il est vrai que cette liste ne fut publiée qu'en épreuves. Elle devait être revue avant de devenir officielle. Elle ne le fut pas et l'on décida plus tard que ce serait la liste indiquant pour chaque département l'étendue de la juridiction des justices de paix qui en tiendrait lieu. Cette liste parut, pour le département de Loir-et-Cher, en l'an X[3]. Elle non plus ne donne aucun suffixe. On trouve pour la première fois Fontaines et Huisseau dits « en Beauce » dans l'*Annuaire du Loir-et-Cher* de 1806, rédigé par le secrétaire du préfet[4]. En 1808 apparaissent dans le même *Annuaire* Marcilly et Villedieu « en Beauce »[5].

Il est facile de deviner les raisons qui ont fait ajouter

1. Ernaldus cognomento Bloius ipsius villæ Berfordii ceterarumque rerum nostrarum in Belsia tunc præpositus, 1050-1055. E. MABILLE, *Cartulaire de Marmoutier pour le Dunois*. Châteaudun, 1884, in-8, p. 108.

2. *État général des départements, districts, cantons et communes de la République française*. An II, in-f°.

3. *Bulletin des Lois de la République française*, 3e série, t. IV. Contenant les Lois et Arrêtés rendus pendant le premier trimestre de l'an X, nos 106 à 144. Paris, an X, in-8, p. 32-33.

4. *Annuaire du département de Loir-et-Cher pour l'an 1806*, rédigé par M. P., secrétaire du Préfet. Blois, in-12.

5. *Annuaire du département de Loir-et-Cher pour l'an 1808*, par le Rédacteur des Annuaires de 1806 et 1807. Blois, in-12.

ces suffixes. Dans le département de Loir-et-Cher, chacune des localités en question avait une homonyme: Marcilly-en-Gault, Huisseau-sur-Cosson, Villedieu (commune de Gièvres) dans le canton de Selles-sur-Cher et Fontaines-en-Sologne. Ces quatre localités situées au-delà de la Loire étaient bien comprises, avant la Révolution, dans la même généralité que les précédentes, mais elles ne faisaient pas partie de la même élection, et l'élection était la véritable unité administrative. Aucune confusion n'était possible. Il n'en fut plus de même quand fut créé le département de Loir-et-Cher et c'est probablement l'administration préfectorale qui introduisit, pour la commodité du service, les nouveaux suffixes. Ils ont naturellement passé sur la carte d'État-Major et sur les listes des recensements quinquennaux dont la publication par le Ministère de l'Intérieur assure le caractère officiel, car il n'y a jamais eu, en France, d'enquête sur les véritables noms des communes. Déjà, on l'a vu, en 1823, de Passac était dupe de cette innovation. A plus forte raison ceux qui sont venus après lui. Une carte scolaire du département de Loir-et-Cher étend même le nom de Beauce à toute la partie occidentale du département.

Avant d'en arriver aux noms tirés de la Vie de saint Aldric, examinons ceux que signalent MM. de Boisvillette et Merlet dans la région comprise entre la Beauce et le Perche. Il ne s'agit pas ici de noms à suffixe, mais de localités que certains textes placent en Beauce ou en Perche. M. de Boisvillette cite, d'après la *Gallia christiana*, deux prieurés de l'abbaye de Saint-Avit: Romilly *in pago Perticensi* et Saint-Agil *in Belsia*. Or, Saint-

Agil est à l'Ouest de Romilly et par conséquent plus loin de la Beauce. M. Merlet fait allusion à d'autres textes qui mettraient également Saint-Agil en Beauce, mais il ne les cite pas. En revanche il existe une mention de Saint-Agil en Perche (*S. Agilus in Perthico*) dans les titres de ce prieuré en 1276[1]. Il est donc possible que l'auteur du passage en question de la *Gallia christiana* ait fait quelque confusion. Comment d'ailleurs n'aurait-on pas hésité à propos d'une région où le pas-

1. M. L. Merlet a fait observer avec raison que l'oratoire construit par saint Avit « *in vastas Pertici solitudines* » que les Bollandistes placent à Saint-Avit, à deux kilomètres à peine de Châteaudun, ne peut être évidemment que Saint-Avit au Perche, à l'Est de Montmirail, en pleine région forestière. Mais il ajoute : « D'autres documents, modernes il est vrai, au moins relativement, placent en Beauce Montmirail et Saint-Agil » (*Dict. topographique d'Eure-et-Loir*, Introd., p. XI). Plus tard, dans son édition du *Cartulaire de l'abbaye de Tiron*, il dit : « Saint-Agil dont nous voyons sans cesse le prieuré désigné sous le nom de *S. Agilus in Belsa.* » (L. MERLET, *Cartulaire de l'abbaye de la Sainte-Trinité de Tiron*. Chartres, 1883, t. I, p. 224, note). L'abbé O. Blanchard, dans un article sur la paroisse et le prieuré de Saint-Agil (*Bullet. Soc. Dunoise*, t. VII, 1891-93, p. 167), dit également : « Plusieurs chartes le désignent aussi sous le nom de *S. Agilus in Belsâ.* » Mais il n'en cite aucune. Je ne connais pas d'autre texte qui place Saint-Agil en Beauce que celui de la *Gallia Christiana*, et il n'engage que l'opinion personnelle du rédacteur de cette compilation. M. René Merlet, récemment encore archiviste d'Eure-et-Loir, a eu l'obligeance de dépouiller les titres du prieuré de Saint-Agil conservés dans ce dépôt et il n'y a pas trouvé la mention de *S. Agilus in Belsâ*, mais au contraire celle de *S. Agilus in Perthico*, en 1276. Il est possible d'ailleurs, s'il existe vraiment des textes plaçant Saint-Agil en Beauce, qu'il s'agisse d'une autre localité, Saint-Ay, en latin *S. Agilus*, situé sur la Loire entre Meung et Orléans et qui serait plus justement qualifié de « en Beauce ». Je dois ajouter qu'une localité voisine de Saint-Agil, Boursay, est placée en Beauce en 1135 environ, dans le *Cartulaire de l'abbaye de Tiron* (édit. L. MERLET, t. I, p. 224) : Et in Belsia, in villa que dicitur Borsei... *Borsei* ne peut être identifié qu'avec Boursay appelé *Borseium* vers 1272 (LONGNON, *Pouillés de la province de Sens*. Paris, 1904, in-4, p. 122 G).

sage de la Beauce au Perche se fait par une transition insensible ?[1]

Restent les noms qui se trouvent dans la Vie de saint Aldric : *Bovonis villare*, *Villanova*, *Fraxinidum*, *Cipetum super Liz*, que M. de Boisvillette place sur le Loir ou aux environs du Loir en aval de Vendôme. En réalité il n'y a aucune raison de les supposer a priori dans le diocèse du Mans. Parmi les nombreuses métairies citées dans ce document, il en est en effet plusieurs qui sont incontestablement en dehors de ce diocèse : *Villena in Parisiaco, Tauriacum Baiocassinum, Novavilla in Andecavo*. Les localités en question étant dites en Beauce, c'est en Beauce qu'il faut les chercher d'abord. C'est ce qu'a fait avec raison Dom Piolin, dans son *Histoire de l'Église du Mans*. Pour lui, *Bovonis villare* est Villerbon, près de Blois, *Villanova* est Neuville-aux-Bois, près d'Orléans, *Fraxinidum* est Fresnay, près d'Orléans, *Cipetum* reste identifié avec Les Hayes[2]. Ces identifications ne sont pas toutes satisfaisantes : *Villanova* est plus vraisemblablement Villeneuve-Frouville, à l'Est de Vendôme ; pour *Fraxinidum*, on a le choix entre les nombreux Fresnay du département d'Eure-et-Loir. La seule difficulté réside dans l'identi-

1. Il faut également tenir compte de ce fait que le nom de Perche-Gouet a fini par être donné à l'ensemble des cinq baronnies d'Alluye, Brou, La Bazoche-Gouet, Authon et Montmirail dont une partie débordait sur la Beauce. Toutefois ce nom de Perche-Gouet n'apparaît qu'assez tard ; on ne le trouve pas avant 1540. On disait auparavant : la Terre Gouet, le Fief Gouet, ou encore la Terre d'Alluye. Gouet était le nom du seigneur qui, au XIe siècle, s'était rendu maître des baronnies (DE ROMANET, *Géographie du Perche*. Mortagne, 1890-1902, in-8, p. 160-161).

2. Dom PAUL PIOLIN, *Histoire de l'Église du Mans*, 6 vol. in-8. Paris, 1851-1863, t. II, p. 230-231.

fication de *Cipetum*, placé sur le Loir, *super Liz*, dit le texte. Cette condition ne peut pas être considérée comme remplie par Les Hayes, situées sur le plateau à 3 ou 4 kilomètres de la rivière. En réalité la forme *Cipetum* a dû donner ici *Spay* ou *Spoy* et l'on trouve précisément une ferme appelée Spoy, dans la commune de Civry (canton de Châteaudun) sur les bords de la Conie, tout près de son confluent avec le Loir[1].

Il ne reste par conséquent aucun des noms cités dans les textes anciens comme étant en Beauce qui ne soit dans la véritable Beauce et c'est ce qu'il fallait établir. Car si la preuve avait été faite qu'au IXe siècle, par exemple, une localité située à l'Ouest de Vendôme eût pu être dite en Beauce, c'est évidemment qu'on n'aurait pas entendu alors la Beauce dans le même sens qu'aujourd'hui.

Indépendamment des chartes et des noms à suffixe, il existe une autre série de documents qui, pour une époque plus rapprochée, sont intéressants à consulter à propos des noms de pays. Ce sont les descriptions et les traités de géographie. Je citerai notamment *La*

1. Il y a dans la liste d'Aldric un autre *Cipetum*, *Cipetum super fluvium Sartæ*, évidemment Spay, sur la Sarthe, près du Mans. L'identification de *Cipetum super Liz* avec la ferme de Spoy est certaine. Le domaine de *Cipetum*, que restaura Aldric, avait été acheté au VIIIe siècle par un de ses prédécesseurs, Joseph. Il en est fait mention dans les *Actus Pontificum Cenomanis in urbe degentium* (Voir l'édition des abbés G. Busson et A. Ledru. Le Mans, 1902, in-8) sous le nom de *Cipidus supra fluvium Lido*. Or il est dit, dans ce texte, *in pago Carintense*. On avait traduit antérieurement *Carintense* par La Chartre ; mais La Chartre s'appelle *Carcer* jusqu'au XIIIe siècle, où apparaît la forme *Carta*. *Pagus Carintensis* serait d'ailleurs insolite pour désigner les environs de La Chartre. C'est avec raison que les derniers éditeurs ont corrigé *Carintense* en *Carnutense* et proposent l'identification de *Cipidus* avec la ferme de Spoy.

Guide des chemins de France, petit opuscule paru en 1552, sans nom d'auteur, mais qu'on attribue avec une très grande vraisemblance à son imprimeur Charles Estienne. C'est l'ancêtre de nos guides actuels. Il indique sur chaque grande route les étapes et les distances qui les séparent. Il fournit aussi des renseignements sur les pays traversés, soit en tête de chaque chapitre, soit à l'occasion des villes citées. Ce qui fait son intérêt, c'est d'abord qu'il est antérieur à la plupart des cartes et des descriptions géographiques, — il est même la principale des sources où ont puisé beaucoup de géographes du XVIIe et du XVIIIe siècle, qui le copient souvent sans le citer. Mais il est aussi très intéressant par la manière dont il a été rédigé. Pour s'excuser de l'orthographe très insuffisante des noms propres, Estienne nous dit qu'il a consulté « divers auteurs, comme messagiers, marchans et pellerins desquels... ne peut sortir que grand diversité[1]. » L'aveu est précieux à retenir. Ceux auprès desquels Estienne s'informait étaient des gens qui n'avaient puisé leurs connaissances que dans la pratique des voyages. En somme il avait fait des enquêtes, comme celles que nous pouvons faire aujourd'hui. Les témoignages ne concordent pas toujours, ce qui

1. *La Guide des chemins de France*. A Paris, chez Charles Estienne, Imprimeur du Roy, 1552, in-12. *Bibl. Nat.*, L^{25}_{1}, réserve. Préface. On lit à la page 1 : *La Guide des chemins de France, veue, corrigee et augmentee pour la seconde fois*. Il avait paru déjà une édition ou tout au moins un tirage de ce livre, en la même année 1552 (Voir BRUNET, *Manuel du Libraire*, au mot Guide). Une nouvelle édition fut donnée en 1553 sous ce titre : *La Guide des chemins de France reveue et augmentee pour la troisiesme fois. Les fleuves du royaume de France ainsi augmentez*. A Paris, chez Charles Estienne... 1553, in-12. En réalité le texte de la première partie est le même. Je citerai toujours dans la suite la 2e édition de 1552.

paraît bien être une preuve de la fidélité avec laquelle ils ont été enregistrés. Nous aurons souvent à faire usage de ce petit livre.

Estienne distingue la Basse-Beauce — dans laquelle il fait entrer d'une façon inattendue la Sologne, qu'il met d'ailleurs à part — la Beauce vendômoise ou moyenne et la Haute-Beauce. Voici comment il s'exprime : « La vraye Beausse, plat pays, fertile en grains comme un grenier du pays de France, ainsi que la Sicile de la Romaine, ha son estendue entre les eveschez de Sens, Orleans et Chartres : est divisee en trois parties, dont les deux sont de gras et limoneux terrouer : la tierce qui est la Soulongne, dependente de la basse, participe tant du limon que du sable : ainsi que sera veu cy apres. »

« La Basse-Beauce ha son estendue depuis Estampes, jusques aux endroits de Sens en Brye : et depuis ledict Etampes jusques au pont d'Orleans, vers Olivet, soubs laquelle est enclos le pays de Lorriz. »

« A cette Beauce adhere au dela de Loire comme une tierce Beausse qui est fertile en seigles, dont est appelee Solongne : comprenant ce qui se trouve depuis Orleans, oultre la rivière de Loire, jusques a Amboise: costoyant les environs de Gyan, et parvenant a la riviere du Cher. Ce pays est divisé en hault et bas. Le hault contient l'endroit des seigles, bruyeres et boccages, au bas se trouvent plusieurs petits ruisseaux aornez de pasturages, le tout sablonneux, et moins gras que la vraye Beausse..... »

« La haulte Beausse commence a Ablys, et s'estend jusques a Chartres, et au dela..... Le pays chartrain duché et vidamie, tenant a la haulte Beausse, comme

Fragment de la carte de France d'Oronce Finé (1525). Réduction de 1/4 environ.

partie d'icelle comprend le conté de Dreux et de Montfort, pays boccageux, qui n'est droictement de ladicte Beausse, adhere d'un costé au Perche, et de l'autre a la duché d'Orleans. »

« A la Basse-Beauce est conjointe la moyenne, comprenant ce qui est depuis Romorentin jusques a Vendosme d'un costé : et depuis Chasteaudun jusques a Blois et Tours d'autre. Cette Beausse s'appelle Vendosmoise, parce qu'elle se termine en cest endroict ; et elle est fertile, oultre les deux autres de fruictz excellents. »

« Le Comté de Blois tient de cette Beausse, et comprend ce qui est vers la Soulongne, deca la riviere de Loire, comme le comté de Dunois : dont la principale ville est Chasteaudun, et la conté de Tonnoire[1]. »

A part cette extension de la Beauce au Sud de la Loire, jusque dans la Sologne, qu'Estienne ne confond cependant pas avec elle[2], à part la prolongation vers Tours, ce qui est exagéré, Estienne n'est en désaccord avec les limites modernes que sur un point, lorsqu'il étend la Beauce jusque vers Sens. Mais nous avons ici un exemple de ses contradictions, car il dit fort bien, quelques pages plus haut, que le Gâtinais « adhere la basse Beausse vers Pluviers [Pithiviers] : a la Champaigne vers Sens : et a la Brye vers Fontainebleau[3]. »

1. *La Guide des chemins de France*, p. 96-102.

2. On remarquera que sur la carte de France d'Oronce Finé (Voir Pl. III) le nom de Solongne est inscrit au Nord de la Loire, ce qui a pu contribuer à établir une confusion avec la Beauce. L'erreur de Finé provient peut-être de ce que le Comté de Blois s'étendait à la fois sur la Beauce et sur la Sologne.

3. *Ibid.*, p. 91.

Il y met Moret, Nemours, Château-Landon, Montargis, etc... La Beauce ne peut donc pas s'étendre de ce côté aussi loin qu'il le dit ensuite.

Veut-on un autre témoignage indépendant postérieur à celui d'Estienne ? Je l'emprunte à J.-B. Souchet, le consciencieux historien de Chartres et de son diocèse, qui connaît bien le pays.

« La Haulte [Beauce], dit-il, commence dans la forest Iveline, dont Chartres est la capitale [de la haute Beauce], d'où, allant au Grand et Petit Perche, va gaigner la rivière de Loire dans le Blésois et la Touraine vers Mont-Richard ; d'ou, revenant par Baugency, Meun, Toury et Estampes, qui sont dans ces termes [limites] de la Basse, de laquelle Orléans est le chef, et par partie du Gastinois, la font finir a Pithiviers et Lorris[1]. »

Il n'est pas nécessaire de multiplier les citations. Comme les descriptions, les anciennes cartes concordent assez bien. Il n'y a de différences importantes que pour les subdivisions de la Beauce. Celles que nous donnent Estienne et Souchet : Haute, Basse, Moyenne Beauce, paraissent tout d'abord empruntées à l'altitude. Les environs de Chartres sont en effet un peu plus élevés en moyenne que ceux de Châteaudun, et ceux-ci que les environs do Pithiviers et de Blois ; mais ces différences de quelques mètres n'apparaissent que sur nos cartes de précision, et il serait bien étrange qu'on s'en fût rendu compte alors. Cette subdivision qui, à ma connaissance, n'est pas antérieure au XVIe siècle,

1. J.-B. Souchet, *Histoire du diocèse et de la ville de Chartres* publiée d'après le manuscrit original de la Bibliothèque communale de Chartres. Chartres, 1858, in-8, t. I, p. 31.

pourrait bien s'expliquer tout simplement par la place qu'occupent sur la carte les différentes parties de la Beauce, le Nord étant généralement placé en haut de la feuille. Nous avons vu qu'au XIIe siècle on distinguait les différentes parties de la Beauce par les principales villes qui y étaient situées : Chartres, Châteaudun, Pithiviers. On trouve également dans Souchet l'expression « plaine Beaulce ». Il y place deux localités situées au Sud d'Auneau : Voise et Saint-Léger-des-Aubées[1]. Il veut dire sans doute la pleine Beauce, comme on dit parfois dans ce sens : la vraie Beauce. Nous avons aussi noté l'expression Beauce pouilleuse, attribuée assez rarement aux environs de la Conie. Ces épithètes correspondent à des particularités dont il y aurait lieu de tenir compte dans une étude détaillée de la Beauce, mais qui n'altèrent point le caractère général de ce pays où l'impression dominante est celle de l'uniformité.

Nous arrivons donc à cette conclusion que la Beauce, aussi loin qu'on puisse remonter dans l'histoire, a toujours eu à peu près les limites qu'on lui attribue aujourd'hui. Ce nom, solidement attaché au sol, désigne avant tout une région agricole; dans son acception populaire, c'est le pays à blé; géographiquement il correspond bien à une région naturelle. Nous n'en trouverons pas qui réponde mieux à l'idée qu'on peut se faire d'un nom de pays.

Il resterait une dernière question à résoudre. Que

1. *Ibid.*, p. 34, 35. Pour M. P. Roussille, la Haute-Beauce correspond au département de Seine-et-Oise, la Pleine-Beauce à celui d'Eure-et-Loir, la Basse-Beauce au Loir-et-Cher et la Beauce Pouilleuse à une partie d'Eure-et-Loir et du Loiret. *Ouv. cit.*, p. 11.

signifie ce nom de Beauce? Né quelque part dans le pays s'est-il peu à peu étendu à l'ensemble? Y a-t-il lieu de croire au contraire qu'il a désigné dès l'abord la totalité du plateau? Faute de documents suffisants, il est bien difficile de répondre. Lorsqu'il apparaît, au VIe siècle, dans la Vie de Saint-Germain par Venance Fortunat, le nom de Beauce a déjà le sens de région[1]. Tout semble indiquer qu'il est d'origine celtique. Un curieux passage du grammairien gallo-romain Virgile, qui écrivait au VIIe siècle, nous apprend que *belsa* était synonyme de plaine, et qu'il pouvait aussi être identifié avec *gramina* prairies. En réalité la Beauce n'a jamais pu se prêter à l'établissement de prairies : mais si l'on ne prend pas le mot *gramina* trop à la lettre, — et l'insuffisance du grammairien Virgile autorise bien quelque liberté d'interprétation, — si l'on y veut voir des terres cultivées, c'est l'idée de grande plaine agricole qu'aurait, dès les temps les plus lointains, éveillée le nom de Beauce.

1. Per Belsam Sancto itinerante *Vita S. Germani*, ch. 50. Adrien de Valois qui a signalé ce passage en cite un autre de la vie du roi Sigismond (*Passio Sigismundi regis, Acta SS. Bolland.*, 1680, 1er mai) où *Belsa* est considéré comme un nom de localité. Mais il fait remarquer avec raison qu'il y a tout lieu de croire à une méprise de l'auteur. Ce texte est en effet probablement contemporain du premier, s'il n'est pas postérieur, et ne s'accorderait pas avec lui.

2. Bellum autem nonnisi in belsa hoc est in campo agitur. Belsa enim hoc dicitur quia belsa plurima quæ sunt gramina profert. *Virgilii Maronis grammatici opera*. Éd. J. Huemer. Leipzig, 1886, IV *de Metris*, p. 20. Cité par Holder, *Alt-Celtischer Sprachschatz*, au mot *Belsa*.

CHAPITRE IV

LE HUREPOIX

Est-ce bien une région naturelle que celle qui s'étend entre la Beauce et la vallée de la Seine ? Tandis qu'en Beauce l'hésitation était impossible, ici tout dépend de ce qu'on entend par région naturelle. Reprenons avec un peu plus de détail l'examen de ce pays.

On a vu qu'au Nord les calcaires de Beauce subissaient une transformation très importante et devenaient des meulières. Mais l'épaisseur de ces meulières empâtées dans l'argile est faible : quelques mètres au maximum. Elles reposent sur une couche épaisse de sables très fins, les sables de Fontainebleau, qui ne prennent qu'exceptionnellement à leur partie supérieure, la consistance de grès. Ces grès généralement très durs s'alignent en bandes étroites dirigées parallèlement du Nord-Ouest au Sud-Est, sur l'origine desquelles on discute encore. Au-dessous du sable s'étend uniformément une couche marneuse qui retient les eaux, puis viennent les couches tertiaires inférieures, beaucoup mieux représentées au Nord de la Seine, et qui approchent ici de leurs limites.

Dans cette région, à l'inverse de ce qui arrive en

Beauce, des vallées assez profondes ont pu se creuser. La couche de meulière une fois enlevée, les eaux rencontraient les sables qu'elles déblayaient d'autant plus facilement que le niveau de base de tous ces affluents, le fleuve voisin, était plus bas. Ces vallées ont souvent des flancs assez raides, à cause du manteau d'argile qui maintient les sables. Ils deviennent même tout à fait abrupts lorsque les sables sont localement consolidés en grès. La vallée de l'Yvette, en amont de Palaiseau, est la plus typique de ces vallées creusées dans les sables. Au Sud de l'Yvette, la vallée de l'Orge a des versants plus adoucis, parce qu'un bombement anticlinal y fait affleurer sous les sables les argiles de l'Éocène inférieur, même la craie. Par suite de ce bombement, la couverture de meulière et de calcaire de Beauce est ici plus entamée qu'ailleurs et les sables occupent de larges surfaces avec leur belle végétation de fougères, de digitales, de genêts, leurs forêts de pins et de châtaigniers. Ce paysage est celui de la forêt de Rambouillet et de ses environs, pays de châteaux et de grandes chasses, ancienne marche boisée qui séparait autrefois le peuple des Parisiens de celui des Carnutes. Au voisinage du fleuve, une vallée beaucoup plus large s'est creusée sur l'emplacement d'un autre anticlinal, entre Versailles et la Seine, déblayant les sables jusqu'au calcaire grossier et jusqu'à la craie. C'est la vallée qui va vers Mantes et qui est suivie par la petite rivière de la Mauldre et par son affluent le rû de Gally. Enfin du côté de l'Est, le relèvement des couches a donné plus de prise encore à l'érosion. Entre Fontainebleau, la Ferté-Alais, Montlhéry et Sceaux, toute la couverture de meulière et de calcaire de

Beauce a disparu, les sables même ont été la plupart du temps enlevés et c'est l'étage des meulières de Brie, bien développé vers l'Est, qui donne le relief. Il forme un second plateau, au-dessus duquel le plateau supérieur se détache en beaux promontoires, comme à Palaiseau ou à Montlhéry.

Tout ce pays à sous-sol humide ou sablonneux serait assez pauvre, si par endroits les plateaux n'y étaient encore recouverts de limons. Ils donnent alors de belles terres à céréales au bord desquelles commencent à se montrer de grandes fermes. Les cultures maraîchères ont tiré un excellent parti des vallées, même des terrains de sable, grâce à d'abondantes fumures. Mais, dans l'ensemble, les forêts dominent. Elles forment de ce côté un horizon digne d'une capitale, et lui composent une parure que les industries ont heureusement à peu près respectée.

Pour le géologue, pour le savant qui n'en examine que la structure générale, l'unité de ce pays est incontestable : c'est un ensemble de plateaux découpés par l'érosion. Mais l'observateur sans parti pris, mais le paysan qui vit de la terre seront plutôt frappés de sa diversité. Entre le plateau agricole qui s'étend immédiatement aux portes de Paris, de Villejuif à Longjumeau, si monotone que la villégiature persiste à l'éviter[1], et les hauteurs boisées qui dominent Sceaux, Sèvres et Versailles, qu'y a-t-il de commun ? Les vallées elles-mêmes, on l'a vu, ont chacune leur physionomie diffé-

1. Ce plateau était désigné autrefois sous le nom de plaine de Longboyau et c'est encore ainsi qu'on le désigne souvent dans le pays. Estienne dit : « Le long boyau, plaine fertile comme petite Beausse. » *Ouv. cit.*, p. 7.

rente et cette diversité se traduit par la variété des occupations agricoles : grande culture d'un côté, de l'autre culture maraîchère, horticulture, industrieuses à tirer du sol les fruits et les fleurs que demande la grande ville. L'aspect même des habitations adaptées à ces labeurs divers suffirait à dénoncer ce manque d'unité.

C'est à ce pays qu'on donne, dans les livres surtout, le nom de Hurepoix. Couramment employé par les géologues et les géographes, il est cependant bien peu connu. On l'ignore presque complètement dans la région. Une commune, au Sud d'Arpajon, porte le nom de Marolles-en-Hurepoix. Personne n'y peut dire ce qu'est au juste le Hurepoix, sinon qu'il doit exister quelque part, puisqu'on dit Marolles-en-Hurepoix. Limours était souvent appelé autrefois Limours-en-Hurepoix, mais le suffixe est tombé en désuétude. Je n'ai trouvé le nom de Hurepoix connu des habitants et encore pas de tous, qu'à Dourdan et au voisinage. Mais on a prétendu faire de cette ville la capitale du Hurepoix, et il se pourrait bien que cette notoriété de convention — car il n'y a jamais eu de division politique ayant porté le nom de Hurepoix, ni par conséquent de capitale du Hurepoix — ait aidé, dans la région, à la diffusion du vocable[1]. J'ajoute encore, pour ne rien omettre, qu'on se moquait autrefois volontiers des gens du Hurepoix ; mais c'est un souvenir presque effacé. Je ne crois pas

1. Expilly, dans sa liste des pays de la France, *Dictionnaire géog., hist. et politique des Gaules et de la France*, Paris, in-f°, t. III, 1763, au mot France, indique Dourdan comme capitale ou chef-lieu du Hurepoix. M. J. Guyot a publié : *Chronique d'une ancienne ville royale. Dourdan, capitale du Hurepoix*. Paris, 1869, in-8.

que le nom de Hurepoix figure avec ce sens défavorable dans aucune des chansons ou des œuvres de théâtre parisiennes, où les plaisanteries à l'adresse de la banlieue ne manquent pas. A coup sûr, voilà un nom de pays, si c'en est un, qui n'est guère répandu.

Ce pourrait être, il est vrai, un ancien nom qui peu à peu serait tombé dans l'oubli. Examinons donc les documents anciens où il est question du Hurepoix.

C'est une chose singulière que l'embarras et les hésitations des cartographes et des géographes au sujet de ce Hurepoix.

Sur sa carte de France en quatre feuilles parue en 1525, Oronce Finé écrit *Hurepois* parallèlement au cours de la Loire, au-dessous de *Gastinois* placé exactement entre Nemours, Montargis et Saint-Mathurin-de-Larchant[1]. Guillaume Postel place également, en 1570, le Hurepoix au Sud du Gâtinais ; mais le nom est écrit des deux côtés du Loing, au Nord de Montargis[2]. On retrouve encore le Hurepoix placé tout près de la Loire, entre Gien et Cosne, sur la carte du Berry de Jean Chaumeau[3]. Mais à partir du XVIIe siècle, le nom de Hurepoix, quand il est inscrit sur les cartes, est au Sud, le plus souvent au Sud-Est, de Paris et toujours à l'Ouest du Loing. Je ne connais d'exception à cette règle que sur les cartes du Berry et de l'Orléanais de l'Atlas de Tassin (1637). Sur la première on lit *Urepois* sur la rive droite de la Loire entre Gien et Cosne, sur la seconde *Urepois* à l'Est de Montargis, au Nord et au

1. Voir Pl. III et Appendice V, p. 285.

2. *Ibid.*

3. Dans *Le Théâtre francois, ou sont comprises les chartes generales et particulieres de la France.* A Tours, par MAURICE BOUGUEREAU, 1594, in-f°.

Sud de l'Ouanne. Mais ces deux cartes s'inspirent directement de celles du XVIe siècle [1].

Les géographes fournissent des renseignements moins succincts. Reprenons *La Guide des chemins de France*. « Le Heurepoix, dit Estienne, commence a la riviere de Seine, soubz le petit pont, et se continue le long de la dicte riviere jusques a Corbeil et Melun, puis de la jusques a Moret, pres duquel la riviere de Verine entrant dans le Loing, venant des endroicts de Sainct Maurice, separe ledict pays d'avec le Gastinois : adhere a la Brye vers Saincte Colombe la grande, pres Sens. Comprend la visconté et bailliage de Melun, ancien ressort dudict pays, et principale ville d'iceluy [2]. » Ce passage est assez difficile à interpréter. D'après Estienne, le Hurepoix comprendrait d'abord le pays situé au Sud de Paris, jusqu'au confluent de la Seine et du Loing à Moret ; il serait ensuite séparé du Gâtinais — Estienne ne dit pas si c'est à l'Est ou à l'Ouest — par la Verine, dans laquelle il faut voir le Solin appelé aussi Vézine, qui se jette dans le Loing, non pas près de Moret, mais au-dessous de Montargis [3] ; il se prolon-

1. Append. V, p. 299 et suivantes.

2. *La Guide des chemins de France*, p. 36.

3. Estienne donne sur cette rivière des détails plus précis dans la troisième édition de *La Guide*, où il a introduit un Appendice sur les rivières. « Verine, dit-il, petite riviere, vient d'auprès Sainct Maurice : passe au guay dict de Verine, et la se rend pres du Chastelet dans la riviere de Loing. Ce petit fleuve fait separation d'entre le Heurepoix et le Gastinois. » *La Guide des chemins de France* reveue et augmentee pour la troisiesme fois. *Les fleuves du royaume de France* aussi augmentez. A Paris, chez CHARLES ESTIENNE, Imprimeur du Roy, 1553, p. 224. La carte d'État-Major indique près du confluent du Loing et du Solin deux localités appelées le haut et le bas Châtelet. « Vézine ou Solin », dit AD. JOANNE. *Dictionnaire géographique, admi-*

gerait dans tous les cas sur une partie des plateaux situés à l'Est du Loing, puisqu'il toucherait à la Brie près de Sens. Il déborderait même au Nord de la Seine aux environs de Melun, puisqu'il comprendrait le bailliage de cette ville.

Un peu plus tard, en 1580, Claude Fauchet, dans son *Recueil de l'origine de la Langue et poesie Françoise, Ryme et Romans,* s'exprime ainsi à propos des Hurepoïs dont il avait rencontré le nom dans les chansons de geste : « Lesquels Erupeis ou Erupers je pren pour ceux du païs d'Hurepoix, qui n'ha point de limite certain : sinon qu'a Paris nous disons que le quartier devers Midi ou de l'Université est en Hurepoix. Et neantmoins pres de Meaux et Joerre il y a un terroir appelé Heurepoix, comme aussi quelque endroit voisin de Montereaux-fault-Yonne... Mais j'adjousteray bien qu'a Paris quand lon veut dire qu'une façon de faire n'est gueres civile, on use de ces mots, c'est du païs ou quartier de Hurepoix : ce que d'autres disent, cela sent son escolier latin[1]. » Ainsi Fauchet, à la fin du XVIe siècle, ne se rend pas très bien compte de ce qu'est le Hurepoix. Toutefois son opinion s'accorde assez bien avec celle d'Estienne, sauf qu'il parle aussi d'un Hurepoix situé aux environs de Meaux et de Jouarre[2].

nistratif, postal de la France, 2e édit. Paris, 1869, au mot Vézine. Le Solin est donc bien la même rivière que la Vérine ou Vézine.

1. *Les Œuvres de feu* M. CLAUDE FAUCHET. Paris, 1610, in-4, liv. I, ch. IV, p. 541. Ce passage a été cité par M. LONGNON dans son Mémoire : *L'Ile-de-France. Son origine, ses limites, ses gouverneurs* (*Mém. Soc. de l'Histoire de Paris et de l'Ile-de-France,* t. I, 1875, p. 1-43).

2. Je dois dire cependant que Belleforest, dont l'édition française de la *Cosmographie* de Munster, par les additions qu'elle a reçues, forme un

Papire le Masson, auteur d'une très intéressante description en latin des fleuves de France qui parut en 1618, va nous permettre de préciser davantage. « Du château de Montargis, dit-il, on aperçoit facilement au loin les forêts et les champs du Hurepoix. On sait en effet qu'on désigne de ce nom le territoire voisin d'Etampes, la partie de Paris qui regarde vers le Sud, et quelques autres localités[1]. » Il résulte de ce passage qu'il met le Hurepoix à l'Ouest et à une certaine distance du Loing. Mais il l'étend aussi à l'Est, car il ajoute un peu plus loin : « L'heureux pays de Hurepoix va de Montargis à Château-Renard et à Courtenay[2]. » Château-Renard (sur l'Ouanne) et Courtenay (sur le Biez) sont à l'Est du Loing. Il y aurait donc, d'après lui, deux territoires faisant partie du Hurepoix, séparés par une enclave qui dépendrait du Gâtinais. Il dit en effet, dans le même passage, « car Nemours est en Gâtinais ».

ouvrage original, surtout pour la France, place le Hurepoix au Sud de la Seine et à l'Occident de la Brie. Il est vrai qu'il n'en parle qu'une seule fois et incidemment. *La Cosmographie universelle de tout le monde,* auteur en partie MUNSTER... augmentée par FRANÇOIS DE BELLEFOREST. Paris, 1575, in-f°, t. I, p. 341. De même DU BREUL, dans son *Théâtre des antiquitez de Paris,* Paris, 1616, in-4, p. 1308, mentionne en passant le Hurepoix comme étant à l'Ouest de Corbeil.

1. *Descriptio fluminum Galliæ, quâ Francia est.* PAPIRII MASSONIS *opera...* Parisiis, 1618, in-8. « Inde Montis Argisii oppidum cujus pars in edito colle cum valida arce visitur, unde sylvæ et campi regionis Urapisiorum, ita enim appellantur, procul despicere facile est. Agrum Stampis vicinum ad Urapisios et partem illam Lutetiæ Parisiorum quæ meridiem spectat ad eosdem etiam pertinere satis notum est, et alia quædam loca eodem nomine censeri. » P. 187.

2. « Urapiorum felix regio a Montargisio usque Castrum Reginaldi et Curtiniacum protenditur. Nemorense enim sive Silviacus Vastiniensium agri est... » P. 193.

Consultons un écrivain local, Dom Morin, qui fut prieur de l'abbaye de Ferrières et composa une *Histoire des pays de Gastinois, Senonois et Hurpois* qui parut en 1630. Il est vrai qu'il n'y put mettre la dernière main et c'est sans doute ce qui explique, avec de trop nombreuses négligences, les contradictions qu'on y trouve. « Le païs de Gastinois, dit-il, est separé de l'Hurpois par la riviere de Vernison du costé d'Occident, qui se va joindre au Loing à Montargis, et du Senonois par la riviere d'Yonne du costé d'Orient[1]. » Le Hurepoix se trouverait donc à l'Ouest du Vernisson et le Gâtinais à l'Est. Or immédiatement après, Dom Morin met en Gâtinais : Malesherbes, Beaune-la-Rolande, Château-Landon, Lorris et l'on n'aperçoit pas ce qui pourrait rester au Hurepoix de ce côté. Pourtant il ajoute que Paris fut la capitale du Hurepoix comme Melun fut « quelquefois » celle du Gâtinais. Enfin il cite trois localités toutes trois à l'Est du Loing : Doromel, aujourd'hui Dormelles, sur l'Orvanne qui fait « la separation du Gastinois et du Hurepois », Pallay, aujourd'hui Paley, sur le Lunain, qui se trouve « tant dans le Gas-

1. *Histoire generale des Pays de Gastinois, Senonois et Hurpois*, par feu le R. Père Dom Guillaume Morin. Paris, 1630, in-4, p. 2. Elle a été réimprimée par H. Laurent, *Histoire du Gastinois par Dom Morin*. Nouvelle édition... Pithiviers, 1883-89, 3 vol. in-4. Le t. III contient les notes rédigées par M. Paul Quesvers. — Dom Morin renvoie un peu plus loin, pour les limites du Gâtinais et du Hurepoix, à « Jacques Spigel en ses *Annotations sur les antiquitez de Richard Berthelin.* » Il y a ici une confusion. Jacob Spiegel, né à Schlestadt en 1483, a bien annoté un ouvrage de Ricardo Bartholini, de Pérouse ; mais cet ouvrage est un poème en douze chants, publié en 1515 par Vadianus, à Vienne : *Ricardi Bartholini Perusini, de Bello Norico ad Divum Maximilianum, Austriados Libri XII.* Pas plus dans le poème que dans les notes, il n'est question du Gâtinais et du Hurepoix. La référence de Dom Morin doit s'appliquer à *La Guide* d'Estienne.

tinois que l'Hurepois » et Egreville, sur le plateau, au Sud du Lunain, qui est « au païs de Hurepois. » Lui aussi connaît donc un Hurepoix situé à l'Est du Loing. C'est même le seul dont il parle avec quelque précision.

Continuons notre revue, en laissant de côté ceux qui n'ont fait que répéter ou traduire ce qu'avait dit Estienne, comme Merula et Davity. En 1634, le Jésuite Monet publie en latin une Géographie de la Gaule ancienne et moderne, et cette fois le Hurepoix est nettement placé au Sud du Gâtinais: *Vastinii ad Boream, Hurepoësii ad Austrum*[1]. Dans le Gâtinais il met : Melun, Moret, Milly, Nemours, Château-Landon, Pithiviers; dans le Hurepoix : Montargis, Châtillon-sur-le-Loing, Bléneau, Saint-Fargeau. Ces deux dernières localités sont considérées aujourd'hui comme faisant partie de la Puisaye. Mais en 1648, un autre Jésuite, Briet, tout en signalant cette confusion du Hurepoix et de la Puisaye, rétablit le Hurepoix au Sud de la Seine, en lui attribuant : Melun, Corbeil, Fontainebleau, Montlhéry, Rochefort, Dourdan[2].

En présence de ces contradictions, l'auteur de la notice qui accompagne le grand Atlas de Blaeu, ne peut se résoudre à prendre parti. Après avoir rapporté les opinions de ces prédécesseurs, il ajoute : « ce qui fera que je ne m'arresteray point à une division si incertaine, ny a rechercher, si le Hurepois a pris son etymologie du vent Eurus, ou bien de la diction Hurepé, qui signifie dans les vieux Romans, un homme portant

1. *Galliæ Geographia veteris recentisque* a P. Philiberto Moneto, de Societate Jesu. Lugduni, 1634, in-12, p. 200.

2. *Parallela Geographiæ veteris et novæ* auctore Philippo Brietio Abbavillæo. Soc. Jes. Sacerdote. Parisiis, 1648, in-4, p. 392.

les cheveux droicts et hérisséz comme la hure d'un sanglier[1]. »

Adrien de Valois dans sa *Notitia Galliarum*, en 1675, montre le même embarras[2], et l'on en trouve surtout l'aveu naïf dans l'édition de 1753 de la *Nouvelle description de la France* de Piganiol de la Force. « On ne peut rien voir de plus opposé, dit-il, que le sont nos Géographes sur les limites de ce petit pays et par conséquent sur les villes qui sont dans son étendue. Après s'être bien fatigué pour fixer ces limites, on est aussi incertain qu'auparavant ; et si on avait eu le bonheur d'y réussir, sans doute que la gloire de la découverte n'égalerait pas la peine de la recherche. On place dans le Hurepoix : Dourdan, Châtre ou Arpajon, Montlhéri, Linas, Lonjumeau[3]. »

Ainsi l'auteur renonce à résoudre l'énigme et se rallie simplement à l'opinion qui a fini par prévaloir au XVIIe siècle chez les cartographes et les géographes. D'Audiffret, en 1681, donne très nettement au Hurepoix pour limites : au Nord, la Seine et la Brie ; au Sud, le Gâtinais ; à l'Ouest, la Beauce « dont il faisait autrefois partie[4] ». L'abbé Baudrand y place Montfort-l'Amaury, Houdan, Mantes, Dourdan, Épernon. Il pousserait

1. *Septième volume de la Géographie Blaviane*, contenant la première partie du XIVe livre de l'Europe. Amsterdam, 1667, gr. in-f°, p. 68.

2. HADRIANI VALESII, *Notitia Galliarum*. Parisiis, 1675, in-f°, p. 326.

3. PIGANIOL DE LA FORCE, *Nouvelle Description de la France, dans laquelle on voit le gouvernement général de ce royaume*, 3e édit. Paris, 1753, 15 vol. in-12. Voir t. I, p. 160. La première édition de la *Nouvelle Description de la France*, de Piganiol de la Force, parut en 1718 en 6 vol. in-12. Il y eut ensuite deux éditions nouvelles en 8 vol. in-12 parues en 1722 et 1742.

4. D'AUDIFFRET, *La Géographie ancienne, moderne et historique*. Paris, 1681, 2 vol. in-4. T. II qui contient la France... p. 181.

même le Hurepoix à l'Ouest jusqu'à l'Eure, sans doute pour justifier la forme Eurepoix, qui d'après lui serait plus fréquente. Mais cette opinion lui est toute personnelle et ne s'accorde pas avec l'habitude qu'on prend alors de désigner le pays au Sud-Ouest de Paris du nom de Mantois[1].

Il semble bien que ce soit le besoin de mettre un peu d'ordre dans ces appellations : Hurepoix, Gâtinais, Puisaye, Beauce, qui ait amené les cartographes d'abord, les géographes ensuite, à placer définitivement le Hurepoix au Sud-Est de Paris.

Mais cette localisation a été favorisée par une confusion qui s'établit au XVIIe siècle entre les pays et les subdivisions territoriales. Le premier chez qui on la voit nettement s'affirmer, est l'auteur des notices qui accompagnent le tome VII du grand Atlas de Blaeu, très probablement le cartographe Damien de Templeux[2]. On a vu plus haut qu'il ne savait pas au juste ce qu'était le Hurepoix, ce qui ne l'empêche pas d'en faire une des subdivisions de l'Ile-de-France. Parlant de ce gouvernement en général, il énumère les 15 bailliages qui y sont compris, puis il ajoute : « d'autres divisent le mesme gouvernement ou Province de l'Isle de France en Régions et Contrées, lesquelles s'y trouvent jusques au nombre de dix, comme s'ensuit : le Parisis, ou Isle de France, le Hurepois, le Gastinois, le Pays et Forest d'Yveline, le Drugesin ou Comté de Dreux, le Wexin françois, le Beauvaisis, le Valois, le Soissonnois, le Laonnois qui fait partie du Verman-

1. M. A. Baudrand, *Dictionnaire géographique et historique*. Paris, 1705, f°. T. I aux mots Eurepoix et Hurepoix.

2. Voir Appendice V, p. 292.

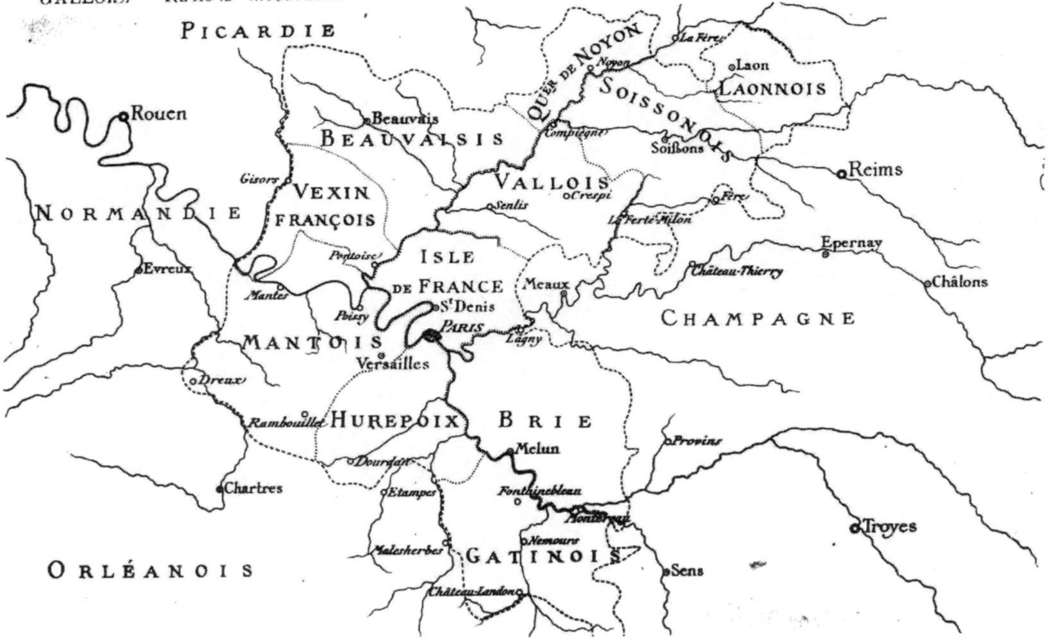

Le Gouvernement général de l'Ile-de-France divisé en pays, d'après la carte de Robert (1754).

dois[1]. » Je n'ai pas trouvé de mention plus ancienne de cette subdivision. Peut-être est-ce bien Templeux qui le premier l'a formulée avec cette netteté. Peu importe d'ailleurs, l'essentiel est qu'on saisisse ici sur le fait la confusion qui conduira nécessairement à localiser sur les cartes toutes ces subdivisions, même à leur donner des limites précises. Templeux indique dix subdivisions pour l'Ile-de-France ; plus tard on en comptera onze, puis douze. C'est à ce chiffre que s'en tiendront en général les auteurs de dictionnaires et de descriptions géographiques de la fin du XVIIIe siècle[2]. Nous aurons souvent à revenir sur cette subdivision factice, d'où est née surtout l'équivoque qui pèse encore sur les noms de pays.

Mais qu'était-ce donc que ce Hurepoix sur lequel

1. *Septième volume de la Géographie Blaviane*, p. 1.

2. NICOLAS DE TRALAGE qui donna sous le nom de TILLEMON une *Description du royaume de France contenant ses principales divisions géographiques* dressées pour la grande carte intitulée : *Le royaume de France*... [publiée par J.-B. Nolin], Paris, 1693, in-18, dira, p. 2 : « Les provinces sont divisées pour la pluspart en divers pays. » — Dans la 1re édition de sa *Nouvelle description de la France*. Paris, 1718, t. II, p. 412, PIGANIOL DE LA FORCE compte également dans l'Ile-de-France dix pays : France, pris en particulier, Beauvaisis, Valois, Soissonnais, Laonnais, Noyonnais, Vexin français, Gâtinais, Hurepoix, Brie française. La 3e édition (1753), t. I, p. 2, en indique onze : le pays ajouté est le Mantois, qui se trouve ainsi démembré du Hurepoix et correspond au Pays et Forêt d'Yveline de Damien de Templeux. L'abbé EXPILLY, dans son *Dictionnaire géog., hist. et politique des Gaules*, t. III, 1763, au mot Isle de France, ajoute le Thimerais, et arrive ainsi à douze. Les cartographes prennent également l'habitude d'indiquer et même de délimiter ces subdivisions. Le premier qui donne ces limites est ROBERT sur sa carte de l'Ile-de-France (1754) (Voir App. V, n° 71 et Pl. IV). Il compte onze pays, les mêmes qu'indique l'édition de 1753 de Piganiol. JANVIER, en 1760 (App. V, n° 72), en marque douze, le douzième étant le Thimerais ; c'est la subdivision qu'adopte plus tard Expilly.

géographes et cartographes avaient tant de peine à se mettre d'accord ?

Dans le mémoire qui inaugure la série des travaux publiés par la *Société de l'histoire de Paris et de l'Ile-de-France,* M. Longnon a montré que le Hurepoix fut autrefois une région très étendue. On appelait ainsi, aux premiers siècles de la royauté capétienne, l'ancienne Neustrie, c'est-à-dire le pays compris entre la Seine et la Loire. Le Hurepoix s'opposait ainsi à la France, située au Nord de la Seine. C'était un nom populaire qu'on ne trouve pas dans les textes officiels, mais qui revient souvent dans les chansons de geste. Toute la première partie de la chanson des Saxons, écrite au XIIIe siècle, est l'histoire de la résistance des barons hérupois aux prétentions de Charlemagne. Les Hérupois sont les habitants de la Hérupe, qui, suivant le poète, s'étendait du Mont Saint-Michel jusqu'à Château-Landon :

> Mandé furent Mansel, Angevin et Breton
> Dès le Mont Saint-Michel jusqu'à Chastel Landon[1].

Il n'y a aucun doute que le pays hérupois s'étendait entre la Loire et la Seine. Gérard de Roussillon, dans son poème en langue provençale, le place expressément entre les deux fleuves :

> E mena el prumier cap sos Erupeis,
> Cels d'entre Liere et Saina, vassals cortés[2].

D'où vient ce nom de Hérupe, Hérupois? On a cru y reconnaître une racine scandinave. En réalité on ne sait ni son origine, ni sa signification. M. Longnon

1. Cité par LONGNON, p. 9.
2. *Ibid.*, p. 10.

pense qu'il n'a survécu que pour avoir servi à désigner, pendant un certain temps, l'un des archidiaconés du diocèse de Paris, celui qui précisément se trouvait au Sud de la Seine. Il existe bien un texte du XIIIe siècle où il est question d'un *Guillelmus, archidiaconus ecclesiæ parisiensis en Heripois*[1]. Mais on ne tarda pas à dire officiellement : archidiaconé de Josas, ce qui prouverait, au contraire, que le nom de Hurepoix n'était pas fortement implanté dans cette région, ou qu'il ne la désignait pas suffisamment. On a vu, en effet, que les géographes du XVIe siècle mettaient également dans le Hurepoix des territoires voisins de Meaux et de Montereau. En réalité le nom s'est perpétué jusqu'au XVIIe siècle entre la Seine, l'Yonne et la Loire. Dom Morin signalait trois localités : Dormelles, Égreville et Paley, à l'Est et à peu de distance du Loing, comme étant en Hurepoix ; M. Henri Stein a bien voulu m'en signaler d'autres, situées plus loin encore vers l'Est, qui de la fin du XVe siècle au milieu du XVIIe ont été dites en Hurepoix dans des documents divers. La ville de Cosne, en 1494, est appelée Cone en Hurepoix[2]. En 1579, dans un acte d'hommage à Henri III, il est question de la terre « du Boulay en Hurpois[3] ». En 1604, dans les registres paroissiaux de Grez-sur-Loing, il est fait mention de « Livry, au pais de Hurepoix, en la paroisse de Châteaurenard[4]. » Dans une pièce datée de

1. *Ibid.*, p. 11.

2. Le Ms. 472 de la Bibliothèque de Carpentras porte sur le faux-titre cette mention du temps : « Ce livre a esté achepté à Cone en Hurepoix l'an de grâce MCCCCLXXXXIIII. »

3. Archives nationales, P 10, 104.

4. *Ibid.*, P. 10, 161.

1619, conservée aux archives de l'Aube, on trouve : « La Brulerie, paroisse de Rogny, pays de Hurepoix[1]. » Enfin, en 1632, la terre de Briare est dite « sise en Hurepoix sur la Loire près Gien[2]. »

On s'explique maintenant que les géographes et les cartographes du XVIe et du commencement du XVIIe siècle aient attribué au Hurepoix le pays situé à l'Est du Loing et voisin de la Loire. Il est même très remarquable que les mentions de localités dites « en Hurepoix » ne se rencontrent guère à cette époque que dans cette région[3].

Il ne paraît pas douteux que le nom de Hurepoix, là où il s'est maintenu entre la Loire et la Seine, ne soit une survivance du plus grand Hurepoix des chansons de geste. Il serait très intéressant de savoir s'il n'est pas resté attaché, au moins pendant un certain temps, à quelque localité de la partie occidentale de cette

1. Archives de l'Aube, E, 553.

2. Archives de Briare. Acte de vente de la terre de Briare par la Maréchale d'Effiat, du 27 janvier 1632.

3. La plus ancienne mention que je connaisse de Marolles-en-Hurepoix se trouve sur la carte du diocèse de Paris de Sanson (1650 environ). Même mention sur la carte de l'Ile-de-France de Duval (1677). Mais dans un pouillé du XVIIIe siècle, Marolles est dit « en Josas » *Matriolum in Josayo* (GUÉRARD, *Cartulaire de Notre-Dame de Paris*, t. IV, p. 466). L'abbé Lebeuf montre quelque étonnement de ce suffixe, qui, de son temps, n'était pas absolument consacré par l'usage. Sur la carte à 1 : 320 000 du Dépôt de la Guerre, où l'on a pris d'ailleurs beaucoup de libertés avec les noms de localités, on a écrit : Marolles-lès-Arpajon. — Je n'ai trouvé comme autres noms ayant le suffixe « en Hurepoix » dans la région située au Sud de Paris, que Saint-Cler-en-Hurepoix, près de Gometz-la-Ville, Carte de l'Ile-de-France de Duval et Laplace aux Hurepoix dans le *Nouveau Coutumier général*, édit. BOURDOT DE RICHEBOURG. Paris, 1724, t. III, p. 91. Adrien de Valois rapporte qu'on disait quelquefois de son temps : « Rambouillet-en-Hurepoix », *Notitia Galliarum*, p. 326.

région. Jusqu'à présent on ne l'a pas signalé. On connaît seulement un hameau des Héruppes, sur la commune de Marcilly-la-Campagne (c^on^ de Nonancourt, Eure). Il portait déjà ce nom en 1298[1]. Dans le département d'Eure-et-Loir, le hameau de la Noe (c^ne^ de Boissy-le-Sec) est appelé *Herupa* en 1090, et l'on trouve encore, en 1788, la mention : la Noe dite la Hérupe[2]. Ces exemples sembleraient prouver que le pays n'était généralement pas désigné sous ce nom. On n'appelle pas Beauce une localité située en Beauce. Hérupe, en pays Hérupois, n'aurait guère de valeur distinctive. Pourtant les textes des chansons de geste sont formels.

Mais comment le nom général de Hérupe, ou Hérupois ou Hurepoix, après avoir servi à désigner l'ancienne Neustrie, a-t-il fini par se localiser dans quelques parties de ce territoire et par se restreindre à la région située au Sud de Paris? On ne peut à ce sujet que faire des hypothèses. La plus vraisemblable est que ce nom n'a survécu que là où il ne se trouvait pas en lutte avec d'autres noms populaires. La Hérupe a compris, à l'origine, le Perche, la Beauce, pour ne parler que des régions les plus voisines de Paris, mais ces noms de Perche, de Beauce étaient trop connus et répondaient trop bien à de véritables pays, pour être facilement supplantés. Le nom de Hurepoix s'est maintenu assez longtemps à l'Est du Loing, parce que cette région qui n'était pas, nous le verrons, le vrai Gâtinais, le Gâtinais au sens populaire, n'avait pas de nom qui

1. De Blosseville, *Dictionnaire topographique du département de l'Eure*. Paris, 1877, in-4. *Heruppa* en 1298.

2. L. Merlet, *Dictionnaire topographique du département d'Eure-et-Loir*, au mot Noe (La).

lui appartînt en propre. Ce sont les géographes et les cartographes qui ont définitivement restreint le Hurepoix à la région située au Sud de Paris.

Ce ne serait pas une raison, cependant, pour qu'il ne fût pas devenu tardivement un nom de pays. Les noms de ce genre, détournés de leur signification primitive, peuvent avoir des origines très diverses. Plus d'un qui désignait tout d'abord une circonscription politique a fini par s'appliquer à une région naturelle et par devenir un vrai nom de pays. Mais rien n'autorise à penser qu'il en soit ainsi pour le Hurepoix. La région naturelle qu'il désignerait n'a d'unité que dans l'esprit du savant. Et quant à cet autre caractère que doit posséder tout nom de pays, d'être vraiment populaire, il ne l'a à aucun titre. Nous conclurons donc que le nom de Hurepoix n'est pas un nom de pays.

CHAPITRE V

LE GATINAIS. — LA PUISAYE

I. — Le Gâtinais.

Le nom de Gâtinais est couramment employé aujourd'hui pour désigner le pays qui fait suite vers l'Est à la Beauce.

On a vu précédemment comment se modifiait peu à peu la Beauce, lorsque partant de Pithiviers on s'avançait vers l'Est. A Beaune-la-Rolande, à Beaumont, dans ce pays de petites collines qui fut autrefois le vignoble du Gâtinais, l'aspect de la Beauce a définitivement disparu. Ce fut autrefois aussi le pays du safran, et l'on voit encore, à l'automne, cueillir de loin en loin ses fleurs mauves semblables à celles des colchiques. Mais au delà du chemin de fer de Malesherbes à Beaune et à Montargis une certaine variété s'introduit. C'est d'abord, vers le Nord, une plaine plus accidentée, plus boisée aussi à mesure qu'on s'approche de la forêt de Fontainebleau, plus régulière et plus sèche quand on va vers le Sud, avec de petites buttes isolées, là où des lambeaux de calcaire de Beauce supérieur ont résisté à l'érosion. Les limons couvrent d'ailleurs ces plaines fertiles et bien cultivées ; mais ils ne tardent pas à diminuer d'épaisseur, et le calcaire se montre presque à nu dans la région comprise entre Beaumont et Château-Landon, au Nord de la petite vallée du Fusain. Le sol n'y avait autrefois aucune valeur. On commença, il y a plus de cinquante ans, pour en tirer parti, par y planter des bois de pins. Comme en Champagne, ils forment des rectangles bien réguliers, où tous les arbres sont de même taille, variable pour chaque plantation. Mais aujourd'hui, loin de planter, on défriche. C'est qu'en effet, avec les amendements précédés de labours profonds, on est arrivé à rendre ce sol presque aussi riche que ses voisins. Lorsque l'année n'est pas trop sèche, les récoltes y valent celles de la Beauce. Les moissonneuses-lieuses, indice de la prospérité agricole, y couchent à terre de lourds épis. Le travail humain est en train de transformer ce prétendu désert. Il a transformé aussi la région marécageuse et tourbeuse qui lui confine au Sud. Il y avait là autrefois de grands marais recevant les eaux des ruisseaux qui se forment autour de Beaumont et de Beaune, et, plus au Sud, à la lisière de la forêt d'Orléans. C'étaient les marais de Sceaux et de Bordeaux dont les eaux s'écoulaient vers le Loing par la vallée du Fusain. En partie desséchés à la fin du XVIIe siècle, ils étaient encore presque incultes il y a une trentaine d'années. Mais là aussi on s'est ingénié : les paysans inoccupés et très misérables du vignoble y sont venus acheter des terres à bon compte. A force de travail ils les ont rendues fertiles : elles ont le grand avantage d'être humides au milieu de ce pays trop sec. Au delà des marais et de la vallée du Fusain reparaissent les plateaux à céréales, mais les bouquets d'arbres deviennent de plus en plus nombreux à mesure qu'on s'éloigne vers le Sud : les sables de la forêt d'Orléans succèdent aux limons. C'est un tout autre pays qui précède la forêt, coupé de petites rivières et d'étangs, véritable bocage qui n'a rien de commun avec les plateaux dégagés qui sont au Nord.

La vallée du Fusain, qui s'approfondit rapidement dès que la rivière est formée, s'est creusée dans les couches tertiaires inférieures à celles de la Beauce, dans ces beaux calcaires siliceux de Château-Landon, équivalent de la meulière de Brie ; elle atteint même les argiles et la craie, et la petite rivière y coule paresseuse au milieu des prairies ombragées de grands arbres. Et c'est également l'aspect de la vallée du Loing depuis Moret, depuis Nemours surtout, jusqu'au delà de Montargis et même de Châtillon-Coligny, type de vallée trop large à fond humide, entre des berges généralement sèches, où la rivière serpente, encombrée de roseaux et de nénuphars, dans la forte odeur des plantes de marais.

Cette humide vallée du Loing est une ligne de démarcation assez nette. Au delà, en allant vers l'Yonne, commence une région très différente de celles qu'on a rencontrées jusqu'à présent : de plus en plus boisée, de plus en plus humide, sillonnée de vallées dont la plupart vont au Loing, région imperméable, où les mares et les étangs ne sont pas rares, et qui se termine par une pente assez raide au-dessus de la vallée de l'Yonne et de celle de son affluent le Tholon. La partie Sud, en allant vers la Loire, se distingue par sa végétation plus touffue encore — tous les champs y sont entourés d'une large haie —, par des étangs plus nombreux. Elle se prolonge d'ailleurs vers le Sud-Est par une région plus mamelonnée, mais aussi humide. Toute cette partie Sud du plateau, jusqu'au voisinage de la Loire, est la Puisaye.

La constitution géologique du sol rend compte de cette transformation. Au delà du Loing, le sol se relève de plus en plus vers l'Est. Le plateau, qui sur la rive gauche de la rivière se tenait aux environs de 100 mètres, atteint 200 mètres sur les bords de l'Yonne, 250 mètres au Sud-Est sur ceux du Tholon. Les couches tertiaires disparaissent ou ne forment plus que des lambeaux, au Nord, entre Egreville et Souppes, au Sud, à l'Ouest de Châtillon et au voisinage de la Loire. Mais ces calcaires, correspondant à la limite orientale de l'ancien lac de Beauce, deviennent eux-mêmes de plus en plus marneux. Ils reposent soit sur les argiles de l'Éocène inférieur (argiles plastiques du Soissonnais), soit sur les argiles à silex, provenant de l'altération de la craie sous-jacente. Cette formation n'est d'ailleurs pas homogène, constituée tantôt par une marne blanchâtre mélangée de petits éclats de silex, tantôt par des silex roulés, engagés dans l'argile, tantôt par des poudingues siliceux extrêmement durs servant aux constructions et à l'empierrement. Mais, quelle que soit sa composition, partout une nappe imperméable recouvre la craie dans laquelle sont entaillées les vallées et qui affleure sur les flancs du plateau. Ajoutons encore que vers le Sud-Est on passe sans transition aux sables et aux argiles de l'Infracrétacé : sables de la Puisaye, rouges ou jaunes, souvent consolidés en grès ferrugineux utilisés pour les constructions ; argiles de Myennes. Le sol y demeure tout aussi humide et boisé ; la seule différence est qu'il est plus accidenté que sur le plateau.

Comme conséquence, dans toute la région située à l'Est du Loing, l'habitation se disperse, la commune n'est qu'un ensemble factice de petits hameaux. Seuls sont groupés les bourgs qu'on rencontre dans les vallées ou, vers le Loing, les villages construits sur les lambeaux calcaires. Dans la Puisaye surtout, la maison s'isole et se cache dans les arbres. Autre trait caractéristique : à l'Est du Loing, la vigne ne fait plus que de rares apparitions dans les vallées de l'intérieur, partout ailleurs, sur les plateaux, se montre dans les vergers le pommier à cidre.

Il n'y a donc aucune ressemblance entre les deux régions que sépare le Loing. D'un côté c'est encore le pays calcaire et sec, aux horizons découverts, passant par transition au bocage sur les confins de la forêt d'Orléans, de l'autre c'est le pays argileux humide, masqué de bois et de haies profondes. A l'Ouest c'est le pays du vin, à l'Est le pays du cidre. En somme deux régions très différentes, empiétant l'une sur l'autre, quand les lambeaux calcaires viennent recouvrir les argiles, ayant chacune des particularités sur lesquelles il faudrait insister davantage dans une description plus complète, mais qu'il est absolument impossible, quel que soit le point de vue où l'on se place, de comprendre dans la même unité naturelle.

Et cela est si vrai que des hommes préoccupés surtout d'étudier le sol et sa mise en valeur ne peuvent se résoudre à confondre sous le même nom les deux régions que le Loing sépare. « On donne souvent le nom de Bocage, dit Risler, au Gâtinais de la rive droite du

Loing qui confine à la Puisaye, et qui est, comme elle, couvert d'arbres très nombreux[1]. » « En quittant Montereau pour se diriger vers Château-Landon, dit M. Rayer, le sol change d'aspect : nous entrons dans le Bocage, pays plus accidenté que la Brie et moins monotone que les plaines du Gâtinais[2]. » En réalité on ne dit pas : le Bocage. Ce qui a pu faire croire à l'existence de ce nom de pays et amené quelques personnes à l'employer, c'est le suffixe ajouté aux deux noms de Lorrez-le-Bocage (Seine-et-Marne, chef lieu de c^{on} sur le Lunain) et Égriselles-le-Bocage (Yonne, c^{on} de Sens Sud), pour les distinguer de deux localités presque homonymes : Lorris souvent appelé Lorris-en-Gâtinais (Loiret, chef-lieu de c^{on}) et Grizelles (Loiret, c^{on} de Ferrières).

En fait, on met indifféremment en Gâtinais les deux côtés de la vallée du Loing. Mais il est très important de constater que dans le pays même, et suivant une acception plus exclusivement populaire, on réserve le nom de Gâtinais à la région du vignoble ou de l'ancien vignoble qui fait suite à la Beauce. En Beauce notamment, le nom de Gâtinais éveille surtout l'idée de la vigne : il l'éveillait bien plus encore il y a trente ans avant les ravages du phylloxera. Même sur les bords du Loing, quand on parle du Gâtinais, c'est le pays de l'Ouest qu'on a en vue. A Nemours, à Château-Lan-

1. E. Risler, *Géologie agricole*, t. II. Paris, 1899, in-8, p. 212. M. Risler étend même le nom de Bocage à la Puisaye. « De là le nom bien mérité de Bocage que les gens du pays donnent à cette partie du Gâtinais et à la Puisaye qui la continue dans la basse Bourgogne. » *Ibid.*, p. 214. Je n'ai pas rencontré de témoignage qui confirme cette appellation.

2. A. Rayer, *Étude sur l'économie rurale du département de Seine-et-Marne*. Corbeil, typ. Éd. Crété, 1895, in-12, p. 184.

don, quand on va de ce côté, on dit qu'on va en Gâtinais.

D'autre part, à Sens, à Pont-sur-Yonne, on fait souvent commencer le Gâtinais au bord du plateau qui domine l'Yonne. Il y a en effet une différence qui s'impose entre les pentes crayeuses couvertes de vignes, et l'arrière-pays, boisé et humide, où, il y a quarante ans, on ne buvait que du cidre. De sorte qu'ici c'est le vignoble qui n'est pas le Gâtinais. Parfois même on met en Gâtinais la rive gauche de l'Yonne. A Montereau, le faubourg qui est de ce côté porte la plaque indicatrice : « Grand'rue. Gâtinais. » Mais pour les habitants du plateau, le Gâtinais est plus à l'Ouest. Pour les uns, il commencerait à Chéroy, pour les autres à Lorrez-le-Bocage ou à Égreville. Dans tous les cas, personne ne prolonge le Gâtinais vers l'Est jusqu'à la vallée de l'Yonne. La partie orientale du plateau n'a pas de nom. Lorsqu'on veut absolument lui en donner un, on dit qu'elle est dans le Sénonais.

En réalité, et sans qu'on s'en rende bien compte, on prend le nom de Gâtinais dans deux sens différents. Le Gâtinais qui s'étend sur les deux rives du Loing est un Gâtinais historique. C'est celui que connaissent les gens instruits et dont la tradition se maintient par les livres et par l'école ; mais pour ceux qui vivent du sol, le Gâtinais est le pays de la vigne, c'est-à-dire de la rive gauche du Loing. On a ainsi un intéressant exemple d'un nom historique détourné de son sens primitif pour devenir un nom de pays.

Il n'y a aucun doute que le Gâtinais des deux rives du Loing ne soit le Gâtinais historique. Le nom dérive évidemment de celui du *pagus Vastinensis*, subdivision de la cité gallo-romaine des Sénonais. On a beaucoup discuté sur l'origine et la signification de *Vastinensis.* On fait venir généralement cette forme de *Vastina*, gâtine, espace stérile. M. Longnon a protesté contre cette étymologie. Elle serait pour lui inadmissible, la terminaison *ensis* n'ayant jamais été ajoutée qu'à des noms propres de lieu pour désigner les *pagi.* Il fait venir *Vastinensis* de quelque localité, Vatan, dont le nom s'est modifié ou perdu [1]. Je ne crois pas que l'argument donné soit valable et l'on peut citer au moins trois adjectifs en *ensis* formés d'un nom commun : *Vabrensis*, qui vient de *Vabra,* pays boisé, *Waldensis* qui vient du nom germanique *Wald*, forêt, *Vallensis* qui dérive évidemment de *Vallis* [2]. Si l'on a dit *pagus Vabrensis, pagus Waldensis, pagus Vallensis,* il n'y a aucune raison pour qu'on n'ait pas de même de *Vastina* tiré *pagus Vastinensis.* Le nom de gâtine est encore très employé dans les régions bocagères qui encadrent la Beauce à l'Est et à l'Ouest. Il y a même un Mézières-en-Gâtine au Sud-Est de Beaune-la-Rolande. La Gâtine aurait donc été caractéristique de la région qui est devenue le *pagus Vastinensis*, et les considérations géographiques ne peuvent que confirmer cette hypothèse.

1. A. Longnon, *Atlas historique de la France*, texte, p. 107, note 1.

2. Pour *Vabrensis,* voir Appendice III, La Woëvre et la Haye. Pour *Waldensis,* Longnon, *Atlas,* texte, p. 135. Le *pagus Waldensis* a donné son nom au canton de Vaud. Pour le *pagus Vallensis* qui correspond au Valais actuel, *Ibid.*, p. 137. Le *pagus Waldensis* dépassait de beaucoup les limites du canton de Vaud ; il s'étendait sur la moitié de la plaine suisse, germanisée jusqu'au delà de Fribourg par l'invasion des Alamans. Le Valais, au contraire, qui s'identifie naturellement avec la vallée du Rhône en amont du lac Léman, est resté en très grande partie un pays de langue romane. La limite actuelle des deux langues est à Sierre.

Quelles furent les limites de ce *pagus Vastinensis* ? Si nous admettons que l'archidiaconé du Gâtinais, dans le diocèse de Sens, y a correspondu à peu près, nous voyons que Château-Landon en occupait le centre et qu'il s'étendait par conséquent sur les deux rives du Loing. Au *pagus* succéda le comté carolingien, enfermé à peu près dans les mêmes limites : de Milly à Châtillon et de Montereau à Boiscommun avec Château-Landon au centre. Sous Philippe Ier, le Gâtinais entre dans le domaine royal. C'en est fini désormais de son indépendance, mais non pas de son individualité. On connaît, en effet, jusqu'au temps de Philippe-Auguste des vicomtes du Gâtinais. Il y a plus : loin de disparaître, le nom va s'appliquer à des territoires qui n'avaient jamais fait partie de l'ancien Gâtinais. Lorsqu'en 1209 on constitue pour Louis, fils de Philippe-Auguste, un apanage avec une partie du Gâtinais et des terres situées de l'autre côté de la forêt d'Orléans, le nouvel apanagiste a un bailli, siégeant à Château-Landon, qui prend le nom de bailli du Gâtinais et la terre soumise à sa juridiction devient la terre du Gâtinais, *terra de Gastinesio*. En 1232, bien que l'apanage n'ait pas subsisté, il y a encore un bailli du Gâtinais et l'expression « terre du Gastinois » désigne un nouvel apanage qui, pas plus que le premier, ne correspond au Gâtinais primitif. Au XIVe siècle, les aliénations continuent, mais jamais il ne s'agit du Gâtinais seul. Au XVe siècle le duché de Nemours est constitué, au siècle suivant ce sera celui d'Étampes. Les bailliages s'organisent, groupant les différentes prévôtés. Au bailliage de Melun ressortissent, à la fin du XVIe siècle, les prévôtés de Moret, Nemours, Château-Landon, La Chapelle-la-Reine, Milly-en-Gâtinais. Le reste de la région se partage entre les bailliages de Sens et d'Orléans. C'est l'origine de la subdivision du Gâtinais en deux parties rattachées l'une au gouvernement de l'Ile-de-France, l'autre au gouvernement de l'Orléanais, puis aux généralités de Paris et d'Orléans, d'où sont venus les noms de Gâtinais français et de Gâtinais orléanais qui n'ont aucune signification géographique et sont d'ailleurs à peu près tombés dans l'oubli[1].

1. Voir pour l'histoire du Gâtinais : J. Devaux, *Origines gâtinaises*. Paris-Orléans, 1893, in-8. L'auteur montre parfaitement dans ce travail comment le Gâtinais historique n'a eu vraiment de limites que lorsqu'il a existé comme comté : « Les limites du *pagus* se resserrent à l'avènement de la seconde race et le comté apparaît. Pendant plus de quatre cents ans, le nom de Gâtinais sert à désigner le territoire qui s'étend de Milly à Châtillon-sur-Loing et de Montereau à Boiscommun, territoire circonscrit par une ligne conventionnelle qui ne coïncide presque nulle part avec les limites naturelles. C'est alors, mais alors seulement, que le Gâtinais représente pour les géographes quelque chose de précis et peut être figuré sur les cartes avec des contours certains. » P. 40. « En somme, depuis plusieurs siècles, le nom de Gâtinais ne représente plus rien, si ce n'est dans le domaine de l'histoire rétrospective. L'acception de ce mot n'a donc pas seulement changé ; à mesure qu'elle devenait plus large, elle a pris un caractère de plus en plus vague et indéterminé... Depuis que le nom a cessé de correspondre à une individualité politique distincte, qu'à la longue ses limites se sont effacées et que le souvenir même s'en est perdu totalement, chacun les a promenées çà et là, au gré de sa fantaisie. Dans le langage populaire on va jusqu'à les restreindre à l'ancien vignoble qui a fait longtemps la richesse et le renom du Gâtinais, vignoble dont Beaune-la-Rolande occupait le centre et qui couronnait les coteaux d'alentour de Montliard à Boësses et de Barville à Beaumont. Par contre, les savants de cabinet ont imaginé de faire du Gâtinais une région naturelle et, ne s'arrêtant qu'aux régions naturelles voisines, ils l'ont étendue à toute la contrée d'entre Seine et Loire arrosée par le Loing et l'Essonne, jusqu'aux portes de Sens et d'Orléans, en y englobant tout ce qui n'était pas la Brie, la Beauce et la Sologne et même des pays d'un caractère mixte, autour d'Étampes et de Pithiviers. » P. 56-57. J'ai tenu à citer tout ce passage où la double signification du nom de Gâtinais est si nettement mise en lumière.

Il n'est pas étonnant, à la suite de toutes ces aventures, que le nom de Gâtinais ait fini par s'appliquer à un territoire plus vaste que le Gâtinais primitif. On l'étend au Nord jusqu'à la Seine, parfois même jusqu'au voisinage de Paris. « La disjonction des deux fleuves Marne et Seine, audict lieu de Charenton, dit Estienne, fait la separation des pays de Champaigne du costé de Marne et de Gastinois hors la Seine[1]. » Belleforest, en 1575, dit : « Melun est... assise... sur les bords de la rivière de Seine ayant... le Gastinois au Midy[2]. » On ira plus loin au XVIIe siècle et l'on mettra Melun dans le Gâtinais, bien que la ville soit située surtout sur la rive droite du fleuve[3]. On le prolonge également jusqu'à l'Yonne, au moins du côté du Nord : « La cité de Sens est assise sur un costeau et va en pendant vers la rivière d'Yonne qui passe au pied d'icelle du costé Gastinois[4]. » Mais je ne connais qu'un document où on lui donne l'Yonne comme limite tout à fait à l'Est[5]. A l'Ouest on l'arrête généralement à la vallée de l'Essonne. Toutefois Estienne y englobe éga-

1. *La Guide des chemins de France*, p. 39.

2. *La Cosmographie de tout le monde*... T. I, p. 232.

3. « Le marché de Melun en Gastinais ». État des marchés de blés qui se tiennent dans les environs de Paris, 1686, papiers du commissaire Delamarre, publié par A.-M. de Boislisle, *Mémoires des Intendants sur l'État des Généralités*, t. I. *Mémoires de la généralité de Paris* (Collect. des Doc. inédits. Paris, 1881, in-4, p. 660). Adrien de Valois dit également Melun en Gastinois. *Notitia Galliarum*, p. 630.

4. *La Cosmographie de tout le monde*... T. I, p. 334.

5. Sur la carte du « Gastinois et Hurepois » du grand Atlas de Blaeu (Voir Appendice V, n° 13b) la limite coloriée du Gâtinais suit l'Yonne et englobe par conséquent Auxerre. Le texte qui accompagne cette carte porte le titre : « Le pays et comté de Gastinois et Hurepois. » Il est curieux de retrouver au XVIIe siècle ce souvenir de l'ancien comté.

lement le comté de Rochefort[1]. Au Sud on fait aller le Gâtinais jusqu'à Gien et au canal de Briare. Sa limite, de ce côté, est la Puisaye, avec laquelle on le confond quelquefois.

Il semble d'ailleurs que dans cette manière d'entendre le Gâtinais, l'opinion des géographes et des cartographes des deux derniers siècles entre pour une bonne part. Au XVIIe siècle, nous l'avons vu, le nom de Gâtinais était en lutte avec celui de Hurepoix pour désigner la région située à l'Est du Loing. Et si l'on replace sur la carte les localités attribuées au Gâtinais dans les documents antérieurs, on constate que la très grande majorité d'entre elles sont entre le Loing et l'Essonne. C'est là, aux environs de Château-Landon, que le nom de Gâtinais semble avoir été toujours le plus solidement implanté, et l'opinion populaire, en faisant du Gâtinais le pays de la vigne, est d'accord avec la plus ancienne tradition.

II. — La Puisaye.

La limite qu'on donne à la Puisaye vers le Nord-Est est assez vague. On l'arrête le plus souvent à la vallée supérieure de l'Ouanne, affluent du Loing. Vers l'Ouest elle confine au Gâtinais, suivant une ligne tirée à peu près de Charny ou de Saint-Martin-sur-Ouanne vers Rogny et Briare. Mais elle n'atteint ni Briare ni la Loire. Les pentes, généralement couvertes de vignes, qui do-

1. « Comprend les duchez d'Estampes et Nemoux, le conté de Rochefort et autres. » *La Guide*, p. 91.

minent le fleuve, restent en dehors. La Puisaye ne commence, de ce côté, que lorsqu'on pénètre vraiment dans l'intérieur. Vers l'Est on l'arrête à une ligne qui joindrait Cosne à Toucy.

Ainsi délimitée, la Puisaye a une véritable unité, non pas unité géologique, puisqu'elle comprend à la fois le plateau de craie couvert d'argile à silex et la région infracrétacée, d'ailleurs tout aussi humide, qui la précède à l'Est, mais unité d'aspect et véritablement unité de pays. La seule différence est que la partie crétacée est assez régulièrement plane et que l'infracrétacée, qui a donné plus de prise à l'érosion, est plus accidentée que le plateau. Il y a là parfois, entre les bois, près des étangs, de petites collines de sable rouge, couvertes de bruyères aux belles teintes foncées qui égaient ce paysage un peu triste. Mais dans l'ensemble ce sont les forêts qui dominent, occupant de très vastes espaces, et — ce qui caractérise surtout la Puisaye — les champs entourés de haies profondes, d'où émergent des troncs noueux ébranchés sans pitié, et qui atteignent jusqu'à huit mètres d'épaisseur. Pourquoi ces fourrés et ces clôtures ? Faut-il y voir, à l'origine, un moyen de défense ? Aujourd'hui les haies servent surtout à enfermer le bétail, elles fournissent aussi des fagots pour le chauffâge, mais elles attestent l'humidité du sol et la vigueur de la végétation. Derrière elles se cachent les maisons distribuées comme au hasard, maisons en briques ayant à peu près remplacé les vieilles constructions en clayonnages qui ne servent plus guère que pour les écuries, maisons en grès ferrugineux dans la partie orientale et aussi dans la vallée du Loing. Là seulement, dans les vallées, se rencontrent des bourgades, là sont de véritables petites villes comme Saint-Fargeau qu'on pourrait appeler la capitale de la Puisaye, si la Puisaye avait une capitale.

Pour se rendre compte de ce qu'était autrefois cette région, il faut supprimer par la pensée les belles routes qui la sillonnent[1]. Avec ses chemins boueux, impraticables après une forte pluie, avec ses mares et ses étangs, c'était vraiment un pays impénétrable. Aujourd'hui encore, malgré les progrès accomplis, la population est plus réservée, plus méfiante que dans le Gâtinais. L'isolement reste la règle. Pourtant les cultures se sont bien améliorées grâce à la marne qu'on peut tirer du sous-sol, et c'est en vain qu'on cherche beaucoup de ces anciennes gâtines, comme celle de la Royauté, qui occupait le plateau dominant Saint-Fargeau au Sud. Mais l'aspect forestier demeure et les innombrables haies donnent l'illusion d'un pays indéfiniment couvert.

Comme la Beauce, la Puisaye n'a jamais formé d'unité politique. Au XIIIe siècle les seigneurs de Saint-Fargeau de la maison de Bar prirent le titre de seigneurs de Puisaye, mais leur autorité ne s'étendait que sur une partie du pays[2]. A la même époque, l'un des deux archidiaconés de l'évêché d'Auxerre commence à être désigné sous le nom d'archidiaconé de Puisaye;

1. Voir sur la Puisaye : CHALLE, *La Pulsaie et le Gâtinais dans le département de l'Yonne* (*Bullet. Soc. des sciences historiques et naturelles de l'Yonne*, t. XXVI, 1872, p. 5-246). G. DE RUBERCY, *En Puisaye. La Puisaye. Origine et vieux usages*. Orléans, 1890, in-8, p. 2.

2. P.-J.-E. DE SMYTTÈRE, *Recherches historiques sur la Puisaye, Saint-Fargeau, Toucy et leurs seigneurs de la maison de Bar*... (*Bullet. Soc. des sciences... de l'Yonne*, t. XXIII, 1, p. 5-82; t. XXV, 1, p. 49-66).

il se divisait en deux archiprêtrés, dont un, le plus méridional, qui correspondait à peu près à la Puisaye, telle que nous l'avons définie, s'appelait archiprêtré de Puisaye. Le nom de Puisaye n'apparaît d'ailleurs qu'au XIIe siècle dans les textes. Vers 1147, Ithier de Toucy concède à l'abbaye des Roches le droit de pacage dans ses bois de la Puisaye[1]. En 1161 Saint-Sauveur est qualifié de Saint-Sauveur-en-Puisaye, *S. Salvator de Puseio*[2]. Il est donc impossible de savoir à quelle partie du pays le nom s'est d'abord appliqué au juste. Quant à sa signification, on ne peut faire que des hypothèses. La même racine reparaît plusieurs fois dans la nomenclature de la France[3]. Une commune du département d'Eure-et-Loir (canton de Senonches) porte le nom de La Puisaye. Elle est située aux abords d'une région très boisée. Y aurait-il là une analogie[4]? C'est surtout à partir du XVe siècle, d'après les documents publiés, que le nom de Puisaye est adjoint comme suffixe à un certain

1. *Pasturas omnium nemorum quæ sunt in Poiseia.* M. Quantin, *Cartulaire général de l'Yonne*, t. I. Auxerre, 1854, in-4, p. 419.

2. M. Quantin, *Dictionnaire topographique du département de l'Yonne.* Paris, 1862, in-4, au mot St Sauveur.

3. Pussay (Seine-et-Oise, c[on] de Méréville). *Puceium* au XIIIe siècle. Cocheris, *Dict. des noms anciens du département de Seine-et-Oise.* — Poussey (Aube, c[ne] de Maizières, c[on] de Brienne-le-Château). *Poceium* en 1161, *Pouceium*, 1222-29. Th. Boutiot et E. Socard, *Dict. topog. du département de l'Aube.* Paris, 1874, in-4. Pouy (Aube, c[on] de Marcilly-le-Hayer). *Poiseium* en 1143-1168. *Ibid.*

4. Un hameau de la commune de Verneuil-sur-Avre (département de l'Eure, chef-lieu de c[on]) porte également le nom de La Puisaye. — Risler, *Géologie agricole*, t. II, p. 212, dit : « Le nom de Puisayes se donne également en Bourgogne aux terres argileuses, froides et humides. » Je n'ai pu savoir dans quelle partie de la Bourgogne le nom de Puisaye serait ainsi employé.

nombre de noms de localités, pour les distinguer de leurs homonymes. Une seule se trouve en dehors de ce qu'on considère généralement aujourd'hui comme la Puisaye : Taingy, situé plus à l'Est, dans la région calcaire[1]. Mais la très vaste forêt de Frétoy continue, immédiatement au Sud de Taingy, le pays boisé qui sans doute ne faisait qu'un avec les forêts de la région humide[2]. Les anciens géographes et cartographes, quand ils parlent de la Puisaye, la placent à peu près où nous la plaçons aujourd'hui. Une seule fois nous la voyons identifier avec le Hurepoix, mais il s'agit de cette partie du Hurepoix qui était voisine de la Loire[3].

En résumé, le nom aujourd'hui encore très vivant de Puisaye, s'applique à une région forestière bien caractérisée et nous apparaît comme un vrai nom de pays.

1. Tangy-en-Puisaye, en 1468, M. Quantin, *Dict. de l'Yonne*... au mot Taingy.

2. On a étendu, tout à fait abusivement, le nom de Puisaye à la région calcaire qui est à l'Est de la véritable Puisaye. M. J. Lambert y met le Mont des Allouettes, près d'Étais. *Étude sur le Jurassique moyen du département de l'Yonne (Bullet. Soc. sciences hist. et naturelles de l'Yonne*, 1re série, 1884, p. 12). On voit comment il a été amené à cette extension insolite. Il appelle précisément Jurassique de la Puisaye, les couches qui affleurent dans cette région, de sorte que les localités situées sur cette formation se trouvent être pour lui dans la Puisaye. Mais en réalité, dans le pays, la Puisaye ne commence qu'avec l'Infracrétacé, et le terme Jurassique de la Puisaye est tout à fait arbitraire.

3. *Parallela geographiæ veteris et novæ*, auctore Ph. Brietio. Paris, in-4, t. I, 1648, p. 409.

CHAPITRE VI

PRÉTENDUS NOMS DE PAYS AU SUD DE PARIS

Avant de passer au Nord de la Seine, il faut encore examiner rapidement quelques prétendus noms de pays ou quelques noms à suffixe qui peuvent donner lieu à des remarques intéressantes.

Voici d'abord quatre noms joints en suffixe, chacun à une seule localité : Chevry-en-Sereine (département de Seine-et-Marne, canton de Lorrez-le-Bocage), La Selle-en-Hermois (département du Loiret, canton de Châteaurenard), La Villeneuve-en-Chevrie (département de Seine-et-Oise, canton de Bonnières), Villiers-en-Désœuvre (département de l'Eure, canton de Pacy-sur-Eure). Les trois premiers sont anciens. On trouve dans les pouillés : *Chevriacum in Serena,* vers 1350[1], *Cella in Hermeio,* à la même époque[2], *Nova Villa Chevrie* vers 1272[3]. Pour Villiers-en-Désœuvre, l'ancien nom est *Villaria in Diane Silva*[4]. Par quelle série de transformations a-t-on passé de cette *Diane Silva* à Dé-

1. Longnon, *Pouillés de la province de Sens*, p. 7 C.
2. *Ibid.*, p. 47 A, 78 B.
3. *Ibid.*, p. 121 A.
4. Longnon, *Pouillés de la province de Rouen*. Paris, 1903, in-4, p. 196 F, 198 B.

sœuvre, c'est ce qu'il n'est pas possible de constater. On a du moins ici une indication : Villiers est encore aujourd'hui à la limite d'une forêt, et c'est sans doute au nom de la forêt qu'a été emprunté le suffixe permettant de distinguer ce Villiers de ses nombreux homonymes [1]. Mais qu'est-ce que cette Sereine, ce Hermois, cette Chevrie [2] ? On n'en sait absolument rien. Peut-être aussi d'anciens noms de forêts, car les localités en question sont situées dans des régions qui ont dû être très boisées. Les suffixes se sont maintenus à cause des localités homonymes situées dans le voisinage. Dans tous les cas aucun ne paraît jamais avoir servi à désigner un territoire quelconque et ne peut passer pour un nom de pays [3].

Bière.

A l'Ouest et tout au voisinage de la forêt de Fontainebleau, se trouvent les localités de Saint-Martin-en-Bière, Villiers-en-Bière. On dit encore souvent Chailly-en-Bière. Bière est l'ancien nom de la forêt de Fontainebleau actuelle, appelée *Foresta Bierræ* dans les comptes de Saint-

1. Notamment Villiers-en-Vexin, Villiers-en-Arthies.

2. Guillaume Delisle sur la carte de la Beauce, du Gâtinais... (App. V, n° 58) écrit Chevry-en-Serve, ce qui est évidemment une correction. On trouve aussi pour La Villeneuve, au XIVe et au XVe siècles, *Villa nova in Caprosa, in Capria* (Longnon, *Pouillés de la province de Sens*, p. 160 D, 211 C, 216 E). Ce sont des traductions de Chevrie. Pour Chevry-en-Sereine on trouve les variantes : *in Sezenna, in Sezena* (Longnon, *Ibid.* p. 7c).

3. Seul, sur sa carte des environs de Paris (Append. V, n° 46), Thomas Auvray inscrit Cheverie, Desserve, mais c'est chez lui un parti pris de transformer tous les suffixes en noms de pays et il n'a pas été imité.

Louis, forêt de Bière-lez-Fontainebleau dans une ordonnance de Charles IX de 1573[1]. Estienne, dans *La Guide*, dit Foret de Bière[2], et l'on rencontre indifféremment Forêt de Bière ou de Fontainebleau dans les documents du XVIIe et du XVIIIe siècle. Les localités aujourd'hui qualifiées de « en Bière » sont presque encadrées par un double prolongement de la forêt vers l'Ouest. Il est probable qu'elles occupent la place d'anciens défrichements.

Josas.

L'un des archidiaconés de l'ancien diocèse de Paris, celui qui s'étendait au Sud de la Seine, s'est appelé, depuis le XIVe siècle, archidiaconé de Josas. Ce nom s'est conservé comme suffixe dans Jouy-en-Josas (département de Seine-et-Oise, canton Sud de Versailles), Les Loges-en-Josas (*ibid.*). Il n'est pas employé aujourd'hui et bien qu'il ait servi à désigner l'archidiaconé il est très douteux qu'il ait jamais été en usage comme nom de région ou de pays. M. Longnon a fait remarquer très justement que le mot Josas vient de l'adjectif *Gaudiacensis* dérivé lui-même de *Gaudiacum*[3]. Gaudiacum est la forme latine de Jouy. Nous n'avons, il est vrai, aucun exemple pour Jouy et pour Josas de ces deux formes primitives. Mais Jouy est appelé au XIe siècle

1. A. Maury, *Les Forêts de la Gaule et de l'ancienne France*. Paris, 1867, in-8, p. 154.
2. *La Guide*, p. 37.
3. Longnon, *Pouillés de la province de Sens*, p. LV, note 1.

Gaugiacum[1], erreur probable pour *Gaudiacum* et l'archidiacre de Josas, lorsqu'il est ainsi désigné pour la première fois, dans un compte de 1352, s'appelle *Archidiaconus Josiacensis*[2]. La terminaison *as* pour *ais* ou *ois*, observe encore M. Longnon, n'a rien d'anormal dans cette région. Une partie de la forêt d'Orléans voisine de Jouy-aux-Loges porte le nom de Garde-de-Joyaz[3]. Sully-sur-Loire a donné de même la forme adjective Sullias, qui s'est conservée dans Neuvy-en-Sullias. Il n'y a aucun doute que Jouy et Josas viennent de *Gaudiacum* et *Gaudiacensis*, mais il semble bien qu'on ait de bonne heure cessé d'apercevoir la parenté de ces deux formes et l'on a dû dire Jouy-en-Josas pour distinguer ce Jouy de ses nombreux homonymes[4]. On remarquera d'ailleurs que Josas n'a pour ainsi dire jamais été adjoint comme suffixe à d'autres noms de localités que Jouy et le petit village voisin des Loges. J'ai trouvé une seule fois, et dans un pouillé du XVIIIe siècle : *Igniacum in Josayo*, Igny (dans la vallée de la Bièvre, près de Jouy), *Matriolum in Josayo*, le Marolles-en-Hurepoix actuel et *Ulmetum in Josayo*, Ormoy, près

1. H. Cocheris, *Dictionnaire des anciens noms de communes du département de Seine-et-Oise*, p. 40. Le nom qui a prévalu et qu'on trouve déjà vers 1205 est *Joiacum* (Longnon, *Pouillés de la province de Sens*, p. 349 E).

2. Longnon, *Pouillés de la province de Sens*, p. 370 A. On a dit plus tard *Archidiaconus de Josayo* (vers 1525). *Ibid.*, p. 415. — On trouve fréquemment au lieu de Josas la forme Josay. La carte du diocèse de Paris, de Sanson (vers 1650. — Voir App. V. n° 31) porte : Archidiaconat de Josay, Jouy-en-Josay.

3. *Ibid.*, p. LV, note 1.

4. Jouy, Eure-et-Loir, c[on] de Chartres. Jouy, Yonne, c[on] de Chéroy. Jouy-en-Pithiverais, Loiret, c[on] d'Outarville. Jouy-le-Potier, Loiret, c[on] de Cléry. Jouy-le-Moutier, Seine-et-Oise, c[on] de Pontoise. Jouy-Mauvoisin, Seine-et-Oise, c[on] de Bonnières, etc.

de Corbeil, sur l'Essonne[1]. Mais il est visible que l'auteur du pouillé a voulu distinguer ces localités de leurs homonymes et, dans ce document ecclésiastique leur a donné le nom de la subdivision ecclésiastique dont elles faisaient partie. Ces exemples ne suffisent pas à prouver qu'on ait jamais appelé Josas une portion quelconque du territoire situé au Sud de Paris.

Laye.

Le nom de Saint-Germain-en-Laye conserve le souvenir de l'ancienne forêt de Laye devenue aujourd'hui la forêt de Saint-Germain. C'est la *Lida Sylva* du Polyptique d'Irminon, devenue ensuite *Lia, Lea,* Laie. Dans les comptes de Saint-Louis on trouve plusieurs fois mentionnée la *Venda Laya* et Saint-Germain est déjà appelé *Sanctus Germanus in Laya*[2].

Yveline.

On a vu précédemment, à propos de la division de l'Ile-de-France en un certain nombre de pays, que le nom de Hurepoix s'était trouvé pendant un temps en compétition avec celui d'Yveline ou Yvelines. Une carte du gouvernement de l'Ile-de-France de Damien de Tem-

1. *Pouillé historique et topographique* publié par L. Denis en 1767 et reproduit par B. Guérard au t. IV du *Cartulaire de Notre-Dame de Paris*, p. 462, 466 et 467.

2. A. Maury, *Les Forêts de la Gaule et de l'ancienne France*, édit. de 1867, p. 149.

pleux divise la région située au Sud de Paris en pays d'Yveline à l'Ouest et Hurepoix à l'Est. L'Yveline y est encadrée d'un trait passant à peu près par Dreux, Nogent-le-Roi, Rambouillet, Dourdan, Palaiseau. Un agrandissement de cette carte porte le titre : « Carte du Pays et Forest d'Yveline que quelques-uns mettent pour la partie septentrionale de l'Hurepois[1]. » La notice qui accompagne ces deux cartes dans l'Atlas de Blaeu, dit que l'Yveline comprend les deux bailliages de Dourdan et de Montfort-l'Amaury[2]. Aujourd'hui encore une localité située entre Montfort-l'Amaury et Rambouillet s'appelle Saint-Léger-en-Yvelines, une autre, entre Limours et Dourdan, Rochefort-en-Yvelines. On a dit aussi : La Celle, Condé, Montfort, Saint-Arnoult-en-Yvelines, La Queue-les-Yvelines[3]. Le nom tend aujourd'hui à redevenir à la mode, depuis que l'Yveline est un centre de villégiature et que les peintres la fréquentent. Il désigne à peu près la région dont Rambouillet est le centre[4].

Yveline est l'ancien nom de la forêt de Rambouillet, dont une partie, à l'Est du chemin de fer de Paris à Chartres, le conserve encore officiellement. Sous la forme *Æqualina* ou *Acqualina* — plus tard *Evlina* — il apparaît dans deux diplômes de Pépin et de Charlemagne (768 et 774) qui en font donation à l'abbaye de Saint-Denis[5]. Ces deux documents sont des plus inté-

1. Voir App. V, n°s 4^{b} et 11.

2. *Septième volume de la Géographie Blaviane*, p. 89.

3. Maillard, *Les Yvelines. Histoire de Rambouillet*. Paris, 1891, in-8, p. 2.

4. A. de Dion, *Recherches sur les anciens chemins de l'Iveline et du comté de Montfort* (*Mém. Soc. archéologique d'Eure-et-Loir*, t. V, 1872, p. 269).

5. Ces diplômes sont très probablement apocryphes, mais, en tout cas,

ressants; ils montrent que, sous le nom de forêt d'Yveline, ce n'était pas seulement une étendue boisée qui était donnée à l'abbaye, mais toutes les terres, cultures, tous les lieux habités qu'elle contenait, même ceux qui, situés en dehors, étaient considérés comme lui appartenant : *quicquid deintus seu a foris ibidem aspicit*[1]. C'était un domaine forestier dont les limites sont indiquées assez vaguement dans la donation de Pépin, d'une façon beaucoup plus précise dans celle de Charlemagne[2]. Nous y pouvons constater que la forêt avait déjà beaucoup de vides. Les défrichements ont dû continuer lorsque fut fondée l'abbaye de Saint-Léger[3]. Il est d'ailleurs impossible de tirer des textes qui la concernent des données certaines sur l'étendue que pouvait avoir à l'époque carolingienne la forêt Yveline, puisque le domaine, quoique très vaste, concédé à l'abbaye de Saint-Denis, ne comprend pas toute la région forestière[4]. Pour en revenir à la question qui nous occupe, nous constaterons simplement qu'Yveline est le nom d'une forêt, et que ce nom a servi, depuis des siè-

très anciens. *Æqualina Sylva*. Diplôme de Pépin de 768. *Rec. des historiens des Gaules*, t. V, p. 705. Diplôme de Charlemagne de 774. *Ibid.*, p. 727. *Acqualina Sylva*. Mêmes documents et Tardif, *Monuments historiques*, *Cartons des rois*. Paris, 1866, in-4, n° 62. *Evlina*, charte de Robert, 997. *Ibid.*, n° 240. *Æqualina* et *Aquilina*, chartes d'Henri I, 1033 et 1043. *Ibid.*, n°s 262 et 268.

1. Donation de Pépin.

2. Il s'étend des environs de Nogent-le-Roi et d'Épernon, à l'Ouest, aux environs de Limours à l'Est.

3. Par Robert le Pieux, en 1031.

4. La donation de Pépin réserve les parties de la forêt précédemment données aux abbayes de Saint-Germain-des-Prés, Saint-Maur-des-Fossés, Saint-Benoît-sur-Loire, etc.

cles, à désigner à la fois l'étendue boisée et les territoires qui y sont plus ou moins enclavés.

Pinserais. Madrie.

Nous rencontrons enfin, soit comme suffixes, soit attribués, dans les descriptions et sur les cartes, à certaines parties de la région située au Sud-Ouest de Paris, les noms de Pinserais, Madrie, Mantois, Drugesin ou Drouais.

Pinserais et Madrie dérivent d'anciens noms de *pagi* gallo-romains.

Le *pagus Pinciacensis* ou *Pissiacensis*, d'où est venu Pinsesais, puis Pinserais était celui dont Poissy, *Pinciacus*, était le chef-lieu. Le nom de Pinserais a été donné, dans le diocèse de Chartres, à un archidiaconé dont les limites ne correspondaient pas d'ailleurs à celles de l'ancien *pagus*[1]. C'est ainsi qu'il s'est conservé et qu'au XVIIIe siècle Expilly l'a fait figurer dans sa liste des pays de la France[2]. Hernandez, en 1759, l'a ajouté comme suffixe à cinq localités de la région voisine de Poissy qui ne l'ont pas conservé[3].

Le *pagus Madricencis* était contigu à l'Ouest au *pagus*

1. LONGNON, *Atlas*, texte, p. 108. La forme *Pissiacensis* est dans MERLET, *Dict. top. d'Eure-et-Loir*, au mot Pinserais.

2. EXPILLY, t. III. Division et dénombrement de la France par provinces et par pays, au mot : France. D'autre part, il compte dans l'Ile-de-France douze pays, parmi lesquels le Mantois, qui remplace cette fois le Pinserais. Rien ne montre mieux combien ces noms sont arbitraires.

3. Achères-en-Pinserais, Chaufours-en-P., Bazoches-en-P , Condé-en-P., Dammarie-en-P. *Description de la Généralité de Paris* [par PH. HERNANDEZ]. Paris, 1759, in-12, *passim*.

Pinciacensis. Son nom venait d'une localité qui n'est plus aujourd'hui qu'un petit village du département de l'Eure (canton de Pacy), Mérey[1]. Il n'a pas servi comme le Pinserais à désigner une circonscription ecclésiastique. Aussi a-t-il disparu de bonne heure ; on ne le trouve plus après le xe siècle[2]. C'est un historien, Du Bouchet, qui l'a exhumé et lui a donné en français la forme savante Madrie[3]. Passy a repris ce nom de Madrie pour désigner le plateau compris entre la Seine et l'Eure[4] et l'on trouve aujourd'hui dans la région des personnes qui n'hésitent pas à affirmer que ce pays s'est toujours appelé Madrie. Cet exemple doit nous rendre

1. LONGNON, *Atlas*, texte, p. 99.

2. B. GUÉRARD, *Essai sur les divisions territoriales de la Gaule*. Paris, 1832, in-8, p. 131, et *Polyptique d'Irminon*, t. I, p. 71.

3. Du Bouchet, cherchant au XVIIe siècle à démontrer que les Capétiens étaient les descendants des Carolingiens, prétend les rattacher à Nebelong, comte de Madrie, fils de Childebrand et neveu de Charles Martel. C'est ainsi qu'il a attiré l'attention sur le *pagus Madricensis*, dont il traduit le nom par Madrie. Il le plaçait « entre Seine, Eure, Iton, Avre » et lui donnait comme limite à l'Est la Maudre, petit affluent qui rejoint la Seine au-dessous de Meulan (il l'appelle rivière de Madrie) et une ligne tirée de Villepreux jusque vers les sources (près de Rambouillet) de la Nigelle, affluent de l'Eure. Il a exposé ses idées dans : *La véritable origine de la seconde et troisiesme Lignée de la Maison royale de France*... par le sieur DU BOUCHET. Paris, 1646, in-f°. Dans cet ouvrage est insérée une carte de la Madrie : Carte || topographique || du || Comté de Madrie || par le Sr du Bouchet... 1646. Blanchin f. Pas de graduation. 0,41×0,31. La forme Madrie est une forme savante. *Madricensis* aurait donné naturellement Méresais. LONGNON, *Atlas*. Texte p. 99.

4. A. PASSY, *Essai sur les contrées naturelles de la France* (*Recueil des travaux de la Société libre d'agriculture... de l'Eure*, 3e série, t. V, 1857-58, p. 139). Plus tard, dans sa *Description géologique du département de l'Eure*. Évreux, 1874, in-4, il n'a plus donné ce nom de Madrie que comme un ancien nom et l'a inscrit en italiques après : « le plateau entre la Seine et l'Eure ». P. 62.

prudents dans les enquêtes relatives aux noms de pays.

Drouais. Mantois.

Drugesin ou Drouais s'expliquent d'eux-mêmes. Ces noms s'appliquent aux environs de Dreux. Damien de Templeux dit: Drugesin ou Comté de Dreux[1]. Il y eut d'ailleurs dans le diocèse de Chartres un archidiaconé de Dreux qui comprenait les deux doyennés de Dreux et de Brezolles. Les divisions politiques ou ecclésiastiques dont Dreux était le chef-lieu, ont dû favoriser l'extension du nom de la ville à ses environs. Plusieurs communes ont reçu depuis longtemps le suffixe « en Drouais » pour se distinguer de localités homonymes[2]. On dit encore actuellement : Garancières-en-Drouais, Mézières-en-Drouais, Vert-en-Drouais, Louvilliers-en-Drouais. Mais on ne dit pas le Drouais.

Mantois signifie simplement les environs de Mantes. Ce qui a dû contribuer à faire donner le nom de Mantes à la région qui l'entoure, c'est que cette ville fut le siège d'un bailliage du Gouvernement de l'Ile-de-France et d'une prévôté de la Généralité de Paris. Je n'ai pas trouvé la mention de Mantois ou pays Mantois avant la

1. *Septième volume de la Géographie Blaviane*, p. 1. Il y eut un *pagus Durcasinus* ou *Dorcasinus*; le nom latin de Dreux était *Droca*. On trouve la forme adjective *Drocensis* en 1300 (*Maceriæ in Drocensi*) d'où est venu Dreugesin (1388) et Drugesin (1502). Plus tard a prévalu la forme Drouais, dérivée directement de Dreux. On la trouve en 1460 (Mézières en Droix). Voir L. Merlet, *Dict. topog. de l'Eure-et-Loir*, à ces différents mots.

2. *Maceriæ in Drocensi*, 1300, Mézières en Droix, 1460. Bouessy en Droays (1477). *Ibid.*

fin du XVIIe siècle[1]. On a pris, au XVIIIe siècle, l'habitude de compter ce pays comme une des subdivisions de l'Ile-de-France[2] et Raulin en a recueilli le nom pour l'attribuer à une de ses divisions de la région parisienne et l'a inscrit, en 1843, sur sa carte. C'est de là qu'il a passé dans les descriptions géologiques et géographiques pour désigner, au Sud de Poissy et de Mantes, une sorte de région naturelle, voisine du Hurepoix qu'on met plus à l'Est. A aucun titre ce nom ne peut être considéré comme un nom de pays.

1. Il figure pour la première fois, à ma connaissance, sur la carte des environs de Paris de DE FER. 1690 (Append. V, n° 44). On le rencontre ensuite dans la *Description du royaume de France...* par le sieur Tillemon. Paris, 1693, in-18, p. 31. « Le pays Mantois ou Mantoais a les villes et bourgs de Mante, Meulan, Poissy, Saint-Germain, Saint-Clou, Versailles, Montfort-l'Amaury, Dreux, Houdan, etc... » Piganiol de la Force qui n'avait pas mentionné le Mantois en 1718, l'a introduit, en 1753, dans sa troisième édition.

2. Voir par exemple EXPILLY, t. III, France, et la carte de Janvier, Append. V, n° 72.

CHAPITRE VII

LA BRIE. LA GALLEVESSE. LE MONTOIS.

I. — La Brie.

Entre la Seine et la Marne, dominant à l'Est le vignoble et les plaines de Champagne, s'étend la Brie.

Dans l'ensemble, c'est un plateau qui s'élève lentement de l'altitude d'une centaine de mètres à l'Ouest jusqu'à 200 mètres et plus à l'Est et surtout au Nord-Est. Le sous-sol en est constitué par les calcaires lacustres de l'Oligocène, généralement désignés sous le nom de calcaires de Brie. Formant une couche d'épaisseur variable, ils sont la plupart du temps transformés en une meulière presque identique à la meulière de Beauce. Plus la transformation est complète, plus les meulières sont isolées dans une nappe d'argile et plus le sol est imperméable. Sous la meulière s'étend d'ailleurs uniformément une couche de marnes très argileuses, les marnes ou argiles vertes, qui retiennent les eaux. Ces marnes reposent au Nord sur les gypses, au Sud et à l'Est sur les travertins qui en sont l'équivalent et affleurent dans les vallées. Sur la meulière subsistent encore par endroits quelques témoins des sables marins qui recouvraient jadis toute cette formation, les sables de Fontainebleau, souvent amoncelés en buttes. Enfin le plateau est généralement couvert de limons auxquels il doit sa très remarquable fertilité. Ce qui le caractérise encore, c'est son réseau de vallées, sensiblement alignées de l'Ouest à l'Est et qui se creusent d'autant plus que le plateau se relève davantage. Les plus importantes : celles du Surmelin, du Grand et du Petit-Morin, forment dans l'ensemble de petites régions à part, plus variées de cultures, plus habitées. C'est là que se rencontrent surtout les principaux bourgs ; c'est aussi dans la vallée du Grand-Morin qu'on trouve les seules industries de la Brie, qui sont une exception dans ce pays si profondément agricole. Même les vallées secondaires, parfois à peine sensibles dans le relief, contribuent à défendre la Brie contre la monotonie de la Beauce. Ce qui la distingue surtout, c'est l'humidité, ce sont les arbres. Vue à distance, la Brie paraît entièrement boisée. En réalité, si elle a conservé de grandes forêts, surtout sur son pourtour, la Brie enferme aussi de vastes étendues de cultures ; mais il est rare que l'horizon n'y soit pas borné par de belles masses forestières, ou, tout au moins, par des bouquets d'arbres. C'est que l'eau est partout dans le sous-sol. Le moindre trou creusé pour en tirer la meulière se transforme bientôt en une mare. Les meilleures terres ont presque toujours besoin d'être drainées et les forêts, après les pluies, se changent parfois en marécages. La facilité de se procurer de l'eau sur les plateaux de la Brie y a favorisé la dispersion des habitants, non pas cette dispersion extrême des pays de bocages, mais un groupement très clairsemé où les grandes fermes s'isolent la plupart du temps de petits villages à population médiocre.

Malgré les vallées qui la découpent, la Brie est donc une région bien limitée, suffisamment homogène, offrant partout aux regards le même aspect familier de plaines alternant avec des forêts humides, de grandes fermes aux vastes greniers, qui ne suffisent pas à abriter la récolte, comme en témoignent les rangées de meules aux flancs rebondis et aux toits pointus qui s'alignent le long des routes; ayant les mêmes cultures, les mêmes procédés de cultures; où l'habitant, le Briard, a conscience de faire partie d'un groupe, malgré les divisions politiques qui, de tout temps, se sont partagé le plateau. Aussi vivant aujourd'hui qu'il y a des siècles, le nom de Brie évoque vraiment pour nous, autant que celui de Beauce, l'idée de région naturelle.

Ce nom est certainement très ancien. Il apparaît pour la première fois au VIIe siècle, dans les Vies des saints dont le souvenir est resté attaché à la fondation des grands monastères de Jouarre, de Faremoutiers, de Rebais, de Sainte-Croix. Ado, dit le biographe de Saint-Colomban, fonda un monastère dans la forêt de Jouarre. Dado, plus connu sous le nom de Saint-Ouen, en établit un autre dans la forêt de Brie (*intra Briegensem saltum*) sur les bords du ruisseau de Rebais[1]. Ailleurs il est question d'un disciple de Colomban, Eustase,

1. Quorum major natu Ado nomen semet suis voluntatibus abdicavit, postque intra Jorani saltus monasterium ex beati regula Columbani construxit; juniorque nomen Dado intra Briegensem saltum supra fluviolum Resbacem ex supradicti viri regula monasterium construxit. *Jonæ vitæ Sanctorum Columbani, Vedastis, Johannis.* Recognovit Bruno Krusch, *Script. rerum Germanicarum in usum scholarum.* Hannover et Leipzig, 1905, in-8, p. 210.

qui, venant d'Italie pour aller trouver le roi des Francs alors au voisinage de l'Océan, fait route par le pays et la forêt de Brie (*per saltum pagumque Briegium*)[1]. Dans la vie de Saint-Agil, attribuée au même auteur, il est dit en termes plus explicites que Dado, poussé par un immense désir d'élever un monastère dans la forêt de Brie (*intra Brigiensem saltum*), parcourait souvent cette forêt (*eamdem silvam*) et finit par rencontrer entre les deux Morins le site favorable où il construisit Rebais[2].

Il est très remarquable que la Brie soit désignée dans tous ces textes comme une région forestière. N'était-elle alors, comme on le répète souvent, qu'une immense forêt, et les fondations de monastères furent-elles accompagnées de défrichements importants[3] ? La règle très dure de Saint-Colomban, à laquelle ils furent d'abord soumis, prescrivait le travail manuel, et l'hypothèse est vraisemblable. Pourtant deux des plus illustres de ces monastères, Faremoutiers et Jouarre,

1. Fuit ergo arrepti itineris via per saltum pagumque Briegium. *Ibid.*, p. 241.

2. Junior quoque venerabilis Audoenus cognomento Dado... quapropter illius usus consilio nitebatur molimine studii inrefragabilis intra Brigiensem saltum propriis sumptibus in remotis locis monasterium constituere. Cum ergo ardentissimo desiderio hoc votum complere magnopere satageret, atque frequenter eamdem silvam ea devotione animi circumiret, comperit tandem, inter duas Mucras adjacentias ex fisco quondam Namtoliasinse, sed tunc ad villam quæ Mastus dicitur adspicere. Has denique suis petitionibus per confinia sua Regis largitione ac munificentia adeptus, quod summopere optabat, omissa dilatione implere curavit. *Vita S. Agili*. D. Bouquet, t. III, p. 513 B.

3. Dans son travail sur *Saint Colomban et la fondation des monastères irlandais de la Brie* (*Rev. historique*, t. LXXXIII, 1903, p. 277), M. Gaston Bonet-Maury suppose que la fondation du monastère de Faremoutiers nécessita des défrichements qui, avec la construction de l'abbaye, auraient pris dix ans. Je n'ai rien trouvé dans les textes qui justifie cette hypothèse. Nulle part il n'y est fait allusion à des défrichements.

furent surtout des abbayes de femmes, et il n'est question qu'une seule fois de défrichement dans les textes de cette époque, c'est à propos de saint Fiacre, qui se fit donner par saint Faron un petit domaine forestier aux environs de Meaux et le défricha pour y vivre en ermite, ce qui exclut l'idée d'un très grand territoire.

La Brie est donc considérée, dans les passages cités, comme une région forestière ; mais on l'appelle aussi *pagus*[1]. Le mot n'a pas ici le sens de subdivision politique, mais celui beaucoup plus vague que nous donnons au mot pays, qui en dérive d'ailleurs. Or, ce terme *pagus* ne se comprendrait guère d'une forêt continue. A l'époque romaine, la Brie était traversée par deux voies qui la coupaient d'Ouest en Est. L'une allant de Meaux vers Chalons passait le petit Morin près de Montmirail, une autre au Sud allait de Paris à Montereau par Melun, et ces deux voies étaient reliées par une troisième, en diagonale, allant de Meaux à Sens[2]. L'intérieur du pays était donc facilement accessible. A l'époque carolingienne, en admettant que la forêt ait pu regagner sur des terres abandonnées pendant les invasions barbares, il est vraisemblable que la Brie, à côté de ses grandes forêts, plus étendues certainement que celles d'aujourd'hui, avait déjà bien des espaces découverts et plus de lieux habités qu'on ne l'imagine. C'est ce que démontrerait peut-être une étude métho-

1. J'ai laissé de côté le testament de Sainte-Fare qui n'est certainement pas authentique. M. Maurice Lecomte, dans un travail critique sur ce document (*Bulletin de la Conférence de Meaux*, 1898, p. 321-338), le date du XIe siècle. La Brie y est qualifiée de *pagus*.

2. Longnon, *Dictionnaire topographique du département de la Marne*. Paris, 1891, in-4, p. XXV.

dique des noms de lieux et des trouvailles archéologiques faites dans la région.

Ce nom même de Brie n'a pas de signification certaine. On a souvent prétendu l'identifier avec celui de Brie-Comte-Robert, localité assurément plus ancienne que le personnage qui lui a donné son nom. Mais, abstraction faite de la forme douteuse *Bradeia*[1], Brie-Comte-Robert, dans le plus ancien texte où il soit mentionné, est dit *Burgum Briense*[2], tandis que la Brie, région, est désignée d'abord, comme on l'a vu, par les formes adjectives *Briegius*, *Briegensis*. Il n'est pas sûr qu'à l'origine les deux noms aient été les mêmes ; la confusion a pu ne se produire que plus tard.

Y a-t-il également une relation entre Brie et Bray qui revient assez souvent dans la toponymie de la France du Nord et paraît désigner un lieu humide ? On ne saurait l'affirmer[3].

Même ignorance sur la manière dont le nom s'est étendu à toute la région comprise entre la Seine et la Marne. S'appliquait-il seulement, au VIIe siècle, au moment où il apparaît dans les textes, à la région forestière située au Sud de Meaux et aux environs de Rebais et de Faremoutiers ? On a vu que le moine Jonas distingue la forêt de Brie de celle de Jouarre. Il faudrait,

1. In Bradeia vico pagi Parisii, dans la Vie de Saint-Germain de Fortunat. *Bradeia* est identifié par D. Mabillon avec Brie-Comte-Robert. Voir Edmond Michel, *Histoire de la ville de Brie-Comte-Robert* (des origines au XVe siècle). Paris, 1902, in-8, p. 30.

2. Charte de Louis le Bègue, *Ibid.* On ne connaît pas d'autre mention de Brie avant le XIIIe siècle. Alors apparaissent les formes : *Bria, Breia, Braia.*

3. Holder, en raison des formes *Briegius, Briegensis*, ferait dériver *bria* = *briga* de *berg*. Cette étymologie n'a aucune vraisemblance. *Altcelt. Sprachschatz*, au mot *Bria*.

pour être fixé avec certitude, connaître les régions ou les localités qu'on plaçait en Brie à l'origine. Benjamin Guérard, dans l'Introduction du *Polyptique d'Irminon*, a relevé les noms de ces localités. La liste en est très courte. Le nom de Brie n'apparaît que très rarement dans les chartes avant le XIe siècle, ce qui s'explique, puisqu'il ne désignait pas de circonscription officielle. C'est d'abord, au VIIIe siècle, un certain *Linariolas* qu'on ne peut identifier exactement, mais qui était situé dans le *pagus* de Melun, vraisemblablement au voisinage de Féricy[1]. C'est ensuite, au IXe ou au Xe siècle, *Dravernus* et *Brunate* qu'on peut identifier avec Draveil et Brunoy[2]. Brunoy est incontestablement en Brie, mais Draveil, si l'identification est certaine, y serait à peine. Au Xe siècle, c'est Lagny ; au XIe Saint-Aignan, dans la partie du diocèse de Soissons qui est au Sud de la Marne[3].

1. *Linariolas*, dans une charte de Pepin de 751, confirmée par Charlemagne en 775. Guérard corrige arbitrairement en *Livariolas* qu'il identifie avec Livry près de Féricy. Il est vraisemblable que cette localité est la même que *Linerolas* mentionnée en même temps que Féricy, *in pago Milidunensi*, dans une confirmation de Charles le Chauve de 862 et dans un acte postérieur de Robert Ier (Robert, duc de France, avant son avènement) récemment publié par M. PH. LAUER dans la *Bibliothèque de l'École des Chartes*, t. LXVIII, 1907, p. 245-246.

2. Dans le testament de Dagobert I, acte faux, mais certainement ancien. Il a été reproduit par Aimoin, mort au début du XIe siècle.

3. Guérard signale aussi dans le testament apocryphe de sainte Fare une *Villa Campelli*, Champeaux, mais cette localité n'est pas accompagnée dans le texte de la mention : en Brie. Enfin il trouve dans le même document la mention d'un moulin construit *super fluviolum Alba*, ce qui l'amène à étendre la Brie primitive jusqu'à l'Aube. Erreur singulière, car il s'agit évidemment ici de l'Aubetin, affluent du Grand-Morin, près du confluent duquel se trouve précisément Faremoutiers. B. GUÉRARD, *Polyptique de l'abbé Irminon*, t. I. Paris, 1846, in-4, p. 99. M. Lecomte (*ouv. cité*) a déjà corrigé Guérard sur ce point.

Ce qui montre d'ailleurs qu'à cette époque le nom désignait une région étendue, c'est qu'il fut bientôt attribué à trois archidiaconés des cinq diocèses entre lesquels se partageait la Brie : ceux de Paris, de Meaux, de Soissons, de Troyes et de Sens. Les deux archidiaconés ruraux du diocèse de Meaux, ceux de France et de Brie, étaient à peu près séparés par la Marne. Leur existence est certaine à partir du début du XIe siècle, et le second apparaît qualifié du nom de Brie en 1187[1]. Le diocèse de Paris avait aussi son archidiaconé de Brie, ainsi appelé dès 1268, et limité par la Marne et la Seine[2]. Enfin l'archidiaconé de Brie du diocèse de Soissons comprenait à l'origine les doyennés de Châtillon-sur-Marne, Château-Thierry, Orbais, Chézy. Seul il débordait donc au delà de la Marne[3].

Le nom de Brie était certainement devenu très populaire, lorsqu'au XIIIe siècle le comte de Champagne prit le titre de comte de Champagne et de Brie, parce qu'une partie considérable de ses domaines était située en Brie[4] : Meaux, Provins, Coulommiers en étaient les principaux centres. Mais il n'eut jamais toute la Brie : la partie occidentale, avec Melun et Brie-Comte-Robert, ne fut jamais champenoise. Par contre, ses possessions s'étendaient au Nord de la Marne et de la Seine. Elles touchaient à l'Aisne à l'Est de Soissons[5]. Lorsque les domaines du comte de Cham-

1. LONGNON, *Pouillés de la province de Sens*, p. LXII.
2. *Ibid.*, p. LIV.
3. LONGNON, *Dictionnaire topographique de la Marne*, p. LX-LXI.
4. *Ibid.*, p. XXXVI.
5. Voir *Atlas de géographie historique* de F. SCHRADER. Paris, 1896, notice de la carte 22 par A. LONGNON.

pagne passeront au roi de France, l'ancien comté de Champagne et de Brie subsistera longtemps encore comme division politique, jusqu'au moment où il deviendra le gouvernement de Champagne, qui ne comprit jamais que la partie de la Brie ayant dépendu des comtes. C'est seulement lors de la création des généralités que la plus grande partie de la Brie fut rattachée à la généralité de Paris. Seule la partie orientale, avec Epernay et Sézanne, dépendit de la généralité de Châlons.

De ces divisions politiques sans rapport avec les divisions naturelles a résulté l'extension du nom de Brie au delà de la Marne. C'est ainsi qu'on a pris de bonne heure l'habitude de dire Meaux-en-Brie[1], parce que Meaux était la capitale de la Brie champenoise. En réalité, la ville, dont la plus grande partie est sur la rive droite de la Marne, n'était, pour ceux qui étendaient la Brie jusqu'à la Marne, qu'à la limite extrême de ce pays. A ce titre, Melun aurait pu tout aussi bien être placé en Brie, or on n'a jamais dit Melun-en-Brie. Toutefois si l'on a attribué, si l'on attribue parfois encore à la Brie une partie du pays situé au Nord de la Marne, on n'y trouve pour ainsi dire aucun nom de localité qui ait reçu le nom de Brie comme suffixe. Épieds, à l'Est de Château-Thierry, appelé Espiers-en-Brie en 1342, est dit, en 1344, Epiers-en-Tardenoys[2]. Toussaint Duplessis, l'historien de l'Eglise de Meaux, proteste

1. *L'Itinéraire brugeois du XIVe siècle*, publié par J. Lelewell, *Géographie du moyen âge*. Épilogue. Bruxelles, 1857, in-8, p. 289, donne Mons en Brye.

2. A. Matton, *Dictionnaire topographique du département de l'Aisne*. Paris, 1871, in-4. Au mot Épieds.

nettement contre l'extension de la Brie au delà de la Marne[1]. Aujourd'hui encore, dans le païs, on ne met pas en Brie ce qui est au delà de la rivière. Pour les vieux paysans, habitants des hauteurs situées sur la rive gauche, en face de Château-Thierry, la rive droite c'est la Picardie, pour ceux des environs de Meaux, c'est la France.

Mais si la Brie est généralement considérée aujourd'hui comme limitée par la Marne, la Seine et les côtes de Champagne à l'Est, dans le pays même, pour l'agriculteur, pour celui qui vit de la terre, le nom de Brie a un sens plus précis : c'est la région des grandes cultures, où s'étendent à perte de vue les champs de blé et de betteraves ; on n'y met pas les pentes du plateau garnies de vergers ou de vignes, de bois ou de taillis. Aux environs de Melun on ne fait commencer la Brie qu'avec les bonnes terres à limon : la région boisée et de sol médiocre qui descend vers la Seine reste en dehors. Il en est de même à Provins, où l'on ne considère comme étant en Brie que les plateaux à céréales qui s'étendent immédiatement à l'Ouest de la ville. Aux environs d'Épernay, on ne confond pas la Brie avec le vignoble qui en occupe les pentes. La petite vallée qui commence à Ablois et qui aboutit à Epernay n'est pas considérée comme Brie. C'est là d'ailleurs qu'est la partie la plus boisée et la plus humide du plateau. Presque toute l'étendue de pays située entre la Marne et le Surmelin n'est qu'une forêt coupée de mares. C'est la mauvaise Brie, la Brie pouilleuse, et le nom

1. Dom Toussaints du Plessis, *Histoire de l'Église de Meaux*. Paris, 1731, 2 vol. in-4, t. I, p. 635 et 639.

s'étend bien au delà de la vallée du Surmelin sans qu'on puisse lui assigner de limites précises. Dans cette région on distingue avec soin la Brie pouilleuse de la bonne Brie, on pourrait même dire des bonnes Bries, car Brie devient ici une sorte de nom commun. A Château-Thierry, on appelle Brie de Nesles — du nom du premier village qu'on atteint sur le plateau — la région comprise à peu près entre les vallées de la Marne, du Surmelin, de la Dhuis et du ruisseau de Chézy. Il y avait là autrefois des étangs[1] qui ont été asséchés et toute la Brie de Nesles est aujourd'hui une région de grandes exploitations et de grande culture, tandis que plus au Sud, où la terre devient médiocre, la propriété est plus divisée. On dit parfois aussi la Brie de Basse-velle pour désigner le plateau situé au Sud de Nogent-l'Artaud. Aux environs de Meaux on ne fait également commencer la Brie qu'avec les plateaux à céréales.

Qu'on ne s'étonne pas de cette contradiction apparente. Pour le géographe et le cartographe la Brie est devenue une sorte de subdivision territoriale à laquelle il a bien fallu donner des limites précises et c'est ainsi qu'on l'a comprise entre la Seine et la Marne. L'agriculteur a d'autres préoccupations : peu lui importe que la Brie ait été à l'origine une forêt, ce qu'il appelle ainsi c'est le plateau que couronnent les terres à céréales ; il n'éprouve pas le besoin de le délimiter exactement, mais il en sait bien distinguer les bonnes et les mauvaises parties. La bonne Brie, c'est celle où les limons sont le plus étendus et le plus épais, celle des

1. J.-B.-L. Brayer, *Statistique du département de l'Aisné*... Laon, 1825, in-4, t. II, p. 205.

environs de Meaux ou de Melun. La mauvaise Brie, c'était et c'est encore surtout la Brie pouilleuse, qu'il est bien difficile de délimiter avec précision aujourd'hui, d'abord parce que ses habitants ne consentent pas volontiers à en faire partie, et ensuite parce que les cultures se sont tellement améliorées que telle région, autrefois pauvre et humide, est aujourd'hui, grâce aux fumures et au drainage, d'un excellent rendement. Tout ce qu'on peut dire, c'est que la Brie pouilleuse correspond à la partie Nord-Est du plateau, traversée par le Surmelin, et encore occupée en grande partie par les forêts humides d'Enghien et de Vassy.

Il n'y aurait guère à insister sur cette appellation de Brie pouilleuse, si elle ne se compliquait pas d'une autre, celle de Gallevesse ou Galevèse.

II. — La Gallevesse.

Ce nom qu'on rencontre dans les descriptions géographiques et sur certaines cartes du XVIIe et du XVIIIe siècle est aujourd'hui à peu près inconnu. Il l'est même complètement, sauf des érudits, qui n'ont jamais pu se mettre d'accord sur sa signification, ni sur la région à laquelle il s'appliquait au juste. Il est nécessaire, pour introduire un peu de clarté dans cette obscure question, d'examiner avec soin les plus anciens documents où il est fait mention de cette Gallevesse.

En 1637, dans une édition nouvelle des *Estats, Empires et Principautez du Monde* de Davity[1], et dans le

1. *Les Estats Empires et Principautez du Monde*...par le Sr D. T. V. Y. [Davity]. Paris, 1617, in-4. L'auteur avait commencé à en imprimer une

volume relatif à la France qui est tout entier de lui, Ranchin s'exprime ainsi : « Le pays de Galeusse, autrement dit Brie-poüilleuse, est sur les confins de Brie et Champagne, allant à Espernay, sa longueur peut estre de quatre ou cinq lieuës, et sa largeur d'autant : On y loge Orbay, Montmor, avec chasteau etc...[1] » Le même passage est reproduit textuellement dans l'édition de 1643, mais cette fois le nom est écrit : « Galeüesse[2] ». Même orthographe dans une édition de 1660, donnée par Jean-Baptiste de Rocoles[3]; mais à la table de cette édition de 1660, où il figure pour la première fois, on lit : Galuesse ou Brie-poüilleuse sur les confins de Brie et de Champagne, — Montmor en Galuesse, — Orbay en Galuesse.

Montmort et Orbais sont deux bourgades situées dans la vallée du Surmelin, en pleine Brie pouilleuse. Orbais avait une célèbre abbaye de Bénédictins et Montmort possède un château construit à la fin du XVIe siècle sur l'emplacement d'un ancien château fort dont il subsiste encore une partie. C'était le siège d'une châtellenie et c'est évidemment à ce château que fait allusion Ranchin quand il écrit : « On y loge Orbay,

nouvelle édition lorsqu'il mourut. Elle fut achevée par Ranchin qui indique dans la préface les parties qu'il a entièrement rédigées lui-même. Le volume relatif à la France porte le titre : *Description generale de l'Europe, quatriesme partie du monde.* Avec tous ses empires, royaumes, estats et republiques... composé par FRANÇOIS RANCHIN, tant sur les memoires laissez par l'autheur après son decez, ou autres qu'il a recouvrez d'ailleurs que sur ses propres recherches, t. II. Paris, 1637, in-f°. Une seconde édition de l'ouvrage entier parut en 1643, puis une troisième en 1660, celle-ci par les soins de JEAN-BAPTISTE DE ROCOLES.

1. P. 234.
2. P. 242.
3. P. 417.

Montmor, avec chasteau. » Il ne peut pas être question ici de Château-Thierry, que Ranchin cite deux fois, dans le paragraphe qui précède et dans celui qui suit, et qu'il écrit toujours « Chasteau-Thierry ». Il est vrai qu'il place cette ville dans la Brie, mais il en fait la capitale de la haute Brie, sans s'expliquer sur ce qu'il entend exactement par là. De toute façon, il ne la confond pas avec la Brie pouilleuse. Celle-ci, dit-il, est sur les confins de Brie et de Champagne et sa longueur peut être de quatre ou cinq lieues. Nous savons où il place les confins de la Brie et de la Champagne, c'est près de Fère-Champenoise « joignant la rivière d'Auge[1] ». La rivière d'Auge, plus connue sous le nom de Superbe, coule dans la plaine champenoise à une certaine distance de l'escarpement terminal de la Brie. Mais admettons qu'il fasse commencer la Brie à cet escarpement, comptons même les cinq lieues à partir de Montmort, nous n'arriverons pas à l'Ouest plus loin que Condé-en-Brie, à douze kilomètres au moins à vol d'oiseau de Château-Thierry. Ce serait d'ailleurs bien mal connaître la région que d'attribuer Château-Thierry à la Brie pouilleuse. D'abord cette ville n'a qu'un faubourg sur la rive gauche de la Marne et le riche bassin qu'y forme la vallée en s'élargissant n'a jamais passé pour déshérité. L'opinion de Ranchin est donc très nette : la Brie pouilleuse, ou la « Galeusse » qu'il identifie avec elle, est sur le plateau de Brie, au voisinage du Surmelin. Mais ceux qui viendront après lui n'y regarderont pas de si près, et nous allons voir la Gallevesse s'étendre démesurément vers l'Ouest.

1. P. 233 et p. 229.

Dans l'édition de 1660, Jean-Baptiste de Rocoles reproduit le passage de Ranchin, mais écrit chasteau par un grand C et la confusion avec Château-Thierry va se faire tout naturellement.

En 1675, Adrien de Valois recueille ce nom de Gallevesse pour l'identifier avec le *pagus* gallo-romain des Vadicasses : « *Ab Vadicassibus nomen habet ad Matronam ager,* la Gallevesse *nostris nuncupatus: et Vadicasses (ni fallor) vulgò* les Galevessans *dicuntur*[1]. » L'identification n'a aucune valeur, mais voici la Gallevesse simplement placée près de la Marne et l'autorité d'Adrien de Valois va contribuer à accréditer ce nom auprès des érudits.

En 1681, d'Audiffret établit trois divisions dans la Brie : la Brie supérieure, la Brie inférieure et la Brie pouilleuse. Il met dans la Brie supérieure Meaux, Lagny, Brie-Comte-Robert, dans la Brie inférieure Provins, Coulommiers, La Ferté-sous-Jouarre. « Chasteau Thierry est la principale ville de la Brie poüilleuse[2] ». Il n'est pas question ici de la Gallevesse, mais tous ceux qui, sur la foi de Ranchin, l'identifieront avec la Brie pouilleuse, vont naturellement y mettre Château-Thierry. Est-il besoin d'ajouter que la division d'Audiffret est tout à fait arbitraire ?

1. *Notitia Galliarum*, au mot *Catalauni*, p. 137.

2. D'AUDIFFRET, *La Géographie ancienne, moderne et historique...* t. II, qui contient la France. Paris, 1681, in-4, p. 176. On ne peut s'expliquer ces dénominations que par la position qu'occupent les différentes parties de la Brie sur la carte, car l'altitude de Meaux, Lagny, Brie-Comte-Robert, est inférieure à celle de Coulommiers et de Provins. Comme nous l'avons vu, le plateau de la Brie se relève d'une centaine de mètres d'Ouest en Est. MASSON, dans sa Description des fleuves de France, appelait beaucoup plus justement Brie supérieure la région voisine de Villenauxe et de Nesle-la-Reposte (à l'Est de Provins). *Descriptio Fluminum Galliæ*, 1618, in-8, p. 179.

Le nom de Gallevesse n'avait pas encore figuré sur les cartes. Il fait son apparition en 1698 sur la grande carte des environs de Paris éditée par Nolin[1]. Cette carte, assez médiocre, n'a d'intérêt qu'à cause des noms de pays qui y sont inscrits. Elle fut dressée, dit le titre, sur les « Mémoires du sieur Tillemon ». C'était le pseudonyme de Nicolas de Tralage. « Galvesse Pays » y est écrit au Nord de la Marne, dans l'angle formé par la Marne et l'Ourcq, entre la Ferté-Milon et Château-Thierry. Mais il est important de constater qu'il s'agit d'une carte des environs de Paris, qu'elle ne s'étend guère à l'Est au delà de Château-Thierry qui est tout près du cadre, que l'auteur y a visiblement cherché à inscrire le plus grand nombre possible de noms de pays ou prétendus tels, et que, s'il voulait y placer Gallevesse, il fallait bien inscrire ce nom près de Château-Thierry et à l'Ouest de cette soi-disant capitale de la Brie pouilleuse, puisque la carte ne s'étendait pas à l'Est. Il ne faut pas, je crois, chercher d'autre raison à la place occupée sur cette carte par la Gallevesse.

En 1703, Robbe, dans sa *Méthode pour apprendre la géographie,* manuel qui eut beaucoup de réputation, adopte la division d'Audiffret en Haute, Basse Brie et Brie pouilleuse et il ajoute : « ou païs de Gallevesse où sont Gandelu, Montmort, Tresmes, Orbay, etc... »[2]. Gandelu, dans la vallée du Clignon, petit affluent de l'Ourcq, est à plus de quinze kilomètres au Nord-Ouest de Château-Thierry, Tresmes est actuellement un simple hameau de la commune de Pommeuse (con de

1. Append. V, no 45.

2. *Méthode pour apprendre facilement la géographie...* par M. ROBBE. Paris, 1703, in-12. T. I, p. 113.

Coulommiers, Seine-et-Marne), au voisinage de Faremoutiers. C'est un compromis entre Ranchin et Nolin. Chose singulière, Robbe fait de Château-Thierry la capitale de la Haute-Brie, et Provins, dit-il, est reçue pour celle de toute la Brie. Ces opinions contradictoires ne témoignent pas de beaucoup d'attention.

A la même époque, l'abbé Baudrand mettait la dernière main à un Dictionnaire géographique qui l'avait occupé toute sa vie, et qui ne parut qu'après sa mort, en 1705. Il ne s'agit pas là d'une compilation hâtive, mais d'une œuvre consciencieuse et mûrie. A l'article Brie, Baudrand reproduit la division ordinaire en Haute-Brie, vers la Marne, Basse-Brie, vers la Seine, et « Brie pouilleuse qu'on nomme autrement la Galleuse qui est aussi sur la Marne vers la Champagne et le Soissonnais, et dont Chasteau-Thierry est la ville principale..... Mais il est difficile, ajoute-t-il, de convenir de leurs limites. » Et plus expressément encore, à l'article Gallevesse, il déclare qu'il serait impossible d'en bien marquer les bornes parce qu'il y a longtemps qu'on n'en fait plus mention[1]. » L'aveu est précieux à retenir, venant d'un homme qui certainement avait cherché à se renseigner.

1. BAUDRAND, *Dictionnaire géographique et historique*. Paris, 1705, in-f°, aux mots Brie, col. 309, et Gallevese, col. 710. Cet ouvrage fut publié par le frère de l'auteur, après sa mort. L'abbé Baudrand avait d'abord donné, en 1670, une édition considérablement augmentée du *Lexicon geographicum* de FERRARI. Paris, in-f°. Il publia ensuite, en deux volumes, une *Geographia ordine litterarum disposita*. Paris, in-f°, 1681 et 1682. — Il n'y a aucun doute que Baudrand confonde Galleuse et Gallevesse. A l'article Brie, il dit : Brie pouilleuse qu'on nomme autrement la Galleuse, et à l'article Gallevesse : on l'appelle autrement la Brie pouilleuse.

On s'attendrait à trouver un témoignage autorisé dans Toussaint du Plessis, le consciencieux historien de l'église de Meaux. Mais il ne dit pas où se trouve la Gallevesse, qu'il se contente de mentionner d'une façon vague. « Le diocèse de Meaux... contient, dit-il, partie d'une petite contrée à laquelle on a donné le nom de Gallevesse[1]. »

Il semble, quand il écrit ce passage, qu'il ait sous les yeux la grande et belle carte du diocèse de Meaux, levée par ordre de Bossuet, par Chevallier, maître de mathématiques du roi, œuvre tout à fait remarquable pour l'époque, mais qui, pour les noms de pays, reproduit simplement la carte de Tillemon[2]. Il ne peut s'agir ici en effet que de cette prétendue Gallevesse placée entre la Marne et l'Ourcq, car l'autre, celle de la Brie pouilleuse, est tout entière en dehors du diocèse de Meaux. Et cependant Duplessis identifie bien Gallevesse avec Brie pouilleuse ; il proteste même contre cette appellation injurieuse : « Pour ce qui est de la Gallevesse, dit-il, il semble qu'on ait pris plaisir à déshonorer ce canton par les noms odieux de Brie pouilleuse ou de Brie galeuse que d'autres lui ont donnez. Quelques-uns, pour écarter les idées basses que font naître ces différents noms, ont traduit en latin Gallevesse par *Gallia vetus* et Brie pouilleuse par *Bria populosa.* Ce sont des étymologies faites après coup et fondées sur rien[3]. » Il n'en est pas moins vrai qu'on ne sait pas au juste où il place la Gallevesse, à moins qu'il n'étende la Brie pouilleuse jusqu'à l'Ourcq, mais il a

1. Toussaints du Plessis, t. I, p. 1.
2. Append. V, n° 50. Cette carte est éditée chez Nolin.
3. T. I, p. 611.

déclaré formellement que la Brie ne dépassait pas la Marne[1].

Comment s'y serait-on retrouvé d'ailleurs, au milieu des contradictions des cartographes ? En 1712, de Fer avait publié une nouvelle carte des environs de Paris. Le nom de Gallevesse n'y figure pas, mais il écrit Brie pouilleuse au Nord de la Marne, des deux côtés de l'Ourcq, et, au Sud de la Marne, Brie française à l'Ouest, Brie champenoise à l'Est[2]. L'année suivante, en 1713, paraît la carte de Champagne de Delisle en deux feuilles. Il inscrit Gallevesse, dans l'angle formé à l'Est par l'Ourcq et la Marne, comme sur la carte de Tillemon, et, d'une façon inattendue, Brie pouilleuse au Sud du Petit-Morin, entre Provins, Coulommiers, Sézanne et Rozoy[3]. Jamais on n'avait étendu la Brie pouilleuse si loin vers le Sud. Y a-t-il là quelque chose de voulu? Je crois qu'il faut tout simplement tenir compte du fait que la carte est coupée en deux feuilles et que la place aurait manqué pour inscrire Brie pouilleuse sur la feuille d'en haut. Le nom de Delisle ne doit pas, en effet, nous en imposer; ses cartes de France ne reposent pas sur des levés nouveaux. Il s'est contenté de rectifier les positions d'après les déterminations faites par l'Académie des Sciences ; le fond des cartes a été simplement emprunté aux travaux de ses devanciers. En 1722, Bernard Jaillot rétablit la Brie pouilleuse au Nord de la Marne, des deux côtés de l'Ourcq, et inscrit, en

1. Toussaint Duplessis n'était d'ailleurs pas du pays. Né à Paris en 1689, il passa la plus grande partie de sa vie à l'abbaye de Saint-Germain-des-Prés et c'est là qu'il écrivit l'*Histoire du diocèse de Meaux*.

2. Append. V, n° 62.

3. *Ibid.*, n°s 56 et 57.

plus petit caractère, Gallevesse, dans l'angle formé à l'Est par l'Ourcq et la Marne[1].

C'est là d'ailleurs, au XVIIIe siècle, qu'on a fini par cantonner la Gallevesse, tantôt en y englobant Château-Thierry, tantôt en le laissant en dehors. La Martinière, en 1730, divise la Brie en haute et basse et en « Brie pouilleuse ou Gallevesse, qui est aussi sur la Marne, vers la Champagne et le Soissonnais et dont Château-Thierry est la capitale[2] ». En 1755, Dom Vaissète déclare que la partie septentrionale de l'Élection de Meaux « contient le Mulcien et la partie occidentale d'un petit pays qu'on appelle la Gallevesse... On ne marque pas les limites précises de ce pays ; mais il s'étend aussi dans les diocèses de Châlons et de Soissons ; il est séparé du Multien par la rivière d'Ourcq[3] ». Le *Dictionnaire universel de la France*, paru en 1771, reproduit la division de la Brie en haute et basse et en « Brie pouilleuse, autrement dit Gallevesse. Cette dernière est au Nord et a pour capitale Château-Thierri. Elle renferme une partie du Tardenois... Le territoire de Gallevesse produit de bons vins et d'excellents pâturages[4] ». Évidemment l'auteur ne se rend plus compte du sens de Brie pouilleuse. Il place d'ailleurs la Gallevesse des deux côtés de la Marne, puisqu'il y met, avec Château-Thierry,

1. *Ibid.*, n° 63.

2. Bruzen de la Martinière, *Le grand Dictionnaire géographique et critique*. La Haye, Amsterdam, in-f°, t. II, 1730, au mot Brie ; t. IV, 1732, au mot Gallevese.

3. Dom Joseph Vaissete, *Géographie historique, ecclésiastique et civile, ou Description de toutes les parties du globe terrestre*. Paris, 1755, in-4, t. II, p. 448.

4. Robert de Hesseln, *Dictionnaire universel de la France*. Paris, 1771, in-8. t. I, p. 641, au mot Brie.

Crouy-sur-Ourcq, Montmirail, Fère-en-Tardenois, La Ferté-sous-Jouarre, Nogent-l'Artaud. Expilly ne parle plus de la Gallevesse, et se contente de reproduire la division traditionnelle de la Brie en Champenoise, Française et Pouilleuse, cette dernière ayant pour capitale Château-Thierry[1].

Les écrivains du XIXe siècle qui ont parlé de la Gallevesse ont naturellement suivi la tradition du XVIIIe. Michelin, en 1829, dit que la région qui se trouve sur la rive droite de la Marne s'appelait Gallevesse, et que Château-Thierry en était la capitale[2]. Pascal, sur sa carte du département de Seine-et-Marne à la veille de la Révolution, écrit Brie pouilleuse ou Gallevesse de part et d'autre de la Marne, autour de Château-Thierry pris comme centre[3]. Lesage, en 1839, dit: « Brie pouilleuse, autrement dit Gallevèse, cette dernière occupait le Nord [de la Marne] et avait pour capitale Château-

1. EXPILLY, *Dictionnaire géographique, historique et politique des Gaules et de la France*. Paris, in-f°, t. I, 1762, au mot Brie, p. 850. — La *Collection de Champagne*, Bib. nat., manuscrits, vol. 19, contient, p. 189-190, un Mémoire sur la Galvesse rédigé en 1752 pour Joly de Fleury, procureur général du Parlement. L'auteur s'étonne qu'on ait pu confondre la Brie pouilleuse et la Galvesse, distantes l'une de l'autre de plus de sept lieues. Il place en effet la Brie pouilleuse au Sud de la Marne, au voisinage de la Champagne, et la Galvesse au Nord, dans la région comprise entre la Marne, l'Ourcq et son affluent le Clignon. Il hésite d'ailleurs sur les limites de cette Gallevesse à l'Est. Cette enquête n'a pas grande importance, car on voit bien qu'elle n'a été faite que dans les documents publiés. L'origine attribuée par l'auteur au nom de Galvesse est tout à fait fantaisiste. Il suppose qu'il dérive de Galaise, seigneurie dans la dépendance de la Ferté-sous-Jouarre.

2. [LOUIS MICHELIN], *Essais historiques, statistiques... sur le département de Seine-et-Marne*. Melun, 1829, in-8, p. 94.

3. F. PASCAL, *Histoire topographique, politique, physique, et statistique du département de Seine-et-Marne*. Corbeil et Melun, 2 vol. in-8 [1836]. T. I.

Thierry. Elle renfermait une partie du Tardenois dont le reste était confondu avec le Soissonnais[1] ». Melleville, dans son *Dictionnaire historique de l'Aisne*, en 1857, attribue simplement à la Brie pouilleuse tout l'arrondissement de Château-Thierry, moins l'Otmois et les cantons de Fère et de Neuilly, ce qui ne l'empêche pas, l'année suivante, d'identifier l'Otmois avec la Brie pouilleuse[2]. Enfin le Dr Corlieu, en 1875, dans un article sur la Géographie historique de la Brie galeuse ou Galvèse, n'est arrivé à aucune conclusion et se contente de protester contre l'épithète Galeuse ou Pouilleuse donnée à la région qui entoure Château-Thierry[3].

En réalité sont-ce bien là des synonymes, et Gallevesse est-il bien l'équivalent de Galeuse? On serait tenté de l'affirmer quand on trouve précisément dans le passage original de Ranchin le mot écrit Galeusse. Mais Galeusse n'est pas Galeuse, et il est bien évident que l'auteur n'eût pas mis les deux *ss* s'il avait prononcé Galeusse comme pouilleuse. Et l'on est amené à se demander si l'*u* qui figure dans Galeusse n'a pas ici la valeur d'un *v* et si l'on ne se trouve pas en présence d'une transposition de l'*e* et du *v*, d'une simple faute d'impression. Il faut remarquer en effet que Galeusse devient Galeüesse en 1643 ; le tréma ne laisse cette fois

1. Lesage, *Géographie historique et statistique du département de la Marne*. Vouziers, 1839, in-12, t. II, p. 9.

2. Melleville, *Dictionnaire historique, généalogique et géographique du département de l'Aisne*. Laon, Paris, 1857, t. I, p. 109. — *Géographie ancienne du département de l'Aisne*. Les Pagi. Communication au Congrès des Antiquaires de Picardie, 1858 (*Bullet. Soc. Acad. de Laon*, t. IX, 1859, p. 32).

3. Dr A. Corlieu, *Géographie historique de la Brie Galeuse ou Galvèse*. (*Ann. Soc. hist. et archéol. de Château-Thierry*, 1873, p. 209).

aucun doute sur la valeur de l'*u*, mais pourquoi l'a-t-on fait suivre d'un *e* ? Pourquoi surtout, dans la table de l'édition de 1660, le mot est-il écrit constamment Galuesse, sans qu'on puisse dire s'il s'agit d'un *u* ou d'un *v* ? La confusion de ces deux lettres a été constante dans les textes imprimés de cette époque.

Ce qui lève tous les doutes et permet d'affirmer qu'on disait bien Gallevesse et non Galeuse, c'est qu'on retrouve ce nom de Gallevesse comme lieu dit dans trois localités de la Brie, assez éloignées les unes des autres : Les Galvesses à Méry-sur-Marne (c^on^ de la Ferté-sous-Jouarre), Les Galles-Vesses à Dagny (c^on^ de la Ferté-Gaucher), Les Galvesses à Pécy (c^on^ de Nangis), — ces trois communes sont situées dans Seine-et-Marne[1]. Bien qu'ils n'aient été recueillis que lors de la confection du cadastre, entre 1830 et 1840, ces noms sont évidemment anciens. Or Les Gallevesses sont uniformément de mauvaises terres, classées dans les dernières catégories[2]. D'où l'on peut conclure que la mauvaise Brie, la Brie pouilleuse, a bien dû être désignée aussi par ce terme de Gallevesse, qui ne s'est conservé que dans quelques lieux dits. On ne se doute plus aujour-

1. Je dois ce précieux renseignement à l'obligeance de M. Henri Stein.

2. A Méry-sur-Marne « les Galvesses sont des terres classées en 5e et 6e catégorie, c'est-à-dire ce qu'il y a de tout à fait inférieur comme sol : de l'argile à meulières reposant sur de la marne. Ces terres ne sont pas cultivées et sont couvertes d'arbres rabougris et de broussailles. » — « Les Galles-Vesses comprennent la partie Sud-Est du territoire de Dagny, sur une étendue plane de 27 à 28 hectares, de qualité médiocre, froide et humide. » — A Pécy, « les Galvesses comprennent un territoire classé en 3e et 4e classe. Le sol est actuellement médiocre et humide. Il était certainement très mauvais au moment de la confection du cadastre ». Renseignements dus à MM. E. Manceau, Bonnefoy et A. Chavastelle, instituteurs de ces trois communes.

d'hui que ce terme a pu avoir un sens générique ; on n'en soupçonne pas la signification. Il n'a jamais été signalé dans les anciens textes et son étymologie nous échappe complètement. C'est un nom de pays qui s'est éteint, remplacé par celui de Brie pouilleuse.

III. — Le Montois.

Il reste à étudier un dernier nom au Sud de la Marne : celui de Montois.

Dans un des vallons qui entaillent l'escarpement oriental de la Brie, un chef-lieu de canton porte le nom de Donnemarie-en-Montois. Sur la hauteur, à moins de deux kilomètres de distance, se trouve le petit village de Mons qu'on appelait et qu'on appelle souvent encore Mons-en-Montois. On disait et l'on dit aujourd'hui encore le Montois pour désigner les environs de Mons. Cette petite région, bien qu'elle ait fait partie des domaines des comtes de Champagne, n'était pas sous leur suzeraineté directe. Dès le IXe siècle, elle était devenue possession de l'abbaye de Saint-Martin de Tours. Plus tard, le Chapitre l'érigea en bailliage. Jusqu'à la fin de l'ancien régime le trésorier de Saint-Martin porta le titre de Seigneur de Donnemarie. Mons avait été en effet complètement ruiné pendant la guerre de Cent Ans et avait perdu toute son importance, sa cure avait même été réunie à celle de Donnemarie. On n'en continuait pas moins à dire : le Doyenné du Montois[1]. On comprend que le nom de Montois se soit ainsi perpétué

1. Voir pour l'histoire du Montois : E. CHOULLIER, *Mons et le Montois* (*Revue de Champagne et de Brie*, 2e série, t. X, 1898, p. 839-855). M. Choullier a réuni, dans ce travail, les différents textes relatifs au Montois.

jusqu'à notre époque. Évidemment le nom de Mons lui vient de sa position élevée. Mais on a prétendu donner à Montois un sens géographique ; on en a fait le pays d'en haut, par opposition au pays d'en bas, à la vallée de la Seine, ou, comme on dit, à la Bassée[1]. Dès lors, il n'y avait pas de raison pour ne pas comprendre dans le Montois tout le rebord du plateau de Brie, pour ne pas l'étendre tout au moins à la partie de cet escarpement qui domine la vallée de la Seine. C'est ce que n'ont pas manqué de faire un certain nombre d'écrivains qui se sont occupés du Montois. Michelin n'y met pas moins de quinze communes[2]. Delettre en fait « une province comprise dans les cantons de Bray, Donnemarie, Provins et Nangis[3] ». L'abbé Poirier donne au Montois cent kilomètres d'étendue, depuis la côte de Surville, au-dessus de Montereau, jusqu'à la forêt de la Traconne[4]. Ce sont là des fantaisies qu'aucune raison, qu'aucun texte ne justifient, et contre lesquelles proteste suffisamment la tradition encore aujourd'hui très vivante. Le Montois n'est pas un nom de pays.

1. Ce nom ne paraît pas très ancien. Claude Haton, de Provins, qui parle souvent, dans ses *Mémoires*, du Montois et des régions voisines, dit toujours : la vallée de la Seine.

2. [Louis Michelin], *Essais historiques*, p. 1512.

3. F.-A. Delettre, *Histoire de la province du Montois comprise dans les cantons de Bray, Donnemarie, Provins et Nangis, arrondissement de Provins*. Nogent-sur-Seine, 1849-1850, 2 vol. in-8.

4. Abbé Georges Poirier, *Le Montois. Esquisse géologique*. Paris, 1886, in-8, p. 5-6. — Même M. Choullier, qui montre fort bien à quoi correspondait le Montois historique, dit, par une véritable inconséquence, « qu'il tire à la fois son nom de Mons sa capitale, et des monts qui se rencontrent dans ce canton de la Brie champenoise. » Une seule carte ancienne porte le nom de Montois, celle d'Auvray (Append. V, n° 46), où, comme on l'a déjà vu, tous les suffixes sont transformés en noms de pays.

CHAPITRE VIII

TARDENOIS. ORCEOIS. MULTIEN. VALOIS. SOISSONNAIS. GOELE. SERVAIS. AULNAYE.

La région située au Nord de la Marne et de la Seine présente plus de diversité que celle qui est au Sud. Les affleurements des couches tertiaires y sont plus variés. On trouve, à la base, des argiles, visibles seulement dans le fond des vallées ; au-dessus, les sables inférieurs, dits de Cuise, qui n'atteignent pas vers le Sud la latitude de Paris. Ils supportent la grande assise du calcaire grossier parisien, qui joue, au Nord de la Seine et de la Marne, le même rôle dans la topographie que le calcaire de Beauce et le calcaire de Brie au Sud. C'est l'assise résistante par excellence, celle qui assure l'horizontalité du sol et détermine la forme de plateau. Ces calcaires, épais souvent de plus de dix mètres, qui contiennent les bancs de belles pierres de taille utilisés autrefois exclusivement pour les constructions monumentales dans toute l'Ile-de-France, n'affleurent, aux environs immédiats de Paris, que dans les vallées ; mais on les trouve à la surface dans le Soissonnais, dans le Valois, dans une partie du Vexin, où leur présence se manifeste par une horizontalité plus régulière du sol, et aussi par une agglomération plus serrée des habitations. Ils sont surmontés par les sables moyens, dits de Beauchamp, parfois consolidés en grès, qui portent les forêts d'Hallatte, d'Ermenonville, de Villers-Cotterets, puis, par les calcaires marneux de Saint-Ouen, ensemble de couches où les marnes l'emportent souvent sur les calcaires. Le tout est séparé des formations de la Brie par l'étage des gypses, si remarquablement développé au Nord de Paris et dans Paris même (Butte Montmartre, Buttes-Chaumont). Cet étage se prolonge à l'Est sous une partie de la Brie, où il est remplacé latéralement par la formation lagunaire contemporaine du travertin de Champigny.

Enfin des lambeaux de terrains plus récents subsistent encore çà et là à la surface, respectés par l'érosion : à l'Est, les calcaires de Brie, au Nord, à la limite du Soissonnais, les sables de Beauchamp, plus près de Paris et à l'Ouest, les sables de Fontainebleau surmontés de calcaire de Beauce. En particulier, les sables forment d'importantes lignes de collines boisées, allongées parallèlement du Nord-Ouest au Sud-Est, qui rompent la monotonie des plateaux et permettent de les diviser en compartiments.

Il faut ajouter que toutes ces couches se relèvent en partant de Paris, vers le Nord, vers l'Est et vers l'Ouest, ce qui explique que les plus anciennes affleurent seulement à la périphérie. C'est en raison de cette inclinaison des couches que les rivières descendent du Nord au Sud, vers le chenal de la Marne et de la Seine : Ourcq, prolongée par son affluent le rû de Savières, Oise, et à la limite des formations tertiaires : Epte, depuis Gisors. Les affluents latéraux s'alignent au contraire Est-Ouest, dans le sens des ondulations tertiaires qui expliquent aussi l'orientation régulière des buttes respectées par l'érosion[1].

Ces indications étaient nécessaires pour faire comprendre l'aspect de toute cette région, vaste plateau découpé par les rivières, où alternent de grandes forêts occupant les affleurements de sables et de riches plaines de limons, reposant généralement sur les affleurements calcaires, et dont les éléments paraissent provenir de la désagrégation des couches sableuses qui les ont autrefois recouverts.

I. — Tardenois.

Étudions d'abord la partie située à l'Est de l'Ourcq et au Sud de la Vesle, affluent de l'Aisne.

Si l'on faisait une description complète de la région parisienne, il faudrait donner une attention spéciale à la vallée de la Marne, surtout en amont de Meaux. Largement découpée dans les plateaux qui l'encadrent et se relèvent de plus en plus vers l'Est, elle en diffère par ses vergers et ses vignes. Les villages, les petites villes s'y succèdent à de courts intervalles le long de la rivière et de la route qui, de Paris, mène vers le Rhin et le Danube. On ne s'étonne point qu'à l'époque franque cette vallée, dans sa partie la plus large et la plus riche, ait été le centre d'un *pagus*, le *pagus Otmensis* ou *Bansionensis*, qui n'a laissé d'autre souvenir dans la nomenclature moderne que les noms de Binson et de

1. Voir G.-F. DOLLFUS, *Relations entre la structure géologique du Bassin de Paris et son hydrographie* (*Annales de Géographie*, t. IX, 1900, p. 313-339, 413-433).

Port-à-Binson[1]. C'est aujourd'hui simplement la Vallée de la Marne ou la Vallée. Mais son débouché vers Epernay est déjà considéré comme faisant partie du pays vignoble champenois. L'*État ecclésiastique et civil du diocèse de Soissons* (1783) attribue même à la Champagne les petites vallées qui descendent vers la Marne, en amont de Dormans[2].

On a vu que, de ce côté, les calcaires de Brie dépassaient la Marne. Ils ne s'en éloignent pas beaucoup et n'atteignent pas la Vesle. A cette limite ils ne forment plus qu'un placage assez mince, couronnant le sommet des plateaux découpés par les petites rivières qui vont à la Marne, à l'Ourcq et à la Vesle. Ils portent le plus souvent des bois. Les vallées creusées dans les marnes et les sables atteignent et dépassent le calcaire grossier, lui-même réduit à quelques bancs marneux. Les plus profondes descendent jusqu'aux argiles : tel le sillon régulier de la vallée de l'Ardre, aux flancs tapissés de vignes. Pays de bois et de cultures, bien plus varié mais moins riche que la Brie, plus tardif aussi, à cause de son altitude, presque partout supérieure à 200 mètres.

On l'a désigné et on le désigne encore dans les livres sous le nom de Tardenois. Deux de ses principaux centres sont Fère-en-Tardenois et Ville-en-Tardenois. C'est le nom d'un *pagus* de l'époque franque (*pagus*

1. A. Longnon, *Études sur les Pagi. Le Pagus Otmensis et le Pagus Bagensonensis* (*Rev. archéol.* Nouv. série XIX (1869), p. 361) et *Dictionnaire topographique de la Marne*, p. xxvi.

2. « Igny-le-Jard, premier village de la Champagne du côté de Dormans. — Vincelles, premier village de la Champagne, du côté de Châtillon. » [Houllier], *État ecclésiastique et civil du diocèse de Soissons*. Compiègne, 1783, n-8, p. 244 et 438.

Tardanensis, Tardinensis, Tardonensis ou *Tardunensis*) qui s'étendait par moitié sur le diocèse de Soissons et sur celui de Reims. Cette forme adjective venait sans doute d'une localité, d'un *oppidum* : *Tardunum*, qu'on suppose avoir été l'ancien nom de Mont Notre-Dame[1]. Il est aujourd'hui partagé entre les deux départements de l'Aisne et de la Marne.

Le *pagus* n'a subsisté comme comté que jusqu'au IXe siècle, et le nom de Tardenois ne reste plus dès lors officiellement attaché qu'à l'un des archidiaconés du diocèse de Soissons. Mais il s'est conservé longtemps dans l'usage. M. Longnon a pu dresser une liste assez longue de localités dites en Tardenois, avant et après le XIe siècle[2]. Il est très remarquable qu'elles soient toutes situées sauf une entre la Marne et la Vesle, à

1. A. Longnon, *Études sur les pagi de la Gaule*. Deuxième partie. *Les Pagi du diocèse de Reims* (*Bibl. École des Hautes-Études. Sciences philol. et hist.*, fasc. XI, 1872), et *Dict. topog. de la Marne*, p. XXIX. M. Longnon (*Études*... p. 31-32) émet l'hypothèse que c'était le cours de l'Ardre qui séparait le Tardenois du Rémois. Géographiquement, il me paraît peu vraisemblable qu'une vallée formant un tout homogène comme celle de l'Ardre ait été ainsi coupée en deux. Il me semble plutôt résulter de l'examen des localités placées dans les deux *pagi* que la limite devait se trouver à l'Est de l'Ardre, dans cet espace vide qui sépare les villages de la vallée des premiers villages de la Montagne.

2. Elle comprend, en éliminant Prouilly, qui est évidemment un lapsus, 23 noms pour la période antérieure à la fin du XIe siècle et 16 autres pour la période postérieure, qu'on peut ramener à 14 en ne tenant pas compte d'Orquigny et Mutry qui paraissent en effet, dans le document cité, introduites par erreur dans le Tardenois. Il faut y ajouter Épieds (c^on^ de Château-Thierry) dit *Espiers-en-Tardenoys* en 1344 (Matton, *Dictionnaire topographique du département de l'Aisne*; Mareuil-en-Dôle (c^on^ de Fère-en-Tardenois), dit *Marueilg-en-Tardenois* (1299), *Mareuil in Tardano* (1573) (*Ibid.*); Villeneuve-sur-Fère (c^on^ de Fère), dit *Villeneufve-en-Tartenois* en 1580 et 1609 (*Ibid.*). Le nom de Mareuil-en-Dôle vient de la forêt de Dôle, *Foresta de Daule* en 1247 (*Ibid.*).

l'Est d'une ligne tirée de Château-Thierry à Braine[1]. Les deux suffixes de Fère et de Ville ont d'ailleurs contribué à en conserver le souvenir. C'est aux environs de ces deux localités que les cartographes inscrivent Tardenois ou Tartenois. Il est même arrivé que par suite de confusion de Fère avec La Fère le nom de Tardenois a été placé au Nord de l'Aisne[2]. Visiblement c'est donc le suffixe qui a servi à localiser le Tardenois.

Le nom n'est plus employé aujourd'hui. Ni à Reims, ni à Château-Thierry, ni à Soissons on ne parle du Tardenois. Dans le pays même on se rend facilement compte que personne ne connaîtrait le Tardenois si l'on ne disait : Fère-en-Tardenois, Ville-en-Tardenois. S'il a jamais été un nom de pays, c'est-à-dire autre chose qu'une simple survivance du nom de *pagus* mérovingien, le nom de Tardenois n'existe pour ainsi dire plus aujourd'hui que comme suffixe.

II. — Orceois.

A l'Ouest de Fère le plateau devient plus régulier, à mesure qu'il diminue d'altitude. Les lambeaux de

1. L'exception porte sur Paars, situé dans la vallée de la Vesle, à 1 kilomètre environ au N. de cette rivière. Mais Paars est à moins de 4 kilomètres à vol d'oiseau de Mont-Notre-Dame. Cette localité n'est citée d'ailleurs qu'une fois comme étant dans le Tardenois par le Polyptique de l'abbaye de Saint-Remy de Reims, dans une partie qui n'a été rédigée qu'au XIe siècle et avec peu de soin (Voir LONGNON, *Études sur les pagi*... p. 111-122).

2. Sur la carte de Picardie de SURRHONIUS, publiée dans l'Atlas d'Ortelius, en 1579. La confusion de Fère avec La Fère est fréquente. La carte à 1 : 500 000 du Dépôt des fortifications porte : La Fère en Tardenois.

calcaire de Brie disparaissent : on n'en trouve plus qu'au voisinage de la Marne. Entre les vallées parallèlement alignées de l'Est à l'Ouest s'étendent des plateaux bien cultivés. Les bois se font plus rares. Au Nord de l'Ourcq, une ligne de collines sépare nettement cette région des plateaux qui vont vers Soissons. Elle finit brusquement au-dessus du fossé que suit l'Ourcq, de la Ferté-Milon à son confluent avec la Marne.

Elle fit partie à l'époque mérovingienne du *pagus* de l'Ourcq, *pagus Orcensis*[1], dont le nom a survécu dans le suffixe Orxois encore attaché aux deux localités de Marigny et de Chézy[2]. Ce nom est aujourd'hui complètement inconnu. Il ne figure sur aucune carte ancienne[3]. Je ne l'ai trouvé employé que dans l'*Histoire du Valois* ; mais l'auteur est un érudit très au fait des anciennes divisions et son témoignage ne suffit pas à prouver que le nom d'Orceois soit autre chose au XVIIIe siècle qu'un souvenir historique[4]. Adrien de Valois, en

1. On trouve également les formes : *Urcensis, Urcisus, Orcinse, Orceius.* MATTON, *Dict. topog. de l'Aisne*, au mot Orxois.

2. On trouve, en 1518, Dammard appelé Dampmard-en-Orxois. MATTON, *Dict. de l'Aisne.* L'auteur de l'*Histoire du duché de Valois* [il signe la préface : CARLIER, prieur d'Andrézy], Paris, 1764, 3 vol. in-4, cite comme se disant à l'époque où il écrivait : Vaux-en-Orceois (t. I, p. 150). Il donne comme anciens noms de Neuilly-Saint-Front et de La Ferté-Milon : Neuilly-en-Orceois et La Ferté-en-Orceois, mais sans citer de références (t. I, p. 151). Le suffixe est très ancien pour Chézy qu'il fallait distinguer de son homonyme Chézy-l'Abbaye ou Chézy-sur-Marne. On trouve Chesis-en-Ausois en 1309, Chesi-en-Aussoys en 1312, *Chesiaco in Orceyo* en 1315. Marigny, dont l'homonyme Marigny-en-Brie est plus éloigné, n'a pas toujours été dit en Orxois : on trouve au XIVe siècle Marigny-lès-Gandelu (MATTON, *Dict. de l'Aisne*).

3. C'est tout à fait à tort qu'on a inscrit Orvois comme nom de pays sur la carte à 1 : 500 000 du Dépôt des fortifications. La forme serait d'ailleurs fautive.

4. Voir ci-dessus note 2.

1675, dit qu'il est inconnu des habitants « *pagus obscurus et ignotus vel incolis*[1] ». L'Orceois est devenu en effet, avant le xe siècle, le comté d'Oulchy qui, de très bonne heure, passa dans le domaine des comtes de Champagne et perdit toute individualité politique. Il n'existe plus aujourd'hui que comme suffixe.

III. — Multien.

La vallée de l'Ourcq et celle de son affluent le rû de Savières qui la prolonge vers le Nord, forment une ligne de démarcation très nette. Leur fond humide et tourbeux, établi sur les argiles, est partout planté de peupliers alignés en files régulières, au milieu des prairies et des plantes de marais. Le canal de l'Ourcq qui double la rivière depuis Port-aux-Perches donne à cette vallée solitaire une animation relative. Par là, descendent vers Paris les planches et les pierres de construction que fournit le calcaire grossier. Les plateaux qui la dominent à l'Ouest d'une centaine de mètres sont entaillés par des ravins assez courts, sur les flancs desquels se groupent les villages. Entre ces ravins, de belles plaines régulières, sans arbres, couvertes d'un épais limon, portent des céréales et des betteraves. Ce pays de grande culture est désigné couramment dans les régions voisines sous le nom de Multien.

Ce qu'on appelle exactement le Multien, c'est la partie du plateau comprise à peu près entre la Grivelle au Nord, à l'Ouest la ligne du chemin de fer de Paris à Crépy-en-Valois, et au Sud le pied des collines de Dam-

1. *Notitia Galliarum*, p. 624, au mot *Urcensis pagus*.

martin et de Montgé. Ces limites correspondent au terroir particulièrement riche, au vrai pays à limon[1]. Là où le sol devient moins bon, où le limon se mélange de sable, là s'arrête le Multien. Ce nom a une signification agricole très nette ; il ne correspond à aucune circonscription politique ou religieuse. C'est un vrai nom de pays.

Il est certainement très ancien, et plusieurs localités le retiennent en suffixe : Acy-en-Multien, May-en-Multien. On a dit aussi Rozoy, Rouvres, Douy-en-Multien[2]. Les cartographes et les géographes du XVIIe et du XVIIIe siècle le connaissent et le placent généralement assez bien. Il est écrit Multien sur la carte de l'Ile-de-France de La Guillotière[3], Multian sur la Description du pays de Valois, de Damien de Templeux[4]. Le Père Briet y englobe à tort Dammartin[5]. Quant à Baudrand, il le fait descendre trop au Sud, entre Meaux et Dammartin, « presque au milieu, dit-il, entre Paris et la Ferté-Milon. » Mais il ajoute qu' « on n'en sçaurait plus trouver les limites[6]. » C'est la formule des géographes quand ils se trouvent en présence d'un de ces noms de pays sans limites précises.

1. « Les communes de Vincy-Manœuvre, du Plessis-Placy, de May-en-Multien sont formées par un riche limon qui atteint jusqu'à 5 à 6 mètres de profondeur ; ces terres fertiles reposent sur le Calcaire de Saint-Ouen. La grande propriété réapparaît... C'est au milieu de ces excellentes terres du Multien que fut montée, en 1837, à Vincy, la première fabrique de sucre des environs de Paris.. ». A. Rayer, *Étude sur l'économie rurale du département de Seine-et-Marne*, p. 286-287.

2. B. Guérard, *Polyptique d'Irminon*, t. I, p. 93.

3. Append. V, n° 2.

4. *Ibid.*, n° 5.

5. *Dammartinum comitatus in Meltiano*, en Multien, *cujus periere ruinæ*. *Parallela geographiæ veteris et novæ*, t. I, p. 390.

6. *Dictionnaire géographique et historique*, col. 1227, au mot Multien.

L'origine de ce nom est des plus intéressantes. Guérard a montré en effet que Multien n'est qu'une des formes du nom qui désignait le *pagus* de Meaux : *Pagus Meldicus, Meldensis,* ou *Melcianus*[1], il fait remarquer que jamais *Meldicus* et *Melcianus* ne se rencontrent dans un même texte ; mais ce qui lève tous les doutes, c'est que des localités situées au Sud de la Marne comme Couilly et Montry, dans un diplôme de Charles le Chauve de 853, comme Faremoutiers dans un diplôme de Lothaire, sont dites in *Comitatu Melciano.* On employait donc indifféremment les deux formes *Meldicus* et *Melcianus* pour désigner le comté de Meaux qui s'étendait au Nord et au Sud sur les deux rives de la Marne. Mais tandis que le nom s'est conservé, en se localisant exactement, pour la partie Nord, il a cessé d'être en usage pour la partie Sud, probablement parce que de ce côté le nom de Brie a prévalu. On a ainsi un curieux exemple de la manière dont peuvent se former les noms de pays. Rien dans le Multien actuel ne rappelle Meaux qui n'en fait pas partie, et c'est pourtant du nom ancien de Meaux que dérive celui de cette petite région agricole.

IV. — Valois.

Tout le Nord du Multien faisait partie, sous l'ancien régime, du duché de Valois. Ce nom paraît bien dériver de celui d'un *pagus*, le *pagus Vadensis*, chef-lieu *Vadum*, aujourd'hui Vez, dont le château récemment restauré

1. *Polyptique*, t. I, p. 93-96.

domine la petite vallée de l'Authonne à 7 kilomètres au couchant de Villers-Cotterets. Ce *pagus* paraît avoir compris, dans le diocèse de Soissons, les deux doyennés de Béthisy et de Coyolles, dans celui de Senlis, le doyenné de Crépy[1]. Devenu comté, il fut conquis par les seigneurs du Vermandois et réuni, en 1214, à la couronne par Philippe Auguste. La capitale était devenue Crépy. En 1285, Philippe le Bel en constitue un apanage pour son second fils Charles de Valois, père de Philippe, premier roi de la famille des Capétiens-Valois. Nouvel apanage en 1392 pour Louis d'Orléans, frère de Charles VI. C'est alors que le comté devient duché-pairie (1406). Avec son petit-fils Louis XII, les Valois-Orléans arrivent au trône et de nouveau le Valois est réuni à la couronne. Mais sa destinée était de servir d'apanage. Il a fini par être donné au frère de Louis XIV et il est resté jusqu'à la fin de l'ancien régime dans le domaine de la famille d'Orléans, possession simplement honorifique, puisque l'autorité des officiers du roi s'y exerçait comme sur les régions voisines. Le petit *pagus* du début avait grandi. Lorsque Louis d'Orléans en devint maître, il construisit ou commença de construire pour la défense de son fief les superbes forteresses de Pierrefonds, de la Ferté-Milon, de Montépilloy. Il y joignit Coucy, dont il avait acheté la seigneurie. Ce pays de la belle pierre de taille invite à la belle architecture. Coucy n'a pas continué à faire partie du Valois; mais Pierrefonds et la Ferté-Milon en marquaient à peu près les limites au Nord et au Sud. De l'Est à l'Ouest il s'é-

1. LONGNON, *Atlas*, texte, p. 121.

tendait des portes de Soissons aux environs de Senlis qui restait en dehors. Cinq localités, dites aujourd'hui en Valois, doivent leur suffixe à ce qu'elles étaient comprises dans le duché : Thury, Auteuil et Passy, aux environs de La Ferté-Milon, Crépy, et plus au Nord, à la limite de la forêt, Bonneuil.

Plusieurs fois réuni à la couronne, plusieurs fois séparé d'elle et constitué en un apanage dont les limites n'étaient pas toujours les mêmes, dépendant, pour le spirituel, des évêchés de Senlis et de Soissons, partagé souvent entre les juridictions voisines de Senlis, de Soissons, de Château-Thierry, attribué, au XVIIe siècle, aux deux généralités de Paris et de Soissons, le Valois, au moins depuis le XVIe siècle, n'avait pas, dans l'usage, de limites bien établies. « Le pays et duché de Valois, dit Estienne,.... s'estend jusqu'en Picardie, ha pour siege capital Crespy, dict en Valois : Senlis prevosté et bailliage, avec la Ferté Milon, Villiers coste Retz, Compiegne et plusieurs autres prevotez et seigneuries qui s'ensuyvent[1]. » Le Père Briet (1648) y met Crépy, Senlis, Compiègne, Béthisy, Verberie, Pont-Sainte-Maxence, Villers-Cotterets, La Ferté-Milon[2]. Damien de Templeux, dans la notice qui accompagne l'Atlas de Blaeu, s'exprime ainsi : « du Costé d'Orient la rivière d'Aisne luy sert de borne avec le Soissonnois et le Tardenoys, au Midi il est limité par Chasteau-Thierry et le fleuve de Marne, le Mulcian, le Senlissien, l'attouchent à l'occident, au septentrion, l'Oise avec Compiègne et le Beauvaisis[3]. » L'Intendant de la généralité

1. *La Guide...* p. 9.
2. *Parallela Geographiæ veteris et novæ*, t. I, p. 391.
3. T. VII, p. 139.

de Paris, dans son *Mémoire* de 1694, lui donne comme capitale Senlis[1]. Pour l'abbé Baudrand (1705), la capitale est Crépy et il ajoute, au sujet du Valois en général, qu' « on ne peut pas en désigner les limites[2]. » Expilly, dans sa liste des pays de la France, écrit : « Valois, capitale ou chef-lieu Villers-Cotterest.[3] » Enfin, dans son *Histoire*, Carlier dit très explicitement : « Nous distinguons aujourd'hui le duché de Valois de ce qu'on nomme le pays de Valois dans le sens général, qui comprend aussi les deux bailliages de Senlis et de Compiègne[4]. »

Les cartes n'apportent pas beaucoup plus de précision. Celle du païs de Valois de Damien de Templeux n'a pas de limites.[5] Pour en trouver, il faut attendre le milieu du XVIIIe siècle, où le Valois, sur la carte de Robert, devient une des onze subdivisions, d'ailleurs tout à fait arbitraires, du gouvernement de l'Ile-de-France[6]. Seule la carte topographique du diocèse de Senlis levée sur les lieux par l'abbé Parent, document très étudié (1709), fournit en note un renseignement intéressant : « Ce diocèse, dit-il, n'étant point divisé comme les autres en Archidiaconez ni subdivisé en Doyennez, l'on s'est contenté de marquer dans la carte les bornes du Valois et du territoire de Senlis, le diocèse étant compris partie dans le pays

1. *Mémoires des Intendants... Mémoire de la Généralité de Paris* publié par A. de Boislisle, p. 127.

2. *Dictionnaire géographique et historique*, au mot : Valois. Col. 1811.

3. *Dictionnaire géographique...* T. III, p. 341, au mot : France.

4. *Histoire du duché de Valois*, t. II, p. 2.

5. Append. V, n° 5.

6. Append. V, n° 71 et Pl. IV.

ou territoire de Senlis et partie dans le Valois[1]. »

Qu'on y mît ou non Senlis, ce qu'on appelait en général le Valois au XVIIe et au XVIIIe siècle, ne constituait pas une région naturelle. Il débordait en effet au Sud sur le Multien et les plateaux situés à gauche de l'Ourcq, au Nord sur ceux du Soissonnais. Le cœur du pays était la riche région de cultures qui s'étend autour de Crépy. Il y a là, entouré de toutes parts par les forêts de Compiègne, de Villers-Cotterets, de Chantilly, de Hallate, un plateau de calcaire grossier recouvert de limons, surmonté de quelques buttes sableuses et découpé par des vallées profondes et humides, qui forme une véritable unité naturelle. Ce fut le territoire de l'ancienne cité des Silvanectes, détaché à l'époque romaine de celle des Suessions, et dont la capitale était Senlis[2].

Il semble bien qu'on ait eu plus particulièrement en vue ce plateau lorsqu'on vantait la richesse agricole du Valois. Carlier appelle de préférence blés du Valois ceux qu'on récoltait sur les terres de « blanc limon » des environs de Crépy[3]. Mais en réalité, l'illustration du duché avait rejeté dans l'ombre toute acception vraiment populaire et l'on ne peut rien affirmer.

Aujourd'hui le nom est encore bien connu et très souvent employé, mais on ne s'entend pas facilement sur ce qu'il représente au juste. On appelle quelque-

1. Voir Append. V, n° 52. La limite du Valois, telle qu'elle est indiquée sur cette carte, laisse en dehors : Raray, Rully, Ducy, Versigny, Droisel ; elle englobe le Mont Cornon, Verrines, Fresnoy-le-Luat, Rozières.

2. LONGNON, *Atlas*, texte, p. 12.

3. *Histoire du duché de Valois*, t. III, p. 322, et en général tout le chapitre sur les terres labourables, p. 318 et suiv.

fois Valois tout l'arrondissement de Senlis du département de l'Oise. C'est simplement une manière commode de désigner un territoire dont la majeure partie était comprise dans le Valois. En réalité, lorsqu'on cherche à se rendre compte, on constate que le nom vit surtout par les suffixes. Demandez au paysan non instruit ce qu'il entend par le Valois, il vous répondra que c'est le canton de Crépy. Il ne mettra pas dans le Valois Senlis, et à Senlis également on se refusera à faire partie du Valois, ce qui montre bien qu'il entre dans la signification qu'on donne à ce nom de vieux souvenirs historiques. En tous cas, on ne peut pas dire qu'il s'applique exactement à une région naturelle. Autrement, comment séparerait-on les plaines de Crépy de celles de Senlis ? De part et d'autre du Mont-Cornon qui marque à peu près le centre du pays encadré par les forêts, tout le long de la route et du chemin de fer qui vont de Crépy à Senlis, les terres sont également riches, les limons également épais. Comme nom populaire, le Valois appartient donc à l'histoire beaucoup plus qu'à la géographie.

V. — Soissonnais.

Le nom de Soissonnais s'explique de lui-même : c'est la région des environs de Soissons. Il en est peu dont les caractères soient plus nets : de grands plateaux calcaires recouverts de limons, coupés de vallées larges et profondes, aussi humides que les plateaux sont secs, aussi variées de cultures qu'ils sont monotones avec leur succession ininterrompue de champs de céréales et de betteraves. A la limite, des villages bien groupés recherchent le niveau des sources aux flancs des vallées, entre les calcaires et les argiles sous-jacentes. Cette dualité d'aspects permet-elle de considérer le Soissonnais comme une véritable région naturelle? C'est ce que nous examinerons plus loin. Le nom est encore aujourd'hui bien vivant. On dit : le Soissonnais, les blés du Soissonnais ; mais on ne l'applique vraiment qu'à l'arrondissement de Soissons. C'est là d'ailleurs que les plateaux sont le plus étendus. Au Nord et à l'Est ils se découpent davantage et perdent leur individualité. Il est assez curieux qu'aucune localité n'ait retenu le nom de Soissonnais comme suffixe.

VI. — Goele.

Revenons maintenant vers le Sud. De ce côté les plaines du Multien se terminent par une rangée de collines étroites alignées du Nord-Ouest au Sud-Est. La plus étendue, mais non pas la plus élevée, est, au centre, celle qui porte la petite ville de Dammartin. A l'Ouest se dresse celle de Saint-Witz ; à l'Est, au delà de la dépression où passe le chemin de fer de Paris à Crépy-en-Valois et à Soissons, se succèdent d'abord la butte de Montgé, puis trois mamelons isolés qui se rapprochent de Meaux. Toutes ces buttes ont la même composition géologique : à la base, l'étage des gypses, en grande partie marneux, puis les marnes vertes de la Brie, au-dessus desquelles affleurent les sables de Fontainebleau, enfin sur les deux buttes les plus élevées, celles de Montgé et de Saint-Witz, quelques lambeaux le calcaire de Beauce ont maintenu les sables. Ce sont donc des témoins des dépôts postérieurs aux gypses, qui ont résisté à l'érosion. L'ensemble est très favorable à la végétation forestière. La butte de Montgé est encore entièrement boisée, celle de Dammartin est presque complètement défrichée. L'altitude maxima de ces collines est de 200 mètres (200 mètres à Montgé et à Saint-Witz, 176 mètres à Dammartin), c'est-à-dire d'une centaine de mètres au-dessus des plaines voisines. Leur silhouette se détache au loin sur l'horizon.

Le vieux bourg de Dammartin porte, depuis des siècles, le nom de Dammartin-en-Goële[1]. La région voisine est souvent appelée Goële sur les cartes anciennes et dans les traités de géographie du XVIIe et du XVIIIe siècle. Ils ne fournissent d'ailleurs aucun renseignement sur l'étendue qu'aurait cette Goële. Estienne, qui en parle le premier, dit qu'elle « a perdu ses anciens limites ». Il n'en reste que « le surnom sans plus : ascavoir de Goelle a la Comté de Dampmartin et pleine d'alentour[2] ». On n'emploie plus aujourd'hui ce nom de Goële, qui n'est connu que par le suffixe de Dammartin. Une ferme, sur le flanc Nord de la butte de Montgé, s'appelle la ferme de Goële.

Le nom revient assez souvent dans la nomenclature

1. *Prioratus de Domno Martino in Goela.* Signalé par Adrien de Valois dans les anciens polyptiques. *Notitia Galliarum*, au mot *Dominium Martini*, p. 175. — Voir la carte de l'Évêché de Meaux, ci-dessous p. 334, Pl. VIII.

2. *La Guide*, p. 5. Dammartin était le siège d'un comté dont dépendaient les terres ou seigneuries de Mory, Saint-Mesme, Vinantes, Saint-Soupplets (*Art de vérifier les dates*, édit. de 1784, t. II, p. 661). Toutes ces localités étant situées autour de Dammartin, on s'explique qu'on ait considéré la Goële comme s'étendant sur tout ce territoire.

géographique de la France du Nord, plus exactement dans l'ancien domaine de la langue d'oïl. Il y a, au Nord d'Arras et autour de Lens, tout un groupe de localités ayant comme suffixe « en Gohelle »: Aix, Arleux, Bully, Givenchy, Montigny, Sains. Ce nom très ancien n'a pas été emprunté à une circonscription civile ou ecclésiastique. On le trouve, dès le XIIe siècle, sous la forme latine *Gauheria, Gauharia*[1], qui a donné aussi en français Gauhière. Il est question de cette Gauhière dans la chronique rimée de Philippe Mouskes, et l'éditeur, M. de Reiffenberg, traduit en note ce mot par taillis[2]. Je dois faire remarquer cependant que M. Ricouart a protesté contre cette traduction. « Notre Gohelle, dit-il, est un canton jadis très peu boisé, dont le sol léger ne fournissait que des grains maigres. Il était en général sec et dépourvu d'eau et les pâturages y étaient rares. » Il est certain en effet que « ce territoire de craie nue, boueux en hiver et rocailleux en été, tour à tour détrempé par les pluies et brûlé par le soleil[4] », n'est devenu qu'au cours du XIXe siècle le pays fertile et bien cultivé qu'il est aujourd'hui[5]. Mais n'a-t-il

1. Givenchy-en-Gohelle (Givenchy en le Gohelle, en 1429) est appelé en 1160 *Jevenci in Gauharia*, en 1189 *Juvenci in Gauheria*. L. Ricouart, *Mémoires pour servir à l'histoire et à l'interprétation des noms de lieux du département du Pas-de-Calais*, 1er fasc. : arrond. d'Arras. Anzin, 1891, in-4, p. 203.

2. *Chronique de Philippe Mouskes*, édit. de Reiffenberg. Bruxelles, 1836, in-4, t. I, p. 86, vers 2089. L. Godefroy, *Dictionnaire de l'ancienne langue française*. Paris, 1884, t. IV, au mot : Gauhière, a adopté la traduction taillis.

3. L. Ricouart, *Ouvr. cité*, p. 196.

4. A. Demangeon, *La Picardie et les régions voisines*. Paris, 1905, in-8, p. 8, note 1.

5. E. Risler, *Géologie agricole*, t. II. Paris, 1889, in-8, p. 267.

jamais été boisé? Dans un capitulaire de Charles le Chauve, de 877, il est fait mention, parmi d'autres régions forestières, des environs de Lens comme d'un pays giboyeux[1]. Le sens que donne le poète à gauhière ne paraît d'ailleurs pas douteux. Le comte Bèghes veut chasser le sanglier dans les forêts du Nord « en la Vicongne ». Il se rend à Valenciennes, où son hôte lui fournit des renseignements sur les cantons où il rencontrera la bête. La chasse s'engage :

> Le porc a ses ciens aquellé.
> Parmi gauhière le suï,
> Tout droit en la forest de Lens[2].

La gauhière dont il est ici question est évidemment celle de la forêt de Lens, c'est un lieu boisé, c'est la forêt de Lens elle-même, qu'on chercherait vainement aujourd'hui sur les cartes.

Goelle ou Goële ou Gouhelle, l'orthographe importe peu, est également le nom d'un assez grand nombre de localités, surtout de simples hameaux ou de fermes. J'ai relevé dans le *Dictionnaire des Postes*: La Goële (hameau, c^ne^ de Prisches, c^on^ de Landrecies, Nord), Goëlle (c^ne^ de Montchaton, c^on^ de Montmartin-sur-Mer, Manche), Goëlle (c^ne^ de Maulay, c^on^ de Loudun, Vienne), Goëlles (c^ne^ de Moissat, c^on^ de Vertaizon, Puy-de-Dôme), Gouëlle (c^ne^ de Trézioux, c^on^ de Saint-Dier, Puy-de-Dôme), Goïle (c^ne^ de Souternon, c^on^ de Saint-Germain-Laval, Loire), Les Goëlards (c^ne^ de Saint-De-

1. In quibus ex nostris palatiis, si necessitas non fuerit, morari vel in quibus forestibus venationem exercere non debeat... In Lens et Wara et Astenido et feramina et porcos capere potest. *Karoli II Capitularia*. 877, PERTZ, *Monumenta Germaniæ historica*. Legum, t. I, p. 541.

2. *Chronique de Philippe Mouskes*, vers 2088-2090.

nis-sur-Ouanne, c^{on} de Charny, Yonne). Les Gohier, Gohière sont également nombreux: Gohier (c^{on} des Ponts-de-Cé, Maine-et-Loire), Gohier (c^{ne} de Vergonnes, c^{on} de Pouancé, Maine-et-Loire), La Gohière (c^{ne} de Saint-Mard-de-Réno, c^{on} de Mortagne, Orne). On allongerait facilement cette liste en y ajoutant les noms dérivés de Gohere, *Goherium, Gohereyum,* comme Gohory (c^{on} de Brou, Eure-et-Loir[1]). De même *Goellum* a donné lieu à des dérivés comme Gouaix (c^{ne} de Saint-Bris, c^{on} d'Auxerre, Yonne)[2]. Si l'on examine sur la carte la position de ces localités, on trouve que la plupart d'entre elles sont situées dans des lieux boisés ou sur des terrains qui ont dû porter des forêts[3]. Il y a même un bois de la Goyère sur la commune de Cousances-aux-Bois, dans la Meuse. Toutes ces raisons autorisent, je crois, à conclure que Goële est un nom commun qui désigne un lieu boisé. Et ce sens conviendrait parfaitement à la Goële de Dammartin dont la

1. Merlet, *Cartulaire de Tiron,* p. CCLXVIII.

2. Longnon, *Pouillés de la province de Sens,* p. 231, note 1.

3. Ainsi la Goële de la commune de Prisches est entourée des noms suivants : Rue du Bois, Pétit-Sart-l'Évêque, Le Sart. A côté se trouve le bois du Toaillon. Goëlle, de la commune de Maulay, est le moulin de Goille de la carte, à côté de Haut-Goille placé au milieu d'un bois. Gouaix ou Goix de la commune de Saint-Bris est la seule localité qui se trouve dans une région complètement découverte, mais elle est établie sur les marnes kimeridgiennes.

Faut-il considérer comme synonyme de Goële le mot Gaule ou Gaulle? « On m'a parlé, dit Lancelot, d'une contrée aux environs de Bar-sur-Aube qu'on appelle La Gaule, et que les gens du pays prétendent n'être ni de Bourgogne, ni de Champagne. » Lancelot, *Recherches sur les pays de France,* Bibl. nationale, manuscrit français 13551, p. 30. Auvray, sur sa carte des environs de Paris (Append. V, n° 46), écrit Gaulle au Sud de l'Yonne, à l'Est de Montereau. Le *Dictionnaire des Postes* indique plusieurs localités appelées Gaule ou La Gaule.

butte a été certainement couverte de bois comme les buttes voisines. Il est possible d'ailleurs qu'on ait confondu dans la même Goële toutes ces collines boisées formant une bande qui interrompait les cultures et servait de limite entre les belles terres à limon du Multien et celles de la France.

VII. — Servais.

Une localité, située en pleine région forestière, entre Survilliers et Chantilly, porte le nom de La Chapelle-en-Serval (canton de Senlis, Oise). Les cartes du XVIIe et du XVIIIe siècle l'appellent généralement La Chapelle-en-Servois. Seul, M. de la Vigne, sur sa Carte des environs de Chantilly (1725), écrit : La Chapelle-en-Serval[1], et la même forme se retrouve sur un plan manuscrit du XVIIIe siècle[2].

Adrien de Valois faisait dériver Servois de *Silvanectensis* et identifiait par conséquent ce nom avec celui de la cité gallo-romaine de Senlis[3]. Plus tard Carlier, dans son *Histoire du Valois,* considère Servois, qu'il écrit Servais, comme une forme française de *Silvacum,* et s'appuyant, d'une part, sur ce La Chapelle-en-Servais, d'autre part, sur l'existence, au voisinage de Laon, de la localité appelée Servais, l'ancien *Silvacum* ou *Silviacum* où se trouvait, à l'époque carolingienne, une villa royale, et d'où sont datés plusieurs capitulaires, il a supposé

1. Reproduite dans ÉT. GUILLEMOT, *Les Forêts de Senlis* (*Mém. Soc. histoire de Paris et de l'Ile-de-France*, t. XXXII, 1905, p. 89-317).
2. Bibl. nationale. Section des cartes, Ge cc 322.
3. *Notitia Galliarum,* p. 525, au mot *Silvanectes,*

que toute la région, en grande partie boisée, comprise entre Servais et La Chapelle avait dû porter le nom de Servais. Il a même inscrit Servais, entre Senlis et La Chapelle, sur la carte du Valois qui accompagne le tome Ier de son *Histoire*[1]. Alfred Maury, dans ses *Forêts de la Gaule,* a adopté l'opinion de Carlier, et fait du Servais une grande région forestière[2]. En réalité, le seul *Silviacum* ou *Silvacum* authentique est celui des capitulaires et ce nom paraît bien dériver du nom propre d'homme *Silvius*[3]. Il ne suppose pas nécessairement l'existence d'une forêt. Quant à La Chapelle-en-Serval, toute la question est de savoir quelle est la plus ancienne forme du suffixe. L. Graves en avait relevé un certain nombre parmi lesquelles les suivantes, qui sont datées : en 1233 *Capella de Sorval,* en 1281 *Capella subtus Sorvillare,* en 1297 *Capella in Sorval,* en 1427 *Capella in Sourval,* en 1512 *Capella in Sorvillare,* en 1515 *Capella supra vallem*[4]. Le cartulaire de l'abbaye de Chaalis donne d'autre part : *Capella de Sorval* en 1219 et 1270, *Capella en Sorval* à la fin du XIIIe siècle[5]. La véritable forme est donc Sorval. Rapprochant ce nom de celui de Survilliers (Sorvilers, Sorvillers, *Sorvillare*), Graves faisait du Sorval, Serval, Servois ou Servais, une petite contrée dont Survilliers

1. *Histoire du Valois,* t. I, p. 4 et 12.

2. *Les Forêts de la Gaule,* Édit. de 1867, p. 52 et 110.

3. Voir H. D'ARBOIS DE JUBAINVILLE et G. DOTTIN, *Recherches sur l'origine de la propriété foncière et des noms de lieux habités en France.* Paris, 1890, in-4, p. 324.

4. [L. GRAVES] *Précis statistique sur le canton de Senlis...* p. 73-74, dans : *Annuaire du Département de l'Oise* 1841. Beauvais, 1841, in-8.

5. Bibl. nationale, manuscrit latin 11 003, f° 172 verso, n° 556, 173 recto, nos 559-560, 212 recto, n° 758.

aurait été le centre. Mais on n'a aucune preuve que jamais cette région ait porté le nom de Sorval. Une charte de 1217 mentionne simplement la localité de Sorval distincte de Sorvillers qui figure dans le même document[1]. Il est donc permis de conclure à l'existence d'un simple lieu-dit, dont La Chapelle aurait pris le nom. De toute façon rien n'autorise à admettre qu'il y ait jamais eu au Nord de Paris une région forestière appelée Serval ou Servais.

VIII. — Aulnay.

Avant d'en venir à la plaine située au Sud de Dammartin et à son nom si curieux de France, il faut examiner encore un autre prétendu nom de pays qu'on a appliqué à la région de collines boisées s'étendant, en demi-cercle, au Nord de la Marne, de Lagny jusqu'à Villemomble. Ces collines sont un prolongement de la Brie, détaché du reste du plateau par les érosions de la Marne. Elles ont été profondément affouillées par la rivière, et les terrasses de cailloux voisines de Chelles, qui ont fourni tant de matériaux à la préhistoire, montrent l'importance du travail accompli par les eaux. La rivière a également isolé cette butte au Nord. On suit très bien une large traînée d'alluvions anciennes depuis la Marne jusqu'à Sevran, Bondy et au delà jusqu'à Saint-Denis. Il y a là une dépression à peine supérieure à 50 mètres vers laquelle le plateau du Nord s'abaisse par

1. Decimam cujusdam campi siti apud Sorval. — In territorio de Sorvillers. — Ludovici militis de Sorvillers. — Quandam masuram apud Sorvilers. Charte de Guérin, évêque de Senlis, 1217. Archives de l'Oise, G 2072.

des pentes très douces. Le ruisseau de la Beuvronne en profite pour descendre à la Marne ; le canal de l'Ourcq en suit à peu près le milieu, de Claye à Bondy. Cette dépression très humide est encore aujourd'hui très boisée. Très boisées aussi sont les collines que surmonte le calcaire de Brie. Tout cet ensemble formait la grande forêt de Bondy traversée par la route de Paris à Meaux.

Une localité, au Nord de la forêt de Bondy, en bordure des alluvions, s'appelle Aulnay-les-Bondy. Une autre, sur la colline, est Clichy-en-l'Aulnay. On a dit aussi Livry-en-l'Aulnay. Le nom d'Aulnay figure sur les anciennes cartes. On le trouve sur celle de La Guillotière, mais placé trop au Nord, au-dessus du nom de Parisis, qui visiblement a été inscrit là à cause de la localité de Villeparisis[1]. Sur la carte de Nolin-Tralage (1698) on lit Aunay-Pays, entre Le Bourget et le Vert-Galant[2]. Sur celle de de Fer (1712), L'Aunay est placé au Nord du Bourget[3]. Bernard Jaillot, en 1722, écrit Aunay au Nord de la Beuvronne, au-dessus de Parisis[4]. Duval d'Abbeville, dans sa *Description de la France* (1658), parle de l'Ile-de-France, où sont « les petits pays de Goele, Multien et Aulnay[5] ». Damien de Templeux, dans la notice de l'*Atlas* de Blaeu (1667), cite l'Aulnoy parmi les « territoires » de l'Ile-de-France et ajoute : « Les bornes et les limites qui les distinguaient ancien-

1. Append. V, n° 2. — Voir ci-dessous Pl. V, p. 182.
2. *Ibid.*, n° 45.
3. *Ibid.*, n° 62.
4. *Ibid.*, n° 63.
5. Duval d'Abbeville (P.), *Description de la France et de ses provinces*. Paris, 1663, in-12, p. 71. La première édition est de 1658.

nement ne se recognoissent plus, et la memoire d'aucuns seroit entièrement périe, si quelques lieux et villages ne l'avoient conservée. » Il dit ailleurs : « En revenant de Dammartin vers Paris, on entre a main gauche dedans une autre petite contrée qui porte le nom de l'Aunoy ou Aunay. Les titres latins l'appellent *Alnetum* vraisemblablement a cause des aulnes qui abondaient autrefois en ce quartier[1]. » D'Audiffret, en 1681, divise la Vicomté de Paris en trois « petites contrées : Aulnay, Multien, Goëlle[2] ». L'abbé Lebeuf est plus explicite : « Il y a, dit-il, un petit pays à l'Orient de Paris sur la route de Meaux, qu'on appelle L'Aulnois, dans lequel sont situés Livry et Clichy qui pour cette raison sont appelés Livry-en-Aulnois ou Aunois, Clichy-en-Aulnois. Ces lieux sont compris dans la forêt de Bondies, laquelle apparemment de ce côté-là était plus plantée d'aulnes que d'autres arbres, surtout dans les terrains bas. Il faut croire que ce village appelé Aunay, éloigné de Paris de trois lieues, a été ainsi nommé parce qu'il étoit sur les abords de cette partie ou les aulnes étoient plus communs... Mais il ne faut pas taire non plus que l'Aunois s'est étendu autrefois encore plus loin vers la riviere de Brevonne qui passe à Compens, puisqu'au XIIIe siècle des pacages situés sur cette rivière étoient appelés pacages *de Alneto*[3]. » Enfin Guérard, dans l'*Introduction au Polyptique d'Irminon*, cite dans sa liste des petits pays de la région pari-

1. T. VII. Notice au dos de la carte de l'Ile-de-France et p. 446.

2. D'AUDIFFRET, *La Géographie ancienne, moderne et historique*, t. II, p. 179.

3. LE BEUF, *Histoire du diocèse de Paris*, édit. Féchoz et Letouzey. Paris, 1883, in-8, t. II, aux mots : Aunay et Savigny, p. 601.

sienne l'Aunoy, « *ager* ou *pagellus Alnetensis* », mais sans indiquer aucun texte où cette formule soit employée. Je ne l'ai trouvée mentionnée nulle part ailleurs[1].

Actuellement, personne ne dit l'Aulnaye pour désigner tout ou partie de cette région. On ne connaît que Clichy-en-l'Aulnaye et Aulnay-les-Bondy. Et malgré les témoignages que je viens de citer, il paraît très douteux que ce nom d'Aulnaye ait jamais été réellement en usage. Il faut bien préciser en effet dans les textes le sens du mot *Alnetum*. Il peut être un nom propre, désignant le village d'Aulnay, il peut être aussi un nom commun et signifier simplement un lieu planté d'aulnes. Le Beuf est tombé plusieurs fois dans cette confusion. Il parle en effet, dans l'article consacré à Bondy, d'un seigneur de Montjay qui donna au prieuré de Saint-Martin-des-Champs « toute la terre d'Aulnois convertie en labour qui étoit dans sa gruerie[2] ». Le texte auquel il est fait ici allusion parle simplement d'un terrain *de Alneis*, c'est-à-dire très vraisemblablement d'un lieu antérieurement planté d'aulnes, qui avait été défriché et mis en labour[3]. De même pour les pacages situés sur le territoire de Compans, dits « *de Alneto* ». Il n'y a aucune raison pour faire de cet *Alneto* un nom de pays.

Il a dû y avoir autrefois dans ces bois humides beaucoup d'aulnes, comme en témoignent, indépendamment des noms cités, ceux de La Villette-aux-Aulnes (hameau au Sud de Tremblay), Villeneuve-aux-Aunes (au Nord-

1. B. Guérard. *Polyptique de l'abbé Irminon*. Paris, in-4, t. I, 1844, p. 89.

2. *Ouv. cité*, t. II, p. 568.

3. Dom Marrier, *Monasterii regalis S. Martini de Campis Historia*. Parisiis, 1636, in-4, p. 193.

Est de Chelles), ou encore le hameau de Launay (au Sud de la station de Gagny). Une portion plus ou moins étendue de la forêt a pu être appelée L'Aulnaye, d'où seraient venus les noms de Clichy-en-l'Aulnaye, Livry-en-l'Aulnaye. Mais je doute qu'il y ait jamais eu, plus qu'aujourd'hui, un vrai pays d'Aulnaye. La présence du suffixe explique suffisamment l'opinion des géographes et des cartographes.

CHAPITRE IX

LA FRANCE. LE PARISIS[1]

La région située immédiatement au Nord de Paris, entre Saint-Denis, Luzarches et Dammartin, est, pour le sujet qui nous occupe, une des plus intéressantes. Elle a été longtemps désignée sous le nom de France. Deux communes y sont dites officiellement « en France »: Roissy, qui a repris tout récemment ce nom, et Mareil. La carte d'Etat-Major porte également Châtenay-en-France, et, dans l'usage, plusieurs autres localités reçoivent parfois encore ce suffixe, comme Fontenay. Il était bien plus employé au XVIIe et au XVIIIe siècle. Du Breul, dans son *Théâtre des antiquités de Paris,* paru en 1612, en cite seize exemples, et M. Longnon en a relevé à peu près autant d'autres dans divers documents pour la plupart de la même époque[2]. Un des archidiaconés du diocèse de Meaux, celui qui était situé au

1. Une première ébauche de ce chapitre a été communiquée en 1903 au Congrès international des sciences historiques de Rome, et publiée sous le titre : *Une région naturelle française. Le Pays de France* (*Atti Cong. Intern. di Scienze Storiche,* vol. X. Roma, 1904, p. 19-24).

2. A. Longnon, *L'Ile-de-France. Son origine, ses limites, ses gouverneurs* (*Mémoires de la Soc. de l'hist. de Paris et de l'Ile-de-France,* t. I, 1875, p. 1-43).

Nord de la Marne, s'appelait : Archidiaconé de France. Ce nom voisine d'ailleurs dans la même région avec celui de Parisis, conservé aujourd'hui encore dans Cormeilles-en-Parisis, Villeparisis, et qui fut joint souvent à d'autres noms de localités, même parmi celles qu'on disait aussi en France. Enfin tout ce pays a fait partie du gouvernement de l'Ile-de-France qui s'est étendu, avec le temps, assez loin au Nord et au Sud de Paris.

On ne dit plus guère aujourd'hui : la France. Pourtant ce nom n'est pas inconnu. D'ailleurs son emploi comme suffixe suffirait à le préserver de l'oubli. C'est surtout au Sud de la Marne, qu'on désigne par « la France » le pays qui est au Nord.

Les géographes et les cartographes des derniers siècles ont toujours placé cette petite France au Nord de Paris. Mais ils ont été fort embarrassés pour la localiser avec précision.

Sur sa carte de France, dont le premier tirage est de 1525, Finé écrit en grosses lettres France, au Nord de Saint-Denis, entre cette ville, Beaumont-sur-Oise, Pontoise et Dammartin[1]. Jolivet et Postel reproduisent la même indication[2].

Dans *La Guide des chemins de France* (1552) Estienne est le premier qui cherche à se rendre compte de ce qu'est vraiment la France. Décrivant la Prévôté et Vicomté de Paris « soubs laquelle est comprinse l'isle de France, la Goelle, le Parisis, et le Vexin François », il s'exprime ainsi : « Le Parisis... comprenoit ancien-

1. Voir ci-dessus la reproduction. Pl. III, p. 78.
2. App. V, p. 285.

nement ce qui estoit depuis la porte dudict Paris jusques a Pontoise d'une part, et jusques à Claye, vers la Brye, d'autre : duquel pays n'est demeuré que le surnom a quelques villages, comme a Louvres, Cormeilles, Escouan, et autres dicts en Parisis ». Et plus loin: « L'isle de France contient ce qui est depuis sainct Denys dict en France, jusques a Roissy et Montmorency : et generalement le contenu entre les revolutions et sinuositez de la rivière de Seine, vers la Normandie d'un costé, et la Picardie de l'autre : mais ce que l'on appelle le pays de la France, en particulier, comprend oultre l'isle susdite le pays de Goëlle. En sorte que ce qui est en deca la riviere de Marne, en la ville de Meaulx, est estimé de la France, et le reste de la Brye » [1].

Ainsi Estienne superpose pour ainsi dire les trois noms : Parisis, Ile-de-France et France, en étendant toutefois la France plus loin que l'Ile-de-France vers le Nord et vers l'Est.

Évidemment, s'il maintient l'Ile-de-France dans le voisinage des sinuosités de la Seine, entre ce fleuve et l'Oise, c'est qu'il prend ici le mot île dans son vieux sens de région située entre des rivières. Il distingue très bien cette Ile-de-France du pays de France. Il est assez curieux qu'il y englobe la Goële ; sans doute a-t-il tenu compte de l'archidiaconé de France du diocèse de Meaux, qui comprenait Dammartin. D'autre part, c'est parce qu'il limite la France à la Marne qu'il attribue Meaux moitié à la France moitié à la Brie.

Ce passage d'Estienne, à peine modifié, a été reproduit pendant un siècle par les écrivains qui ont parlé

1. *La Guide*, p. 5.

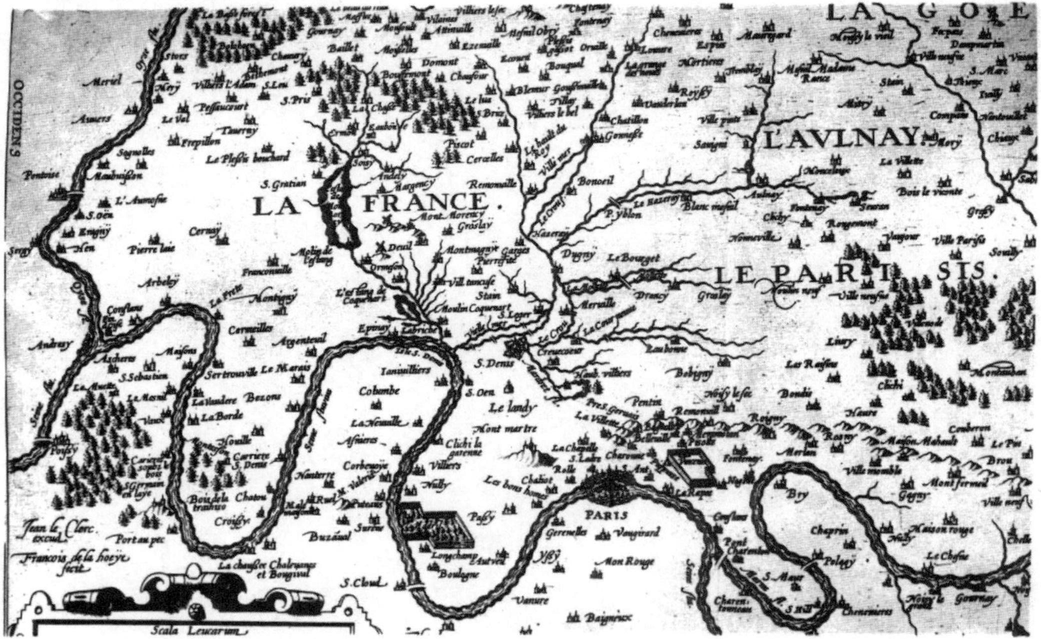

Fragment de la carte de l'Ile-de-France, de La Guillotière (1598). Édition française de Jean Le Clerc.
Réduction de 1/3 environ.

de la France. Plus tard encore on en retrouve le souvenir dans presque toutes les descriptions géographiques.

Merula, en 1621, ajoute, à propos de l'Ile-de-France, qu'on lui donne aussi d'autres limites, et ce n'est pas du gouvernement qu'il s'agit, mais de la petite France, comprise dans la prévôté de Paris[1]. Coulon, dans ses *Rivières de France* (1644), dit, lui aussi, expressément : « On la nomme Isle, à cause qu'elle est entourée des rivières de Seine, de Marne, Oyse et Aisne[2] ». C'est la première fois qu'on étend la France aussi loin vers le Nord. La préoccupation de justifier l'expression Ile est ici évidente.

J'ai déjà cité, à propos de l'Aulnaye et du Parisis, la carte de l'Ile-de-France de la Guillotière. France y est inscrit au Nord et très près de Paris, des deux côtés du lac d'Enghien[3]. Pourquoi l'auteur n'a-t-il pas placé ce nom plus à l'Est, dans la région où se trouvaient le plus de suffixes « en France » ? C'est probablement, je pense, parce qu'il avait déjà écrit de ce côtéAulnay et Parisis et qu'il ne pouvait pas faire chevaucher les noms les uns sur les autres. Il ne faut souvent pas chercher d'autres raisons à la place qu'occupent les noms sur les cartes.

Sur sa carte du gouvernement de l'Ile-de-France (1617), Damien de Templeux écrit simplement France

1. Paulli G. F. P. N. Merulæ, *Cosmographiæ generalis libri tres...* Amsterdami, 1621, p. 371.

2. *Les Rivières de France ou Description géographique et historique du cours et débordement des fleuves...* par le sieur Coulon. Paris, 1644, in-8, p. 114.

3. Voir Pl. V la reproduction de cette partie de la carte.

au Nord de Paris[1]. La notice qu'il y a jointe dans le grand Atlas de Blaeu est intéressante. Après avoir montré que le gouvernement de l'Ile-de-France s'est étendu avec le temps assez loin de Paris, rappelé sa division en bailliages, indiqué cette autre subdivision tout arbitraire, sur laquelle nous avons déjà insisté, en dix « régions et contrées », il ajoute : « La mesme Isle-de-France a esté autrefois departie en plusieurs territoires, comme le Parisis estroitement pris, la France aussi restrainte, le Mulsien, la Goelle, l'Aulnoy, le Val de Gallie, et Josas. Mais les bornes et limites qui les distinguoient anciennement ne se recognoissent plus, et la memoire d'aucuns seroit entierement périe, si quelques lieux et villages ne l'avoient conservée. Car le nom de Parisis dure seulement à la ville de Paris, aux lieux de Cormeilles, de Louvres, et peu d'autres communément dits en Parisis. La France comprend la ville de Saint-Denys, Bonneuil, Roissy, Gonnesse, Chenevieres, Belloy, Cercelles, Cevran, Jagny, Thieux, Mitry, Fontenay, Baillet et autres villages portant le surnom en France[2] ». Il ne saurait dire plus clairement qu'il se guide surtout sur les noms à suffixe.

Je ne passerai pas en revue toutes les cartes. Jusqu'en 1725 on y trouve fréquemment le nom de France inscrit au Nord de Paris. Mais à partir de cette date il fait place définitivement à celui d'Ile-de-France attribué dès lors à une des subdivisions traditionnelles du grand gouvernement. Et c'est également ce parti qu'adoptent les auteurs de dictionnaires ou de descrip-

1. Voir App. V, n° 4.
2. T. VII. Notice au dos de la carte de l'Ile-de-France.

tions géographiques. Dans l'édition posthume de 1705 du Dictionnaire de Baudrand on lit encore : « France, petit pays du royaume de France, dans l'Isle de France, dont on ne sçauroit distinguer les limites, parce qu'il est assez confondu avec le Parisis ; mais il est au septentrion de Paris en allant vers Senlis. Saint-Denis en est la principale ville. Monmorency avec sa vallée, Gonesse, Ecouan et plusieurs autres lieus dans l'espace de quelques lieuës d'étenduë [1]. » Mais déjà Piganiol de la Force (1718) y englobe Chelles, Vincennes, Charenton, parce qu'il prend la Marne comme limite [2]. Dom Vaissète dira simplement en 1755 que la France est à droite de la Marne et la Brie à gauche [3].

Il faut, avant de clore cette revue, noter encore quelques indications, empruntées surtout à des auteurs qui ne sont pas géographes, et dont le témoignage, par cela même, a d'autant plus de valeur.

Sur la grande carte en 4 feuilles des environs de Paris que publia Nolin en 1698 et qui est l'œuvre de Nicolas de Tralage, on lit immédiatement à l'Est de Gonnesse : « Les Avernes, campagne de froment de 3 lieues d'étendue ». C'est la seule inscription de ce genre [4].

Parlant du diocèse de Meaux, et de sa division en archidiaconés de France et de Brie, l'Intendant de la Généralité de Paris, dans son *Mémoire* de 1694, ajoute :

1. BAUDRAND, *Dictionnaire géographique et historique*, au mot : France. Col. 678.

2. PIGANIOL DE LA FORCE, *Nouvelle description de la France*, 1718, t. I, p. 147.

3. Dom JOSEPH VAISSETE, *Géographie historique, ecclésiastique et civile...* t. II, p. 419.

4. Append. V, nº 45.

« On appelle France la partie septentrionale de la Marne, qui confine au pays de Senlis et de Soissons. C'est cette riche plaine que ses abondantes moissons rendent la plus belle de l'Ile-de-France, dont elle mérite de porter particulièrement le nom [1]. »

En 1722, Delamarre, dans son *Traité de la Police,* dit, à propos de la France : « c'est un pays de grandes et vastes plaines, les plus fertiles du royaume, et où il croît le plus beau et le meilleur froment. Tout le débit s'en fait à la Halle de Paris ou aux marchés de Gonnesse et de Dampmartin. Les boulangers de la Province en achètent la plus grande partie dans l'un ou l'autre de ces marchés et le convertissent en pain qu'ils apportent ensuite à Paris le mercredy et le samedy de chaque semaine [2]. » A rapprocher de ce passage l'inscription suivante sur une carte de Du Val : « Gonnesse où se fait le meilleur pain de France [3] ».

L'abbé Lebeuf, le consciencieux auteur de l'*Histoire du Diocèse de Paris,* qui avait parcouru toute la région s'exprime ainsi, à propos dé Sevran : « La paroisse de ce nom est située à quatre lieues de Paris, à la main gauche du chemin de Meaux, à l'extrémité de la plaine ou des belles campagnes de bled qu'on appelle le pays de France ». Ailleurs, à propos de Roissy, il fait encore allusion à cette richesse du terroir : « La fertilité de la

1. *Mémoires des Intendants... Mémoire de la Généralité de Paris,* publié par A. de Boislisle, p. 77. Autre passage intéressant p. 285 : « Le territoire de l'élection de Paris est fort mêlé : du côté de la France, les terres y sont fortes et grasses, et produisent de bons blés, froments... Les terres du bon pays, vers la France, sont affermées 10, 12, 15, jusqu'à 20[lt] l'arpent. »

2. Delamarre, *Traité de la Police,* 2e édit. Paris, 1722, in-f°, t. II, p. 435.

3. Append. V, n° 34.

partie de l'Isle de France qu'on appelle en particulier du nom de France, est peut-être la cause qu'on a imaginé qu'elle avait été habitée par les Francs dès les temps les plus éloignés[1] ».

Enfin le *Dictionnaire de Trévoux* fournit encore ce renseignement intéressant que le nom de France « ne se dit plus guère que par le peuple » et l'auteur ajoute : « J'ai ouï dire à des fermiers des environs de Paris : les blés sont trés bons cette année en Brie ; mais ici, en France, les nôtres ne valent rien[2] ».

La conclusion qui se dégage de cette enquête, c'est qu'au XVIe et au XVIIe siècle on considérait la France comme s'étendant au Nord de Paris, sans lui donner de limites précises, et qu'on se guidait surtout pour la définir sur les noms à suffixe. Puis les géographes ont de plus en plus abandonné le nom de France pour lui substituer celui d'Ile-de-France, sans confondre d'ailleurs cette subdivision sans réalité administrative avec le gouvernement dont elle faisait partie. Le nom de France n'en subsistait pas moins comme nom populaire, et il éveillait l'idée d'une riche région de cultures et particulièrement d'une terre à blé.

Tels sont les faits. Comment les expliquer ? Comment le nom de France a-t-il pu être donné à une si petite partie de notre territoire, et qu'est-ce que cette Ile-de-France avec laquelle on l'a plus ou moins confondue ? Les excellents travaux de Guérard sur le nom de France

1. LEBEUF, *Histoire du diocèse et de la ville de Paris*, édit. Féchoz et Letouzey, t. II, p. 581 et 277.

2. *Dictionnaire universel François et Latin* [Dictionnaire de Trévoux]. Nouvelle édit. Paris, 1752, in-f°, t. III, au mot : France, col. 1843.

en général et de M. Longnon sur l'Ile-de-France en particulier vont nous aider à répondre.

Dans son mémoire sur l'Ile-de-France, M. Longnon a établi tout d'abord que le nom d'Ile-de-France est relativement récent — il n'apparaît pas dans les textes avant 1429 — et qu'il fut, à l'origine, un simple équivalent du nom de France. On appelait souvent île, au Moyen Age, une région plus ou moins encadrée par des rivières. Or la France était contenue dans l'angle dont les côtés sont formés par la Marne et la Seine au Sud, par l'Oise à l'Ouest. Est-il nécessaire, comme le fait M. Longnon, d'en chercher un troisième, d'y joindre, pour fermer le périmètre, la Thève, petit affluent de l'Oise qui traverse la forêt de Chantilly, et la Beuvronne, petit affluent de la Marne ? Les exemples qu'il cite lui-même montrent que la rencontre de deux rivières suffisait pour qu'on désignât la contrée intermédiaire sous le nom d'île. Connaîtrions-nous ces rivières insignifiantes sans nos cartes modernes ? Nous rendrions-nous compte de leur direction et de la figure qu'elles dessinent avec les lignes de l'Oise et de la Seine ? Au xve siècle, il n'y avait pas encore de cartes[1].

1. J'entends de cartes autres que les cartes marines, les portulans, qui fournissaient un dessin déjà très suffisamment exact des côtes. Sur ces cartes marines on ajoutait parfois, dans l'intérieur, quelques indications dont la précision laissait grandement à désirer. C'est au xve siècle seulement qu'on se mit à dresser des cartes régionales, à l'imitation de celles de Ptolémée récemment retrouvées. La *Géographie* en vers de Berlinghieri qui parut dans la seconde moitié de ce siècle, contient la plus ancienne carte de France qu'on connaisse. Cette première représentation, à petite échelle, comme celles qui ont suivi, est encore très rudimentaire ; il faut attendre, pour avoir un dessin plus exact et plus complet, l'apparition de la Carte de France d'Oronce Finé, en quatre feuilles, de 1525. On peut se rendre compte par le fragment reproduit (Pl. III) que cette carte n'est encore qu'une ébauche.

Même au XVIIe, Coulon, l'auteur des *Rivières de France*, lorsqu'il cherche à la France une troisième limite fluviale, n'en trouve pas avant l'Aisne[1].

M. Longnon a d'ailleurs été amené par d'autres considérations à circonscrire ainsi le pays de France. Dressant la liste de toutes les localités auxquelles ce nom de France a été joint comme suffixe, il les place sur la carte et constate qu'elles sont toutes comprises, ou à peu près, entre les rivières indiquées.

Nous savons déjà combien ce procédé appliqué à des noms de pays risque d'induire en erreur, quand le même nom a servi également à désigner une circonscription politique ou religieuse. Il se pourrait qu'une localité ait été dite en France — pour la distinguer de localités homonymes — parce qu'elle se trouvait dans l'archidiaconé de France du diocèse de Meaux, ou même parce qu'elle aurait fait partie du gouvernement de l'Ile-de-France. Ces deux cas ne paraissent pas d'ailleurs se rencontrer ici.

Il y aurait également à tenir compte, et M. Longnon le reconnaît lui-même, de la date à laquelle se rencontrent ces suffixes. Le nom de France ayant servi d'abord, nous le verrons, à désigner une portion assez étendue de notre territoire, il faut être sûr qu'il n'a pas été pris dans ce premier sens beaucoup plus général. Il faut donc rejeter les exemples tirés de textes trop anciens. En fait, ceux qu'a réunis M. Longnon sont presque tous postérieurs au XVIe siècle, mais il est prudent de s'en tenir à cette limite. Sous ces réserves, en rame-

1. « On la nomme Isle, à cause qu'elle est entourée des rivières de Seine, Marne, Oyse, et Aisne... » *Les Rivières de France*, p. 114.

nant à vingt-huit noms la liste en question revisée et complétée, voyons quelles conclusions on peut tirer de la manière dont ces localités se répartissent sur la carte[1].

Il n'est pas possible de ne pas être frappé de ce fait qu'aucune d'elles n'est située sur les collines ou dans la région boisée. Toutes sont dans la plaine agricole ou ont leurs terres de culture sur les limons. Et ceci est d'autant plus remarquable que le suffixe Parisis se

1. Voici les noms qu'a réunis M. Longnon : Baillet, Belloy, Bonneuil, Le Bourget, Châtenay, Chennevières, Claye, Dugny, Épinay, Fontenay-lès-Louvres, Gonesse, Gressy, Jagny, Juilly, Mareil, Messy, Mitry, Le Plessis-Gassot, Puiseux-lès-Louvres, Roissy, Saint-Denis, Saint-Ouen, Saint-Soupplets, Sarcelles, Sevran, Soisy, Thieux, Le Thillay, Thorigny, Tremblay, Villaines, Villeron, Le Vivier.

Le Bourget ne se rencontre pas précisément avec le suffixe « en France ». Mais Rabelais le donne comme étant en France. Pour cette raison on peut le conserver. Claye n'est cité comme étant en France ni dans l'édition de 1552 de *La Guide des chemins de France* d'Estienne, ni dans les éditions postérieures. Il est dit seulement (p. 5), à propos du Parisis, qu'il s'étend « jusques à Claye, vers la Brye ». Dugny n'est indiqué comme étant en France que par ouï-dire. Il faudrait savoir de quand est la mention Dugny-en-France ; la question n'a d'ailleurs pas grande importance, Dugny étant incontestablement situé dans la France. J'élimine Saint-Ouen qui n'est dit en France qu'au XIVe siècle. Pour Saint-Soupplets, M. Longnon donne comme références : Du Breul, la *Liste des lieux régis par la coutume de Paris* et un texte cité par Cocheris. Cette dernière mention se rapporte à une épitaphe de 1555 : Jean Bureau, chanoine de Poissy, seigneur de Saint-Souplets en France (Église du Couvent de l'*Ave Maria*). La *Liste des lieux* donne au contraire Saint-Supplex en Mulcien. Ce document presque officiel me paraît devoir être préféré. Delisle dit également, en 1711, sur sa carte de la Prevosté et Vicomté de Paris (Append. V, n° 55) : Saint-Souplex en Mulcien. Quant à la liste donnée par Du Breul, je n'y ai pas trouvé Saint-Soupplets. Thorigny n'est cité que d'après des chartes de l'abbaye de Lagny, documents beaucoup trop anciens pour qu'il en soit tenu compte ici. Je n'ai pas trouvé la référence exacte pour Le Vivier. J'ajoute d'autre part Charny-en-France (Carte de l'Evesché de Meaux de Chevallier. Append. V, n° 50, et Hernandez, *Description de la Généralité de Paris*, 1759).

trouve au contraire joint à des localités indifféremment situées sur les collines et dans la plaine. On n'a jamais dit Cormeilles-en-France, mais Cormeilles-en-Parisis, tandis qu'on trouve à la fois Roissy-en-France et Roissy-en-Parisis. Le Parisis se superpose donc à la France, mais la réciproque n'est pas vraie. D'où l'on est amené à conclure qu'à partir du XVIe siècle, tout au moins, le nom de France est devenu simplement comme celui de Beauce, de Brie, de Multien un nom de région agricole. Et en effet le pays de France était considéré comme un des greniers à blé de Paris. L'aspect de ces plaines n'est plus identique aujourd'hui à ce qu'il était alors. D'immenses champs de betteraves s'y étendent à perte de vue alternant avec les champs de blé. Des sucreries s'y sont établies comme dans les plaines voisines du Nord de la France. Mais, loin des chemins de fer et des grandes routes, les villages, qui d'ailleurs se dépeuplent, gardent l'empreinte du passé et leurs grandes fermes, admirablement tenues, disent assez l'importance des cultures. C'est bien le pays agricole dont parlent les écrivains cités, ceux surtout qui ne sont pas géographes et ne sont pas hantés par la préoccupation de lui trouver des limites.

Mais pourquoi ce nom de France ? On serait tenté de supposer que c'est du centre que le nom s'est étendu à la périphérie, du petit canton jusqu'aux limites du royaume, et les géographes des derniers siècles n'y ont pas manqué. Rien cependant ne serait plus faux historiquement. Benjamin Guérard a parfaitement montré comment le nom de France, pays des Francs, a d'abord été appliqué, d'une façon générale, à la région comprise entre la Loire et le Rhin[1]. C'est là que se trouvaient les capitales des fils de Clovis et de Clotaire: Orléans, Paris, Soissons, Reims, Metz. Sous les Carolingiens on appela *Francia* une portion moins étendue de l'empire franc. On la distingua de la Neustrie, située entre la Loire et la Seine, et de l'Austrasie, voisine du Rhin, à l'Est. Toutefois, en admettant que le nom de France ait fini, sous les premiers Capétiens, par ne plus être attribué qu'au domaine royal, ce domaine fut toujours plus étendu que le petit pays de France.

Il a dû se passer ici quelque chose d'analogue à ce qui s'est produit pour le Multien. De même qu'on a fini par restreindre ce nom, qui primitivement désignait tout le *pagus* de Meaux, simplement à la partie septentrionale de ce *pagus,* ou plus exactement aux riches terres de culture qui y étaient comprises, de même le nom de France ne s'est plus appliqué, dans la langue populaire, qu'aux terres à blé du Nord de Paris. Et cela d'autant plus facilement que d'autres noms avaient apparu dans le domaine de l'ancienne *Francia* : Picardie, Valois, Multien, Vexin. Un phénomène du même ordre s'est produit au Sud pour le Hurepoix, qui, après avoir désigné tout le pays contenu entre la Loire et la Seine, n'a plus compris que le pays immédiatement voisin de Paris au Sud. Mais tandis que le Hurepoix a été surtout une création des géographes, la France fut vraiment un nom populaire, donné à un terroir particulièrement fertile.

1. B. Guérard, *Du nom de France et des différents pays auxquels il fut appliqué* (*Annuaire de la Société de l'histoire de France* pour 1849, p. 152).

CHAPITRE X

LE VEXIN FRANÇAIS, LE PAYS DE THELLE.

I. — Le Vexin Français.

Il ne reste plus à examiner que la région comprise entre l'Oise et l'Epte.

La structure en est simple. Au Sud, ce qu'on désigne généralement sous le nom de Vexin français est un plateau de calcaire grossier qui se relève de l'Est à l'Ouest, de 100 mètres environ au-dessus de Pontoise jusqu'à 150 mètres au voisinage de l'Epte. Il est entaillé par des vallées qui vont à l'Oise, à la Seine et à l'Epte, celles-ci creusées jusqu'à la craie. Il est surmonté par des buttes-témoins respectées par l'érosion, généralement alignées dans le sens des ondulations qui ont affecté la région parisienne. Ces collines de sable de Fontainebleau, le plus souvent couronné de meulière de Beauce, forment des massifs boisés et humides dont l'altitude dépasse par endroits 200 mètres. Elles sont disposées aux quatre coins du plateau comme autant de bastions qui en défendraient les approches. Au Sud-Est, c'est le promontoire étroit de l'Hautie, dominant de 150 mètres le confluent de l'Oise et les grandes boucles de la Seine. Nulle part, aux environs de

Paris, l'érosion n'a créé de dénivellation aussi forte, nulle part la vue n'est plus étendue, ni le paysage d'une plus harmonieuse ampleur. Au Sud-Ouest, un massif plus découpé porte la forêt d'Arthies, très morcelée aujourd'hui, mais qui forma autrefois une masse continue[1]. Au Nord-Ouest, le relèvement plus considérable du plateau a donné plus de prise à l'érosion : deux buttes seulement se dressent, atteignant, il est vrai, les altitudes de 207 mètres (Montjavoult) et 212 mètres (Serans). Mais, au voisinage de Marines, un nouveau massif boisé ferme l'horizon ; il n'occupe pas tout à fait le coin Nord-Est du plateau qu'il a contribué à isoler de l'ensemble. Quelques hauteurs se montrent cependant encore plus à l'Est, ramenant les sables et la végétation forestière : elles ne dépassent pas 173 mètres. Entre ces massifs, au centre du plateau, s'étendent des plaines généralement couvertes de limons. La grande route de Paris à Rouen qui, de Pontoise à Magny et au delà, se poursuit presque en droite ligne, ne quitte pas les belles terres à céréales.

Au delà de l'Epte, le calcaire grossier disparaît rapidement, par suite du relèvement des couches. C'est alors la craie qui affleure, transformée à la surface en argile à silex, mais recouverte, comme plus au Sud, à

1. Voir : L. Plancouard, *La forêt royale d'Artie-en-Vexin délimitée comparativement au XVe siècle et à l'époque actuelle* (*Bullet. géog. hist. et descriptive*, 1895, p. 339-378). Les plus anciens documents où il soit question de cette forêt — le premier est de 1196 — y montrent déjà des vides. Des villages s'y établirent dont plusieurs gardent encore aujourd'hui le suffixe « en Arthies ». Les défrichements, qui ont continué depuis le xve siècle, remontent donc à une époque très lointaine. Il paraît certain, d'après la nature du terrain, que tout le massif a été autrefois occupé par la forêt. Son nom lui vient du village d'Arthies, situé sur sa bordure septentrionale.

la limite de la Beauce, d'un épais limon. Plus encore que les environs de Magny, les plateaux du Vexin normand sont une région de grande culture.

Le plateau du Vexin se termine assez brusquement au Nord par un escarpement d'une cinquantaine de mètres. Au delà de ce ressaut commence une seconde plate-forme, plus fortement relevée vers le Nord, où elle atteint rapidement des altitudes voisines de 230 mètres. On lui donne parfois, dans nos livres modernes, le nom de pays de Thelle. Elle se termine à son tour par un abrupt d'une centaine de mètres au-dessus de la grande fosse du Bray. Dans sa partie la plus basse, cette seconde plate-forme est couverte par les argiles de l'Éocène inférieur. Il y a là une première zone très humide, en partie marécageuse, que draine la petite rivière de la Troesne, affluent de l'Epte. Viennent ensuite des sables et des cailloutis très infertiles, et c'est seulement au delà de ce mauvais pays qu'on voit affleurer la craie, partiellement transformée à la surface en argile à silex. Bien cultivé, amélioré par les fumures, le sol y donne d'assez bons rendements, mais la forêt, beaucoup plus étendue autrefois, occupe encore, surtout à l'Ouest, une bonne partie de cet étage, et dans les champs les pommiers à cidre témoignent de l'humidité du sous-sol.

Le nom de Vexin, autrefois Velgesin, Veguesin, Vesquessin, Velquecin, Veuquessin, est celui de l'ancien *pagus* des Véliocasses (*pagus Vulcassinus* ou *Vilcassinus*) qui, avec celui des Caletes (pays de Caux), forma à l'époque romaine la cité de Rouen[1]. Le *pagus Vulcassi-*

1. Longnon, *Atlas*, texte, p. 97.

nus s'étendait au Nord de la Seine. Il la dépassait même à l'origine, au Sud de Rouen, englobant le pays qui est devenu le Roumois. On désigna longtemps sous le nom uniforme de Vexin les deux contrées situées de part et d'autre de l'Epte, même après que cette rivière fut devenue la limite entre le duché de Normandie et le royaume de France. Au XIe siècle, il n'y avait encore dans le diocèse de Rouen qu'un archidiaconé du Vexin[1]. Il fut plus tard divisé en deux parties et l'on trouve mentionnés au XIIIe siècle les deux archidiaconés du Vexin normand et du Vexin français[2]. Ce dernier comprenait les trois doyennés de Meulan, Magny et Chaumont-en-Vexin. Il s'étendait donc à la fois sur les deux plateaux de calcaire grossier et de craie. Mais il ne les comprenait pas tout entiers : au Nord, la bordure septentrionale du plateau crayeux dépendait du diocèse de Beauvais et il en était de même de l'angle Nord-oriental du plateau de calcaire grossier qui formait le doyenné de Chambly, devenu plus tard celui de Beaumont-sur-Oise. Mais, plus au Sud, le diocèse de Rouen s'étendait jusqu'à l'Oise. Pontoise en faisait encore partie. Il est infiniment probable que ces limites étaient celles des Véliocasses.

Les divisions politiques ne respectaient pas non plus dans cette région les divisions naturelles. Sans remonter jusqu'à cet obscur comté formé de territoires cédés, dit-on, par Dagobert Ier à l'abbaye de Saint-Denis et inféodés par celle-ci à des avoués que nous voyons dési-

1. LONGNON, *Pouillés de la province de Rouen*. Paris, 1903, in-4, p. X, note 3.

2. *Polyptichum Rotomagensis Diœcesis*, publié par LÉOP. DELISLE. *Recueil des Historiens de France*, t. XXIII, p. 305 et 316.

gnés sous le nom de comtes du Vexin[1], repris ensuite par les rois de France et réuni de nouveau au domaine royal, je constaterai simplement que les deux gouvernements de Normandie et de l'Ile-de-France, et que les deux généralités de Rouen et de Paris avaient pour limite de ce côté une ligne partant de la Seine en aval de Mantes et se dirigeant à peu près vers le Nord jusqu'à l'angle Nord-Est du diocèse de Rouen. De Rouen dépendait l'élection de Chaumont et Magny, de Paris celles de Mantes, Pontoise et Senlis, qui se partageaient le reste du pays en débordant d'ailleurs bien au delà de la Seine et de l'Oise.

Il n'y avait donc, au XVIIe siècle, d'autre circonscription portant officiellement le nom de Vexin que l'archidiaconé du Vexin français. Mais le nom était très connu, on l'inscrivait sur les cartes. Il est permis de croire d'ailleurs que son emploi comme suffixe contribuait à l'empêcher de disparaître : « desquelles appellations ne se trouve mémoire qu'aux anciens tiltres et noms demeurez du vieil temps », dit Estienne dans *La Guide*[2] ; et, en effet, il ne se rend pas très bien compte de ce qu'on peut entendre par Vexin, car il l'étend d'une façon très exagérée jusqu'à Clermont-en-Beauvaisis. Un peu plus tard, par une sorte de convention, on confond les limites du Vexin avec celles de l'archidiaconé, et c'est ainsi que l'entend Toussaint Duplessis dans sa

1. Chronologie historique des Comtes du Vexin. *Art de vérifier les dates* (édit. de 1784), II, p. 680-684. C'était le comte du Vexin, en sa qualité d'avoué de l'abbaye, qui portait l'oriflamme de Saint-Denis. Après la réunion du Vexin à la couronne, les rois de France tinrent à honneur de revendiquer ce privilège, et c'est ainsi que la bannière de Saint-Denis devint bannière royale.

2. P. 6.

Description géographique et historique de la haute Normandie[1]. D'autre part on compte le Vexin parmi les dix ou douze pays qu'on distingue dans l'Ile-de-France, en lui donnant pour capitale tantôt Mantes, tantôt Pontoise[2].

Cette tradition, d'origine historique, s'est maintenue jusqu'à nos jours et nous constatons même que, loin de disparaître, le nom de Vexin tend à reprendre une certaine vitalité. Ce qui le prouve, c'est le nombre de communes qui depuis une trentaine d'années ont été autorisées à se l'adjoindre officiellement comme suffixe, pour se différencier de localités homonymes. Neuilly-Marines est devenu Neuilly-en-Vexin par décret du 2 décembre 1880[3]; Cléry, à l'Ouest de Magny, et Montagny ont reçu le même suffixe par décrets du 17 décembre 1890 et du 18 septembre 1897. Ces trois communes sont situées sur le plateau de calcaire grossier auquel les géographes et les géologues réservent plutôt aujourd'hui le nom de Vexin. Mais que dire d'Hardivillers, situé assez loin de là, au Nord de Chaumont, sur le plateau de craie, et baptisé en Vexin en 1881[4]? Cette région a bien fait partie du Vexin historique, de l'archidiaconé. Personne cependant n'y con-

1. Dom Toussaint Duplessis, *Description géographique et historique de la haute Normandie*, divisée en deux parties ; dont la première comprend le pais de Caux ; et la seconde le Vexin. Paris, 1740, in-4, carte du tome II.

2. « Au Vexin français dont Mantes est la capitale. » *Mémoires des Intendants...* t. I. Généralité de Paris. Édit. de Boislisle, p. 428. « Pontoise... est la capitale du Vexin. » Lenglet du Fresnoy, *Méthode pour étudier la géographie*, édit. de 1768, t. V, p. 63.

3. On disait déjà antérieurement Neuilly-en-Vexin. Voir Girault de Saint-Fargeau, *Dictionnaire géographique, historique... de la France*. Paris, 1844-47, in-4.

4. Par décret du 26 décembre.

sidère qu'on soit vraiment dans le Vexin. Lorsque l'adjonction du suffixe fut demandée par le conseil municipal, pour éviter la confusion avec une commune du même département et du canton de Breteuil, aucune raison ne fut donnée pour justifier le choix de « en Vexin ». Hardivillers faisait partie du canton de Chaumont-en-Vexin ; on procéda simplement par analogie. Les survivants de cette séance déclarent qu'on n'y attacha pas d'importance. On eût tout aussi bien accepté « en Thelle » ou « sous Thelle », du nom de la commune voisine de Jouy-sous-Thelle[1]. Nous prenons ici sur le fait la création d'un nom à suffixe et l'on voit quel fond on peut faire souvent sur ces suffixes pour la détermination des noms de pays.

En réalité, si personne, à Hardivillers, ne se croit aujourd'hui dans le Vexin, c'est que le vieux nom historique a pris, cette fois encore, dans le langage populaire, le sens de région agricole, et que, comme tel, il s'applique à tout autre chose qu'à l'ancien archidiaconé.

Lorsqu'on aborde par le Sud le plateau de calcaire grossier, on constate que personne ne met dans le Vexin l'Hautie ou la forêt d'Arthies. Pour la plupart, le Vexin ne commencerait que plus au Nord, avec les plaines découvertes du canton de Magny. Mais, si l'on cherche à préciser, on constate que la distinction ne repose pas sur des considérations tirées du sol. Le Vexin c'est le canton de Magny, puisqu'on dit : Magny-en-Vexin. Le suffixe joue simplement ici son rôle. En venant de Pontoise ou de Valmondois, on retrouve les

1. Renseignement fourni par M. G. Devillers, instituteur à Hardivillers-en-Vexin.

mêmes hésitations. Pour les uns on est dans le Vexin, pour les autres le Vexin est plus à l'Ouest, dans la région où se rencontrent les suffixes. Mais à Magny même on vous dira qu'on n'est pas dans le vrai Vexin, ou qu'on est dans un Vexin « pouilleux ». Le vrai Vexin c'est la région à limons, le pays de grande culture d'au delà de l'Epte. On fait même parfois, avec plus de précision encore, commencer le Vexin au pied des dernières buttes de calcaire grossier reposant sur la craie[1]. Il y a donc, pour ceux qui vivent de la terre, un Vexin agricole qui ne se confond pas du tout avec le Vexin historique.

II. — Le pays de Thelle.

Quant au pays de Thelle, il n'existe que dans les livres. Personne dans la région ne dit : le Thelle. J'ai trouvé pour la première fois « Telle Pays » inscrit sur la carte des environs de Paris de Nolin-Tralage, où le parti pris de créer des noms de pays d'après les suffixes est évident[2]. Il a passé de là sur la carte d'Auvray, où ce parti pris est poussé jusqu'à l'absurde[3]. Il se maintient encore, par imitation, sur la carte de Bernard Jaillot[4], puis il disparaît des cartes et des atlas. Aucun des auteurs de dictionnaires géographiques n'en fait

1. A Authevernes (c^on de Gisors), sur la rive droite de l'Epte, une vieille paysanne dit que pour être en Vexin il suffit de descendre la côte. Renseignement fourni par M. de Pachtère.

2. Appendice V, n° 45.

3. *Ibid.*, n° 46.

4. *Ibid.*, n° 63.

mention. Seul Toussaint Duplessis, dans sa *Description de la Haute-Normandie,* le signale en l'expliquant : « Telle est un autre canton qui appartient au Vexin et au Beauvaisis. Il y a dans le Vexin Joui-en-Telle, Beau-tru-en-Telle, etc..., dans le Beauvaisis il y a Frenelle-en-Telle, Meru-en-Telle. Or, Telle était le nom d'une forêt qui s'est insensiblement communiqué à tout le terrain qu'elle occupait anciennement, et ce nom lui est venu de la quantité de tilleuls qu'elle produisait[1]... » Il faut laisser à Duplessis cette étymologie hasardée, mais l'explication qu'il donne est exacte. Thelle est le nom d'une forêt dont une portion étendue subsiste encore aujourd'hui à l'Ouest du chemin de fer de Gisors à Beauvais. Il est infiniment probable qu'elle occupait autrefois un bien plus grand espace ; les parties boisées sont encore d'une étendue considérable sur le plateau d'argile à silex. Ainsi s'expliquent sans doute les noms de Jouy-sous-Thelle, Neuilly, Crouy, Fresnoy-en-Thelle, ces trois dernières communes formant un groupe assez éloigné de la Forêt de Thelle et voisin de la vallée de l'Oise. Toussaint Duplessis en donnant ce nom de « Telle » à un « canton » du Vexin était, il semble bien d'après le passage cité plus haut, guidé par les suffixes, et je ne vois guère que ce témoignage assez équivoque de Duplessis qui ait pu autoriser un géologue, Graves, à écrire en 1847 : « La petite contrée crayeuse inclinée dont il s'agit a toujours été distinguée sous le nom de pays de Thelle, quoiqu'elle n'ait jamais formé une division quelconque, ecclésiastique, civile ou politique ; elle est donc, comme le Bray, un

1. T. II, p. 241.

exemple de ces régions naturelles fondées sur des caractères géologiques, et admises, sans autre motif, dans les habitudes et le langage populaires. Les bois, dont la superficie presque entière du pays était couverte anciennement, étaient nommés forêt de Thelle, comme l'est encore le domaine forestier qui en est resté dans le canton de Coudray-Saint-Germer. Plusieurs villages ont conservé le nom du pays avec le leur propre, et ce genre d'appellation était bien plus commun autrefois. On dit encore aujourd'hui Jouy-sous-Thelle (au XVIe siècle Joy-en-Thelle), Ressons-en-Thelle, Crouy-en-Thelle, Fresnoy-en-Thelle, Neuilly-en-Thelle, Le Belloy-en-Thelle. On a dit pendant longtemps Hénouville-en-Thelle, Méru-en-Thelle. Le nom de La Foretelle, la Forestelle au XVIe siècle, hameau de Trie, est corrompu en Fort-en-Thelle. Celui de Lalandelle, en Lalande-en-Thelle. Talmoutiers, autrefois Tallemoutiers, était primitivement Le Moutier-en-Thelle. L'emplacement du village du Coudray-Saint-Germer était appelé au XIIe siècle le Mont-de-Thelle (*Mons Tellarum*) »[1]. Devant une affirmation aussi nette, devant cette accumulation de preuves, comment géologues et géographes eussent-ils hésité ? Le nom était commode pour désigner la plate-forme crayeuse qui, géologiquement surtout, constitue bien une région naturelle, et c'est ainsi qu'il a pris place dans les livres. En réalité nous n'avons aucune preuve qu'on ait toujours dit « pays de Thelle ». Il est d'ailleurs infiniment peu vraisemblable que le nom ait été plus en usage en 1847 qu'aujourd'hui, où personne,

1. L. Graves, *Essai sur la topographie géognostique du département de l'Oise*. Beauvais, 1847, in-8, p. 149-150.

même parmi les anciens, ne le connaît. Graves paraît bien avoir été dupe lui aussi des suffixes. Or les suffixes rappellent simplement le nom de l'ancienne forêt[1].

1. Je suis arrivé sur ce point aux mêmes conclusions que M. A. DEMANGEON, *La Picardie et les régions voisines.* « Ces noms de lieux, dit-il, qui jalonnent l'ancien territoire forestier, ont pu faire croire à l'existence d'une région qui se serait appelée le Pays de Thelle ; mais on cherche vainement dans l'état présent et passé du pays la trace d'une pareille région ; ses habitants en ignorent l'existence ; les textes demeurent muets sur ses destinées. La seule réalité qui ait un corps et dont il soit légitime de parler est la forêt... » P. 429.

CHAPITRE XI

CONCLUSION

I. — Les noms de pays.

Bien qu'elle soit limitée à la région parisienne, l'enquête qui précède autorise des conclusions d'une portée plus étendue. Je les ai vérifiées en bien d'autres points du territoire français et il serait étonnant qu'elles ne trouvassent pas ailleurs leur confirmation. C'est un besoin trop naturel à l'homme de distinguer entre les régions qu'il occupe et dont il tire ses moyens de vivre, pour qu'il ne supplée pas spontanément, quand il est nécessaire, à l'insuffisance des divisions historiques ou administratives. Nous voyons ce besoin se manifester dans les pays neufs, occupés d'hier[1], comme

1. D'après Robert-T. Hill, il existe, dans l'État du Texas, des noms populaires servant à désigner des subdivisions aux limites imprécises (vague subdivisional terms have grown into popular use). On peut les ranger en deux catégories. Les uns se rapportent à la position : East Texas, Central Texas, West Texas, etc... Les autres correspondent à des particularités naturelles (specific natural features) et s'appliquent à des régions communément appelées « countries » (applied to local districts, colloquially called « countries »). Robert-T. Hill, *Geography and Geology of the Black and Grand Prairies, Texas, Twenty-First Annual Report of the U. S. Geological Survey*, Part VII. Annual Reports of the Dept. of the Interior for the fiscal Year ended June 30, 1900. Washington, 1901. In-4, p. 26.

dans nos pays de vieille civilisation[1]. Je me bornerai toutefois ici à la France, en tenant compte de ce fait que les exemples choisis ont été empruntés à un pays de plaine où le relief ne joue aucun rôle. Il faudra donc généraliser et compléter les remarques auxquelles ils peuvent conduire.

Je commencerai par les noms de pays. Cette question est très intimement liée, on l'a vu par tout ce qui précède, à celle des régions naturelles, mais il est nécessaire de l'élucider tout d'abord.

Lorsque l'Assemblée Constituante fit table rase, en 1792, des anciennes divisions de la France pour en créer de nouvelles, elle crut pouvoir effacer leurs noms pour les remplacer par d'autres, empruntés à des particularités physiques. Mais cette nomenclature artificielle, géographique seulement en apparence, et limitée d'ailleurs aux départements, n'a pas empêché beaucoup des anciens noms de se maintenir dans l'usage. On peut les ranger en trois catégories.

Il y a d'abord des noms historiques, des noms d'anciennes divisions politiques ou administratives. Entrés pour ainsi dire dans la langue, ils doivent à une longue tradition d'avoir survécu aux circonscriptions qu'ils désignaient. Les uns s'appliquent à des territoires étendus : Bretagne, Normandie, Bourgogne, Lorraine. Ce sont, comme on dit, des noms d'anciennes provinces. Ce qu'on entendait généralement sous le nom de provinces, au XVIIe et au XVIIIe siècle, c'étaient les gouvernements militaires, officiellement les gouvernements de

1. Par exemple : La Brianza, dans la plaine de Lombardie, le Weald, dans l'Angleterre du Sud-Est.

provinces, ainsi nommés par opposition aux gouvernements de places. On en comptait trente-sept, à la fin de l'ancien régime. Mais on ne s'entendait pas toujours sur la signification du mot province : La Martinière, en 1726, en énumère quatre-vingt, et il désigne simplement par là des subdivisions dont beaucoup ne correspondent à aucune réalité administrative[1]. D'autres, notamment les Sanson et Delisle, adoptèrent et popularisèrent sur leurs cartes une subdivision en douze grands gouvernements, groupements qui n'eurent d'existence officielle que lors de la réunion des États généraux. A s'en tenir au sens habituel, celui de gouvernement militaire, on voit très bien que cette division n'a rien de géographique. Très inégaux en étendue, ces gouvernements correspondaient, en principe, à d'anciens domaines féodaux qui s'étaient constitués au gré des événements politiques. Au XVIIe siècle seulement, avec les généralités, fut établie une division plus rationnelle ; mais, comme on sait, elle ne s'appliquait qu'à certaines parties de l'administration et laissait subsister les gouvernements. Tous les noms de provinces n'étaient pas également employés dans l'usage et ne se sont pas conservés au même degré. On ne disait guère et on ne dit plus l'Orléanais, ni même l'Ile-de-France. Les plus vivaces sont encore ceux qui ont les plus longs états de services.

D'autres noms également empruntés à l'histoire sont restés attachés à des régions moins étendues : ils rappellent généralement d'anciens comtés. La région pari-

1. BRUZEN DE LA MARTINIÈRE, *Le grand Dictionnaire géographique et critique*, t. III, 1726, au mot : France.

sienne en offre plusieurs exemples : Gâtinais, Valois, Vexin. On en pourrait citer bien d'autres comme : Gévaudan, Velay, Forez.

Une seconde catégorie comprend des noms simplement tirés d'un nom de ville. Le procédé avait été employé pour désigner un certain nombre de comtés et en général d'unités administratives. Mais il servait aussi pour indiquer les environs d'une ville. Mantois, Drouais, Laonnois n'avaient pas d'autre signification, au XVIIIe siècle, que les environs de Mantes, de Dreux ou de Laon. On ne dit plus guère le Mantois ni le Drouais, on dit encore le Laonnois, mais toujours dans le même sens. On peut créer autant qu'on voudra de noms de ce genre, pourvu que la forme s'y prête, et l'on ne s'en fait pas faute depuis que le tourisme a mis à la mode les excursions et les villégiatures. Ces noms ne sont qu'une manière commode de désigner tel ou tel territoire et n'ont pas de valeur géographique. Quand on dit l'Avallonnais pour désigner à la fois la partie du Morvan qui touche à Avallon et les collines calcaires qui s'élèvent à l'Ouest et au Nord, et sur l'une desquelles est bâtie Vézelay, on n'a certainement dans l'esprit aucune préoccupation de région naturelle.

La troisième catégorie est la plus intéressante. Elle comprend des noms en usage depuis des siècles sans jamais avoir appartenu à des divisions politiques. Ceux de Beauce et de Brie en sont les exemples les plus typiques. Ils ont servi, il est vrai, à désigner des subdivisions ecclésiastiques : doyenné de Beauce dans le diocèse de Chartres, archidiaconé de Beauce dans celui d'Orléans; archidiaconés de Brie dans les trois diocèses de Paris, de Meaux et de Soissons. Mais on remarquera que les noms de Brie et de Beauce n'ont ici qu'une valeur adjective ; ils existaient — nous en avons la preuve — avant la création de ces subdivisions ecclésiastiques. Le fait que le même nom a été appliqué à plusieurs d'entre elles, aux territoires desquelles il ne correspondait qu'imparfaitement, montre bien qu'il ne leur doit rien. L'observation peut, je crois, être généralisée. Quand nous trouvons un nom populaire ainsi appliqué à une subdivision ecclésiastique, il lui est antérieur. C'est de la même façon qu'on a dit plus tard : bailliage de —, sénéchaussée de —. Il n'y a pas à tenir compte de cet emploi des noms populaires pour le sujet qui nous occupe ; il ne nous renseigne pas suffisamment sur ce qu'ils représentaient ; il ne prouve qu'une chose, c'est leur existence.

On peut ranger dans la catégorie des noms populaires ceux qui désignent des massifs montagneux : Alpes, Vosges, Jura, Maures, Esterel, etc... Mais ils y forment un groupe à part. Il a fallu, pour qu'ils aient pu s'appliquer à des régions montagneuses étendues comme le Jura ou les Vosges — à plus forte raison les Alpes —, qu'on en ait plus ou moins nettement aperçu la continuité ou l'unité, ce qui suppose un effort de synthèse qui ne peut être spontané. Il serait très intéressant de faire l'histoire d'un de ces noms de montagnes ; on verrait qu'ils n'ont pas toujours désigné l'ensemble des massifs auxquels une connaissance plus précise et de plus en plus scientifique les a définitivement attribués. Notre Plateau Central — un nom tout récent dans la terminologie géographique de la France — n'a pris vraiment toute sa signification qu'après avoir été représenté sur les cartes géologiques.

Nos vieux noms populaires, ceux qu'on considère le plus généralement comme des noms de pays, nous apparaissent comme beaucoup plus simples. Ils désignent évidemment des régions ayant un caractère déterminé. Je crois pouvoir dire qu'ils sont nés surtout de préoccupations rurales. Ceux de Beauce, de Brie, sont tellement entrés dans l'usage qu'ils ont perdu, pour beaucoup de ceux qui les emploient, toute signification spéciale et ne représentent plus qu'une certaine étendue de territoire. Mais dans le pays même, nous l'avons vu, ils éveillent avant tout l'idée de riches terroirs agricoles, plus particulièrement de terres à céréales.

Il y a toute une série de noms populaires — qui ne sont même pas des noms propres — où se montre clairement cette signification rurale. On appelle Terres froides, dans le Dauphiné, les plateaux couverts de débris glaciaires qui s'étendent entre la Tour du Pin et Voiron. Il y a, en Poitou, une région dite des Terres rouges, ou Terres à châtaigniers. A la bordure du massif Armoricain, toute une ceinture de « campagnes », ou plus exactement de « plaines », s'opposent nettement aux « bocages », et ce n'est pas tant l'allure plus régulière du sol qu'ont dans l'esprit les paysans, quand ils emploient ce mot de plaine, qu'un pays découvert dont l'exploitation agricole est différente. Il en est de même, dans l'Est de la France, pour le nom de « montagne », signifiant non pas une montagne proprement dite, mais une région un peu plus élevée, un plateau dont la végétation diffère de celle du pays d'en bas. La Montagne, dans la Côte-d'Or, comprend les plateaux boisés qui sont en arrière et au-dessus du vignoble. Car ce n'est pas forcément un bon pays que désignent ces noms populaires : la pauvreté peut être caractéristique tout autant que la richesse. Le nom de Sologne, aussi vivant que celui de Beauce, s'applique à une région qui fut longtemps déshéritée.

On ne s'étonnera pas, dans un vieux pays agricole comme la France, de cette attention obstinée donnée à la terre. L'examen du cadastre montre combien de lieux-dits font allusion à la valeur et à la nature du sol. Le paysan sait très bien distinguer sur son domaine les bonnes et les mauvaises parties, les terres légères ou les terres fortes. C'est le même besoin de différenciation qui, pour des régions plus étendues, a fait naître les noms de pays ; le relief peut y jouer son rôle, mais surtout par les modifications qu'il introduit dans la végétation et les cultures. Les uns s'appliquent à des territoires relativement restreints et ne traduisent que des particularités dont l'importance s'atténue dans un cadre plus vaste : ils ne sont guère connus que dans leur voisinage immédiat. D'autres ont une notoriété plus lointaine, sans pour cela être entrés dans l'usage général. Qui connaît le Multien ailleurs qu'aux environs de Meaux ? D'autres enfin sont connus de tous, ils ont vraiment pris place dans la terminologie géographique, mais au détriment de leur signification primitive. Il y a une hiérarchie pour les noms de pays, correspondant à l'importance des unités qu'ils représentent.

Si ces noms populaires avaient toujours été distincts des noms historiques, on n'aurait pas été exposé à prendre le change sur leur véritable signification. Mais les noms de pays ont été créés sans aucune méthode et très souvent empruntés aux divisions historiques. De là sont nées toutes sortes d'équivoques. Les géographes du XVIIe et du XVIIIe siècle, peu familiers avec la vie rurale, se sont laissé prendre à ces apparences. Ils n'ont pas compris ce qu'étaient vraiment les noms de pays ; ils les ont détachés des réalités naturelles auxquels ils correspondaient, pour les confondre avec des divisions mal définies qu'ils ont essayé tant bien que mal de délimiter. Ces confusions se sont perpétuées jusqu'au XIXe siècle. Quand nos géologues ont retrouvé la véritable signification des noms de pays, ils ont eu le tort, très excusable, de demander des renseignements aux géographes qui ne pouvaient leur en donner que de très inexacts. Les confusions durent encore, avec toutes les conséquences qu'elles entraînent. C'est aux géographes mieux informés qu'il appartient aujourd'hui de les dissiper.

Certains de ces noms ont été empruntés à l'histoire, mais il y a si longtemps qu'on ne le sait plus. Le nom historique d'où ils proviennent n'a survécu qu'avec son sens populaire. De ce nombre est celui de Multien qui ne s'applique plus d'ailleurs aujourd'hui qu'à une partie du territoire de l'ancien *pagus* de Meaux (*pagus Melcianus*) dont il a gardé le nom. Ceux qui l'emploient ne s'en doutent guère, et il n'y a plus de confusion possible. Mais il n'en est pas de même pour le Bassigny, par exemple. On sait encore, confusément il est vrai, que ce nom s'est étendu sur un assez vaste territoire et sa survivance comme suffixe dans Chaumont ou Is-en-Bassigny suffirait à le préserver de l'oubli ; il n'en a pas moins une acception populaire différente et désigne, dans le pays même, les terres fortes de la haute vallée de la Meuse [1]. L'équivoque est plus facile encore, on l'a vu, pour Gâtinais et Vexin qui, tout en restant très employés avec leur sens historique, ont pris chacun dans le langage rural une signification beaucoup plus précise. Il n'y a qu'un moyen de vérifier le véritable sens de tous ces noms, c'est de faire des enquêtes sur place. Encore est-il prudent de s'adresser de préférence à ceux qui ne sont pas suspects d'avoir puisé leurs connaissances dans les livres. L'école primaire, en répandant des notions historiques qui ne peuvent être que très sommaires, est en train, dans certains endroits, de refaire la confusion, mais en sens inverse, et de donner le change aux intéressés eux-mêmes.

Il serait d'un très grand intérêt de pouvoir suivre à travers les siècles la fortune de ces noms populaires : c'est tout le passé agricole de notre pays qui ressusciterait avec eux. Ils ont malheureusement presque toujours échappé aux témoignagnes écrits. Leur vulgarité, comme on disait encore au commencement du XIXe siècle, ne leur donnait pas accès dans les œuvres littéraires, et ils n'eussent pas été à leur place dans les actes officiels. Il en est qu'une longue tradition a si solidement implantés qu'il n'est guère à craindre de les voir disparaître ; ils ont même repris, comme le prévoyaient Dufrénoy et Élie de Beaumont, une vitalité nouvelle, depuis que les progrès de la géologie ont permis de se rendre un compte plus exact des particularités du sol auxquelles ils étaient attachés [2]. Et

1. Voir l'Appendice II.

2. « Le besoin de noms propres, pour désigner les espaces où se manifestent ces dissemblances, se fera de plus en plus sentir ; et ceux qu'une lon-

toujours reviennent les exemples typiques de la Beauce et de la Brie. D'autres s'effacent de plus en plus, comme ce nom de France, qui fut autrefois si populaire. Non pas que les plaines qu'il désignait soient devenues moins fertiles. Peut-être l'équivoque que risquait de produire ce nom de France a-t-elle contribué à le faire abandonner. Mais si l'on peut discuter sur les causes de sa disparition, le fait lui-même est hors de conteste. Il est fort possible que le sens populaire qu'a pris le nom de Gâtinais finisse par s'effacer avec les derniers vestiges du vignoble auquel il est plus particulièrement attaché. Nous soupçonnons encore que des noms de pays peuvent se déplacer, s'étendre ou se restreindre avec certaines cultures, peut-être même changer de signification, s'appliquer à d'autres caractères que ceux qu'ils traduisaient à l'origine. On ne comprendrait guère qu'à notre époque, où tant de transformations se sont produites dans l'agriculture, elles n'aient pas leur répercussion sur cette terminologie spontanée.

Il reste à faire, au sujet des noms de pays, deux remarques essentielles.

C'est d'abord que toutes les régions n'ont pas de nom populaire. Il en est ainsi de ce prétendu Hurepoix que les géographes du XVIIe siècle ont fini par

gue habitude a affectés à cet usage, loin de s'effacer, prendront un sens de plus en plus déterminé. La Beauce, la Brie, la Sologne, ne cesseront jamais d'avoir des noms spéciaux, et on comprendra de mieux en mieux que la connaissance des noms de ce genre et de tout ce qu'ils expriment est, à la fois, la base de la géographie ordinaire et de la géographie minéralogique. C'est là leur point de contact et leur point de départ commun. » DUFRÉNOY et ÉLIE DE BEAUMONT. *Ouv. cité*, I, p. 7.

localiser entre la Beauce et la vallée de la Seine, ou encore des plateaux situés au Nord de la Marne et à l'Est de l'Ourcq. Et cependant la région parisienne est en France une de celles où ces noms sont le plus nombreux. En étudiant la plaine picarde, qui comprend la plus grande partie de la France du Nord, M. Demangeon n'a trouvé que deux noms qui puissent vraiment être considérés comme des noms de pays : le Santerre et le Vimeu, caractérisés par la richesse de leurs limons[1]. Et l'on voit combien la théorie d'Antoine Passy prête à la critique. Il est impossible de diviser la France en compartiments dont chacun aurait un nom populaire. La phrase si souvent citée : « le bon sens des paysans a devancé la science. Il a distingué par un nom particulier chaque étendue offrant le même aspect ou la même culture » ne trouve son application que dans certains cas particuliers.

L'autre remarque est relative aux noms à suffixe. C'est sur les suffixes qu'on se guide le plus souvent pour discerner les noms de pays et reconnaître les régions auxquelles ils s'appliquent. Comment pourrait-on, en effet, quand une localité est dite « en tel pays », supposer que ce pays n'a pas de réalité ? Les exemples tirés de la région parisienne montrent cependant avec quelle prudence il faut utiliser ces noms à suffixe. Ils sont nés presque exclusivement de la nécessité de distinguer une localité d'une autre portant le même nom : un des procédés qui s'offrent le plus naturellement à l'esprit pour éviter ces équivoques, consiste à joindre

1. A. Demangeon, *La Picardie et les régions voisines : Artois-Cambrésis-Beauvaisis*. Paris, 1905, in-8, p. 437 et 439.

au nom de la localité celui de la division politique, de la circonscription administrative, ou encore du pays dont elle fait partie. Il est bien évident qu'on ne peut a priori affirmer que le suffixe appartient à telle ou telle catégorie. Dans le cas où il désigne uniquement et n'a jamais désigné qu'une région naturelle, il semblerait qu'il ne puisse pas y avoir de doute. Le Morvan, par exemple, se distingue assez nettement des régions qui l'environnent, pour qu'une localité dite « en Morvan » puisse être considérée comme faisant vraiment partie du Morvan. Et cependant, même dans ce cas, on peut être trompé par les suffixes. J'ai montré avec quelle légèreté certaines localités avaient pu être qualifiées de « en Beauce » alors que jamais la Beauce ne s'est étendue si loin vers l'Ouest. Les noms à suffixe ne peuvent être utilisés qu'après enquête sur leur origine. Ce sont des indices, ce ne sont jamais des preuves.

CHAPITRE XII

CONCLUSION

II. — Les régions naturelles.

La conclusion de ce qui précède, c'est qu'il faut tenir grand compte des noms de pays. Ils répondent toujours sinon à une individualité véritable, du moins à quelque particularité qui a attiré et retenu l'attention. Mais, on l'a vu, ils ne sont pas en très grand nombre : la seule considération des noms de pays ne saurait conduire à une division rationnelle.

Sur quoi donc fonder une division de ce genre, et, en définitive, qu'est-ce qu'une région naturelle ?

L'expression « région naturelle » n'a pas été adoptée seulement par les géographes ; les naturalistes l'emploient aussi, mais dans des sens différents, suivant qu'ils considèrent dans la nature tels ou tels ordres de faits. Les botanistes appellent parfois région naturelle l'aire d'extension d'une association végétale, les géologues une portion de l'écorce terrestre ayant même constitution lithologique ou tectonique. On a vu que les partisans de la théorie des bassins les qualifiaient de régions naturelles. En réalité ils ne tenaient compte que de l'hydrographie.

Il n'est pas possible de s'en tenir en géographie à un principe de division aussi simple. Lorsqu'on cherche à se représenter en quoi diffèrent deux régions ayant chacune leur physionomie propre : Lorraine et Provence, par exemple, on aperçoit bien que diverses causes interviennent, qui réagissent d'ailleurs les unes sur les autres et se résument pour nous en une impression d'ensemble : relief, sol, climat, végétation.

Mais suivant qu'on considère à la surface du globe des régions plus ou moins étendues, l'importance relative de ces causes augmente ou diminue. La plus décisive, celle qui marque le plus puissamment son empreinte, c'est, sans aucun doute, le climat. C'est le climat qui commande à la végétation et aux cultures. Quelques centimètres de pluie de plus ou de moins font une région fertile, une steppe ou un désert. Quelques degrés d'élévation vers le pôle, quelques centaines de mètres en altitude changent complètement les conditions de la vie. Mais le climat ne détermine que de très grandes régions. Il ne peut servir qu'exceptionnellement, dans les pays tropicaux, où tout dépend de la régularité des pluies, à établir des divisions moins étendues. C'est ainsi qu'on a adopté, dans les publications relatives au dernier recensement de l'Inde, des divisions fondées sur la météorologie. Encore chacune d'elles couvre-t-elle une aire considérable, égale en moyenne au tiers de la superficie de la France. Deux de nos provinces françaises appartiennent à une région nettement différenciée par son climat, la région méditerranéenne, caractérisée par des étés secs, des printemps et des automnes pluvieux. Nulle part, dans notre pays, la tran sition n'est plus brusque qu'aux frontières du Languedoc et de la Provence : un ciel plus lumineux, une végétation harmonieusement adaptée à ce paysage de sécheresse, étonnent et avertissent les moins observateurs. Au delà, vers le Nord et l'Ouest, commence la zone des étés pluvieux et règne l'influence de l'Océan. Il ne saurait être question cependant de partager simplement la France en région méditerranéenne et région océanique. Cette division, qui garde toute sa valeur, laisserait échapper trop de nuances et ne répondrait pas à la variété d'aspects de notre pays.

Après le climat, ce qui introduit le plus de différence entre les régions du globe, c'est l'altitude, dont l'effet se traduit d'ailleurs avant tout par un changement de climat. Mais chaque massif montagneux a aussi sa physionomie à part : c'est la conséquence de sa structure, de la nature des roches qui le constituent, du degré d'usure qu'elles ont subi par le fait de l'érosion et des agents atmosphériques. Le Jura français, avec ses plateaux et ses vals, est bien différent de nos Alpes, où l'érosion a isolé des massifs neigeux, découpé des vallées, dont chacune forme comme un petit monde à part. Le Massif central est autre chose ; mais ici la variété devient si grande, le volcanisme a tellement modifié l'aspect de certaines de ses parties, qu'il devient absolument nécessaire de faire des distinctions. Un massif montagneux porte toujours la marque des mouvements, des accidents de l'écorce terrestre qui lui ont donné naissance, il ne peut être que très rarement considéré comme une unité simple.

Ces unités, on ne les rencontre vraiment que dans les pays de faible relief, et il n'y a plus alors qu'un seul principe de différenciation qui intervienne : la nature du sol. Nous n'en avons pas trouvé d'autre dans toute la région parisienne. C'est en effet par la continuité des mêmes formations géologiques, dans une même zone climatique, que s'explique la continuité des mêmes aspects. Voilà pourquoi les géologues ont aperçu les premiers les véritables divisions à introduire dans l'étude géographique de notre pays.

Par continuité des mêmes formations géologiques, il ne faut pas entendre continuité des mêmes affleurements. Quand l'érosion a achevé ou suffisamment avancé son œuvre de nivellement, il est bien rare que de nouveaux mouvements du sol ne déterminent pas un nouveau cycle d'activité, que des vallées ne recommencent pas à se creuser, mettant à nu les couches plus anciennes. Ce sont des plateaux presque partout sculptés par l'érosion que nous a montrés la région parisienne. Une table calcaire uniforme comme celle de la Beauce y est une exception, et l'on ne retrouverait pas dans notre pays, sur une étendue pareille à celle-ci, pareille uniformité d'allures. En fait, l'exemple de la Beauce, toujours cité comme type de région naturelle, a l'inconvénient d'être trop simple. Monnet remarquait déjà qu'un pays peut être formé « de deux ou trois matières » et l'exemple qu'il donnait du Soissonnais est en effet très probant. La répétition des mêmes plateaux de calcaire grossier découpés par de larges vallées qui se creusent jusqu'au niveau des argiles, assure à cette région une véritable unité et permet de la résumer en une formule très simple. C'est en une autre formule que tient l'explication de la région située au Nord de Paris : plateaux surmontés par des rangées de collines ayant résisté à l'érosion et qui interrompent de leurs masses boisées la continuité des cultures.

Il y a, il est vrai, des cas beaucoup plus compliqués. Bien qu'il se compose, lui aussi, de plateaux découpés par l'érosion, le soi-disant Hurepoix n'a déjà plus la simplicité du Soissonnais. Les ondulations des couches géologiques y ont exercé sur le creusement des vallées une influence qui se traduit très nettement dans la topographie : celle de l'Yvette, nous l'avons vu, ne ressemble pas à celle de l'Orge. Les plateaux situés au Nord de la Marne et à l'Est du Loing doivent aux lambeaux de calcaire de Brie qui les recouvrent une certaine indécision d'allures. Encore la complication, dans la région parisienne, n'est-elle jamais que relative. La multiplicité, la rapide variation de nature des couches peuvent introduire parfois dans l'aspect d'un pays une variété déconcertante ; un réseau compliqué de failles met le désordre dans les affleurements et souvent dans la topographie. Ce sont là, il faut le reconnaître, des cas tout à fait exceptionnels, le désordre n'est pas la règle dans la nature. Il suffit qu'il se rencontre dans une région une formation dominante, que les mêmes accidents s'y répètent sur une étendue suffisante, pour lui assurer quelques caractères distinctifs et permettre de ne pas la confondre avec ses voisines. Il y a des degrés dans la différenciation : unité, en géographie, ne veut pas dire uniformité.

La détermination d'unités de ce genre ne dispensera pas d'en faire une étude attentive, d'y distinguer des particularités. Mais on ne peut songer à tenir compte de ces accidents dans une division rationnelle ; elle ne se distinguerait plus d'une description pure et simple et ne satisferait pas à ce besoin d'ordre qui est dans nos esprits, et sans lequel il n'y a pas de connaissance vraiment scientifique. Il faut avant tout chercher à saisir les ensembles.

Le passage d'une formation géologique à une autre se fait parfois brusquement dans la nature. C'est le cas, par exemple, lorsque l'inclinaison des couches permet à l'érosion de dessiner vigoureusement l'affleurement des plus dures au-dessus des plus tendres. Alors la limite des régions qui correspondent à ces formations peut être tracée avec précision. L'escarpement des côtes de Meuse est, en Lorraine, une ligne de démarcation très nette entre les plateaux boisés des environs de Verdun et les plaines de la Woëvre[1]. Même dans des couches à peu près horizontales l'érosion détermine souvent de ces brusques contacts. On passe sans transition, au Nord du Perche, des sables aux argiles à silex qui les surmontent, et la forêt, établie sur ces argiles, signale le changement de terrain et constitue une véritable frontière. Mais il n'en est pas toujours de même. Où sont exactement à l'Ouest les limites de la Beauce? Le limon masque ici le passage entre les calcaires et les argiles à silex. Où placer la limite entre la Picardie et la Champagne? Ici encore la transition est insensible. Parfois une vallée s'est creusée à la limite de deux formations et constitue à elle seule une petite région à part. Ce serait un non-sens de prendre comme division son thalweg. Les géographes du XVIIIe siècle, en prétendant marquer d'un trait précis sur leurs cartes les limites des pays, montraient bien qu'ils n'avaient

1. Voir Appendice III.

aucune idée de ce que peuvent être des unités géographiques. La nature ne se prête pas à des divisions aussi rigides.

En résumé, si la seule considération du climat permet de distinguer à la surface du globe un certain nombre de grandes régions, à leur tour l'altitude et la constitution géologique du sol y introduisent des différences et justifient une subdivision en régions plus petites, plus ou moins bien délimitées, de caractère d'autant plus accusé que les éléments qui les constituent sont plus simples. C'est à ces unités, grandes ou petites, mais toutes d'ordre physique, qu'il convient de réserver le nom de régions naturelles.

J'ai dit : d'ordre physique. Je crois en effet que c'est dans la nature même qu'il faut chercher le principe de toute division géographique. On objectera que, dans nos pays de vieille civilisation surtout, ce n'est plus la véritable nature que nous avons sous les yeux, mais une nature modifiée, transformée par le travail des générations humaines. L'objection ne vaudrait en tous cas que pour le sol, car nous ne pouvons à peu près rien sur le relief ni sur le climat. Encore n'est-ce qu'au prix d'une intervention incessante que les améliorations peuvent être maintenues. Que les terres cessent d'être amendées, que les canaux d'irrigation cessent d'être entretenus, et la nature reprend ses droits. Il n'en est pas moins vrai, qu'en fait les transformations sont considérables. Combien de forêts se sont éclaircies et ont disparu, en France, seulement depuis le début du moyen âge ! Sous nos yeux des changements importants se produisent : la création des canaux et des chemins de fer a facilité la véritable mise en valeur de régions qui jusque-là étaient restées très misérables; les mauvaises terres sont en train de devenir fertiles. Est-ce à dire que les différences fondamentales aient disparu, qu'il n'y ait plus de bons ni de mauvais pays? Il est bien rare, lorsque l'industrie humaine a réussi à transformer les conditions naturelles, qu'elles ne se manifestent pas encore de quelque manière. Il y a dans notre Charolais des terres marneuses contiguës à d'autres qui sont granitiques. Les marnes portent des prairies; c'est le pays par excellence de « l'embouche ». On y engraisse, dans la belle saison, les bœufs destinés à la boucherie. L'exemple a gagné la région granitique et il faut parfois quelque attention pour la distinguer de l'autre dans la monotonie des grands herbages entourés de haies. Mais le paysan sait bien que les prés granitiques ont une moindre valeur: on y peut élever des bestiaux, industrie moins lucrative que l'embouche, on ne les y engraisse pas. La différence s'est atténuée, elle n'a pas disparu.

Mais en réalité c'est pour des raisons plus hautes, touchant à la conception même de la géographie, qu'il faut s'en tenir aux divisions physiques. Rechercher dans la variété, dans la complexité des faits où intervient l'activité de l'homme ceux où se marque l'influence du milieu, c'est la propre tâche de toute cette partie de la géographie qui n'étudie pas simplement les phénomènes naturels et qu'on s'accorde aujourd'hui à appeler la géographie humaine. C'est par là vraiment qu'elle se distingue d'autres sciences qui se préoccupent des mêmes faits. Ou si l'on veut laisser de côté ces distinctions qui sont dans nos esprits et non dans les choses, je dirai plus simplement qu'il faut, lorsqu'on veut se rendre compte des faits humains, penser toujours à l'influence possible du milieu. Or, comment reconnaître cette influence, sans une étude préalable, indépendante, du milieu physique? Comment discerner ce qui est le fait de l'homme de ce qui est le fait de la nature, si l'on commence par confondre dans les mêmes cadres l'œuvre des hommes et les conditions naturelles? La clarté n'a rien à gagner à ces sortes de compromis. En réalité une région naturelle est tout autre chose que ce qu'il faut bien appeler, faute de terme plus approprié, une région économique. C'est tout autre chose aussi qu'une unité politique.

En ce qui concerne les faits économiques, on a pu dire, pour les produits du sol tout au moins, que les cultures tendaient à se localiser de plus en plus dans les pays qui, par leur sol et leur climat, leur étaient le plus favorables, et qu'en définitive les régions économiques tendaient à se confondre avec les régions naturelles[1]. Nous ne sommes plus en effet au temps où, sur son petit domaine, le paysan s'ingéniait à cultiver tout ce qui était nécessaire à sa subsistance. L'Angleterre se désintéresse de plus en plus des cultures de céréales : elle compte, pour la nourrir, sur les terres à blé du Canada ou des États-Unis, de la Russie, de l'Inde ou de l'Argentine. En Europe, les pays du Nord substituent de plus en plus les prairies aux cultures. Mais il faudrait, pour que l'équilibre pût s'établir entre les produits du sol et le milieu qui leur est le plus favorable,

1. Percy M. Roxby, *What is a « Natural region? »* (*The Geographical Teacher*, t. IV, 1907, p. 123-128).

commencer par supprimer toutes les barrières de douanes, et quand elles auraient disparu, il n'en resterait pas moins à tenir compte des facilités de communication et des distances, de la puissance d'absorption des grandes agglomérations urbaines, des habitudes d'alimentation de chaque peuple. Enfin ce qu'on appelle le milieu le plus approprié ne dépend-il pas pour une part de l'ingéniosité humaine ? L'homme n'est-il pas arrivé par des sélections, par des procédés de culture, à déplacer un grand nombre de plantes de leur habitat primitif ? Le cotonnier est un arbre tropical ; il n'a pris toute sa valeur industrielle que lorsqu'il a été cultivé comme plante annuelle en dehors des tropiques.

La géographie économique n'est d'ailleurs pas uniquement celle des produits végétaux ou dérivés des végétaux : l'industrie y a sa place. Or, l'industrie dépend de tout un ensemble de facteurs où la géographie n'intervient pas toujours. Une des plus actives de nos régions industrielles françaises est la région de Lyon. Le tissage de la soie y fut introduit au XVe siècle par des émigrés italiens : c'était une industrie artificielle. Plus tard, elle se transporta en partie hors de la ville, dans la montagne lyonnaise où elle rencontra des conditions très favorables. Depuis des siècles, en effet, le tissage de la toile y était l'occupation familière des paysans insuffisamment occupés, dans ce pays pauvre, au travail de la terre ; il avait pris là une importance toute particulière, grâce au voisinage du marché de Lyon. Un textile se substitua facilement à un autre, et le coton à son tour est venu prendre presque tout entière la place du lin et du chanvre. Aujourd'hui les métiers à soie ont émigré plus loin encore, dans le Jura, dans le

Dauphiné, jusqu'en Auvergne, partout où les chutes d'eau facilitaient l'établissement d'usines. Mais toute cette industrie continue à graviter autour de Lyon et s'alimente aux capitaux lyonnais. Il y a donc bien une région lyonnaise, si l'on entend surtout par là un groupement économique, mais ce serait être dupe des mots et de l'insuffisance du vocabulaire géographique que de la confondre avec une région naturelle.

Il est des cas où la confusion paraît plus explicable. La présence de la houille, avec toute la concentration d'usines qu'elle détermine, a tellement transformé certaines régions, l'industrie y occupe aujourd'hui une place si prépondérante qu'elle suffit à elle seule à les caractériser. Des noms typiques — comme pour les régions rurales — sont nés parfois pour les désigner : il y a un « pays noir » dans le Nord de la France, autour de Lens, de Béthune, d'Anzin, de Valenciennes. Il y a un autre « pays noir » autour de Saint-Étienne, dans la Loire. Est-il besoin de dire que ce sont là des régions industrielles ? Au sortir, au cœur même de ces pays souillés, la rencontre inopinée des prairies ou des cultures rappelle l'état ancien, la véritable région naturelle au milieu de laquelle a surgi toute cette industrie. Et si l'on voulait en étudier le développement, si l'on recherchait l'origine de toutes ces manufactures dont le voisinage d'un bassin houiller semble aujourd'hui la seule raison d'être, on verrait qu'elle remonte souvent bien loin dans le passé et que les conditions naturelles ne furent pas sans influence sur leurs plus humbles débuts. Il importe, dans toute enquête historique sur nos industries modernes, de les avoir bien présentes à l'esprit.

Les unités politiques et les divisions administratives appartiennent à une autre catégorie.

Certes, il existe à la surface du globe des contrées si régulièrement encadrées par la mer ou la montagne qu'un groupement politique devait presque nécessairement s'y constituer. Ce fut de tout temps une garantie de sécurité pour un peuple, un des facteurs d'une civilisation plus précoce que la protection assurée par une bonne frontière. La haute barrière de l'Himalaya et du Tibet a contribué pour une bonne part à l'isolement de l'Inde. La ceinture alpine fut une frontière moins efficace ; trop de passages faciles s'y ouvraient pour mettre l'Italie à l'abri des entreprises venues d'au delà des monts. En fait, elle a mis des siècles à se reconstituer dans son domaine naturel, sans y être d'ailleurs entièrement parvenue. Les marches forestières ont souvent servi de frontières aux cités gauloises primitives, et il ne serait pas difficile de montrer, même dans nos groupements féodaux du moyen âge, l'avantage d'une bonne assiette naturelle. Mais, dans les pays de plaines surtout, combien d'exemples ne pourrait-on pas citer de groupements politiques indépendants de toute frontière fixée par la nature ?

Lorsqu'on réfléchit à la manière dont se sont formées chez nous les unités politiques, on ne peut manquer d'être frappé du très grand rôle qu'ont joué les villes dans cette organisation. Il est très significatif qu'à l'époque romaine la plupart des chefs-lieux de cités aient pris les noms des populations qui les constituaient. Par là se marquait l'union intime de la capitale et du groupement dont elle faisait partie. C'est, à peu d'exceptions près, autour de ces villes que se sont maintenues nos unités politiques. Lieux de défense et lieux de commerce, elles étaient vraiment des centres. D'autres forteresses, grandes ou petites, ont été bâties au moyen âge, et toujours autour d'elles des groupements se sont constitués. La mainmise sur la capitale entraînait la possession du pays. Or, les villes n'ont pas nécessairement grandi au centre de régions naturelles. C'est au contraire dans la zone de contact de deux régions, là où se font les échanges, c'est au confluent de deux rivières, autre position favorable au commerce, qu'elles ont eu le plus de chances de se développer. Il est très remarquable que la Beauce n'ait jamais formé une unité politique, qu'elle ait toujours été partagée entre des groupements dont les capitales, Chartres, Orléans, étaient sur les frontières. La Brie est dans le même cas. Une de nos plus anciennes provinces, l'Auvergne, a toujours eu sa capitale, Clermont-Ferrand après Gergovie, à la limite de la montagne et de la plaine. C'est le trait d'union de deux régions qui, de tout temps, se sont montrées solidaires. Ici l'on peut dire que chacune d'elles garde son individualité, que leur union s'explique pour des raisons économiques, chacune des deux fournissant à l'autre ce qui lui manque. Mais combien de fois voyons-nous une région parfaitement homogène répartie entre plusieurs groupements politiques ! Dans son étude sur la Picardie, M. Demangeon remarque que le Santerre, dont l'étendue n'est pourtant pas considérable, était déjà partagé à l'époque gallo-romaine entre les *pagi* du Vermandois et de l'Amiénois. Il l'est encore aujourd'hui entre les deux départements de la Somme et de l'Aisne. On pourrait citer bien d'autres exemples analogues. La variété du sol n'a jamais été une cause de faiblesse pour une organisation politique ; c'est au contraire une condition de vitalité et de progrès.

Nos divisions administratives ont été pendant longtemps si enchevêtrées et si confuses qu'il serait oiseux de rechercher quels rapports elles pouvaient avoir avec les régions naturelles. La Constituante, lorsqu'elle en établit de nouvelles, avait d'autres préoccupations que de satisfaire aux exigences géographiques. Mais précisément, en présence de nos départements formés parfois de morceaux si disparates, et que beaucoup trouvent aujourd'hui trop petits, trop favorables à une centralisation excessive, on s'est demandé s'il n'y aurait pas un intérêt national à constituer des unités plus étendues et plus en rapport avec les cadres naturels. Les uns voudraient créer des divisions comparables par les dimensions à la moyenne de nos anciennes provinces, en y groupant un certain nombre de pays ; d'autres se contenteraient de reviser nos départements en les étendant, de les rendre surtout plus homogènes. L'idée qui domine tous ces projets est de créer des organismes plus conscients de leur unité et de leurs intérêts[1].

Je n'ai pas à montrer ici les avantages qui en pourraient résulter pour la vie politique de notre pays. Mais

1. Il y a sur cette question un assez grand nombre de travaux. Voir par exemple : JULES FRANCK, *Une carte de France à faire. Les départements actuels et les anciens pays* (*Rev. de géographie*, t. I, p. 341-352). P. FONCIN, *Les pays de France. Projet de fédéralisme administratif.* Paris, 1898, in-18. — *Régions et Pays. Biblioth. de propagande régionaliste.* Toulouse, 1903, in-18. HENRI CAVAILLÈS, *La représentation des intérêts régionaux.* (*Rev. politique et littéraire. Rev Bleue*, 5e série, t. VIII, 1907, p. 271-276).

de ce que plusieurs de nos départements sont mal faits, s'en suit-il qu'il faille essayer de calquer nos divisions et subdivisions sur des régions naturelles ? Je crois avoir montré par ce qui précède que notre territoire ne se prêterait guère à un sectionnement en unités physiques d'étendue à peu près comparable. Et quand ce sectionnement serait possible, satisferait-il à cette autre condition que doivent remplir les divisions administratives, d'être avant tout pratiques ? Comme pour les unités politiques, les villes jouent ici leur rôle. L'agriculteur a besoin de marchés pour y vendre ses produits, pour s'y procurer les objets qu'il ne trouve pas sur place. Son véritable centre, c'est la ville voisine. N'est-il pas naturel que ce soit aussi son chef-lieu administratif ? Un remaniement de nos arrondissements devrait surtout tenir compte des relations nouvelles établies par les chemins de fer. Des unités plus petites on pourrait former des groupements plus étendus que nos départements actuels, et l'on entrevoit très bien la possibilité d'une division de la France en un certain nombre de grandes régions administratives : nos circonscriptions de corps d'armée, nos ressorts judiciaires ou académiques, sont déjà des groupements de ce genre. Il serait même plus facile de mettre ces grandes divisions que les petites en harmonie avec les conditions naturelles. Encore n'y faudrait-il pas compter absolument. Le Massif Central, dont l'unité physique est évidente, serait un cadre administratif bien incommode. Il faudrait encore ici tenir compte, avec les intérêts et les traditions, des facilités de communication. C'est dans la mesure où les conditions géographiques favorisent les relations et les échanges qu'elles doivent surtout intervenir dans la détermination des divisions et subdivisions administratives.

Il reste une dernière difficulté à résoudre, celle qui préoccupait déjà en 1808 d'Omalius d'Halloy : de quels noms faut-il désigner les régions naturelles ?

Lorsqu'on se trouve en présence d'une région ayant un nom populaire, connu de tous, d'un vrai nom de pays, aucune hésitation n'est possible. Il faut le conserver avec soin. C'est le cas le plus simple, mais c'est aussi le moins fréquent.

Pour les régions ordinairement désignées par leurs noms historiques, il en est qui leur sont si étroitement attachés qu'il y aurait quelque ridicule à ne pas vouloir s'en servir. Quelles qu'aient été les limites de l'ancien Vexin, et quel que soit le sens agricole très spécial qu'on attribue à ce nom lorsqu'on n'a en vue que la richesse de la terre, il n'y a pas d'inconvénient à dire le Vexin français pour désigner le plateau de calcaire grossier surmonté de buttes sableuses compris entre l'Oise, l'Epte et la Seine. On ne prolonge pas d'ordinaire aujourd'hui le Vexin sur le plateau crayeux abusivement appelé Pays de Thelle. On a presque oublié dans le pays que le Vexin historique s'étendit sur la plus grande partie de ce plateau. En cessant de correspondre à une division précise, il semble que le nom de Vexin ait pris un sens plus géographique. Il y a là une indication dont on peut tenir compte. Ce n'est pas détourner ces vieux noms de leur signification traditionnelle que de suivre l'usage. Il est facile d'ailleurs, pour éviter toute équivoque, de dire : le plateau du Vexin : la géographie et l'histoire seront satisfaites.

Il en est de même pour le Valois. Il n'y a aucune raison pour ne pas dire : les plaines du Valois, en désignant de ce nom la région naturelle, si régulièrement encadrée par les forêts, qui va de Senlis à Villers-Cotterets, et qui fut toujours le cœur du Valois. Il ne faudrait pas, sous prétexte de précision, souvent plus apparente que réelle, faire table rase du passé. Et c'est un passé si vivant dans les souvenirs, dans les monuments encore debout, qu'évoquent pour nous ces vieux noms historiques ! Ils sont comme le prolongement de la France d'autrefois dans la France d'aujourd'hui.

Il y en a cependant de fort embarrassants, et de ce nombre est celui de Gâtinais. Dans l'usage le nom de Gâtinais s'applique encore à deux régions très différentes, de part et d'autre du Loing. Il vaudrait mieux certainement, si l'on veut lui donner un sens géographique, le restreindre au pays situé sur la rive gauche du Loing, d'accord en cela avec l'opinion populaire, qui fait du Gâtinais le pays de la vigne. Il est indispensable ici de préciser et de définir ce qu'on entend par Gâtinais.

Mais comment désigner les régions qui n'ont pas de nom ? Faut-il en faire revivre, comme cette Madrie qu'on voudrait parfois restituer entre la Seine et l'Eure ? Faut-il en inventer ? Belgrand a appelé Champagne humide la zone infracrétacée argileuse et sableuse qui précède à l'Est la vraie Champagne, celle de la craie. Historiquement, elle a fait partie de la Champagne ; mais c'est presque un contresens que d'appliquer l'épithète : « humide » au nom de Champagne, qui, dans la terminologie géographique, évoque toujours l'idée de pays sec. Le procédé n'est pas à imiter, il laisse trop de place à l'arbitraire et risque d'introduire des idées fausses. Laissons dormir le *pagus Madricensis* et n'inventons pas de noms nouveaux. Il est facile, pour désigner les régions anonymes, de dire : la plaine, le plateau ou les collines de..., en ajoutant le nom de la localité la plus importante qui situera géographiquement la région.

J'ai essayé de montrer ce qu'il faut entendre par région naturelle. C'est une notion qui n'a pénétré que lentement dans les esprits et qui n'a pu prendre toute sa signification qu'à mesure que se complétait et se précisait notre connaissance du globe. Il ne faudrait pas aujourd'hui, par un zèle un peu trop prompt, faute d'une initiation nécessaire, s'exposer à dépasser la mesure, et accorder aux régions naturelles une importance qu'elles ne peuvent pas avoir. Croire, en effet, qu'il suffit de partager la France en un certain nombre de compartiments plus ou moins bien délimités pour tenir l'explication de tous les faits qui peuvent intéresser un géographe, ce serait, pour éviter l'inconvénient de divisions factices, tomber dans un autre abus dont les conséquences ne seraient pas moins fâcheuses. J'ai montré que le cadre des régions naturelles ne s'appliquait nécessairement ni à la géographie économique, ni à la géographie politique. Cela revient à dire que parmi les conditions imposées par la nature à l'activité humaine, il en est d'autres que le relief, le sol ou le climat, qu'il faut encore tenir compte de la position, de la facilité des communications, de tout un ensemble de causes qui, à chaque époque, pour un état de civilisation déterminé, peuvent assurer l'avantage à une contrée, à un site particulier.

Dans notre tentative pour reconnaître les divisions naturelles de la région parisienne, Paris a passé presque inaperçu. C'est qu'en effet la croissance de la grande ville s'explique par de tout autres raisons que la constitution géologique des régions qui l'entourent. Certes, la richesse agricole de la Beauce, de la Brie, de la France et du Valois n'y a pas été indifférente, à une époque où il fallait tirer du voisinage les ressources nécessaires à l'alimentation d'une population déjà nombreuse. Mais sa position au centre d'un véritable bassin, au point de convergence de rivières importantes et faciles, la commodité qu'offraient les plateaux pour l'établissement d'un réseau de routes menant vers toutes les parties du territoire, furent autrement puissantes. Est-il besoin d'ajouter que toutes ces raisons d'ordre physique n'eussent pas suffi à assurer la singulière fortune de la petite capitale des *Parisii* et qu'il en faut demander l'explication à l'histoire ?

Ce n'est pas seulement à la géographie humaine que la détermination des régions naturelles ne saurait donner toutes les indications dont elle a besoin, c'est aussi à la géographie physique. L'étude d'un fleuve n'est à coup sûr pas indépendante de celle des pays qu'il traverse ; chacun d'eux met sur lui son empreinte : ici la vallée s'est péniblement creusée entre des berges abruptes ; plus loin elle s'élargit et s'étale entre des rives à peine accusées. Les affluents disciplinés que lui envoient les plateaux calcaires influent sur son régime comme les ruisseaux gonflés par des crues rapides, venus des plaines marneuses. Un fleuve n'en est pas moins un organisme distinct qu'il faut étudier dans son ensemble, dont le tracé et le profil dépendent de tout autres causes que la nature des pays traversés. Dans le domaine de la géographie physique, où tout est régi par un déterminisme absolu, des lois générales dominent les faits particuliers et l'étude de détail ne peut être éclairée, vivifiée, que par la connaissance de ces lois.

La notion de région naturelle est simplement l'expression d'un fait mis de plus en plus en évidence par les observations qui se poursuivent depuis un siècle ; c'est que les causes qui agissent à la surface du globe ne se distribuent pas au hasard et qu'elles se manifestent le plus souvent sur une certaine étendue : observations météorologiques montrant que les moyennes de température et de pluie ne varient guère dans une région déterminée ; observations botaniques permettant de reconnaître sous les mêmes climats la répétition des mêmes types de plantes ; observations géologiques prouvant que s'il y a une grande variété dans la constitution du sol, tout n'y est cependant pas désordre, et que la manière même dont se sont déposés les sédiments, dont se sont produits les mouvements de l'écorce terrestre, implique une certaine régularité d'allures. Par là se trouve justifiée de plus en plus la notion de région naturelle, et l'on comprend qu'elle soit le seul principe de division vraiment rationnel, puisque seul il répond à la continuité des mêmes causes produisant les mêmes effets : continuité du climat pour les plus grandes régions, et, pour les plus petites, continuité de certaines formations géologiques, nettement aperçue par nos premiers géologues, et que traduisent en somme les noms de pays.

[illegible] entre les pays [illegible] dans le domaine de la géographie [illegible] tout est régi par un déterminisme absolu ; des lois générales dominent les faits particuliers et chaque détail ne peut être [illegible] que par la connaissance de ces lois.

La notion de région naturelle [illegible] s'est [illegible] de plus en plus [illegible] par les observations qui se poursuivent depuis un siècle [illegible] quelles [illegible] qui agissent à la surface du globe ne se [illegible] pas au hasard et qu'elles se [illegible] le plus souvent sur une certaine [illegible] que [illegible] observations [illegible] géologiques [illegible] que les provinces [illegible] naturelle [illegible] déterminée, observations [illegible] permettent de reconnaître [illegible] les mêmes [illegible] la répartition des mêmes types de plantes [illegible] trouvant [illegible] variété dans la constitution du sol [illegible] que la nature même [illegible] dépend [illegible] les mouvements de l'[illegible] terrestre. [illegible] la [illegible] pas plus la notion de région naturelle [illegible] comment [illegible] le seul principe de division vraiment rationnel, puisqu'il répond à [illegible] les [illegible] pour les plus [illegible] régions et pour les plus petites [illegible] géographiques [illegible] noms de pays.

APPENDICES

APPENDICE I

EXAMEN DES NOMS DE PAYS DU DÉPARTEMENT DE L'EURE, D'APRÈS ANTOINE PASSY

Dans son *Essai sur les contrées naturelles de la France,* paru en 1857, Antoine Passy distinguait dans le département de l'Eure les régions naturelles suivantes :

« Le Vexin français, grande plaine à céréales, fondée sur l'alluvium [1] ;

Le Lyons, terrain de sables, de silex, d'argiles, connu par ses forêts ;

La Madrie, terrain à meulières entre la Seine et l'Eure ;

Les Campagnes de Saint-André et du Neubourg, pays de grande culture, comme le Roumois ;

Le Lieuvin aux terres fortes, où l'on cultive le lin et dans lequel la craie inférieure se fait voir ;

Enfin, le pays d'Ouche où la terre offre des argiles, des sables, des grès, du grison et des minerais de fer, qui sont absents des autres parties de notre sol [2]. »

Dans un autre passage du même travail il disait, à propos du Vexin :

« Et dans notre département la *forêt de Lyons,* les *Septvilles de Bleu,* le *Vexin bossu* sont autant de divisions du Vexin considéré comme province ou juridiction [3]. »

1. Passy veut dire sans doute Vexin normand.

2. *Essai sur les contrées naturelles de la France* (*Recueil des travaux de la Société libre d'agriculture, sciences, arts et belles-lettres de l'Eure.* 3e série, t. V, 1857-1858, p. 139).

3. P. 137.

Plus tard, dans sa *Description géologique du département de l'Eure*, qui ne fut publiée qu'après sa mort en 1874, il revenait sur cette division et s'exprimait ainsi :

« Nous devons entrer dans plus de détails et caractériser géologiquement et agricolement les divisions les plus anciennes de notre territoire, plus anciennes que les divisions admises par les Romains et le Moyen Age.

Ces dénominations ne répondent pas aux divisions ecclésiastiques féodales, juridiques ou administratives qui ont prévalu dans le monde officiel; elles sont demeurées inébranlables à travers les siècles dans le langage usuel des habitants.

Nous ferons remarquer d'abord que les divisions naturelles du sol n'ont pas de limites précises. C'est la nature du terrain qui les fait reconnaître et dénommer, mais elles n'en sont pas moins admises avec certitude.

D'après leur caractère physique et leur aspect individuel les diverses parties de notre territoire ont reçu chacune un nom spécifique, et ce nom se joint habituellement à celui des communes qui y sont comprises, pour les distinguer de leurs homonymes, situées dans une autre région.

La nomenclature de nos contrées naturelles est la suivante :

Le Lieuvin (Liévin). *Levinus, pagus Levinus.*

Le Roumois (Rosmeis). *Rosmensis ager.*

La campagne du Neubourg.

Le pays d'Ouche. *Occa. Ouchensis Regio.*

La campagne de Saint-André.

Le plateau entre la Seine et l'Eure. *Madrie.*

La vallée de la Seine.

Le Vexin, qui comprend le Vexin-bossu (Velquessin). *Pagus vulcassinus.*

Le Lions. *Lihons, Leones, Lionum, Sylva Leonum*[1]. »

Suit la description sommaire de chacune de ces régions.

Laissant de côté la question de savoir quand ces dénomina-

1. *Description géologique du département de l'Eure.* Évreux, 1874, in-4, p. 61-62.

tions ont apparu, il est permis de se demander, avec plus de précision que ne l'a fait Passy, dans quelle mesure elles correspondent à la nature du terrain ou à des particularités agricoles, dans quelle mesure aussi elles sont demeurées dans le langage usuel des habitants. Il reste enfin à savoir si toutes les parties du département ont vraiment un nom spécifique, en d'autres termes si on peut le découper en compartiments, même sans limites bien arrêtées, ayant chacun un nom de pays. Les choses n'ont pas dû tellement changer depuis cinquante ans qu'on ne puisse contrôler les affirmations qui précèdent par une enquête. A coup sûr, personne mieux que Passy ne connaissait le département dont il a le premier donné la carte géologique, mais on a pu voir, par tout ce qui précède, combien les questions qui touchent à ces noms de pays sont délicates. Nul ne s'étonnera que ceux qui ont eu le grand mérite de les aborder les premiers n'aient pu complètement les résoudre, à une époque surtout où les problèmes de géographie historique n'étaient pas élucidés comme ils le sont aujourd'hui[1].

Campagne de Saint-André. — Passy lui donne comme limites : à l'Ouest, le pays d'Ouche ; le Thimerais et l'Avre au Sud ; l'Eure au Nord et à l'Est. Le pays d'Ouche étant délimité lui-même à l'Est par la Campagne de Saint-André, la frontière de ce côté reste indécise. Bien que le nom de Campagne ou Champagne figure sur les anciennes cartes, on ne dit pas couramment aujourd'hui « Campagne », mais « Plaine » de Saint-André. Il en est d'ailleurs, je crois, de même pour toutes les « Campagnes » situées en bordure du Massif armoricain ou au voisinage. Campa-

1. Pour la partie du département au Sud de la Seine, j'ai très largement puisé dans une enquête inédite faite par M. J. Carcopino, ancien élève de l'École normale supérieure, professeur au Lycée du Havre. Je le remercie de m'avoir autorisé à mettre à contribution sa parfaite connaissance du pays. Pour la partie Nord, je dois des renseignements à MM. A. Demangeon, professeur de géographie à l'Université de Lille et Jules Sion, ancien élève de l'École normale supérieure, qui publiera très prochainement une importante étude sur la Haute-Normandie.

gne est le mot savant, traduction de *Campania* qui, dans les textes latins, veut simplement dire plaine [1].

Lorsqu'on s'informe dans le pays même de ce qu'il faut entendre par « Plaine de Saint-André », on vous répond le plus souvent que c'est le canton de Saint-André. En réalité, il ne faut pas s'arrêter à cette définition. On est habitué, lorsqu'on fait des enquêtes sur les noms de pays, à en entendre de semblables. Elles proviennent simplement de l'embarras qu'éprouvent ceux qu'on interroge à délimiter une région qui ne peut avoir de limites précises. On en retiendra simplement ce fait que la plaine de Saint-André ne s'étend pas très loin autour de Saint-André, et par là se trouve tout à fait contredite l'opinion de certaines personnes qui, à Saint-André même, étendraient volontiers la plaine de Saint-André jusqu'à l'Eure, l'Avre et l'Iton, qui y engloberaient même Évreux, le chef-lieu du département. Mais ceux qui répondent ainsi ne sont pas sans avoir entendu parler du rôle de capitale que les géographes assignent à leur petite ville. Leur témoignage est trop intéressé pour n'être pas suspect.

La vérité, c'est que le terme qui revient le plus souvent pour désigner toute cette région, c'est simplement la « plaine », la plaine qui s'oppose aux vallées. Mais dans la plaine on distingue plusieurs parties, on dit : plaine de Marcilly, plaine de Corneuil, plaine de Prey, comme on dit plaine de Saint-André. Celle-ci, lorsqu'on cherche à faire préciser, forme autour de cette bourgade un cercle d'une lieue environ de rayon, dont la circonférence passerait par les Authieux, Crieuzel, Ferrière, La Futelaye, Touvoye, Bâtigny, Le Buisson-Fallu, Quessigny, La-Forêt-du-Parc, Longtouche, l'extrémité de Grossœuvre et de Jumelles. Pourquoi cette différenciation ? On pourrait être tenté de supposer que cela tient à une différence d'altitude. Le clocher de

1. Il faut noter cependant que dans les suffixes, c'est le mot Campagne ou Champagne qui figure. Par exemple, dès le XIIIe siècle, Criquebuef en la Champengne (1203) (DE BLOSSEVILLE, *Dictionnaire topog. du département de l'Eure*, au mot Criquebeuf). Mais c'est sous leur forme latine que ces noms ont d'abord été écrits. Champaigne, Champagne, Campagne peuvent être considérés comme des traductions et ne prouvent pas que, dans la langue usuelle, on n'ait pas dit déjà : la plaine.

Grossœuvre, où l'on fait commencer la Plaine de Saint-André, est à l'extrémité Sud du village dont les maisons s'échelonnent le long de la route. La plaine de Saint-André est partout supérieure à 145 mètres. Elle atteint même 156 mètres au Ménil-Chaudron, alors que sur le pourtour on trouve 141 mètres au Moulin des Authieux, 138 mètres à la Futelaye. Mais est-ce bien une aussi faible différence d'altitude qui suffirait à donner son individualité à cette petite région? En fait, les parties les plus élevées de la plaine sont recouvertes de limon, alors que les argiles à silex affleurent sur le pourtour [1]. Les limons sont partout emblavés et sans arbres, tandis que les argiles à silex portent des bouquets de bois et de maigres cultures : les rendements y sont beaucoup plus faibles. Mais ces différences ne se rencontrent pas seulement autour de Saint-André ; on distingue sur tout le plateau des plaines analogues, séparées par des affleurements d'argile à silex. Nous retiendrons donc de cette enquête que le paysan n'a pas la notion d'une plaine de Saint-André dépassant l'horizon de sa bourgade. L'expression plaine de Saint-André n'est pour lui qu'un moyen de distinguer une des parties d'un ensemble très uniforme, le terroir particulièrement riche dont Saint-André est le centre. On remarquera qu'un des plus anciens géographes qui ait dressé une carte de cette région, Pierre Duval d'Abbeville, sur sa carte de l'Évêché d'Évreux (1654), écrit simplement, sans préciser davantage, à l'Est d'Évreux : « Païs de Champagne », ce qui répond beaucoup mieux à la véritable opinion des gens du pays. Le nom de plaine de Saint-André donné par les géographes qui ont suivi à tout l'ensemble du plateau compris entre l'Iton et l'Eure est une interprétation de savant. Le premier qui a ainsi étendu ce nom me paraît être Levasseur de Beauplan sur sa très belle carte de Normandie en douze feuilles de 1667. Comment un pareil modèle n'aurait-il pas fait autorité [2] ?

1. Consulter la *Carte géologique détaillée*, feuille d'Évreux, n° 47, et pour toute cette étude les feuilles de Rouen, n° 31, de Bernay, n° 46, de Lisieux, n° 30.

2. Voir sur cette carte appendice V, p. 323, note 3.

Campagne du Neubourg. — Elle aboutit, dit Passy, au Nord, au Roumois, plus spécialement à la vallée de l'Oison qui rejoint la Seine en amont d'Elbeuf, et au vallon de Voiscreville (vallée sèche qui va vers la Risle) ; au Sud-Ouest au pays d'Ouche ; à l'Ouest à la Risle, à l'Est à l'Iton. Passy définissant le pays d'Ouche par la Campagne du Neubourg, la limite, de ce côté, reste également indécise. Les conclusions de l'enquête sur la Campagne de Saint-André pourraient s'appliquer à la plaine du Neubourg. Tout ce pays est encore la « plaine » ; mais dans l'ensemble on distingue très bien le centre du plateau compris entre l'Iton et la Risle, et c'est à lui qu'on donne plus spécialement le nom de plaine du Neubourg. Elle est délimitée par les communes suivantes, toutes situées autour du Neubourg : Vitot, Épégard, Le Troncq, La Pyle, Saint-Meslin-du-Bosc, Le Gros-Theil, Tourville-la-Campagne, Fouqueville, Mandeville, Criquebœuf-la-Campagne, Cesseville, Marbeuf, Saint-Aubin-d'Écrosville, Écauville, Sainte-Colombe-la-Campagne, Le Tremblai, Combon, Bray, Écardenville, Épréville-la-Campagne, Villez-sur le-Neubourg[1]. Pourquoi cette différenciation ? Pourquoi certaines terres appartiennent-elles à la plaine du Neubourg, d'autres à la plaine simplement ? La nature du sol est partout la même, partout s'étend à perte de vue un pays plat sans autres arbres que les rangées de pommiers plantés à l'extrémité des champs qui bordent la route, où les maisons, toujours orientées vers le Midi, se groupent en gros et longs villages. La différence est sensible cependant pour celui qui vit de la terre : la plaine du Neubourg est particulièrement riche dans ce pays de limons, et cette richesse se traduit par une différence dans l'assolement qui partout, sauf dans trois communes du pourtour, considérées comme faisant partie de la plaine du Neubourg : Combon, Sainte-Colombe et Écauville, est biennal, tandis qu'ailleurs il est triennal. Comme disent les cultivateurs, la plaine du Neubourg, c'est proprement « la terre des deux saisons ». Récoltes plus abon-

1. Quelques-uns de ces suffixes « la Campagne » sont très anciens. On trouve, en 1203, Criquebuef en la Champengne, en 1240, Crikebue in Campania, en 1502, Tourville la Champaigne. De Blosseville, *Dict. topog.* Les autres paraissent assez récents, on ne les trouve pas dans le *Dictionnaire*.

dantes, moindres dépenses en engrais caractérisent cette région agricole, qui doit sa fertilité moins à l'épaisseur qu'à la nature chimique de ses limons. Combon, Sainte-Colombe et Écauville participent à cette richesse et c'est pourquoi on les comprend naturellement dans la plaine du Neubourg. Très nettement la plaine du Neubourg est donc une région agricole ; mais elle n'occupe pas un espace aussi étendu que le disent les anciens géographes et que Passy l'a admis avec eux.

Le Roumois. — Limité suivant Passy par la Risle à l'Ouest ; la Seine à l'Est et au Nord ; au Sud par la Campagne du Neubourg et la vallée de l'Oison. Ce nom de Roumois est très ancien. Il vient du *pagus Rotomagensis,* dont les limites se conservèrent dans celles du grand archidiaconé du diocèse de Rouen. Mais au delà de la Seine, il s'étendait sur toute la partie inférieure du cours de l'Eure [1], c'est du moins ainsi seulement que peut s'expliquer l'extension du nom de Roumois de ce côté. Duval sur sa carte du diocèse d'Évreux écrit « Roumois » au Sud de la Seine, Levasseur place le « Romois » des deux côtés de la Risle et entre la Risle et la Seine. Delisle sur une carte de Normandie où il a délimité les différents pays cantonne le Roumois entre la Risle, la Seine et une ligne droite tirée de Brionne à Elbeuf.

Qu'entendent aujourd'hui les paysans par le Roumois ? Ils le restreignent beaucoup plus que les géographes. Ils le font commencer, à l'Est, à la sortie de Bourgthéroulde et l'arrêtent à l'Ouest à la côte pelée de Saint-Ouen-des-Champs, au bord du marais Vernier. La limite au Sud passe par Illeville, Ecaquelon, Boisset-le-Chatel ; au Nord par Saint-Ouen-de-Thouberville, Hauville et la Haye-de-Routot. Ainsi réduit, le Roumois, pour les cultivateurs de Bourg-Achard qui est comme le centre du pays, a une visible unité. Il exclut les bois et les marais, marais Vernier à l'Ouest, bois de la Boissière et forêt d'Elbeuf à l'Est, forêt de la Londe et forêt de Brotonne au Nord, et au Sud forêt de Montfort et la ligne des « hautes terres » (164 mètres à Bosnormand, 179 mètres à la Tuilerie, dans le bois de la Bois-

1. Longnon, *Atlas*, texte, p. 97.

sière) qui sont au Sud de Bourgthéroulde[1]. Ainsi délimité, ce pays fait contraste avec les plaines qui sont au Sud-Ouest. Ce n'est plus la plaine monotone et nue où les maisons se groupent en gros villages, mais un pays accidenté et vert, couvert de pommiers, où s'éparpillent les hameaux de trois ou quatre feux. Tandis que dans la plaine du Neubourg la ferme a d'ordinaire de 25 à 30 hectares, le Roumois est morcelé entre une multitude de petits propriétaires, cultivant chacun 5 à 6 hectares (dont 3 ou 4 en terres arables et 2 en herbages). L'herbage entoure la maison; c'est la masure, pleine d'arbres fruitiers, enclose d'un fossé et d'une levée de terre, plantée elle-même d'une haie de charmes. De ce changement, la nature du sol suffit à rendre compte. Ici les limons n'apparaissent plus que par exception; ce qui domine, c'est l'argile à silex et la craie qui affleure. au fond des vallées, et ce changement de pays caractérise le Roumois.

Le Lieuvin. — Limitrophe du pays d'Auge, il s'étend d'après Passy jusqu'à l'embouchure de la Seine au Nord, jusqu'à la Risle à l'Ouest, jusqu'au pays d'Ouche au Sud. Ce nom vient du *pagus Lexoviensis* auquel correspondit, dans l'ordre ecclésiastique, le diocèse de Lisieux, agrandi plus tard vers le Sud[2]. Il s'est maintenu non seulement comme nom de pays, mais comme nom d'archidiaconé. L'archidiaconé du Lieuvin comprenait les deux doyennés de Moyad (depuis Moyaux) et de Bernay. C'est sans doute en tenant compte de cette subdivision ecclésiastique que les cartographes du XVIIe et du XVIIIe siècle placèrent le Lieuvin entre la Risle et la Touques sans lui donner de limites précises du côté du Sud.

Les gens du pays ne l'étendent pas aussi loin. Ils l'arrêtent, au Nord, à une ligne de hauteurs passant au Nord de Morainville et de Lieurey, entre Saint-Georges-du-Vièvre et Saint-Georges-du-Mesnil, atteignant la cote 196 mètres au Mont Rôti,

1. Les cultivateurs ne considèrent pas Bosc Roger-en-Roumois comme faisant partie du Roumois. Ce suffixe doit être assez récent. En 1828 Bosc Roger s'appelait encore Bosc Roger La Londe. DE BLOSSEVILLE. *Dict. topog.* au mot Bosc Roger-en-Roumois.

2. LONGNON, *Atlas*, texte, p. 100 et p. v.

et se terminent à Saint-Benoist-des-Ombres où commence le ravin du Livet; à l'Ouest, à la vallée de la Calonne qui vient rejoindre la Touques à Pont-l'Évêque (le Lieuvin est limité de ce côté par les communes de Morainville, Saint-Aubin-de-Scellon, Barville inclusivement); à l'Est, aux coteaux boisés et coupés de ravins qui descendent à la Risle, suivant une ligne presque droite tirée de Saint-Benoist-des-Ombres à Carsix; au Sud, aux vallons de Courbépine et aux bois voisins de Plasnes. Ce Lieuvin, dans le langage usuel des habitants, a une véritable unité. D'une altitude moyenne de 170 mètres, présentant dans toutes ses parties une grande égalité de niveau (171 mètres à Lieurey, 168 mètres à Morainville, 172 mètres à Giverville, 175 mètres à Favril, 176 mètres à Barville), il constitue comme un losange dont la plus longue diagonale irait de Morainville à Carsix et dont tous les côtés s'appuient à de grandes bandes d'argile à silex, l'intérieur étant couvert d'un limon dont la puissance atteint parfois jusqu'à dix mètres. De Lieurey à Courbépine, sur 16 kilomètres, le limon seul affleure, et la « terre franche » des paysans forme sur 14 kilomètres, de Saint-Aubin-de-Scellon à Saint-Victor-d'Épine, une nappe ininterrompue.

On comprend que le Lieuvin soit une région d'une exceptionnelle fertilité. Par la nature de ses cultures, par les méthodes qu'on y emploie, par les rendements qu'on y obtient, il se différencie nettement des régions immédiatement voisines. Certes, au dehors comme au dedans, l'assolement est biennal; mais qu'on compare deux communes voisines, comme Épreville et Saint-Georges-du-Vièvre : tandis qu'à Épreville la jachère n'entre presque plus dans la rotation de l'assolement biennal, elle s'y maintient à Saint-Georges. A Épreville, la betterave occupe une place considérable dans les cultures; elle n'a pas été introduite à Saint-Georges où elle ruinerait la terre. A Épreville, on laboure en planches de 5 à 6 mètres de large, à Saint-Georges, en sillons bombés de $1^{m},20$. A Épreville, le rendement en blé est de 28 à 30 hectolitres à l'hectare; il est de 20 à 24 hectolitres à Saint-Georges; aussi la moitié des terres de Saint-Georges a-t-elle été convertie en herbages, tandis qu'on n'en voit pas à Épreville. Le nom de Lieuvin répond donc bien à des préoccupations agricoles.

Le Pays d'Ouche. — Il est borné au Nord, dit Passy, par le Lieuvin, à l'Est par les campagnes de Saint-André et du Neubourg, à l'Ouest par le pays d'Auge, au Sud par le Perche. Ouche dérive d'un nom ancien; mais il n'y a jamais eu, quoi qu'on ait pu dire, de *pagus Uticensis* ; il est seulement fait mention dans la vie de saint Évroult d'une forêt d'Ouche : *sylvam quam Uticum protestantur incolæ.* Suivant Orderic Vital, l'Ouche tirerait son nom d'une des fontaines d'où sort la Charentonne [1]. De toute façon, l'Ouche était une forêt dont les grandes masses boisées de la forêt de Saint-Évroult, du bois de Broglie, de la forêt de Beaumont, de la forêt de Conches, de la forêt de Breteuil sont peut-être les restes. Mais, de bonne heure, comme il est arrivé si souvent, le nom de la forêt a dû s'appliquer au territoire qu'on y avait défriché, et ce territoire a dû lui-même donner son nom à deux circonscriptions ecclésiastiques : le doyenné d'Ouche et l'archidiaconé d'Ouche, du diocèse d'Évreux. Cet archidiaconé comprenait, au XIVe siècle, outre le doyenné d'Ouche, ceux de Conches, de L'Aigle, de Lyre, et de Verneuil [2]. Il faut admettre que le nom d'Ouche était très connu, puisqu'il s'est imposé à tout l'archidiaconé, ce qui ne veut pas dire que tout l'archidiaconé ait été considéré comme faisant partie du pays d'Ouche. Quant au doyenné d'Ouche, il comprenait, à la même époque, 45 paroisses toutes situées entre la Risle et la Charentonne (y compris ces deux vallées) et le chemin Perré, ancienne voie romaine qui traverse tout le plateau, en passant par La Barre [3].

Suivant qu'ils ont considéré le Doyenné ou l'Archidiaconé, les géographes ont arrêté à l'Est le pays d'Ouche à la Risle, ou l'ont poussé jusqu'à l'Iton, du moins jusqu'au delà des forêts de Breteuil et de Conches. Duval d'Abbeville et Delisle adoptent la première solution, Levasseur de Beauplan semble plutôt être partisan de la seconde, puisqu'il étend le pays d'Ouche jusqu'à la Campagne de Saint-André.

1. Aug. Le Prévost, *Mémoires et notes pour servir à l'histoire du département de l'Eure.* T. III. Évreux, 1869, in-8, p. 511.

2. Longnon, *Pouillés de la province de Rouen*, p. 193.

3. Longnon, *Ibid.*, p. 193 et De Blosseville, *Dict. topog.*, p. 160.

Les gens du pays ne sont pas de cet avis. A Conches, dit souvent Conches-en-Ouche, on ne sait pas où est le pays d'Ouche. On s'ingénie, pour expliquer ce suffixe, à confondre l'Ouche avec la petite rivière du Rouloir qui passe à Conches et va rejoindre l'Iton à Glisolles. Mais on voit bien que ce n'est là qu'une hypothèse. De l'autre côté de la Risle, à Rugles, à Ambenai, les paysans ne parlent pas non plus du pays d'Ouche. Dans le langage usuel, ce nom se restreint actuellement à la région comprise entre la Risle et la Charentonne, au Nord de la Barre. En réalité, rien ne distingue, ni au point de vue géologique, ni au point de vue agronomique la région qui est au Nord de la Barre de celle qui est au Sud. Il est probable qu'il ne faut voir dans cette localisation qu'un résultat de la présence des suffixes « en Ouche » particulièrement nombreux au Nord de la Barre : Le Bosc-Renoult-en-Ouche, Livet-en-Ouche, Sainte-Marguerite-en-Ouche, le Tilleul-en-Ouche. Il semble bien aussi que le contraste qui existe entre cette région et celles qui lui confinent au Nord et au Nord-Est contribue à la différencier dans l'esprit des habitants. Ici plus de limon, mais un épais manteau d'argile à silex, qui se continue au Sud bien au delà de la Barre. Enfin c'est bien à cette région qu'est attaché depuis longtemps le nom d'Ouche, puisqu'elle correspondait à peu près au doyenné d'Ouche. Encadrée entre le bois de Broglie, la forêt de Conches et la forêt de Breteuil, il est possible qu'elle représente plus particulièrement l'ancien pays forestier qui portait ce nom.

Le plateau entre la Seine et l'Eure. — La vallée de la Seine. — Est-il nécessaire d'insister sur ces deux noms ? Leur seule présence dans la liste suffit à montrer que même dans ce département de l'Eure où les noms de pays sont nombreux, il est impossible d'en couvrir toute l'étendue du territoire. Pour le Plateau entre la Seine et l'Eure, Passy avait d'abord adopté le nom de Madrie. Très sagement il y a renoncé, puisque, comme on l'a vu[1], ce nom n'est que la forme savante, inventée au XVIIe siècle, d'un ancien nom de *pagus* complètement tombé en désuétude. Quant à la vallée de la Seine, c'est avec raison

1. Voir plus haut, p. 124-126.

qu'elle est considérée comme une région à part. Pays de petite culture, de prairies et de vergers, elle ne peut se confondre avec les plateaux voisins. On dit couramment « la Vallée », on attache bien à ce mot le sens de contrée agricole, mais peut-on vraiment le considérer comme « spécifique » ? S'il n'y avait en France que des « Plaines » et des « Vallées », pourrait-on parler de noms de pays ?

Le Vexin normand. Le Vexin bossu. — Le Vexin normand est limité par Passy : à l'Est par l'Epte ; au Sud par la Seine ; à l'Ouest et au Nord par l'Andelle et le Lyons. Le Vexin Bossu en occupe la partie orientale. C'est la région où les derniers lambeaux du plateau de calcaire grossier qui constitue le Vexin français viennent affleurer à l'Ouest. Ils forment là un triangle dont Noyers, Gasny et Guitry sont les sommets, pays de collines découpées aux sommets stériles qui s'oppose bien en effet au vrai Vexin situé à l'Ouest. On ne l'appelle pas, dans le langage usuel, le Vexin bossu ; on dit le Vexin pouilleux, appellation moins noble, mais qui répond mieux, dans sa trivialité, à l'idée qu'on se fait de ce canton relativement déshérité.

Le vrai Vexin, c'est la riche terre à limons qui s'étend à l'Ouest, le pays des grandes cultures et des grandes fermes [1]. Mais l'agriculteur ne l'étend pas jusqu'aux limites indiquées par Passy. Les bords boisés du plateau (forêt de Vernon, forêt des Andelys), au voisinage de la Seine, n'en font pas partie, non plus que toute la partie Nord du plateau, celle qui se trouve au delà du chemin de fer de Gisors à Fleury-sur-Andelle. Il y a là encore une ligne de bois qui a dû joindre autrefois la forêt de Gisors à la grande forêt de Lyons. L'axe du Vexin, c'est la grande route de Paris à Rouen, l'ancienne voie romaine qui le traverse en droite ligne. Il faut y joindre au Sud, au delà du ravin qui mène aux Andelys, les territoires de Guitry, Tourny, Guiseniers, c'est-à-dire le prolongement du pays à limons.

Le Lyons. — « La forêt qui s'étend jusque dans la Seine infé-

1. Voir plus haut, p. 199-200.

rieure n'occupe, dit Passy, qu'une partie de la contrée naturelle qui porte le nom de Lyons. Elle est limitée au Nord-Est par le pays de Bray, à l'Est par l'Epte ou le pays de Thelle qui a la même structure géologique, au Sud, par le Vexin, et à l'Ouest par la contrée qui forme les environs de Rouen, sur la rive droite de la Seine... » Il y a en effet une vaste région forestière dont Lyons-la-Forêt occupe à peu près le centre. Elle a dû subir de bonne heure des défrichements. Comme il est arrivé si souvent pour les terres conquises sur la forêt, l'abbaye de Saint-Denis en avait reçu, par donation, la plus grande partie. A-t-on dit parfois le Lyons pour désigner cette région? C'est ce qu'une étude attentive des textes où ce nom figure permettrait peut-être d'établir[1]. Mais je n'ai pu trouver aucune preuve qu'on dise aujourd'hui le Lyons. Lyons ne peut donc pas passer pour un nom de pays[2].

Il résulte de cette enquête que si l'on adopte le point de vue où se plaçait Passy, si l'on cherche à recueillir la véritable nomenclature populaire, un certain nombre de modifications doivent être apportées à ses conclusions. Toutes les contrées du département de l'Eure n'ont pas de noms populaires, et ceux d'entre eux qui sont vraiment en usage témoignent presque exclusivement de préoccupations agricoles, sans qu'on puisse dire à quelle époque ils remontent ou ont pris cette signification. Et ceci justifie une fois de plus ce qu'on a essayé de montrer dans le présent travail. Passy a raison lorsqu'il fonde sur la géologie sa division en régions naturelles. Il est précisément un de ceux

1. Toussaint Duplessis, *ouv. cité*, p. 239, dit : « La forêt de Lions a donné son nom à tout le terrain qu'elle occupe ou qu'elle occupait anciennement. On dit la Haie-en-Lions, Saint-Paul-en-Lions, Saint-Laurent-en-Lions, Mortemer-en-Lions. » Mais cette affirmation ne paraît reposer que sur l'existence des noms à suffixe et l'on sait que ce n'est pas une preuve.

2. Passy n'a pas fait figurer dans sa *Description géologique de l'Eure* les Sept villes de Bleu qu'il avait mentionnées en 1857. On désignait ainsi une communauté de villages ayant des droits forestiers étendus. Cela n'avait rien de commun avec une région naturelle et c'est avec raison que les Sept villes ont été supprimées dans la liste des pays de l'Eure.

auxquels doit aller la reconnaissance des géographes pour avoir ramené la géographie à l'étude du sol. Mais ses vues sur les noms de pays, trop théoriques, doivent être revisées. Dans ce qu'il considérait comme l'opinion populaire il entrait encore trop de notions introduites à la légère par les historiens et les géographes du XVIIe et du XVIIIe siècle. On n'arrive pas du premier coup à se libérer des opinions traditionnelles.

APPENDICE II

LE BASSIGNY

Le nom de Bassigny figure aujourd'hui comme suffixe dans Chaumont-en-Bassigny, chef-lieu du département de la Haute-Marne, et dans Is-en-Bassigny, petite bourgade du canton de Nogent, dans le même département. C'est ce qui semble justifier au premier abord l'inscription sur la carte à 1 : 500 000 du Dépôt des fortifications du nom de Bassigny entre Bar-sur-Aube et Bourbonne-les-Bains. Nous verrons d'ailleurs que des raisons historiques peuvent être invoquées en faveur de l'attribution de ce nom à une région aussi étendue.

Mais, dans le pays même, on ne donne le nom de Bassigny qu'à un territoire beaucoup plus restreint. On appelle ainsi la haute vallée de la Meuse depuis ses sources jusque vers Bourmont, c'est-à-dire jusqu'au moment où la rivière va s'engager dans les plateaux calcaires, et celle de son affluent le Mouzon, avant qu'il pénètre lui aussi dans ces plateaux.

Il est nécessaire, pour bien comprendre ce qu'on entend aussi par Bassigny, d'examiner la topographie et la nature du sol de cette région.

Nous sommes ici dans une des parties du bassin de Paris, où le relief correspondant aux affleurements concentriques des couches géologiques est le mieux dessiné. Lorsque, partant de la vallée de l'Aube, de Bar-sur-Aube, par exemple, on va vers l'Est, on rencontre, avant d'atteindre Chaumont, une première ligne de crêtes calcaires ; c'est celle qui se continue plus loin vers le Nord-Est sous le nom de Côtes de Meuse. A son pied, une bande étroite de prairies marque l'affleurement des marnes oxfordiennes. Puis des calcaires reparaissent, formant le plateau de Chaumont, profondément entaillé par la Marne et la Suize. En continuant dans la même direction, on remonte, par suite du plongement général des couches vers l'Ouest, jusqu'à une nouvelle crête, très boisée, constituée par les calcaires oolithiques. C'est celle qui forme plus au Sud le rebord oriental du Plateau de Langres et qu'on désigne souvent, plus au Nord, sous le nom de Côtes de Moselle. Cette crête atteint presque l'altitude de 500 mètres (492 mètres au-dessus de Huilliécourt). Elle forme, par endroits, à sa partie supérieure, un véritable abrupt, mais elle est coupée, à mi-hauteur, par un ressaut, correspondant à une couche supérieure calcaire du Lias moyen, le reste de l'étage étant marneux. Ce ressaut est intéressant à observer : de nombreux villages y sont établis, généralement à la naissance des petites vallées qui descendent vers l'Est, et c'est sur lui que passe la route de Langres à Neufchâteau. Au pied, sont les marnes et les calcaires du Lias inférieur sur lequel coule la Meuse, à une altitude qui décroît de 340 mètres, au village de Meuse, à 314 mètres en face de Bourmont. En allant toujours vers l'Est, le pays se relève de nouveau et l'on rencontre les grès de l'Infralias, formant une terrasse découpée par les rivières et presque tout entière occupée par les forêts. Cette terrasse atteint 482 mètres et se termine à son tour par un ressaut, au-dessus des marnes irisées et des calcaires coquilliers du Trias, qui se détachent eux-mêmes en relief, au contact des grès bigarrés de la Vôge. Il y a donc, entre les grands plateaux calcaires qui la dominent à l'Ouest et les terrasses qui lui succèdent à l'Est, une dépression en grande partie marneuse, aux terres fortes, souvent humides, aux « terres froides » comme on dit dans le pays. Cette bande marneuse correspond exactement à ce qu'on appelle aujourd'hui le Bassigny, s'opposant ainsi nettement aux plateaux situés à l'Ouest et qu'on appelle « la Montagne », de sorte que Chaumont-en-Bassigny n'est pas dans le véritable Bassigny, ni même Is-en-Bassigny, qui serait, tout au plus, à la limite[1].

1. Voici, d'après une enquête qu'a bien voulu faire pour moi M. Munier, professeur à l'École normale de Chaumont, quelles sont les limites qu'on attribue le plus ordinairement au Bassigny. Elles restent sur certains points

Comment expliquer ces contradictions ?

M. d'Arbois de Jubainville a fort bien montré qu'historiquement Chaumont n'était pas à l'origine dans le Bassigny[1]. Le nom de Bassigny, en latin *Basiniacum* ou *Bassiniacum*, dérive d'un nom propre d'homme, *Basinus*, forme latinisée d'un nom barbare. Quand il apparaît dans les textes, au IXe siècle, il désigne un Comté ou un *pagus*. C'est ainsi que *Basiniacum* figure dans l'acte de partage du royaume de Lothaire II, reproduit par Hincmar dans les Annales de Saint-Bertin, parmi d'autres noms

un peu indécises, puisqu'il ne s'agit pas d'une circonscription administrative, ayant son territoire parfaitement défini, mais d'une région naturelle. A l'Ouest il n'y a aucune hésitation, le Bassigny s'arrête au plateau calcaire. Toutes les communes assises sur la terrasse liasique depuis Montigny-le-Roi jusqu'à Bourg-Sainte-Marie (d'autres disent jusqu'à Saint-Thiébaut et Gonaincourt) sont considérées comme étant moitié Bassigny, moitié Montagne. Au Nord la limite est à Bourmont, dont la partie haute occupe un éperon du plateau. Le Bassigny contourne ce plateau, il enveloppe Graffigny, peut-être Nijon, puis, dans la vallée du Mouzon, Sommerécourt, Outremécourt, même, suivant quelques-uns, Sartes et Pompierre. A l'Est il comprend la vallée du Mouzon jusqu'à Blévaincourt, puis les communes de Damblain (exclu par quelques-uns), de Colombey-les-Choiseul, Merrey, Ravennefontaine, Maulain, Lécourt, Meuse. Au Sud, Avrecourt. On hésite, de ce côté, à pousser le Bassigny jusqu'au village voisin de Rançonnières. Mais je crois qu'on tient compte plus ou moins consciemment de ce que la ligne de partage des eaux entre la Méditerranée et l'Océan passe précisément entre Avrecourt et Rançonnières. En fait, si jamais ligne de partage des eaux a été sans importance dans le relief, c'est bien dans cette région de prairies, de cultures et de petits bois, où l'on s'élève insensiblement jusqu'à plus de 400 mètres, mais où il faut d'abord quelque attention pour distinguer de quel côté vont les eaux. La nature du sol reste la même. Plus au Sud, au Sud-Est surtout, les vallées se creusent pour atteindre l'Amance, qui coule à 250 mètres environ. A Rançonnières l'aspect n'a pas encore changé, c'est bien encore le pays de la Haute-Meuse. On peut même dire, qu'en dehors des vallées, on n'aperçoit pas, en descendant vers le Sud, de changement appréciable. La ligne de chemin de fer de Chalindrey à Neufchâteau traverse un pays qui conserve partout la même physionomie.

1. D'Arbois de Jubainville, *Note sur les deux Barrois, sur le pays de Laçois et sur l'ancien Bassigny* (*Bibl. École des chartes*, 4e série, t. IV (1858), p. 348). Voir également A. Longnon *Atlas historique*, texte, p. 95.

de *pagi*. Ce texte ne permet pas de se représenter à quel territoire il correspondait; mais plusieurs noms de localités placées, vers la même époque, dans le Comté ou le *pagus* du Bassigny, fournissent sur ce point des indications. C'est d'abord, vers 860, Essey, actuellement Essey-les-Eaux (Haute-Marne, canton de Nogent) sur le Rognon, à 3 kilomètres à l'Ouest d'Is[1]; c'est ensuite, en 892, Rançonnières (Haute-Marne, canton de Varennes) un peu au Sud des sources de la Meuse[2]. Ces deux localités faisaient partie du doyenné d'Is, dans l'archidiaconé du Bassigny du diocèse de Langres, et ce que l'on sait de la concordance habituelle des plus anciennes divisions civiles et ecclésiastiques, permet de supposer que le *pagus* du Bassigny a dû correspondre, non pas à tout l'archidiaconé du Bassigny, mais au plus septentrional des deux doyennés qui le composaient, le doyenné d'Is[3]. Toutefois Illoud (Haute-Marne, canton de Bourmont), à 2 kilomètres environ de la Meuse, à peu près à la hauteur de Bourmont, est attribué, au commencement du IXe siècle, au Comté du Bassigny[4]; or, cette localité comme ses voisines paraît avoir toujours fait partie du diocèse de Toul. Il faut donc, si l'attribution est bien exacte, que le Comté ait dépassé à cette époque les limites du doyenné et du diocèse[5]. Peu im-

1. In comitatu Basiniacensi, in villa que vocatur Abtiacus. A. Roserot, *Dictionnaire topographique du département de la Haute-Marne*. Paris, 1903, in-4, au mot Essey-les-Eaux.

2. *Ibid.*, au mot Rançonnières.

3. L'archidiaconé du Bassigny comprenait les deux doyennés d'Is et de Pierrefaite ou Pierrefitte (ce dernier s'étendant sur la majeure partie du bassin de l'Amance). A la vérité nous ne connaissons pas de *pagus* répondant au doyenné de Pierrefaite, mais nous n'avons pas de raison de supposer que le comté de Bassigny se soit étendu de ce côté. Il est très fréquent qu'un archidiaconé ait pris le nom d'un de ses doyennés. Ainsi, dans le diocèse de Langres, les deux doyennés de Bar-sur-Aube et de Chaumont formaient l'archidiaconé de Bar-sur-Aube ou du Barrois.

4. Islo super Mosam fluvium in Comitatu Bassiniacensi. A. Roserot, *Dict. de la Haute-Marne*, au mot Illoud. — Plus tard encore il est fait mention, à plusieurs reprises, du Comitatus Bassiniacensis, notamment dans la *Chronique de Saint-Bénigne*, qui place la cure d'Is dans ce comté.

5. M. Pistollet de Saint-Fergeux, en s'appuyant surtout sur un texte de

porte d'ailleurs, l'essentiel est de constater que le Bassigny primitif n'était pas très étendu et ce que l'on sait des *pagi* voisins permet bien de l'identifier à peu près avec le doyenné d'Is. Il devait comprendre par conséquent la région des sources de la Marne et une partie de sa haute vallée, les environs d'Is et la vallée de la Traire, qui passe à Nogent et conduit à la Marne. Cette extension du Bassigny primitif à l'Ouest de la Meuse est certaine, comme en témoigne le plus ancien texte, qui y place Essey. On peut donc affirmer qu'il ne correspondait pas exactement à ce qu'on entend aujourd'hui par Bassigny.

Mais il ne s'étendait pas à l'Ouest jusqu'à Chaumont, dont le territoire faisait partie d'un autre *pagus*. Comment donc a-t-on pu dire Chaumont-en-Bassigny ? M. d'Arbois de Jubainville fait observer très justement que les petits comtés voisins (anciens *pagi*) de Bar-sur-Seine (*pagus Latiscensis* ou Laçois), de Bar-sur-Aube (*pagus Barrensis* ou Barrois) et de Chaumont (*pagus Boloniensis* ou Bolonais) ayant été successivement englobés dans le domaine des comtes de Champagne, perdirent, pour ainsi dire, leur individualité. Leurs noms même disparurent : une confusion pouvait en effet s'établir entre le Barrois de Bar-sur-Aube et un autre Barrois, celui de Bar-le-Duc, bien vivant, celui-ci, et qui s'étendait constamment vers le Sud. D'autre part, les anciennes capitales qui avaient donné leur nom au Bolonais et au Laçois, Bologne et la localité dont il ne reste que des ruines sur

Tacite (*Hist.*, I, 53) d'après lequel Galba punit les Lingons qui s'étaient prononcés contre Vindex, en leur enlevant une partie de leur territoire, pense que le territoire de la cité de Langres et le *pagus bassiniacensis* subirent alors une diminution du côté du Nord. Ceci expliquerait l'extension du nom de Bassigny en dehors des limites du diocèse. P. de S. F. *Limites de la province lingonaise* (*Mém. Soc. hist. et archéol. de Langres*, t. II, p. 261). En réalité nous ne savons pas si cette diminution fut maintenue par la suite, ni quelle frontière fut entamée. Quant au nom de Bassigny, il paraît bien dater de l'époque mérovingienne et serait postérieur de plusieurs siècles à la diminution de la cité de Langres, si diminution il y a eu. On n'a pas non plus de raison pour supposer qu'au xe siècle une partie du diocèse de Langres ait été annexée à celui de Toul. Voir sur ce point Maxe-Verly, *Limites de la province lingonaise du côté du Barrois* (*Rev. archéol.*. nouv. série, t. XXX, 1875, p. 252).

la colline appelée mont Lassois sur la carte d'État-Major, à six kilomètres à l'Ouest de Châtillon-sur-Seine [1], étaient tout à fait déchues; elles avaient été remplacées par les villes plus modernes de Chaumont et de Bar-sur-Seine. Or, le véritable Bassigny s'étendait jusque tout près de là. Si nous lui donnons exactement comme limites celles du doyenné d'Is, il dépassait la Suize au Sud de Chaumont. Il était déjà, au XIIIe siècle, entamé par la conquête champenoise. On comprend qu'une confusion se soit produite et qu'on ait dit Chaumont-en-Bassigny pour distinguer ce Chaumont de ses nombreux homonymes [2]. L'attribution a dû se faire d'autant plus facilement que la petite ville voisine de Nogent, actuellement Nogent-le-Roi, portait, depuis le commencement du XIIIe siècle au moins, le nom de Nogent-en-Bassigny [3]. On disait aussi Is-en-Bassigny [4], Clermont-en-Bassigny [5], Montigny-en-Bassigny [6], toutes ces localités étant d'ailleurs comme

1. C'est le château de Roussillon, illustré par Gérard de Roussillon des chansons de geste. Il figure sous ce nom dans l'Itinéraire de Londres à Jérusalem, tiré de la *Chronique* de Mathieu Paris et reproduit par JOMARD, *Les monuments de la géographie*, Paris, in-fol., s. d.

2. On trouve la mention de Chaumont-en-Bassigny dès 1258. A. ROSEROT, *Dict. topog. de la Haute-Marne*, au mot Chaumont-en-Bassigny. Également en 1267 *Calvum montem in Bassigneio*. A. LONGNON, *Documents relatifs au comté de Champagne et de Brie*, 1172-1361. *Collect. des doc. inédits sur l'histoire de France*, 1901, in-4, p. 481. — Localités homonymes : *Chaumont-la-Ville* (Hte-Marne, con de Bourmont); *Chaumondel* (*Calvus mons*), village détruit, cne de Pisseloup (Hte-Marne, con de la Ferté-sur-Amance). Voir A. ROSEROT, *Dict. de la Haute-Marne*, à ce mot. *Chaumont-le-Bois* (Côte-d'Or, con de Châtillon-sur-Seine); *Chaumont-sur-Yonne* (Yonne, con de Pont-sur-Yonne), etc.

3. *Nogentum in Bassigniaco*, vers 1200; *Nogentum in Bassigneio*, vers 1240; *Nugentum in Basseigniaco*, 1249-1252; *Nojant an Bassignei*, 1274. A. ROSEROT, *Dict. topog. de la Haute-Marne*, au mot Nogent-en-Bassigny. Nogent a de nombreux homonymes.

4. *Ycum in Bassigneyo*, 1270; *Ys-en-Bassigny*, 1392; *Iz-en-Bassigny*, 1406. *Ibid.* Is a un homonyme, *Is-sur-Tille*, dans la Côte-d'Or.

5. Ancienne forme de Clefmont. *Clarus Mons in Bassigneio*, 1256-1270; *Clermont-en-Bassigny*, 1344 et 1378. *Ibid.*, au mot Clefmont.

6. *Montigneium in Bassigneio*, 1217; *Montigniacum in Bassigneio*, 1239; Montigny-le-Roy-en-Bassigny, 1401. *Ibid.*

Nogent dans le véritable Bassigny. C'est de la même manière qu'aujourd'hui encore on forge par analogie des noms à suffixe.

Dès lors le nom de Bassigny va s'étendre de plus en plus. Au XIVe siècle, Chaumont est le chef-lieu d'un bailliage comprenant seize prévôtés : on le désigne tout naturellement du nom de bailliage du Bassigny. On dit même Bassigny royal, pour le distinguer des autres parties du Bassigny comprises dans le duché de Bar. Au XVe siècle, lorsque le cardinal de Bar fait don de son duché au duc de Lorraine, il se divise en Barrois mouvant, c'est-à-dire placé sous la suzeraineté du roi de France, et Barrois non mouvant. Le premier comprend les deux bailliages de Bar-le-Duc et du Bassigny qu'on appelle aussi le Bassigny mouvant, pour le distinguer du Bassigny non mouvant ou lorrain, correspondant au bailliage de Bourmont dont le siège était à La Mothe avant la destruction de cette forteresse. Ce qui prêtait à la confusion, c'est que tous ces territoires étaient enchevêtrés les uns dans les autres [1].

1. Voici un passage du P. Viguier qui montre dans quel embarras se trouvaient les historiens au sujet du Bassigny : « Le mot de Bassigny estant pris aujourd'huy de trois manieres cause souvent des equivoques a ceux qui ne les savent pas distinguer. Premierement il se prend pour un des archidiaconez de Langres, et en ce sens, la ville de Chaumont vulgairement qualifiée capitale du Bassigny n'en est pas. Secondement il passe aupres de quelques-uns pour le ressort du Bailliage de Chaumont, qui est qualifié le siege principal du Bassigny parceque la plus grande partie de l'Archidiaconé du Bassigny y respond pour les proces... Troisiemement dans l'enclos du Duche de Bar, il y a un Bailliage de Bassigny, confinant a l'Archidiaconé de ce nom et au Doyenné de Chaumont ; duquel La Mothe estoit par cy devant le lieu principal, et aujourd'huy est Bourmont... Pour plus grande distinction, j'appelle le Bassigny pris de la premiere façon, l'ecclesiastique, celui de la seconde le royal ; et le troisieme le ducal, autrement le Bassigny au dela la Meuze, auquel respondent La Marche, Bourmont, Grafigny et autres lieux. » Viguier fait observer d'ailleurs que ce bailliage a l'une de ses parties qui est du ressort du Parlement de Paris (Barrois mouvant) et l'autre du ressort du Parlement de Saint-Mihiel (Barrois non mouvant). *Décade historique du diocèse de Langres*, par le P. JACQUES VIGUIER, publié par la *Société hist. et archéol. de Langres*. Langres, in-8, t. II, 1894, p. 395.

On voit donc très bien comment d'un *pagus* ou d'un Comté mérovingien le nom de Bassigny s'est étendu de proche en proche jusqu'à des territoires parfois assez éloignés. Il n'y a d'ailleurs jamais été attaché que par un lien assez lâche et ne s'y est pas maintenu.

C'est au contraire en se restreignant à la haute vallée de la Meuse qu'il a gardé toute sa vitalité. Mais il est devenu ici une simple dénomination rurale : nous avons vu qu'il désignait exclusivement les terres marneuses ou les alluvions de la vallée par opposition aux terres légères du plateau. Je n'ai pas trouvé trace dans les textes du nom de Bassigny pris dans ce sens agricole, ce qui ne veut pas dire qu'il ne soit pas très ancien. Il semble qu'il doive dater d'une époque où le comté avait cessé d'exister comme unité politique, mais où son nom était encore couramment employé.

Nous avons là, dans tous les cas, un excellent exemple d'un nom de pays à signification rurale emprunté à une division po litique.

APPENDICE III

LA WOËVRE ET LA HAYE

La partie de la Lorraine délimitée à l'Est et à l'Ouest par les deux vallées de la Moselle et de la Meuse, au Nord et au Sud par les deux lignes : Montmédy-Longwy, Commercy-Toul-Nancy, est d'une topographie très simple. L'inclinaison régulière des couches géologiques vers l'Ouest et leur inégale résistance à l'érosion y ont dessiné deux escarpements : à l'Est les côtes de Moselle, à l'Ouest les côtes de Meuse. Les côtes de Moselle résultent de la superposition des couches de calcaire oolithique (Bajocien, Bathonien) aux marnes du Lias. La vallée de la Moselle, après avoir creusé son lit dans ces calcaires, s'en dégage en amont de Metz, pour les suivre à distance, jusqu'au moment où l'escarpement tourne à l'Ouest et fait face à l'Ardenne. Sur la bande calcaire, de largeur variable, viennent s'appuyer des couches marneuses au-dessus desquelles se dresse la ligne régulière des côtes de Meuse, bordure orientale d'un plateau de calcaire blanc, coralligène, où la Meuse a creusé les sinuosités de son lit, et dont elle ne sort qu'à Dun. On a pris l'habitude, dans les descriptions géographiques, de donner à la bande marneuse le nom de Woëvre, et à la partie méridionale des plateaux calcaires voisins de la Moselle, parfois même à toute l'étendue de ces plateaux, celui de Haye. Ces noms paraissent justifiés par l'usage et par la nomenclature. La carte porte : Forêt-de-Haye, Rosières-en-Haye, Domèvre-en-Haye, Fey-en-Haye, etc... Forêt de Woëvre, Ville-en-Woëvre, Fresne-en-Woëvre, Broussey-en-Woëvre, etc... On les considère comme des noms de pays s'appliquant exactement à des régions naturelles.

Mais ces affirmations sont-elles d'accord avec la réalité ? Est-ce bien la nature du sol marneuse d'un côté, calcaire de l'autre, que les habitants désignent par les noms de Woëvre et de Haye, et s'il en est ainsi actuellement, est-on fondé à croire qu'il en a toujours été de même ?

I

Une enquête minutieuse sur ce qu'on appelle vraiment la Woëvre[1] dans le pays même ménage plus d'une surprise.

Il est tout d'abord une limite parfaitement nette : celle de l'Ouest. De ce côté la Woëvre se termine aux Côtes de Meuse. Non pas précisément à la base de l'escarpement, car les nombreux villages qui se pressent sur cette lisière étroite où jaillissent des sources abondantes, sont, comme on dit : « sous les Côtes ». Plusieurs portent officiellement ce nom en appendice : Châtillon-sous-les-Côtes, Jouy-sous-les-Côtes. La topographie n'est d'ailleurs pas ici seule en cause : le pied de ces hauteurs est tapissé de vignes. Ces villages sont presque tous dans le vignoble, surtout dans la partie centrale, dite « les grandes Côtes », par opposition aux « petites Côtes » qui sont plus au Nord, et cela suffirait à les faire distinguer des vrais villages de la Woëvre.

Au Sud, on comprend encore dans la Woëvre la grande forêt marécageuse de la Reine ; mais au delà commence ce qu'on appelle le Toulois, ou le pays Toulois, c'est-à-dire les environs de Toul.

Vers l'Est, la limite est moins nette. Notons tout d'abord, — sans en vouloir tirer a priori aucune conséquence — que de ce côté le contact est rarement brusque entre les calcaires et les marnes. Il faut examiner ici de très près la nature du sol, et tenir compte des changements de facies. En partant des Côtes de Meuse, on rencontre d'abord les couches franchement marneuses de l'Oxfordien et du Callovien. Mais le Bathonien supé-

1 On prononce Ouavre.

rieur présente des différences très importantes. Au Nord, c'est un calcaire jaune foncé, la « dalle oolithique d'Etain », sur laquelle cette ville est presque entièrement construite. Puis, très rapidement, au Sud et à l'Est d'Étain, le Bathonien supérieur devient marneux et donne des terres fortes. Il n'est pas rare d'y voir les eaux de pluie séjourner dans les *raies* des champs. De plus en plus, lorsqu'on va vers le Sud, ce facies marneux se manifeste davantage. Il faut alors atteindre le Bathonien moyen pour rencontrer de véritables calcaires. Parfois, le Bathonien supérieur marneux forme encore des îlots sur le calcaire, parfois aussi le contact est brusqué par des failles. Elles isolent même, à Royaumeix, un îlot calcaire de Bathonien moyen au milieu des marnes [1].

Il est très intéressant de constater que ces différences dans la nature du sol se traduisent aussi exactement que possible dans le langage. Au Sud, les noms de Woëvre et de Haye correspondent à la région marneuse et à la région calcaire. Nulle part l'opposition n'est plus nette qu'à Domèvre-en-Haye. Il y a là une faille, dirigée Nord-Ouest-Sud-Est qui met en contact le Bathonien supérieur avec le Bathonien inférieur. Cet accident crée une dénivellation, une petite côte, la « Côte-en-Haye » sur la pente de laquelle on cultive la vigne. Le long de cette côte, trois villages s'alignent : Tremblecourt, Domèvre-en-Haye, Manonville. Or, on se rend parfaitement compte à Domèvre que la Woëvre commence au bas du village dans les « terres fortes », par opposition aux terres légères, brûlantes, calcaires de la

1. Sur les changements de facies du Bathonien supérieur, voir R. Nicklès, *Études géologiques sur la Woëvre*, I. Callovien (*Bulletin Soc. Sc. Nancy*, 1899). Le Callovien présente les mêmes changements de facies, mais en dehors de la région que nous étudions : calcaire dans les Ardennes et le département des Vosges, il est argilo-marneux dans l'intervalle. Généralisant une hypothèse émise par M. de Lapparent, M. Nicklès fait observer que le facies marneux des couches doit être une conséquence de leur éloignement plus grand des régions émergées (Ardennes et Vosges). Mais il est aussi en corrélation avec l'envasement général qui, dans l'Est du bassin de Paris, a interrompu momentanément à cette époque le développement des récifs coralligènes.

Haye[1]. Mais on se gardera bien de mettre en Woëvre Royaumeix qui forme un îlot de terrain de Haye en pleine Woëvre. En partant de la Moselle, on considère comme étant en Haye : Jaillon, Avrainville (en partie), Tremblecourt, Domèvre, Manonville, Noviant-aux-Prés, Bernécourt. A l'Ouest de Bernécourt, une grande faille Sud-Ouest-Nord-Est brusque de nouveau le contact entre les marnes et les calcaires, et détermine, comme accident topographique, une petite côte alignée suivant la même direction, par Beaumont et Rambucourt. Les habitants de ces deux communes se disent en Woëvre, mais pour eux la Haye commence immédiatement à l'Est de Beaumont, à la hauteur qu'ils appellent le Mont (cote 293 de la carte à 1 : 80 000). Toutefois, on fait observer aussi que Mandres-aux-quatre-tours, tout comme Royaumeix, est sur un îlot de terrain de Haye. Par contre, on notera que plus à l'Est, au Sud de Flirey, on trouve en pleine Haye une région humide appelée Wassagne (Bois de la Voisogne de la Carte), qui est en effet un lambeau de Bathonien supérieur demeuré sur le Bathonien moyen.

Au Nord de Beaumont, la Haye commence immédiatement à l'Est de Seicheprey, puis la limite passe par Lahayville et laisse à la Haye Saint-Baussant, Essey. Mais au Nord de la vallée du Rupt-de-Mad qui entaille profondément le plateau pour descendre à la Moselle, l'expression de Haye n'est plus employée. Il semble d'ailleurs qu'avec la disparition de ce terme, la ligne de démarcation devienne moins nette. A l'Ouest de Thiaucourt, on sait que Pannes n'est pas en Woëvre, ni Beney, et l'on a bien entre ce village et Saint-Benoît-en-Woëvre l'impression très nette d'un changement de pays. Mais plus au Nord, dès qu'on a dépassé à l'Est la ligne des étangs de la Chaussée, on entre dans une région de bonnes terres à cultures, s'élevant insensiblement par grandes croupes jusqu'à Saint-Julien-les-Gorze et Chambley où l'on rencontre les calcaires. Est-on en Woëvre ou n'y est-on pas ? L'opinion dominante est que la vraie Woëvre est plus à

1. A Tremblecourt, à Domèvre... on distingue sur le cadastre la Plaine et la Côte-en-Haie, les soles ou sections de terres fortes et celles de terres légères, B. Auerbach, *Le Plateau lorrain*. Paris, Nancy, 1893, in-12, p. 139.

l'Ouest, au delà des étangs. On admet cependant qu'on est dans la « Petite-Woëvre ». Notons avec soin ces hésitations qui trouveront plus loin leur explication.

Plus au Nord, vers Hannonville-au-Passage, Brainville-en-Woëvre, Friauville on hésite moins : la Woëvre est plus à l'Ouest, vers Harville, Moulotte, Allamont et l'on se fonde, pour établir la différence, sur ce que cette région est moins accidentée, mais surtout plus riche. A partir de Jeandelize, c'est la vallée de l'Orne qui forme à peu près la limite, bien que les marnes débordent un peu sur la rive gauche, mais la vallée est ici la ligne essentielle, large prairie à peine marquée dans le relief, où la petite rivière s'attarde, se divise en plusieurs bras, dans un enchevêtrement de roseaux. Toutefois, ici encore, on ne fait commencer la véritable Woëvre qu'un peu plus au Sud, à Villers-sous-Pareid, Hennemont, Ville-en-Woëvre.

Étain est sur une avancée du calcaire au milieu des marnes. Il n'est personne qui ne fasse la différence entre les terres légères qu'on rencontre à l'Est, dès qu'on sort de la ville, et les sols marneux, beaucoup plus riches, mais humides et plus difficiles à travailler qui s'étendent à l'Ouest. Pour les uns, c'est là que commencerait la Woëvre ; pour les autres, et c'est la presque unanimité, la véritable Woëvre est plus au Sud, et de nouveau, pour toute la région située à l'Ouest d'Étain, on voit apparaître le nom de « petite Woëvre ». Cette petite Woëvre, on ne l'étend pas très loin vers le Nord : elle ne dépasse pas Ornel, Gincrey, Maucourt. Il est vrai qu'en lui donnant cette limite, on l'arrête aux confins de l'arrondissement de Montmédy, et il faut tenir compte de la tendance qu'ont presque toujours les habitants de nos campagnes à s'en tenir aux seules divisions qu'ils connaissent bien et qui ne laissent place à aucune incertitude : les divisions administratives. Mais cette limite est aussi celle d'une vaste zone de forêts s'étendant presque depuis les Côtes jusqu'à la région calcaire, et qui sépare nettement la petite Woëvre des environs de Mangiennes. En poursuivant l'enquête plus au Nord, on pourra entendre dire que Mangiennes est encore dans la Woëvre ; mais à Mangiennes même et dans les environs, on n'est pas de cet avis. Il arrive tout naturellement d'ailleurs que les limites attribuées à un pays deviennent de plus en plus flottantes à mesure qu'on s'en éloigne davantage, c'est-à-dire qu'on le connaît moins bien. Il n'est personne en tous cas qui mette dans la Woëvre la grande forêt de ce nom qui s'étend, au Nord des Côtes, jusqu'au voisinage de la Meuse.

Ainsi au Nord comme sur une partie de sa bordure orientale la Woëvre est précédée de régions qu'on en distingue sous le nom de « petites Woëvres ».

Il en est exactement de même au Sud. Si en effet, quand on l'oppose à la Haye calcaire, on y désigne la région marneuse du nom de Woëvre sans épithète, elle devient à son tour une « petite Woëvre », lorsqu'on la compare à la région qui est plus au Nord, à la « grande Woëvre ». Cette petite Woëvre du Sud, on l'étend à peu près jusqu'à la hauteur du promontoire d'Hattonchâtel.

Il y a donc, sauf à l'Ouest, autour de la Woëvre véritable une ceinture presque continue de petites Woëvres qui en sont comme la préface. Évidemment elles ne doivent pas ce nom à leurs dimensions plus restreintes. Quand on en a détaché toutes ces annexes, la grande Woëvre n'égale même pas en superficie la petite Woëvre du Sud. Il faut bien cependant qu'elle se signale par quelque caractère qu'il nous reste à découvrir.

Pénétrons dans l'intérieur; partons d'Étain et dirigeons-nous vers le Sud. Nous traversons d'abord une région très argileuse et très boisée. Ce n'est pas encore la vraie Woëvre. Celle-ci ne commence qu'à Ville-en-Woëvre, gros village allongé sur une petite colline dont le sol est recouvert d'un limon mêlé de petits fragments calcaires. Il fournit une terre facile à travailler, plus fertile que les marnes, et qui présente l'inappréciable avantage de filtrer les eaux, de les rassembler au contact des couches imperméables et de donner naissance à des sources abondantes. A défaut de sources, des puits peu profonds permettent d'atteindre la nappe aquifère. Le contraste est frappant entre Ville-en-Woëvre et le village de Braquis établi au Nord, en contre-bas, sur les argiles. A Braquis, on a récemment foré à plus de 30 mètres sans trouver d'eau. A Ville, sur la hauteur, elle jaillit le long de la route. Cette nappe limoneuse, on la retrouve un peu au Sud, elle s'étend large, continue, autour de Fresnes-en-Woëvre, de Woël; elle occupe toutes les parties hautes et n'est interrompue que par les petites vallées peu profondes qui vont vers l'Est. Elle n'est donc pas formée d'alluvions modernes : la légende de la carte géologique la considère comme pliocène[1]. Elle paraît bien être le résidu de la désagrégation des couches enlevées par l'érosion. En allant vers l'Est, en partant de Woël par exemple pour se diriger vers les étangs de la Chaussée, on voit cette nappe disparaître rapidement : peu à peu le sol superficiel redevient argileux. Les limons n'appartiennent pas d'ailleurs exclusivement à la grande Woëvre ; on les retrouve au Nord et au Sud. Au Nord, on sait très bien qu'il y a sur les territoires de Boinville, Moranville, Maucourt, Dieppe, des sols « qui ressemblent à ceux de la grande Woëvre », mais ils n'occupent plus que des surfaces restreintes, ce sont des îlots de terre plus légère au milieu de terres plus fortes. Dans la grande Woëvre seulement ils s'étalent largement offrant, avec plus de facilité de travail, une plus grande fertilité. On y laboure souvent avec deux chevaux, tandis qu'ailleurs il en faut trois ou quatre. Ce pays à limons, on le reconnaît facilement sur la carte : il a été soigneusement défriché ; les villages y sont plus rapprochés que dans la région des forêts et des étangs. Enfin, bien qu'elle ait diminué, la population y est plus dense. C'est le pays privilégié, entre la Meuse et la Moselle. Non pas que les autres parties de la Woëvre doivent être considérées comme pauvres, — d'ailleurs les amendements modernes tendent à effacer les différences qui devaient être plus marquées autrefois ; mais aujourd'hui encore, de l'avis unanime, la Woëvre des limons est plus riche, mieux cultivée, et conserve à juste titre sa vieille réputation de terre à céréales.

J'ai dit que la Haye confinait à la Woëvre, mais seulement au Sud, et qu'elle ne dépassait pas le Rupt-de-Mad. Elle ne se confond pas d'ailleurs, à proprement parler, avec la forêt de

1. Ces limons ont été indiqués par M. Nicklès sur la feuille de Metz de la Carte géologique détaillée. Ils ne figurent pas sur la feuille de Commercy. Leur importance avait été signalée par Buvignier (*Statistique géologique... du département de la Meuse*. Paris, 1852, in-8), dans un passage dont il sera question plus loin.

Haye qui occupe, à l'Ouest de Nancy, presque toute l'étendue du plateau calcaire entre Toul, Pont-Saint-Vincent et Frouard. La véritable Haye est plus au Nord : la bordure du plateau qui regarde la vallée de la Moselle, en aval de Frouard, n'y est pas comprise, ni la partie basse des vallées qui l'entaillent. Elle est limitée à l'Est par la ligne de forêts que portent les calcaires bajociens presque inutilisables pour les cultures. Le Bathonien contient quelques bancs marneux, donnant une terre plus fertile, et qui retiennent une petite quantité d'eau. C'est là que sont établis les villages, et c'est ce pays d'assez maigres cultures qu'on appelle la Haye.

Au Nord du Rupt-de-Mad, les calcaires deviennent plus marneux et plus fertiles. Les villages situés autour de Gravelotte et de Mars-la-Tour sont plus riches, et il en est de même du pays qui va s'élevant vers le Nord, dans la direction de Briey, de Longuyon et de Montmédy. Ce grand plateau calcaire ne porte pas de nom. A Metz et dans la vallée de la Moselle en aval on l'appelle souvent le Haut-Pays, ou le Pays-Haut ; c'est une dénomination qui s'explique par des raisons topographiques. Plusieurs localités de ce plateau sont encore dites « en Montagne » ; mais l'expression de Montagne n'est pas employée.

C'est à tort enfin qu'on désigne quelquefois dans les livres une partie du plateau sous le nom de Jarnisy. On a dit longtemps, et on dit encore souvent : Conflans-en-Jarnisy, Doncourt-en-Jarnisy, mais jamais on ne se sert aujourd'hui du nom de Jarnisy pour désigner une partie quelconque de la région.

Tel est l'état présent. Visiblement, pour ceux qui emploient ces dénominations, la Woëvre et la Haye sont des régions agricoles. Que la nature de leur sol intervienne pour les différencier, il n'y a pas de doute, mais dans la mesure où elle exerce son influence sur les cultures. Et cela est si vrai, que le nom de Woëvre ne s'applique pas à toute la zone marneuse, mais à une partie seulement de cette zone, qui, par son étendue, en manifeste plus pleinement la nature agricole. Cette bande marneuse se rétrécit en effet rapidement au Sud de Toul, elle finit même par ne plus former qu'un liséré au pied des côtes calcaires qui prolongent les côtes de Meuse. D'autre part, au Nord, les collines calcaires détachées du plateau qui environnent Damvillers restreignent le domaine des marnes : les forêts laissent aussi moins de place aux cultures. La vallée humide de la Thinte, qui va vers le Nord, n'est qu'une vaste prairie. On ne trouvera donc plus, au Nord comme au Sud, cette uniformité d'aspect, sur une étendue suffisante, qui caractérise la grande Woëvre et ne se rencontre qu'à un moindre degré dans ses annexes, où les forêts et les étangs occupent une partie du terrain. Les bois et les étangs ne semblent pas compter dans ces dénominations, puisqu'on n'englobe même pas dans la Woëvre la grande forêt de Woëvre. C'est la seule valeur du sol qu'on considère. Pour les habitants de nos campagnes, la terre nourricière garde toujours la première place dans les préoccupations.

Mais la Haye et la Woëvre furent-elles toujours ce qu'elles sont aujourd'hui ? Il faut bien se poser cette question, lorsqu'on trouve en dehors de la Woëvre actuelle des localités officiellement qualifiées de « en Woëvre ». D'où viennent ces noms, comment les expliquer, sont-ils anciens ou modernes ? Il resterait une incertitude sur les résultats de notre enquête, si nous n'arrivions pas à rendre compte de ces anomalies. Il faut pour cela chercher des indications dans les documents du passé.

II

Les noms de Woëvre et de Haye appliqués à des localités ou à des surfaces boisées sont très répandus en France.

Les différentes formes : Voivre, Vaivre, Vèvre, Vesvre, Vavre, Vabre figurent plus de cinquante fois dans le *Dictionnaire des Postes* [1].

1. Voivre, Voivres, la Voivre, les Voivres dans les départements de la Meuse, des Vosges, de la Haute-Marne, de l'Aube et de la Sarthe ; Vaivre ou la Vaivre dans la Haute-Saône, le territoire de Belfort, le Doubs, le Jura ; Vèvre, Vesvre, Vesvres, la Vesvre ou les Vesvres dans la Haute-Marne, la Côte-d'Or, Saône-et-Loire, l'Allier, la Nièvre ; Vavre, Vavres, la Vavre, les Vavres dans l'Ain, l'Isère, la Savoie, l'Indre ; Vabre, Vabres dans le Rhône, la Loire, le Cantal, l'Aveyron.

Les dérivés Woivrotte, Wavrette, etc. sont également nombreux. Les forêts, les bois dits de la Woëvre ou de la Voivre reviennent très fréquemment sur notre carte d'État-Major surtout dans l'Est de la France [1]. On trouve également en Belgique Wavre au Sud-Est de Bruxelles, Wavre-Notre-Dame, Wavre-Sainte-Catherine, Wavre-Saint-Nicolas aux environs de Malines, sur l'emplacement d'une ancienne forêt citée dans un diplôme d'Henri II (1008); en Allemagne Wabern et Wawern dans l'Eifel, Wabern dans la Hesse, près de Fritzlar, Wabern dans la Haute-Bavière, près de Landsberg; en Suisse Wavre près de Neufchâtel; en Angleterre Waverley, Waverton, Wavertree. Tous ces noms dérivent d'un même vocable : *Vabra,* qui paraît bien être d'origine celtique, et désignait suivant toute vraisemblance un lieu boisé. L'application si fréquente et certainement très ancienne de ce nom à des forêts en peut être considérée, je crois, comme une preuve suffisante [2].

Nous voyons apparaître, au VIe siècle, dans Gregoire de Tours un *Castrum Vabrense,* dans le *pagus* du même nom. Il était situé, suivant toute vraisemblance, sur la hauteur du Châtelet, dominant Châtillon-sous-les-Côtes. Dans les siècles qui suivent, jusqu'au XIe, il est souvent question dans les textes d'un *pagus Vabrensis.* Deux comtés de ce nom sont même expressément cités dans l'acte de partage de 870 entre Charles le Chauve et Louis le Germanique. Je ne crois pas cependant que *pagus Vabrensis* désigne dans ces textes une subdivision politique. Sans vouloir ajouter une dissertation nouvelle à celles qu'on a déjà écrites sur cette question, j'indiquerai simplement les raisons pour les-

1. Je trouve par exemple : quatre bois de la Voivre sur la feuille de Mirecourt de la carte d'État-major, deux bois de la Vaivre sur celle de Langres, ces deux feuilles étant prises au hasard.

2. *Alodum unum Boscum scilicet Vevram vocatum.* Cartulaire de Perrecy, cité par L. Berthoud et L. Matruchot, *Étude historique et étymologique des noms de lieux habités du département de la Côte-d'Or.* I. Période antéromaine. Semur, 1901, p. 91. Du Cange, *Gloss. mediæ et infimæ latinitatis,* cite plusieurs exemples de *Vevra* pris comme nom commun, au mot *Veura.* — Le nom de Woivre ou Vèvre paraît plutôt donné, dans l'Est de la France, à des forêts au sol humide.

quelles le mot *pagus* me paraît devoir être pris ici dans le sens beaucoup plus vague de pays de la Woëvre. S'il était une circonscription politique, ce *pagus* serait en effet bien étendu. On y place des localités aussi éloignées que Mersch, au Nord de Luxembourg, en 853, qu'Ivois (Carignan), en 953, que Jouy-sous-les-Côtes, à l'Est de Commercy, en 770[1]. On remarquera que ces positions extrêmes enveloppent un territoire ayant appartenu aux quatre anciennes cités de Metz, de Toul, de Verdun et de Trèves. S'il n'est pas sans exemple qu'un *pagus* chevauche sur le territoire de deux anciennes cités, on n'en connaît pas qui soit à ce point indépendant de ces vieilles divisions fondamentales. Plusieurs des localités comprises dans ce vaste triangle nous sont d'ailleurs connues comme ayant appartenu à d'autres *pagi*. Toutes les difficultés auxquelles on se heurte lorsqu'on veut se faire une idée nette de la Woëvre considérée comme un véritable *pagus* disparaissent si l'on en fait ce qu'elle fut certainement à l'origine, une vaste étendue boisée, la *Vabra* ou la Woëvre par excellence, prolongement de l'Ardenne qu'on en distinguait mal, et que des défrichements séculaires n'ont fait qu'imparfaitement disparaître[2].

1. Il reste un doute sur l'identification de la localité *cognominatam Caugiaco, sitam in pago Wabrinse* (Charte d'Angilran, évêque de Metz, de 770. Cartulaire de Gorze, édit. D'HERBOMEZ, *Mettensia,* II, p. 33 et 390-400) avec Jouy-sous-les-Côtes. WILTHEIM, *Luciliburgensia,* p. 85, et DOM CALMET, *Hist. de Lorraine,* Preuves du t. I, col. 285, identifiaient *Gaugiacum* avec Jouy-aux-Arches, sur la rive droite de la Moselle, en amont de Metz. Il est beaucoup plus vraisemblable de voir avec M. d'Herbomez dans *Gaugiacum* Jouy-sous-les-Côtes. Dans la même charte, Angilran fait donation d'une autre localité : *Faho*, qui ne peut être que Foug, situé dans le voisinage, à l'Ouest de Toul. Il n'y a d'ailleurs aucune raison de supposer qu'on ait jamais étendu la Woëvre au delà de la Moselle. Wiltheim et Dom Calmet mettaient également dans la Woëvre Fleury (*Floriacum*), au Sud de Metz, sur la rive droite de la Seille et par conséquent de la Moselle. Mais ce *Floriacum* est un autre Fleury, c^ne^ de Jouaville, c^on^ de Conflans. M. DAVILLÉ en a donné la preuve dans un mémoire sur *Le Pagus Scarponensis* (*Annales de l'Est et du Nord*, t. II, 1906, p. 11).

2. Quels étaient les deux Comtés de la Woëvre, *Wavrense comitatus duo*, dont il est question dans l'acte de 870 ? M. Longnon dans son *Atlas histo-*

On ne trouve plus de mention du *pagus Vabrensis* après le XIe siècle. Le nom de Woëvre ne demeure plus attaché qu'à un certain nombre de localités dites « en Woëvre », et à l'un des archidiaconés du diocèse de Verdun qui en comprenait quatre : archidiaconés de la Princerie (Verdun), de l'Argonne, de la Rivière et de la Woëvre. L'archidiaconé de la Woëvre s'étendait sur la partie orientale du diocèse, sur la plaine, à l'Est des Côtes, mais il comprenait aussi une partie des Côtes et des plateaux boisés qui les séparent de la Meuse. D'autre part, l'archidiaconé de la Rivière, qui comprenait surtout la vallée de la Meuse, s'étendait aussi, au Sud de celui de la Woëvre, sur les plateaux et même sur une partie de la plaine, vers Vigneulles.

rique, texte, p. 113 et 118, pense que l'un d'eux pouvait être le comté de Verdun, l'autre, le territoire faisant partie du diocèse de Trèves qui constitua plus tard les comtés d'Ivois, d'Arlon et le Methingau ou Mathois. Le texte du traité de 870 ne permet pas l'identification avec le comté de Verdun qui est expressément cité sous ce nom. Il mentionne en effet les comtés de Trèves (*comitatus Bedensis*), de Mouzon, d'Arlon, de Verdun, de Toul, de Scarpone et de Metz. Entre les territoires occupés par ces comtés, il ne reste plus de place que pour le comté d'Ivois et pour le Methingau ou Mathois qui n'apparaissent que plus tard sous ces noms, le premier en 923, le second en 926. Le comté d'Ivois comprenait les environs de cette ville, actuellement Carignan, le Methingau ou Mathois, une portion du grand duché de Luxembourg actuel, avec cette ville, et les territoires situés au Sud, dans l'ancien département de la Moselle. Les deux comtés de la Woëvre seraient donc le comté d'Ivois et le Methingau, exceptionnellement désignés du nom de la région beaucoup plus étendue dont ils faisaient partie. Ce qui confirmerait cette hypothèse, c'est la mention, dans une charte de 882, d'un *Comitatus Wabrinsis* auquel est attribuée la localité de Bures, cne de Tressange, con d'Audun-le-Roman, c'est-à-dire précisément dans l'ancien Mathois. Voir Parisot, *Le royaume de Lorraine sous les Carolingiens*. Paris, 1898, in-8, p. 764 et L. Davillé, *Annales de l'Est et du Nord*, t. I, 1905, p. 421. Le nom de Mathois est resté attaché pendant plusieurs siècles à plusieurs localités des cantons de Longwy et d'Audun-le-Roman (Meurthe-et-Moselle). Il ne subsiste plus aujourd'hui que déformé dans Ville-au-Montois (con de Longwy), pour en Mathois. Piot, dans les *Pagi de la Gaule Belgique* (*Mémoires couronnés... de l'Acad. de Belgique*, collection, in-4, t. XXXIX, 1879, p. 166) dit que les Wallons appellent encore aujourd'hui par transposition l'ancien Methgau le Gaumet.

Là comme ailleurs, si les subdivisions ecclésiastiques ont emprunté souvent leur nom à des régions naturelles, elles ne se confondaient pas exactement avec elles. De cette appellation : Archidiaconé de la Woëvre on ne peut conclure qu'une chose : c'est qu'une partie de son territoire était considérée comme étant en Woëvre, la Woëvre pouvant d'ailleurs s'étendre au delà. Il est remarquable cependant que seul le diocèse de Verdun ait eu un archidiaconé de ce nom, ce qui semble prouver qu'au moment où il fut ainsi désigné, le nom de Woëvre tendait tout au moins à se localiser dans la région où nous le trouvons aujourd'hui.

La répartition des localités dites en « Woëvre » nous en fournit une preuve décisive. On rencontre déjà parfois, dans les textes antérieurs au XIIe siècle, *in Wapra* ou *in Wapria*, au lieu de *in pago Wabrense* ou *Waprense*. Cette manière de dire paraît être seule en usage au XIIe siècle, jusqu'au moment où, dans le courant du XIIIe, apparaît la forme française « en Wevre » ou « en Weivre » employée dès lors presque exclusivement. On constate d'ailleurs que ce suffixe « en Wevre » tend de plus en plus à n'être joint qu'à des noms de localités ayant des homonymes dans la région. Or, pendant plusieurs siècles on ne trouve de villages ainsi qualifiés que dans la Woëvre actuelle ou dans son voisinage immédiat. Les plus éloignés, à l'Est et au Sud, sont Conflans, Essey, Manoncourt[1]. Ils ne dépasseraient même pas au Nord la rivière de l'Orne, s'il n'y avait une exception pour Gondrecourt, situé à 10 kilomètres environ au Nord-Est d'Étain[2].

1. Conflans-en-Weivre (1334), Du Fourny, *Inventaire des titres de Lorraine*, Bib. nat. ms. français 4882, Layette Conflans-en-Jarnisy, n° 180, p. 3326. — Ascey-en-Weivre (1262), Cart. d'Apremont, Lepage, *Dict. topographique de la Meurthe*. Paris, 1862, in-4. Autres exemples en 1301, 1341, etc. *Ibid.* — Manoncuria-en-Weivre (1339). Charte de l'abbaye de Saint-Epvre. *Ibid.*

2. Gondrecourt-en-Weyvre ou en-Weivre (1338, 1386, 1446, 1457). Du Fourny, *Ibid.*, ms. 4881, Layette, Châtillon-sur-Saône, Dun, Conflans-en-Jarnisy, etc., *passim*, p. 2312, 2313. Gondrecourt-en-Woipvre, dans le procès-verbal de rédaction des coutumes du bailliage de Saint-Mihiel, 1607. *Coutumes du bailliage de Saint-Mihiel...* Metz, 1678, p. 116. C'est par erreur que Liénard signale dans le même document un Dussey-en-Woëpvre qu'il

On a évidemment perdu la notion d'une Woëvre très étendue et, sans qu'on puisse suivre les traces de cette évolution, il n'y a pas de doute que ce nom ait cessé peu à peu d'éveiller l'idée de forêt ou de région forestière. Il semble bien qu'au xve siècle on ne considère plus la Woëvre que comme une région agricole. Le chroniqueur messin Jehan Aubrion dit, en 1467, que les blés furent « tout enbrusiés [1] on paiix de Metz, nommément les froments; et aussy on Sanoy, en la Weivre, et en la duchiés de Bar [2]. »

Mais brusquement, à partir du milieu du xviiie siècle, les noms « en Woëvre » prennent de nouveau une extension insolite. On met en Woëvre des localités situées à l'Ouest et au Nord de Briey, aux environs d'Audun-le-Roman, à l'Ouest de Longuyon, en plein pays calcaire. Chose plus étrange encore, à l'Ouest des Côtes de Meuse, qui délimitent si nettement la Woëvre actuelle, on ajoute le suffixe « en Woëvre » à Rupt, à Deuxnouds, à Savonnières. Il n'est pas sans intérêt de rechercher à quel moment précis ces suffixes apparaissent. Aucun d'eux ne se trouve encore dans le *Dénombrement du Duché de Lorraine* rédigé en 1594 par Thierry Alix [3] ni dans la liste des localités faisant partie des duchés de Lorraine et de Bar que dressa en 1711, pour le duc de

identifie avec Duzey (sur l'Othain, au Nord de Spincourt). *Dict. topog. de la Meuse*. Paris, 1872, in-4, au mot Duzey. On remarquera que ces localités ont toutes des homonymes dans la région : Conflans-en-Bassigny, Conflans-Pont-Saint-Vincent, Essey-les-Nancy, Manoncourt-en-Vermois, Manoncourt-sur-Seille, Gondrecourt (Meuse, arr[t] de Commercy). Il est très possible d'ailleurs que la nécessité de distinguer toutes ces localités homonymes ait fait conserver par survivance aux premières le suffixe en Woëvre, alors qu'elles pouvaient déjà n'être plus considérées comme faisant partie de la Woëvre.

1. Gâtés par la rouille.

2. *Journal de Jehan Aubrion*, publié par Lorédan Larchey. Metz, 1857, in-8, p. 26. — Le Sanoy, c'est le Saulnois, nom qui venait de l'ancien *pagus Salinensis*, et qui est resté attaché comme suffixe à plusieurs localités. Il fut donné aussi à l'une des subdivisions du Pays messin (On entendait par là le territoire dépendant administrativement de la ville libre impériale de Metz). Le nom de Saulnois n'est plus employé aujourd'hui.

3. Publié dans *Recueil de documents sur l'histoire de Lorraine*, t. XV, 1870. Alix ne donne pas les localités faisant partie du Barrois.

Lorraine, Bugnon, son « géographe militaire[1] ». Or Bugnon était bien informé : il avait visité lui-même tout le pays. C'est Durival, dans les listes qu'il publia en 1753, 1766, 1779[2], qui introduisit le plus grand nombre de ces suffixes[3]. Toutefois, Rupt n'est qualifié pour la première fois de « en Woëvre » que sur la carte de Cassini, en 1760, Savonnières ne l'est que plus tard encore, en l'an II, dans la liste des communes de la Meuse que fit dresser le ministre de l'Intérieur par le Directoire de ce département[4]. La plupart de ces suffixes ont disparu ; seules, en dehors de la Woëvre telle que nous l'avons définie, les trois communes de Brainville, de Rupt et de Savonnières les conservent officiellement. Brainville est tout à fait à la frontière orientale de la Woëvre, au Sud-Ouest de Conflans, et la limite, de ce

1. *Abrégé du Polium géographique et chorographique du temporel des duchez de Lorraine et de Bar*. Bib. nat. ms. français 11806. « M. Bugnon avait été sur les lieux et avait tout examiné par lui-même », dit Dom Calmet, *Notice de la Lorraine*. Nancy, 1756.

2. Durival, *Mémoire sur la Lorraine et le Barrois*. Nancy, 1753 ; *Table alphabétique des villes, bourgs, villages... de la Lorraine et du Barrois*. Nancy, 1766 ; *Description de la Lorraine et du Barrois*. Nancy, t. III, 1779.

3. Bonvillers-en-Woëvre (con d'Audun-le-Roman), *Brainville-en-W.* (con de Conflans), Bure-en-W. (cne de Tressange, con d'Audun-le-Roman), Circourt-en-W. (cne de Xivry-le-Franc, *Ibid.*), *Deuxnouds-en-W.* (con de Vigneulles), Epiez-en-W. (con de Longuyon), *Fléville-en-W.* (con de Conflans), Pierremont-en-W. (cne d'Avril, con de Briey), *Puisieux-en-W.* (Puxieux, con de Chambley), Roncourt-en-W. (con de Briey), *Rouvre-en-W.* (con d'Étain). Les noms en italique sont ceux des localités déjà dites « en Woëvre » dans les listes de 1753 et 1766.

4. *État général des départements, districts, cantons et communes de la République française*, an II. — C'est à tort que Liénard (*Dict. topog. de la Meuse*) cite *Saponariæ in Vepria*, en donnant comme référence la *Notice de la Lorraine* de Dom Calmet. Dom Calmet dit simplement dans la table alphabétique des noms latins, français, allemands, en tête du t. II : *Saponariæ*, Savonières-lez-Trognon, et plus loin *Vabrensis, Vaprensis*, le pays de la Voivre, *Vabria*, la Voivre. On trouve également dans Liénard : Ruisseau de Savonières dit aussi ruisseau de Woëvre. Buvignier (*Statistique géologique du département de la Meuse*) avait déjà indiqué ce nom parfaitement inconnu dans le pays, et qui ne s'explique peut-être que par le suffixe « en Woëvre » ajouté à Savonnières.

côté, ne peut pas être tracée avec précision à cause du faciès marneux que prend le Bathonien supérieur. Mais au delà des Côtes de Meuse, à Savonnières, à Rupt, personne n'admet qu'on puisse être en Woëvre et ne comprend comment la confusion a pu s'établir.

Elle s'explique cependant, je crois, d'abord par la renaissance des études de géographie historique qui s'est produite au XVIe et au XVIIe siècle. Lorsque Adrien de Valois essaya de retrouver sur notre sol français l'étendue et l'emplacement des anciens *pagi* gallo-romains, il prit pour guide, dans cette région, un petit mémoire sur l'ancienne Woëvre du Jésuite Luxembourgeois Wiltheim [1]. Wiltheim avait cherché à reconstituer les limites de l'ancien *pagus* en recueillant dans les textes du Moyen Age les localités qu'on y plaçait. On a vu précédemment à quels résultats ce procédé doit conduire.

Mais Wiltheim ne s'était préoccupé que de l'ancienne Woëvre; il n'avait pas prétendu l'identifier avec la moderne. Valois ne garde pas la même réserve : il n'hésite pas à faire le rapprochement [2]. Dom Calmet, dans sa *Notice de la Lorraine*, prend Valois pour guide, sans étendre cependant la Woëvre aussi loin vers le Nord. Mais il s'inspire en même temps d'une sorte de conception administrative en donnant le nom de Woëvre à « la partie du Barrois qui renferme les bailliages d'Étain, Briey, Longuyon et Viller-la-Montagne [3] ». Était-ce l'influence des savants, était-ce simplement la nécessité de trouver un nom pour désigner administrativement un territoire qui n'en avait pas, toujours est-il que cette conception est acceptée à la Cour de Lorraine, au milieu du XVIIIe siècle. En 1750, Stanislas nomme pour son duché un ingénieur des Ponts et Chaussées et cinq inspecteurs attachés aux cinq départements de Lorraine propre, des Vosges, de

1. Voir surtout l'ouvrage postérieur : *Luciliburgensia sive Luxemburgum Romanum*, édit. Neyen. Luxemburgi, 1842, p. 84.

2. *Hodieque eum agrum Vavrensem incolis vocari*, le pays de Vaivre, *germanice* der Warwart, *et ad ripas Alizontiæ* (Alzette), *Ornæ* (Orne) *et Chari* (Chiers) *fluminum jacere accepimus mosam inter et mosellam.* VALESIUS, *Notitia Galliarum*, au mot *Vabrensis pagus*.

3. *Notice de la Lorraine*, t. II, au mot *Voivre*.

Lorraine Allemande, de Barrois et Voivre, de Barrois et Bassigny[1]. On disait à cette époque les sept prévôtés de la Woëvre pour désigner les prévôtés de Briey, Étain, Arrancy, Norroy, Longuyon, Conflans-en-Jarnisy, Sancy[2]. Voilà donc le nom de Woëvre adopté pour désigner toute la partie du plateau compris entre la Moselle et la Meuse, qui dépendait politiquement de la Lorraine. Et l'on comprend que Durival, dressant la liste des localités sises en Lorraine et Barrois, ait ajouté le suffixe « en Woëvre » à celles qui avaient des homonymes dans d'autres parties du duché. Car il ne désigne ainsi que les localités pour lesquelles une confusion est possible. Il a usé d'abord du procédé avec une certaine réserve : il l'applique sans hésitation sur sa dernière liste, en 1779[3].

On a dû obéir à des préoccupations du même genre lorsqu'on a dit : Rupt-en-Woëvre et Savonnières-en-Woëvre. Pour Savonnières, il n'y a aucun doute que l'addition de ce suffixe ne soit récente. Jusqu'à la fin du XVIIIe siècle on a dit Savonnières-les-Trognon, du nom d'un village voisin qui échangea en 1737 son nom contre celui de Heudicourt. Il y avait déjà dans la Meuse Savonnières-en-Perthois et Savonnières-devant-Bar; Savonnières-les-Trognon n'ayant plus de raison d'être, le Directoire du département a écrit Savonnières-en-Woëvre comme Durival avait écrit Deuxnouds-en-Woëvre pour un village situé non loin de là, dans la même région des plateaux calcaires[4]. Mais comment l'auteur de la feuille 110 de la carte de Cassini, qui nécessairement

1. EXPILLY, *Dictionn. des Gaules*, au mot *Lorraine*.

2. Dans le ms. 508 de la Collection de Lorraine (Bib. nat.), f° 299, se trouve une série de baux passés au commencement du XVIIIe entre le fermier général et un certain nombre de sous-fermiers pour la levée de l'impôt. On lit en tête : Liasse contenant les baux passés par Benois la Combe, fermier général de Lorraine des sept prevotez de la Voevre qui sont restées dans la dépendance de la Lorraine. Le libellé de cette inscription semble bien prouver qu'elle est antérieure à la réunion de la Lorraine à la France (1766).

3. Il faut aussi tenir compte de ce fait qu'on disait depuis longtemps Gondrecourt-en-Woëvre.

4. Redevenu Deuxnouds dans l'*État général* de l'an II. C'est aujourd'hui Deuxnouds-aux-Bois.

était allé sur les lieux, a-t-il laissé passer Rupt-en-Woëvre ? A ceux qui s'étonneraient que des erreurs de ce genre puissent s'introduire sur les cartes, je citerais un certain Fleury-en-Argonne, qui figurait tout récemment encore au Nord-Est de Verdun, à égale distance de cette ville et des Côtes de Meuse, sur la carte à 1 : 320 000, du Service géographique de l'armée[1]. Rien de pareil ne se trouve sur aucune des éditions de la carte à 1 : 80 000, et il faut bien admettre que ce Fleury-en-Argonne était dû à l'initiative de quelque dessinateur trop zélé, dupe d'une erreur encore trop répandue, qui a fait donner par symétrie le nom d'Argonne orientale aux plateaux calcaires de la rive droite de la Meuse.

Il n'y a donc aucun compte à tenir de cette floraison momentanée de suffixes « en Woëvre » qui se produit au courant du XVIIIe siècle. Presque tous d'ailleurs ont disparu lorsque la nouvelle division par départements les a rendus inutiles, en permettant de distinguer facilement les localités homonymes. La confusion qui s'est produite alors n'a pas été sans se perpétuer dans une certaine mesure au XIXe siècle. Dans sa *Statistique du Département de la Moselle,* le préfet Colchen appelle encore Woëvre la plaine située immédiatement à l'Ouest des Côtes de Moselle[2]. « La partie occidentale du pays messin, dit à son tour l'auteur de la *Description géologique de la Moselle,* renferme une plaine aussi remarquable par son étendue que par son absence de relief. Cette plaine dont la ville de Briey occupe à peu près le centre, forme une subdivision naturelle de la région des plateaux. Sur les confins [du département] de la Meuse elle porte le nom de Woëvre, désignation qui, par extension de la partie au tout, est souvent appliquée à l'ensemble et que nous emploierons fréquemment dans ce sens[3]. » Et Buvignier, qui sait cependant très bien ce qu'est la Woëvre, n'hésite pas à l'étendre lui aussi : « Le nom de Woëvre ne s'applique pas habituellement à la portion de cette

1. Feuille de Metz, n° 14. On a effacé « en Argonne » sur le dernier tirage.

2. *Mémoire statistique du département de la Moselle par le citoyen* COLCHEN. Paris, an XI, in-fol.

3. E. JACQUOT..., *Description géologique et minéralogique de la Moselle.* Paris, 1868, in-8.

plaine qui est située dans l'arrondissement de Montmédy. Cette partie ne pouvant être séparée de l'autre sous le rapport topographique ni sous le rapport géologique, nous la comprenons sous la même dénomination. Elle faisait d'ailleurs également partie du *pagus Wabrensis* qui a laissé son nom au reste de la contrée[1]. »

Voici donc, par une évolution nouvelle, la Woëvre devenue une unité géologique. Et c'est désormais dans ce sens que vont l'entendre les géologues et à leur suite les géographes. Que cette dénomination soit commode, il n'y a pas de doute, elle n'en a pas moins l'inconvénient de masquer la réalité. Elle laisse l'impression d'une Woëvre qui serait partout argileuse et imperméable ; elle empêche d'apercevoir ces nappes de limon qui sont la véritable Woëvre. Buvignier n'était pas dupe : il fait très justement remarquer que sans ces limons calcaires qui assurent la fertilité du sol, filtrent les eaux et permettent de les atteindre par des puits peu profonds « la Woëvre serait inhabitable ». Il n'en a pas moins contribué malgré lui à créer une équivoque.

Le nom de Haye n'exige pas un aussi long commentaire. C'est incontestablement un nom commun, et les Hayes ou les Haies sont plus fréquentes encore que les Woëvres sur notre territoire. La forêt de Haye occupe aujourd'hui le vaste triangle dont les trois sommets sont Toul, Pont-Saint-Vincent et Frouard. Elle se continue plus au Nord, au delà de la coupure de la Moselle, sous les noms de Forêt de l'Avant-Garde, Forêt de Puvenelle. Ce sont là évidemment les restes d'une zone forestière continue qui s'étendait aussi plus loin vers l'Ouest. Les défrichements qui se sont poursuivis presque jusqu'à nos jours dans toute cette zone sont ici évidents. Ils ont été, en certains endroits, si imprudemment exagérés, qu'après quelques années de très médiocres récoltes, les champs de pierre ont dû être abandonnés à eux-mêmes ou reboisés. Mais tout le plateau calcaire n'est pas infertile : le Bathonien contient des bancs marneux, qui mélangés au calcaire, donnent des sols plus favorables. C'est là que se sont

1. A. Buvignier, *Statistique géologique, minéralogique... du département de la Meuse*. Paris, 1852, in-8, p. 6.

construits les villages, et le suffixe « en Haye » ajouté à quelques-uns pour les distinguer de localités homonymes s'explique par leur établissement sur un territoire anciennement boisé. Le pays de Haye, comme celui de la Woëvre, emprunte tout simplement son nom à une ancienne forêt. Mais il n'évoque pas plus aujourd'hui que la Woëvre l'idée de région forestière. Pour les habitants du plateau et de son voisinage, la Haye est un pays de cultures moins riches, de terres légères exigeant de fortes fumures pour fournir un rendement moyen. C'est un pays de petits villages, de petites exploitations, de petits propriétaires, s'entr'aidant pour les labours et les cultures, et demandant encore parfois, mais beaucoup moins que jadis, aux travaux de la forêt un supplément de ressources Ce pays de Haye, comme nous l'avons vu, ne dépasse pas au Nord la vallée du Rupt-de-Mad, parce qu'au delà les terres ne tardent pas à devenir plus marneuses et plus fertiles.

Il reste enfin à expliquer ce qu'était le Jarnisy. J'ai dit que ce nom n'était plus employé aujourd'hui. Il n'est même plus officiellement attaché à Conflans, à Doncourt, à Giraumont. Mais il l'a été pendant des siècles et la carte d'État-Major a conservé Conflans-en-Jarnisy, Doncourt et Giraumont-en-Jarnisy. Incontestablement ce nom vient de Jarny, important village situé à une petite distance au Sud-Est de Conflans. On disait, dès le XIIIe siècle, le Jarnisy, la seigneurie, l'avouerie, la terre, le ban de Jarnisy[1]. C'était une partie du temporel de l'Évêché de Metz, située à l'extrémité du diocèse[2]. Conflans qui appartenait au

1. La plus ancienne mention que je connaisse de ce nom se trouve dans un acte de 1252, analysé par Du Fourny, établissant les droits réciproques de l'évêque et de son avoué sur « le Jarnisy ». Ils « ne se pourront accroistre l'un sans l'autre dans la seigneurie et vouërie du Jarnisy » dit un des principaux passages de cet acte. Du Fourny, *Invent. des titres de Lorraine.* Layette Conflans-en-Jarnisy, n° 155. Bib. nat. ms. français, 4882 p. 3319.

2. Ce territoire, placé sur les confins du diocèse de Verdun, fut de plus en plus isolé des autres domaines de l'évêque de Metz. Il en était séparé par les possessions de l'abbaye de Gorze, par celles de la République Messine et des comtes de Briey, qui, d'abord avoués de l'évêque, se rendirent bientôt indépendants.

diocèse de Verdun n'en faisait pas partie. Mais, en 1170, l'évêque de Metz avait acheté le château de Conflans. Les seigneurs de Conflans furent ses avoués pour le Jarnisy, et des nécessités d'argent le forcèrent bientôt à leur vendre le château et la terre. C'est ainsi qu'après avoir appartenu à plusieurs familles, Conflans et le Jarnisy échurent par donation, en 1342, à la puissante maison de Bar [1]. On comprend qu'une confusion se soit établie, et qu'on ait dit Conflans-en-Jarnisy pour distinguer ce Conflans de plusieurs autres. C'est en 1314 que je trouve, pour la première fois, cette ville ainsi désignée [2] ; mais l'usage n'est pas encore établi, car, en 1334, un acte officiel porte Conflans-en-Weivre [3]. Ce qui a contribué à cette confusion, c'est que Conflans devint le siège d'une prévôté, comprenant le Jarnisy, qui ressortissait au bailliage barrois de Saint-Mihiel. Il y avait aussi une mairie du Jarnisy, c'est-à-dire un groupe de villages ayant un maire commun (Jarny, Giraumont, Doncourt, Bruville). Le nom de Jarnisy désigne donc, à partir du XIIIe siècle, une sorte de subdivision politique sans limites bien précises, car il s'applique à plusieurs groupements différents. Au XVe siècle surtout, on parle souvent dans les chroniques messines du Jarnisy, ou comme on écrit : Gernisy, Gernexey, Gouvernexey [4]. Puis, le nom se fait plus rare et ne se rencontre plus que comme suffixe, avant de disparaître tout à fait officiellement. Mais à aucun moment on n'aperçoit qu'il se soit appliqué à une unité naturelle quelconque : c'est un nom historique ou politique, emprunté comme tant d'autres à une localité, pour en désigner les environs : il n'y a aucune raison pour le faire revivre en géographie.

1. Du Fourny, *Ibid.*, n° 183, p. 3327.
2. *Ibid.*, n° 53, p, 3269.
3. *Ibid.*, n° 180, p. 3326.
4. La forme Gernisy vient de l'orthographe Gerny, qu'on trouve souvent pour Jarny. « Conflans-en-Gernisy » dans le Cartulaire des Évêques de Metz, publié par M. Marichal dans *Mettensia*, IV, p. 145, n° 75. Jehan Aubrion écrit : Gernexey, *ouv. cit.*, p. 253. Le Doyen de Saint-Thiébaut : Gouvernexey. « ... et furent losgiez on Gouvernexey, c'est assçavoir à Ville-sur-Yron et en tous les pays entour. » *Chr. du Doyen de Saint-Thiébaut*, dans Dom Calmet, *Hist. de Lorraine*, Preuves du t. II, col. CCXX.

APPENDICE IV

LES RÉGIONS NATURELLES DU VIVARAIS D'APRÈS GIRAUD-SOULAVIE (1780)

« J'ai souvent médité sur le système d'une division triviale du Vivarais, connu dans cette province dans les âges les plus reculés, puisqu'elle paraît dans les chartes les plus anciennes du gouvernement féodal.

Le Vivarais est divisé, selon le plan, en Montagne, en Rive du Rhône, en Maillaguès, en Hautes et Basses Boutières, en Coiron et en Cevènes.

La Nature est si différente dans ces contrées diverses, que ses variations influent puissamment sur les êtres organisés qui s'y trouvent, et sur tout sur les productions végétales de la vie.

Je suis persuadé que cette division trouve son origine dans les temps les plus reculés. Elle a pu servir au gouvernement économique des anciens Souverains de la nation *Helviène* (aujourd'hui le Vivarais) dont César fait mention, et que cet empereur s'associa pour la conquête des Gaules.

Il n'est pas permis de donner une autre origine à ces divisions du Vivarais. Elles existaient sans doute avant le système féodal sous lequel les intérêts des Seigneurs toujours divisés et l'ignorance de cet âge ne permirent jamais d'imaginer un partage fondé sur les divers degrés de la température de l'atmosphère, sur l'hydrostatique des eaux courantes, sur la géographie physique de cette partie du globe terrestre : on peut en juger par cet exposé :

Les *Rives du Rhône* et une partie des *Basses Boutières* forment une lisière au bord occidental de ce fleuve. C'est un territoire privilégié, fertile en plusieurs endroits, et dont les productions sont très variées, à cause de la chaleur du climat et du peu d'élévation de ce sol sur le niveau de la Méditerranée. Des poudingues et des roches calcaires en pente forment le sol de cette première division.

Le *Maillaguès,* arrosé par les eaux d'Ibie[1], est un pays plus élevé situé dans la zone calcaire et borné par l'Ardèche ; on n'y trouve que très peu de blé et quelques vignobles surtout à Villeneuve de Berc qui en est la capitale.

Le *Coiron* est une grande plaine en montagne formée d'une immense coulée de laves basaltiques horizontales, excavée par divers endroits par des ruisseaux. Mirabel qui a le titre de Marquisat érigé par Louis XV, plus considérable avant nos guerres de religion, en est la capitale. Cette plaine isolée est bornée par des précipices qui environnent presque toutes les hauteurs de cette grande montagne, et qui en sont les limites naturelles.

La *Montagne* dont Pradelles est la capitale, ville que je crois être la plus élevée de France, et les *Hautes Boutières* dont Saint-Agrève est le chef-lieu, forment des plateaux supérieurs granitiques qui séparent, par leurs pentes occidentale et orientale, les eaux de la Loire d'avec celles du Rhône. C'est le climat des plantes alpines, qui ne produit qu'un peu de seigle et des pâturages exquis.

Les *Cevènes* enclavées par le Vivarais, bornées par l'Ardèche, prolongées jusqu'à Antraigues, Burzet, Colombier, Jaujac, Joanas, Tauriers, Rocles, Joyeuse, etc..., sont dans une région mitoyenne. Dans les vallées inférieures on trouve des vignobles et même des oliviers ; mais en général le peuple s'y nourrit de châtaignes. Aubenas en est la capitale.

Le système des productions végétales varie ainsi dans ces contrées diverses, comme les degrés de chaleur atmosphérique et comme les êtres du règne minéralogique[2]. »

1. Affluent de gauche de l'Ardèche.

2. GIRAUD-SOULAVIE. *Histoire naturelle de la France méridionale,* t. I, p. 154-157.

APPENDICE V

SUR LES PROGRÈS DE LA CARTOGRAPHIE DE LA RÉGION PARISIENNE JUSQU'A LA CARTE DE CASSINI[1]

I. — La Guillotière. Damien de Templeux.

On ne connaît pas de carte spéciale de la région parisienne antérieure à la fin du XVIe siècle. Jusque-là cette région n'était représentée que sur des cartes générales. Sans remonter jusqu'à

1. Il n'existe, jusqu'à présent, aucun travail d'ensemble sur les anciennes cartes de la région parisienne. En 1875, à l'occasion du Deuxième Congrès international de Géographie, une double Exposition cartographique fut organisée à Paris, au Palais des Tuileries et à la Bibliothèque nationale. La *Société de l'histoire de Paris et de l'Ile-de-France* chargea deux de ses membres de rechercher dans ces deux Expositions les documents relatifs à la région dont elle s'occupe. Le résultat de leur travail a donné lieu aux publications suivantes : L. PANNIER, *Note sur les cartes et plans de Paris et de l'Ile-de-France, exposés dans la galerie Mazarine de la Bibliothèque nationale* (*Bullet. Soc. histoire de Paris et de l'Ile-de-France*, t. II, 1875, p. 118-128) et A. LONGNON, *Catalogue des cartes et plans de Paris et de l'Ile-de-France, exposés au Palais des Tuileries à l'occasion du Congrès international des sciences géographiques* (*Ibid.*, p. 141-160). L'exposition n'était pas spéciale à la région parisienne et par conséquent ces deux catalogues ne peuvent fournir que des indications très incomplètes. Pour les régions qui touchent à l'Ile-de-France, on peut consulter : DRAMARD, *Bibliographie géographique et historique de la Picardie*. Paris, 1881, in-8. — E. CHANTRIOT, *Les cartes anciennes de la Champagne. Catalogue et observations critiques*. Nancy, 1905, in-8.

celles qui accompagnent la *Geografia* de Berlinghieri ou les premières éditions de la *Géographie* de Ptolémée, je signalerai seulement les cartes de France d'Oronce Finé (1525), de Jean Jolivet (1560), de Guillaume Postel (1570)[1].

La *Description de la haute et basse Picardye* signée d'Olivier Truchet (vers 1560), qui s'étend en réalité sur toute la France du Nord, y compris l'Ile-de-France, la Brie, le Gâtinais et une partie de la Beauce, est, comme l'a montré M. G. Marcel, une carte de Jolivet et ne comprend rien de plus que la carte de France du même auteur[2].

Lorsqu'il publia, en 1585, la première partie de son *Atlas*, Mercator ne put encore donner de la région parisienne qu'un dessin approximatif, à petite échelle, sur les deux cartes, embrassant des régions plus étendues, qui portent les titres : Britannia et Normandia cum confinibus regionibus, et France, Picardie, Champaigne cum regionibus adjacentibus (Dans *Galliæ tabule geographicæ per Gerardum Mercatorem... Duysburgi Clivorum editæ*, in-fol. s. d. Préface datée de 1585. Bib. nat. Imprimés, G 595).

La première carte qui ait été publiée de l'Ile-de-France est probablement la suivante, sans date ni nom d'auteur, qui montre les opérations militaires d'Henri IV autour de Paris et le champ de bataille d'Ivry. C'est un simple croquis assez sobre de détails :

1. L'Isle de France et lieux circōvoysins. S. n. S. d.

Le titre est en haut, sur toute la largeur de la planche. Pas de graduation. Dimensions : 0,41 × 0,33. Une lieue commune de France = 0,013[3].

Se trouve dans les différentes éditions du *Théâtre géographique* de Le Clerc.

C'est sans doute à cette carte que fait allusion une lettre écrite

1. Voir sur ces premières cartes : L. Gallois, *Les origines de la carte de France. La carte d'Oronce Finé* (*Bullet. géog. hist. et descript.*, 1891, p. 18-34).

2. G. Marcel, *Une carte de Picardie inconnue et le géographe Jean Jolivet* (*Bullet. géog. hist. et descript.*, 1902, p. 176-183).

3. Le premier chiffre indique toujours la largeur de la carte, le second, la hauteur. Les dimensions sont prises cadre compris, sans les marges.

en 1595 par Adam de la Planche à Ortelius dont il sera question plus loin[1].

Vient ensuite la carte de l'Ile-de-France de François de la Guillotière.

2. L'Isle de ‖ France. ‖ — Parisiensis ‖ agri de = ‖ scrip. ‖ Fr Guilloterius Bitu = ‖ rix Viv. describebat, ‖ et Cl. V. Petro Pithœo ‖ J. C. dedicabat. Cum privilegio decennali ‖ Imp. Reg et Brab. 1598.

Carte entourée d'une élégante bordure. Pas de graduation. 0,46×0,34. Une lieue = 0,021.

Dans les différentes éditions du *Theatrum Orbis Terrarum* d'Ortelius.

Nous avons sur cette carte des renseignements très précis dans la lettre d'Adam de la Planche à Ortelius. Elle fut envoyée manuscrite par Pierre Pithou à Ortelius, après la mort de son auteur, et c'est Ortelius qui la fit graver. Elle prit place après sa mort (1598) dans les différentes éditions de son *Theatrum Orbis Terrarum*. Cette carte représente la région située au Nord de Paris, entre la Seine, la Marne, l'Oise et la rivière de Senlis. Une limite est indiquée au Nord-Est entre la Goële, le Multien et le Valois qui est considéré comme étant en dehors de l'Ile-de-France. C'est un dessin par à peu près, exécuté sans mesures précises, probablement en tenant compte des distances itinéraires, mais qui témoigne d'une connaissance assez exacte de la région (Voir notamment le réseau des cours d'eau autour de Saint-Denis). L'échelle, en comptant une lieue française pour 3^{km},933 est d'environ 1 : 185 000.

La carte de la Guillotière a été souvent reproduite, d'abord par les soins de Jodocus Hondius pour l'*Atlas* de Mercator. Édition de Mercator-Hondius de 1607[2].

1. « On en a imprimé une pardeca depuis ces troubles qui ne vault rien du tout. » Voir appendice VI.

2. Mercator était mort en 1594, laissant inachevé son *Atlas* dont les deux premiers fascicules avaient paru en 1585 et 1590. Son fils Rumold publia le troisième en 1595 et mourut en 1600 avant d'avoir donné lui-même l'édition d'ensemble qui parut, par les soins de ses héritiers, en 1602. La propriété

2ª L'Isle || de France. || Parisiēsis || Agri De = || scriptio. || Auctore || F. Guillo = || terio Bitu || rigi. S. d.

Sans bordure. Graduée. Dimensions : 0,46 × 0,33. Un mille de France = 0,021.

Nouvelle gravure dans l'atlas de Blaeu (1635).

2ᵇ Ager Parisiensis || Vulgo || l'Isle de France || Fr. Guilloterius Bitur. Viv. describ. || et || Cl. V. Petro Pithœo I. C. || dedicabat. Apud Guiljelmum Blaeu. S. d.

Sans bordure. Graduée. Dimensions : 0,50 × 0,38. Une lieue commune de France = 0,036.

Nouvelle gravure encore dans l'atlas de Jansson (1644).

de l'*Atlas* fut alors vendue à Josse de Hondt, Jodocus ou Judocus Hondius, qui en donna plusieurs éditions augmentées. Lui-même mourut en 1611 et eut pour successeur son fils Henri qui continua à faire paraître des éditions de l'*Atlas*, augmentées de nouvelles cartes, avec la collaboration de son beau-frère Jean Jansson. Il mourut en 1638, laissant à celui-ci la propriété de son fonds. C'est Jansson qui a fait paraître en 1640 à Amsterdam l'édition française en 3 volumes qui a pour titre : *Nouveau Théâtre du Monde ou Nouvel Atlas comprenant les tables et descriptions de toutes les régions de la terre, divisé en trois tomes.* La préface est signée de Henry Hondius et de Jean Jansson.

Il ne faut pas confondre Jansson avec Guillaume Janz ou Janson Blaeu, concurrent de Hondius, qui publia, en 1631, un *Appendix Theatri A. Ortelii et Atlantis G. Mercatoris.* Guillaume Janson Blaeu mourut en 1638. Il avait fait paraître avec son fils Jean un grand atlas dont une édition française fut donnée par Jean Blaeu de 1638 à 1640 : *Le Théâtre du Monde ou Nouvel Atlas contenant les Chartes et Descriptions de tous les Païs de la terre. Mis en lumière* par Guillaume et Jean Blaeu, 3 vol. in-fol. La préface est datée de 1635. Enfin Jean et Corneille Blaeu donnèrent leur grand *Atlas* en 12 volumes in-fol. (Édition française, 1667), véritable monument élevé à la géographie, où le texte tient d'ailleurs plus de place que les cartes.

La première édition du *Theatrum Orbis terrarum* d'Ortelius est de 1570, Jusqu'à sa mort, en 1598, il en publia vingt-cinq éditions augmentées de nouvelles cartes. Le fonds d'Ortelius fut acheté, en 1601, par le graveur Vrintius (J.-B. Vrients) qui continua à l'exploiter. Il publia dix éditions du *Theatrum*. Après sa mort, en 1612, les planches furent vendues aux frères Moretus qui ne paraissent pas avoir fait de nouveau tirage.

2e Ager Parisiensis || Vulgo || l'Isle de France || Fr. Guilloterius Bitur Viv. describ. || et || Cl. V. Petro Pithœo I. C. || dedicabat. S. d.

Sans bordure. Graduée. Dimensions : 0,46 × 0,33. Un mille commun de France = 0,031.

En France, elle fut reproduite par Jean Le Clerc dans son *Théâtre géographique*, en 1620 et 1621 [1], sous le titre :

1. *Theatre Geographique du royaume de France. Contenant les Cartes & Descriptions particulieres des Provinces d'iceluy. Œuvre nouvellement mis en lumiere : Avec une Table, où sont les noms de toutes les cartes de chacune desdites Provinces.* A Paris, chez Jean Le Clerc, rüe sainct Jean de Latran, à la Sallemandre Royale, MDCXX. Avec Privilege du Roy (Bib. nat. Section des cartes, GeDD 1290), 2e édit. en 1621 (Bib. nat. Imprimés, L8 1 f°), 3e édit. en 1622, chez la Veufve Jean le Clerc (Bib. nat. Section des cartes, GeDD 1284), 4e édit., 1626. *Ibid.* (Bibliothèque de M. le Dr E.-T. Hamy), 48 cartes, 5e édit., 1631. *Ibid.* (Bib. nat. Imprimés, L8 1 A f°), 50 cartes. Dans cette édition précédée d'une épître à Louis XIII, de Jean Le Clerc le fils, les cartes sont accompagnées de notices au dos. Il doit exister une édition de 1632 sous ce titre : *Théâtre géographique du royaume de France, contenant les cartes gravées de Jean Le Clerc ; et les Descriptions de Gabriel Michel de la Rochemaillet, avocat au Parlement et au Conseil.* Paris, Veuve le Clerc, 1632 (et 1656) (Le Long, *Biblioth. hist.*, édit. Fevret de Fontette, I, p. 57, n° 785). De la Rochemaillet est donc probablement l'auteur des notices de 1631. Ce doit être encore l'Atlas de Le Clerc qui a paru sous ce titre : *Théâtre géographique du royaume de France contenant les cartes et descriptions particulières des Provinces d'iceluy, avec celles des frontières et pays adjacents, y compris une table où sont les noms de toutes les cartes de chacune des dites Provinces et Frontières.* Paris, Melchior Tavernier..., 1637 (A la Bibliothèque de l'Université de Liège. Signalé par Van Raemdonck, *Gérard Mercator, sa vie et ses œuvres.* Saint-Nicolas, 1869, in-8, p. 256). On retrouve enfin les cartes de Le Clerc dans : *Théâtre des Gaules ou Descriptions generales et particulieres de toutes les Provinces du Royaume de France, avec les Provinces et Estats circonvoisins.* A Paris, chez Jean Boisseau..., MDCXLII (Bib. nat. Sect. des cartes, GeDD 1147). Boisseau avoit probablement fini par être en possession du fonds de Le Clerc.

M. L. Drapeyron (*Le premier Atlas national de la France*, 1589-1594. *Bull. géog. hist. et descript.*, 1890, p. 35-57 et *L'Évolution de notre premier Atlas national sous Louis XIII et en particulier durant le ministère du cardinal de Richelieu. Ibid.*, p. 260-284) considère Jean Le Clerc comme un collabo-

2d L'Isle de || France. || — Parisiensis || Agri De || scrip || Jean Le Clerc. excud. François de la hoeye fecit. S. d.

Bordure copiée sur celle de la carte d'Ortelius. Sans graduation. Dimensions : 0,44×0,33. Une lieue=0,021.

Il est très remarquable que cette carte ne porte pas le nom de La Guillotière. Nous savons par la lettre d'Adam de la Planche que des difficultés avaient surgi après la mort de La Guillotière

rateur de Maurice Bouguereau auteur de *Le Theatre François, ou sont comprises les chartes generales et particulieres de la France*... A Tours, par Maurice Bouguereau, 1594 (Cet atlas ne contient encore aucune carte de la région parisienne). Il se fonde sur l'épître au roi mise par Le Clerc le fils en tête de l'édition de 1631. Mais cette épître, volontairement ou non, exagère singulièrement le rôle de Le Clerc le père. En réalité il paraît tout simplement avoir acquis le fonds de Bouguereau, dont il a utilisé quelques cartes. L'édition de 1620 du *Théâtre géographique du royaume de France* en contient et ce *Théâtre* ne peut pas être considéré comme une édition nouvelle de celui de Bouguereau. Déjà en 1620 Le Clerc utilisait également une carte de Hondius. Son planisphère porte le titre : *Orbis Terræ novissima descriptio Authore Gerardo Mercatore, nuperimè vero juxta recentiores Cosmographos aucta et recognita*. J. Hondius sculps. J. le Clerc exc., 1602 (*sic*). Cette dernière date est certainement une erreur pour 1620. Plus tard, dès 1622, les cartes de Hondius s'introduisent de plus en plus nombreuses dans le *Théâtre* de Le Clerc, mais on ne peut considérer, avec M. Drapeyron, l'exemplaire de 1622 de la Bibl. nat., comme exactement conforme à l'édition de cette date. Il contient en effet des cartes de dates postérieures, ajoutées après coup, comme il est arrivé si souvent dans les Atlas du XVIIe siècle, dont beaucoup ne sont que des collections factices. Il serait invraisemblable que l'édition de 1622 eût contenu plus de cartes (63) que celle de 1626 qui en comprend 48, énumérées sur la table placée en tête. Cette table a disparu dans l'exemplaire de 1622. Dans l'édition de 1631 le nom de Bouguereau a été généralement effacé et remplacé par celui de Le Clerc sur les planches provenant du premier atlas de Tours. Quelquefois les deux noms se trouvent sur la même carte (carte du Berry). L'exemplaire de 1631 de la Bibl. nat., n'est d'ailleurs pas plus que celui de 1622 l'exemplaire original. Il contient des cartes de Boisseau de 1644, 1646, 1647. Boisseau s'est lui-même, comme on le verra plus loin, sur les cartes de Beauce et de Gâtinais de 1644 qualifié tout à fait indûment de correcteur. Les planches qui sont celles de Le Clerc n'ont subi aucune retouche. Ces éditeurs de cartes n'étaient pas toujours d'une conscience très scrupuleuse.

entre ses héritiers et l'éditeur de sa grande carte de France, à propos des droits d'auteur. Est-ce pour éviter d'avoir à compter avec les héritiers que Le Clerc n'a pas inscrit le nom de La Guillotière ? En tous cas, François de la Hoeye n'est pour rien dans le dessin de cette carte, identique à celle de 1598. Le mot *fecit* ne s'applique ici qu'à la gravure. *Excudit* se dit de celui qui a fait le tirage, de l'imprimeur. Voir planche V, p. 182.

Jean Le Clerc mourut probablement en 1621, car dès 1622 le *Théâtre géographique* paraissait sous la signature de sa veuve. On trouve encore la planche signée de Le Clerc et de La Hoeye dans les éditions de 1626 et 1631. Enfin, elle fait partie d'un atlas de Boisseau de 1642. Boisseau avait sans doute acquis le fonds de Le Clerc.

C'est encore la carte de La Guillotière qui a servi de modèle à Hondius pour sa petite carte de l'Ile de France de l'*Atlas Minor* de Mercator (1613) (Bib. nat. Sect. des cartes, Ge FF 9678).

2e L'Isle || de Frãce || Parisiensis Ager. S. d.

Graduée. Dimensions : 0,185×0,135. Un mille de France = 0,005.

François de la Guillotière fut un remarquable cartographe. Il a dressé une très grande carte de France qui fut gravée de son vivant, mais qui ne parut qu'assez longtemps après sa mort, probablement en 1613, chez Le Clerc. Il y avait travaillé, dit la légende, vingt-cinq ans et plus. C'est un résumé de toute la cartographie française du XVIe siècle. En raison de son échelle (1 : 983000) elle doit être signalée ici.

3. Charte de la France [Fr. de la Guillotière]. S. d.

9 feuilles, chacune d'environ 0,52 × 0,385. Graduée. Une lieue = 0,004. Gravure sur bois, entourée d'une élégante bordure. Bib. nat. Section des cartes, Portf. Bf II.

Le nom de l'auteur est indiqué dans l'Avis au lecteur : « Cette Carte recueillie des restes de cette feconde et riche Bibliotheque de feu M. Pithou, est suivant l'intention de Fr. de la Guillotière son autheur renduë au public, comme un depost sacré qui ne pouvait, sans offense, lui estre plus longtemps recelé... » Le nom de l'éditeur Jean le Clerc se trouve au bas d'une dédicace au roi, sans autre indication. La date de l'édition résulte d'un passage de cette dédicace où il est dit que la maison royale est sur le trône depuis « six cents vingt-six ans et plus ». Le nombre 626 ajouté à 987, date de l'avènement de Hugues Capet, donne 1613. Il est vrai que la formule un peu vague : six cents vingt-six ans et plus permet de reculer un peu cette date ; pas au delà cependant de 1614, puisqu'une nouvelle édition parut en 1615. Nous savons que la gravure de cette grande et belle carte était déjà achevée en 1595. Elle devait être ornée, dans son état primitif, au milieu de la bordure, en haut, d'armoiries, probablement celles d'Henri IV. Elles ont été supprimées pour le premier tirage, sans qu'on ait pris le temps de les remplacer. On a simplement substitué à la partie enlevée du bois plein, qui a donné à l'impression une tache noire. De même pour l'intérieur du cartouche placé à gauche de la carte et qui contenait sans doute le nom de l'auteur. Sur ce premier tirage, l'Avis au lecteur, qui est en typographie — comme la dédicace au roi, — n'est pas entouré d'une bordure.

Sur un second tirage, se trouvent en haut, dans la bordure, les armes de Louis XIII. Dans le cartouche à gauche, on lit cette fois : A Paris || chez Jean le Clerc, Rüe Saint Jean || de Latran a la Salemandre Royale 1615. L'avis au lecteur est entouré d'une bordure en typographie. Il porte au bas l'indication suivante : « Cette Carte a esté corrigée, reveüe et reformée sur les derniers memoires dudit deffunct de la Guillotière ». En réalité la gravure n'a subi aucune retouche. Cette formule équivoque peut être considérée comme une allusion aux soins que La Guillotière a dû apporter jusqu'à la fin à son travail (A la Bibl. du Service hydrographique de la Marine, à Paris. Atlas 3945 A).

Troisième tirage en 1620. Cette date a été substituée simplement à 1615. L'avis au lecteur est encadré de la même bordure typographique, mais disposée autrement. Une modification a été apportée à la gravure : le nom de Meudon a été effacé, au Sud-Ouest de Paris, et remplacé par celui de Rocquancourt écrit en assez grosses lettres (Bib. nat. Section des Cartes, Portf. 210, 2711).

Quatrième tirage : A Paris || chez la Veufve Jean le Clerc, rue Sainct Jean de Latran, a la Salemandre Royale 1624. Rocquancourt a été effacé pour être écrit en plus petits caractères, assez mal d'ailleurs, on ne lit que Roque.corte (Bib. nat. Imprimés, collection factice L^{14}_{5} gr. in-f° T. I.)

Cinquième tirage, mêmes indications, 1632 (Bib. nat. Section des cartes, Portf. Bf II).

Comme la carte d'Oronce Finé, la grande carte de La Guillotière s'étend bien loin au delà des frontières de la France. Elle comprend la moitié de l'Italie, la Suisse, les Pays-Bas. C'est une œuvre très étudiée, pour laquelle l'auteur a fait usage de toutes les cartes locales dressées pendant le XVIe siècle. Il serait très intéressant de déterminer tous les éléments à l'aide desquels elle a été constituée.

Vient ensuite la série des cartes de Damien de Templeux. De ce personnage on ne sait presque rien. Il signe : Damien de Templeux, Écuyer, Sieur de Frestoy. On lui a attribué avec beaucoup de vraisemblance une partie des notices qui parurent dans le tome VII, relatif à la France, du grand atlas de Blaeu[1]. Ses cartes, au nombre de sept, ont été éditées par Le Clerc et se trouvent dans son *Théâtre géographique* de 1620 et de 1621.

4. Carte. du. Govvernement. de. Lile. de. France || Désigné par Damien de Templeux Escuier. Sr. de Frestoy. H. Picart. sculpsit. Jean le Clerc excudit cum privilegio Regis. 1617.

Le titre est en haut, sur toute la largeur de la planche. Pas de graduation. 0,49×0,325. Une lieue = 0,010. Carte chargée de noms et confuse, orientée le Nord à droite.

5. Description. du. pais. de. Valois. || Peint par Damien de tem-

1. Il y a deux localités du nom de Templeux dans la Somme et plusieurs Frestoy dans l'Oise. « J'ignore s'il vivait encore [Damien de Templeux] lorsque les descriptions qui forment l'*Atlas* de Blaeu ont été mises au jour. Une partie des bonnes notices qu'on trouve dans ce grand ouvrage ont été composées par Templeux. » *Histoire du duché de Valois*. Paris, 1764, in-4, t. III, p. 92. « Quoique Blaeu fût très versé dans les matières de géographie, il voulut encore employer le secours de plusieurs gens de lettres qui avaient particulièrement étudié les royaumes sur lesquels il les faisait travailler. » LENGLET DU FRESNOY, *Méthode pour étudier la géographie*, édit. de 1768, t. I, p. 61.

pleux escuier s[r] de Frestoy || Sur ung memoire et escript du feu s[r] de hummerolles. S. d.

Même disposition du titre. Pas de graduation. 0,46×0,35. Une lieue = 0,016.

6. Description . du . Beauvvaisis. || Désigné par Damien de Templeux, || escuier S[r]. de Frestoy Jean le Clerc excudit. Cum privilegio Regis. S. d.

Même disposition du titre. Pas de graduation. 0,445×0,325. Une lieue = 0,015.

7. Description du Pais de Normandie. || par Damien de Templeux || Escuyer S[r]. du Frestoy. Joannes Le Clerc excudit. 1620. Cum Privil. R.

Même disposition du titre. Graduée. 0,51×0,34. Une lieue = 0,007.

8. Description . du . pais . de . Beauce. || par Damien de Tampleux Escuyer || Sieur du Frestoy. J. le Clerc ex. cum Privilegio. S. d.

Même disposition du titre. Pas de graduation. 0,45×0,32. Une lieue = 0,011. Orientée le Nord à droite.

9. Description . du . pais . de . Brie. || Faict par Damien de templeux || escuier Sr de Frestoy. S. d.

Même disposition du titre. Pas de graduation. 0,47×0,34. Une lieue = 0,017.

10. Carte du Pais de Champaigne. || Dessigné || Par Damien de Templeux. || Escuier Sieur || de Frestoy. Jean le Clerc. excudit. 1616.

Même disposition du titre. Graduée. 0,47×0,37. Une lieue = 0,008. Orientée le Nord à droite.

L'exemplaire du *Théâtre* de 1622 qui est à la Bibliothèque nationale (Section des cartes, GeDD 1284) contient les cartes 4, 5, 7, 8 et de nouvelles gravures des cartes 6 et 10 dues à Hondius.

6[a] Beauvaisis || — Comitatus || Belova = || cium. || Amstelodami Judocus Hondius ex[dit]. S. n. S. d.

Graduée. 0,50×0,37. Un mille de France = 0,021.

10ª Champagne || — Comitatus Campa = || nia. S. n. S. d.

Graduée. 0,50×0,37. Un mille de France = 0,011. Orientée le Nord à droite.

Ces deux cartes se trouvent dans l'atlas de Mercator-Hondius de 1630. Les mêmes, avec de nouvelles gravures de 4, 5, 7, 8, 9, dans l'édition de 1633, sans nom d'auteur.

4ª Gouvernement || de l'Isle || de France. S. n. S. d.

Graduée. 0,50×0,37. Un mille commun de France = 0,014. Orientée le Nord à droite.

5ª Le pais || de || Valois. S. n. S. d.

Graduée. 0,49×0,37. Un mille commun de France = 0,028.

7ª Normandia || Ducatus || Henricus Hondius excudit. S. d.

Graduée. 0,515×0,37. Un mille commun de France = 0,011.

8ª La || Beau = || ce. S. n. S. d.

Pas de graduation. 0,50×0,375. Une lieue = 0,012. Orientée le Nord à droite.

9ª Le Comté || de la Brie || . S. n. s. d.

Graduée. 0,48×0,365. Un mille commun de France = 0,02..

Enfin les mêmes cartes gravées à nouveau pour l'*Atlas* de Blaeu, ont pris place, à partir de 1662, dans cette collection. Aucune modification n'y a été apportée sauf pour la Normandie. La carte de l'Ile-de-France a seulement été orientée, suivant l'usage, le Nord en haut. Enfin Blaeu a rétabli le nom de l'auteur sur la carte de l'Ile-de-France.

4ᵇ Le || Govvernement || de || l'Isle de France || Par Damien de Templeux || Escuyer Sʳ. du Frestoy. S. d.

Graduée 0,52×0,40. Un mille commun de France = 0,015.

5ᵇ Valesium Ducatus. || Valois || Guiljelmus Blaeu excudit. S. n. S. d.

Graduée. 0,49×0,39. Un mille français = 0,024.

6ᵇ Comitatus || Bellovacum, || Vernaculè || Beavvais. || Amsterdami apud Guiljelmum et Joannē Blaeu. S. n. S. d.

Graduée. 0,50×0,38. Un mille commun de France = 0,027.

8b Belsia, || Vulgo || la Beausse. S. n. S. d.

Graduée. 0,50×0,38. Un mille commun de France = 0,009.

9b Le Pais || de || Brie || Guiljelmus Blaeu || excudit. S. n. S. d.

Graduée. 0,50×0,38. Un mille commun de France = 0,02.

10b Champagne || latine || Campania, || Comitatus || Amsterdami || Apud Guiljelmum et Joannem Blaeu. S. n. S. d.

Graduée. 0,50×0,38. Un mille français = 0,009.

D'autre part, la moitié méridionale de la carte de l'Ile de France a été reproduite, à plus grande échelle, dans le grand atlas de Blaeu (1667), mais sans modification aucune, sous le titre suivant :

11. Carte || du Pays et Forest || d'Yveline, || que quelques-uns mettent pour la partie Septentrionale || de l'Hurepois. S. n. S. d.

Graduée. 0,51×0,41. Un mille français = 0,02.

La partie occidentale de la même carte a été également agrandie, sans modifications, sous le titre :

12. Carte du pays || Vexin françois. Amstelodami, apud Joannem Blaeu. S. n. S. d.

Graduée. 0,50×0,44. Un mille français = 0,04.

Les planches originales de Le Clerc ont servi, sans modifications, pour les tirages des cartes de Templeux qui se trouvent dans les différentes éditions du *Théâtre géographique*. 4, 5, 6, 7, 8, 9, 10 sont encore dans le *Théâtre des Gaules* de Boisseau (Bib. nat. Section des cartes, Ge DD 1147). Deux ans plus tard, Boisseau fit encore paraître la carte de Beauce avec cette addition : « Ceste carte a esté corrigée de nouveau sur plusieurs exemplaires et mémoires par Jean Boisseau. 1644. » (Bib. nat. Imprimés. Edit. de 1621 du *Théâtre* de Le Clerc L⁸ IA f°). Mais c'est en vain qu'on y cherche les modifications annoncées ; la gravure n'a subi aucune correction. Plus tard encore nous retrouvons la même planche modifiée de la façon suivante : dans le coin à droite en haut on a gravé cette légende : « Par Damien de Templeux Escuyer || S^r. du Frestoy || Et depuis augmentée et corrigée de nou- || veau sur plusieurs cartes par F. Lapointe. » (Bibl. du Service hydrographique de la Marine, à Paris, Atlas 3961 F). En réalité les seuls changements apportés par La Pointe consistent dans l'indication de la graduation en marge et la délimitation, par un trait discontinu, des différents pays inscrits sur la carte primitive : Blaisois, Dunois, Beauce, Perche-Gouet, Hurepoix, délimitation qui paraît tout à fait arbitraire, tracée surtout en tenant compte des nécessités qu'imposaient ces inscriptions antérieures. La Pointe, qui fut un graveur de talent, dont nous retrouverons plus loin le nom, travaillait aux environs de l'année 1670. On voit que les planches gravées fournissaient alors une longue carrière ; mais on voit aussi qu'il ne faut pas se laisser prendre aux prétendues corrections annoncées par les éditeurs successifs.

Une autre des planches primitives a encore été utilisée plus tard par Jollain, celle de la carte de Brie, sur laquelle il a ajouté la date de 1666 et une légende pour expliquer la signification du nom de Brie (ainsi nomée a cause de ses lieux obscures, par la quantité de ses arbres, qui servent aux paysans d'abri contre les Injures du temps... » (Bib. nat. Sect. des cartes, Portf. 215, 3157).

Enfin Mariette a fait graver à nouveau la carte du Beauvaisis.

6e Carte || du || Beavvaisis || 1646 || A Paris chez Pierre Mariette rue S Jacques a l'Espérance. A Peyrounin fecit.

Graduée. 0,49 × 0,37. Une lieue commune de France = 0,026.
Dans *Théâtre géographique de France*... A Paris, chez Mariette, 1653.
Bib. nat. Sect. des cartes, GeDD 720.

Cette planche a servi encore en 1665 à Nicolas Langlois qui n'y a ajouté que son nom (Bib. nat. Sect. des cartes, Portf. 215, 3214).

Notons encore que ce sont les cartes de Templeux qui ont servi de modèle pour les cartes à très petite échelle qui font partie de l'Atlas de Tassin paru sous ce titre : *Cartes generales des Provinces de France et d'Espagne*. Reveües, corrigées et augmentées par le sieur Tassin, Geographe ordinaire de sa Majesté.

A Paris chez Michel Van Lochom, ruë S Jaques, à la Roze Blanche 1633. In-4° oblong (Bib. nat. Sect. des cartes, Ge FF 7307).

Une carte anonyme du Gâtinais-Senonais, contemporaine des cartes de Templeux, complète la représentation de la région parisienne.

13. Carte . du . Gastinois . et . Senonois. || J Le Clerc excudit. S. d.

Le titre est en haut, sur toute la largeur de la feuille. Pas de graduation. 0,44×0,34. Une lieue = 0,011.

Cette carte se trouve dans les différentes éditions du *Théâtre* de Le Clerc. Elle a été gravée à nouveau, comme les cartes de Damien de Templeux, par les soins de Hondius.

13[a] Gastinois || et Senonois. S. n. S. d.

Graduée. 0,49×0,37. Un mille commun de France = 0,017.

Dans les éditions de l'Atlas de Mercator-Hondius, à partir de 1633.

Nouvelle gravure dans l'Atlas de Guillaume et Jean Blaeu (1635).

13[b] Gastinois || et || Senonois. Amsterdami. || Excud. Guiljelmus || Blaeu. S. d.

Graduée. 0,49×0,38. Une lieue française = 0,017.

Le titre de cette carte a été modifié dans le grand atlas de Blaeu (Edit. française de 1667) au tome VII. Senonois a été remplacé par Hurepois. Quelques corrections ont été apportées à la nomenclature. Les noms : Gastinois et Senonois ont été effacés. On a écrit, à l'Est de l'Yonne : Partie du Senonois. Mais la planche est la même.

Nouvelle gravure encore par les soins de Jean Jansson.

13[c] Gastinois || et || Senonois. Amstelodami apud Joannem Janssonium. S. d.

Graduée. 0,49×0,375. Un mille commun de France = 0,017.

Biblioth. du Laboratoire de géographie physique de la Faculté des Sciences de Paris.

Cette nouvelle planche ne se trouve pas encore dans l'Atlas de Jansson en 3 vol. édit. de 1640, où figure la planche 13[a] de Mercator-Hondius. Elle a dû prendre place dans les éditions postérieures. Les ornements en sont finement gravés et fort intéressants (Pl. VI).

Cette planche a subi par la suite des retouches (la représentation des principales villes : Orléans, Melun, Corbeil, Sens, a été modifiée ; les longitudes et latitudes qui n'étaient qu'indiquées dans le cadre, ont été tracées au travers de la carte ; mais le dessin n'a pas été touché). Au nom de Jansson a été substitué celui des nouveaux éditeurs : Amstelædami Penes Gerardum Valk et Petrum Schenk (Biblioth. du Laboratoire de géographie physique de la Faculté des Sciences de Paris).

En France, nouvelle gravure également, par les soins de Berey.

13[d] Carte || des govvernement || de Gastinois et Senonois || 1653. A Paris chez N. Berey || proche les Augustins.

A droite, en haut, une vue de Sens, à gauche, en bas, un plan très sommaire de Montargis. Graduée. 0,48×0,365. Une lieue = 0,016.

Archives nationales. NN 189, 4.

La planche originale de Le Clerc a été retouchée par Boisseau qui y a ajouté (à gauche en haut) l'indication suivante : « Cette carte contient en outre le païs de Puissaye, et partie du duché d'Orléans nouvellement corrigée par Boisseau 1644. » (Dans l'édition de 1631 du *Théâtre* de Le Clerc. Bib. nat. Imprimés L[8] 1 A f°). En réalité la carte n'a subi aucun changement. La même planche a été remaniée une seconde fois par La Pointe, qui a substitué son nom à celui de Boisseau : « nouvellement corrigée par F. La Pointe ». Comme il avait fait pour la carte de Beauce, La Pointe a ajouté la graduation en marge et tracé une limite autour du Gâtinais et de la Puisaye. Il place le Gâtinais des deux côtés du Loing, mais l'étend à l'Est jusqu'à l'Yonne. Quant à la Puisaye, elle n'occupe qu'une étendue assez restreinte : la limite englobe Briare, Bony, Toucy, Dannemarie, mais laisse en dehors Bléneau et Saint-Amand. Il semble d'ailleurs que La

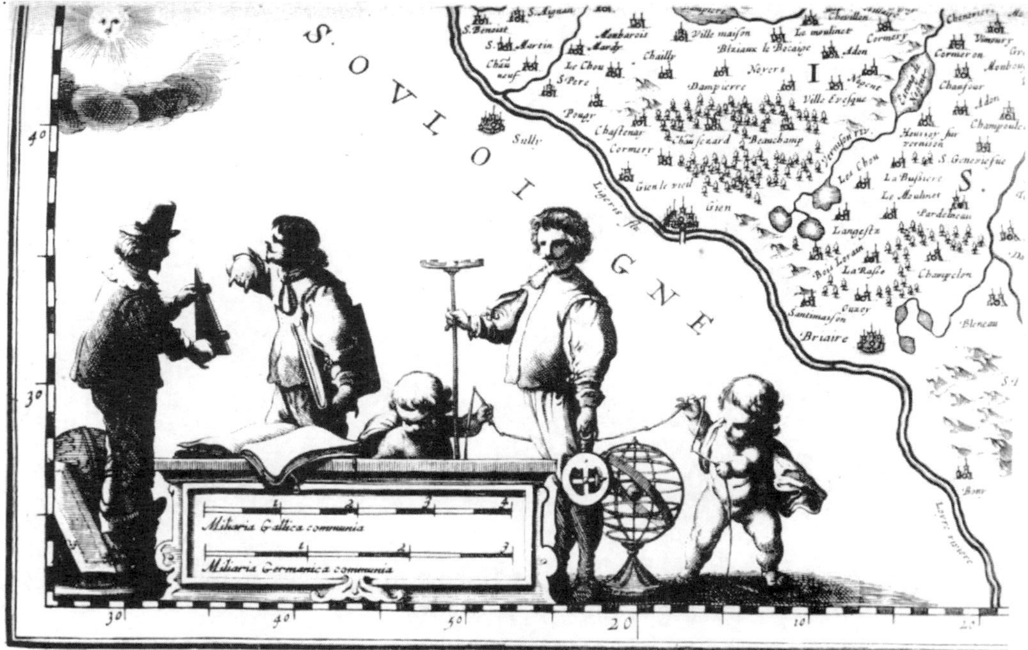

Vignette de la carte anonyme du Gâtinais-Sénonais, gravée par les soins de Jean Jansson.
Réduction de 1/4.

Pointe soit guidé surtout par les noms déjà inscrits sur la carte (Biblioth. nat. Section des cartes, Portf. 218, 3513).

L'œuvre de Templeux qui se complète par cette carte du Gâtinais est donc considérable. C'est elle qui a alimenté les collections de Le Clerc, de Hondius, de Jansson, de Blaeu. Les planches primitives, rajeunies seulement, servaient encore dans la seconde moitié du XVIIe siècle. On voudrait savoir comment ces cartes ont été dressées. Évidemment l'auteur, lorsqu'il a pu le faire, a utilisé les cartes existantes. Il y a entre sa Normandie et la grande carte manuscrite de Jollivet un air de famille. Mais pour la région parisienne proprement dite, à l'exception de l'Ile-de-France de La Guillotière, il n'y avait encore aucune carte détaillée. Templeux mentionne, à propos du Valois, « ung memoire et escript du feu Sr. de Hummerolles ». Ce mot mémoire qui revient assez souvent dans les légendes des anciennes cartes, veut certainement dire un dessin ou un croquis. Ici, en effet, mémoire et écrit sont distingués, et de simples notes écrites ne pourraient pas être d'un grand usage pour dresser des cartes, à moins qu'il ne s'agisse de distances itinéraires. Tout ce qu'on peut dire c'est que les cartes de Templeux témoignent d'une connaissance assez exacte du pays, qu'elles supposent la connaissance de distances itinéraires, peut-être l'emploi de la boussole, le tout appuyé parfois sur quelques positions astronomiques très vagues, empruntées aux recueils existants. C'est la première ébauche de représentation à échelle moyenne de la région parisienne, l'équivalent de ce qui s'était fait beaucoup plus tôt pour d'autres provinces françaises.

II. — Tassin.

Tandis qu'on continuait en France et dans les Pays-Bas à reproduire les cartes de Damien de Templeux, son œuvre était déjà dépassée par une autre dont l'importance n'a pas été jusqu'à présent mise en lumière.

En 1637 paraissait un Atlas portant le titre suivant : *Les cartes generales de toutes les provinces de France Royaumes et provinces de l'Europe*. Reveües corrigées & augmentées par le Sr Tassin Geographe ordinaire de Sa Magesté. Par Privilege du Roy 1637 (titre gravé, sans nom d'éditeur). Je ne connais qu'un exemplaire de cet Atlas. Il se trouve à la Bibliothèque de l'Université de Paris (Sorbonne) sous la cote : H Va 24 gr. in-fol.).

Cet atlas contient 56 cartes de la France ou des pays limitrophes, dont 26 sont numérotées. Parmi ces dernières on en a intercalé d'autres, à plus grande échelle, qui ne devaient sans doute pas figurer dans l'édition primitive ou projetée. Voici quelles sont celles de ces cartes qui intéressent la région parisienne :

14. Carte generale || de Picardie || et Artois. S. n. S. d.
Graduée. 0,51 × 0,36. Une lieue = 0,01.

15. Carte || de l'Isle || de France || et Brie. S. n. S. d.
Pas de graduation. 0,51 × 0,36. Une lieue × 0,014.

Toute la partie septentrionale de cette carte de l'Ile-de-France est une réduction de deux autres qui viennent à la suite sans numéros.

16. Carte || du Vexin, || Beauvvoisis || et Hurepoix. S. n. S. d.
Pas de graduation. 0,52 × 0,37. Une lieue = 0,019.

17. Carte de || France || Valois et || Tardenois. S. n. S. d.
Pas de graduation. 0,52 × 0,37. Une lieue = 0,019.

De même la carte de Picardie est une réduction de quatre autres non numérotées.

18. Duche d'Aumalle || Comte et Vidamie || d'Amiens || et Comte d'Eu. S. n. S. d.
Pas de graduation. 0,52 × 0,37. Une lieue = 0,019.

19. Vermandois || Tierasche || Duche de Guize || et Laonois. S. n. S. d.
Pas de graduation. 0,52 × 0,37. Une lieue = 0,019.

20. Boulonnois Pontieu, || Artois Comte || de S Paul et pays || de de la Locoüe. S. n. S. d.
Pas de graduation. 0,52 × 0,37. Une lieue = 0,019.

Le pays de la Locoüe est évidemment le pays de L'Alleu, dont le nom a été défiguré. Voir *Catalogue raisonné des cartes et plans de l'ancienne province d'Artois*, par le comte de LOISNE (*Bullet. géog. hist. et descript.*, 1905, p. 45-160, n° 15).

21. Hainault, Cambresis, || Et Chastellenie || de Doüay. S. n. S. d.

Pas de graduation. 0,52 × 0,37. Une lieue = 0,019.

Les six cartes 16, 17, 18, 19, 20 et 21 sont exactement à la même échelle et se raccordent. Les titres seuls ont été ajoutés après coup dans des cartouches. Elles ont fait évidemment partie d'une grande carte en six feuilles à l'échelle d'environ 1 : 200 000, de toute la région située au Nord de Paris et dont le titre se trouvait sur la carte 17. Le cartouche, sur cette carte, a été conservé avec l'échelle, mais l'inscription qui s'y trouvait a été modifiée. Cette grande carte a dû servir à dresser les cartes réduites 14 et 15. On a seulement, sur la carte 14, continué au Nord le dessin jusqu'à Calais, alors que la grande carte ne dépasse pas Ambleteuse.

Je ne connais aucun exemplaire de l'état primitif de ces six cartes, c'est-à-dire de la grande carte assemblée. Elle n'a pas dû être très répandue, si toutefois elle a été mise dans le commerce. Plus tard on a complété les deux feuilles qui reproduisent, à plus grande échelle, la partie septentrionale de l'Ile-de-France (16 et 17) de façon à constituer une grande carte de l'Ile de France en 4 feuilles. Ces deux feuilles complémentaires, d'une gravure différente, n'ont pas, en effet, de titre spécial. Elles sont de la même dimension que les six autres (0,52 × 0,37). Celle de gauche porte dans un cartouche, assez maladroitement placé près du cadre, une dédicace à François de Vendôme, duc de Beaufort.

22. Carte generale || de lisle de France || Prevosté et Viconté || de Paris || A Paris Chez N. Berey au bout || du pont nœuf proche les Augustins || au deux globe. 1648.

4 feuilles assemblées. Pas de graduation. 1 m × 0,71. Une lieue = 0,019. Le cartouche porte : Dediez || A Tres hault et || tres

puissant Prince || Francois de Vandosme || Duc de Beaufort Pair || de France General des || Armées du Roy sous || Monseigneur le Prince || de Conti Par son tres || humble et obeissant serviteur N. Berey.

Bib. nat. Sect. des cartes, dans : *Atlas Nouveau contenant Toutes les parties du Monde*... par le Sr Sanson... Présenté à Monseigeur le Dauphin par Hubert Jaillot a Amsterdam chez Pierre Mortier et Compagnie. Ge CC 1007 t. I.

Cette carte a passé ensuite chez d'autres éditeurs. Les deux feuilles d'en bas, non assemblées, se trouvent à la Bibl. nationale (Sect. des cartes. Portf. 215, 3175 et 3176) avec la signature d'Antoine de Fer substituée à celle de Berey et la date 1668. Autre tirage avec la même date et l'indication suivante : A Paris (en accolade) chez Jacques Lagniet sur le quay de || la mégisserie au Fort Levesque || Anthoine de Fer sur le quay de || lhorloge du Palais a la sphere || Royale 1668 (Bibl. du Service hydrographique de la Marine. Atlas 3961 F. La feuille du titre seulement)[1].

Il a donc existé, à la date de 1637, une grande carte de tout le Nord de la France à l'échelle d'environ 1 : 200 000. Mais, en réalité, le dessin de cette carte est plus ancien. Tassin avait publié en effet, en 1634 : *Les Plans et Profilz de toutes Les principalles Villes... Ensemble Les Cartes Generalles de Chascune Province et Les*

1. Ces deux exemplaires sont incomplets, mais le tirage a compris certainement les quatre feuilles. Le P. Lelong, *Bibl. hist. de la France*, édit. Fevret de Fontette, 1768, t. I, n° 1568, cite une Carte générale de l'Isle-de-France, Prévôté et Vicomté de Paris par Antoine de Fer. Paris, 1668, 4 feuilles. C'est la première des deux éditions en question. — Antoine de Fer signait en 1654 une Carte du Pays et Diocèse de Reims [de Jubrien] : A Paris, chez Anthoine de Fer marchant de Taille douce Enlumineur est cartes geographic (*sic*). Son fils Nicolas de Fer (1646-1720), dont il sera question plus loin, fut un cartographe et un éditeur de cartes des plus féconds. C'est lui qui adopta le premier le modèle de la mappemonde rectifiée qu'avait fait graver Cassini (voir plus loin, p. 337). Il donna aussi *L'Atlas curieux ou le monde représenté dans des cartes générales et particulières du ciel et de la terre... orné de plans et descriptions de villes*, 4 parties. Paris, 1700 à 1703, petit in-fol. Nicolas de Fer eut pour successeur son gendre Danet.

particulieres de Chasque gouvernement d'icelles Faictes par le Sr Tassin Geogra[e] Ordinai[re] de Sa Ma[té]. In-4° oblong. L'ouvrage comprend deux parties dont la seconde seule porte l'indication : A Paris chez Melchior Tavernier, et la date 1634 (Bibl. nat. Section des cartes, Ge FF 4476 *bis*). Le privilège, en tête, est daté de 1631. Mais certainement la première partie n'avait pas paru encore en 1633, puisqu'à cette date Tassin en donna un extrait relatif à la Lorraine, promettant de faire paraître bientôt le reste[1]. Cette remarquable collection comprend des plans à petite échelle de toutes les places fortifiées du royaume, accompagnés, le plus souvent, de vues en perspective, fort joliment gravées, de ces places, et, pour chacune d'elles, de plans montrant leurs environs dans un rayon assez étendu. Or ces petites cartes, à très peu d'exceptions près, sont les reproductions exactes des parties correspondantes des cartes de l'atlas de 1637. Pour toute la région comprise dans les six grandes feuilles du Nord de Paris, le dessin est le même et l'échelle seulement un peu réduite. On reconstituerait, en raccordant entre elles toutes ces petites cartes, des parties entières de la carte en six feuilles. Elle existait donc déjà, au moins en minute, quand a été préparée la collection des places fortes, c'est-à-dire très probablement en 1631, lorsque Tassin obtenait le privilège du roi pour cette publication.

Une autre carte de l'atlas de Tassin intéresse encore la région parisienne, c'est la carte de Champagne :

23. Carte || generale || de || Champagne. S. n. S. d.

Pas de graduation. 0,51 × 0,36. Une lieue = 0,009.

L'atlas ne contient pas d'agrandissement de cette carte, mais il existe une grande carte de Champagne, anonyme comme toutes les autres cartes de Tassin, portant la date de 1630, dont

1. *Plans et profils des principalles villes du Duché de Lorraine avec les cartes generale et particulieres de chacun gouvernement d'icelles*, par le sieur Tassin, geographe ordinaire de Sa Majesté. A Paris, chez Michel Van Lochom, rüe S. Jaques à la Roze blanche, 1633, in-4 oblong (Bib. nat., Section des cartes GeFF 7307).

la petite carte est une exacte réduction, et qu'on peut certainement lui attribuer. D'ailleurs une seconde gravure de cette carte, datée de 1641, porte le nom de Tassin[1].

24. Carte. || generalle || de || Champaigne || Par. Previllege. Du Roy. 1630. S. n.

4 feuilles. 0,44×0,33. Une lieue=0,016. Pas de graduation. Orienté le Nord à gauche.

Bib. nat. Section des cartes, Portf. 215, 3248.

Sur la seconde gravure, le dessin, qui, en 1630, s'arrête à peu près aux limites de la Champagne, a été continué jusqu'au cadre, exactement comme sur la petite carte de l'atlas de 1637.

25. Carte || Generalle || de || Champagne || Par le Sr Tassin Geographe de Sa Mate || Avec Privilege du Roy. 1641.

4 feuilles. 0,48×0,36. Une lieue=0,016. Pas de graduation. Orientée le Nord à droite.

Bib. nat. Section des cartes. Portf. 215, 3249.

1. La carte de Champagne s'inspire visiblement des travaux de Jean Jubrien, de Chalons (1569-1641) « topographe » comme il est qualifié dans son acte de décès (Voir E. Chantriot, *Les cartes anciennes de la Champagne*, p. 31). On lui doit les premières cartes à grande échelle de la région champenoise. Il a publié d'abord : Carte-du-Pais de Retelois, H. Picart Scalp. (*sic*). Dessigné par Jehan Jubrien Chaalonnois, 0,425×0,36. Une lieue=0,025 (dans l'atlas de Le Clerc de 1620) ; puis une Carte du pays et diocèse de Reims. Dessigné par Jean Jubrian (*sic*) Chaalonnois, 1623, 4 feuilles, pas de graduation, 0,42×0,335 et 34. Une lieue=0,026 (Bib. nat. Sect. des cartes, Portf. 215, 3256). La section des cartes de la Bib. nat. possède également de Jubrien deux grandes cartes manuscrites dont le dessin est plus soigné que celui des cartes gravées et qui correspondent à des régions plus étendues : Carte des Pais de Champaigne, Lorraine, Metz, Toul et Verdun. Dessigné par Jean Jubrien de Chaalons en Champaigne, 1626 (GeB 564). Une lieue=0,025. La partie inférieure de cette carte est inachevée. Mais il n'y a aucun doute, bien qu'elle soit dessinée sur une autre feuille de parchemin, que Jubrien en soit l'auteur. On lit en effet dans la notice de l'*Atlas universel* de Robert (Bib. nat. Sect. des cartes, GeDD 1267) que celui-ci avait entre les mains une carte du diocèse de Troyes de Jubrien, qui avait servi à Sanson à dresser sa propre carte de ce diocèse. Or le tracé de Sanson correspond bien à celui de la carte manuscrite inachevée.

On trouve encore dans l'atlas de 1637, outre les cartes en une feuille de chacune des provinces de France, une grande carte de Lorraine en 4 feuilles, une autre de Franche Comté en 4 feuilles, avec sa réduction en une feuille, une carte à grande échelle du Palatinat du Rhin, une grande carte des Pays-Bas en quatre feuilles, avec sa réduction en une feuille, une autre comprenant toute l'Europe centrale en quatre feuilles, une carte de la Suisse (une feuille), une carte de l'Italie du Nord (quatre feuilles), une carte d'Espagne.

Pour toutes les régions extérieures à la France, y compris la Franche-Comté, ces cartes ne sont que des copies de dessins déjà publiés[1]. Il en est de même pour la plupart des provinces françaises. Mais, pour la Lorraine, il y a un arrangement manifeste. Tassin s'est servi très certainement de la carte de Lorraine de Mercator, de la carte de Franche-Comté de Tissot, de la carte du Comté de Luxembourg qui se trouve dans l'atlas de Mercator, probablement, pour les parties voisines de la Champagne, d'une carte de Jean Jubrien. Il a utilisé aussi, pour les environs de Metz, un dessin qui paraît inédit. Sa carte, pour cette partie, ne ressemble ni à celle de Faber, ni à celle de Mercator.

L'autre carte porte le titre : Carte des Pais de Loraine Luxembourg Champaigne Brie Picardie Lisle de France Duché d'Orléans Gastinois Senonois Auxerrois. Desígné par Jean Jubrien de Chaalons en Champaigne, 1636 (*Ibid.* Invent. gén., 1055). Elle se compose en réalité de deux séries de quatre feuilles chacune à l'échelle de une lieue = 0,025. La partie Sud, qui correspondrait au Gâtinais, Senonais, Auxerrois, manque. Dans son ouvrage : *Les Ingénieurs géographes militaires*. Service géographique de l'armée. Paris, 2 vol. in-4, 1902, le général Berthaut cite parmi les cartes manuscrites conservées aux archives du ministère de la Guerre : « Une carte d'une partie de la région Nord-Est de la France à l'échelle de 27 lignes et demie pour 5 lieues, par Jubrien, datée de 1633. » t. I, p. 7.

1. Ainsi la carte de Franche-Comté est une copie de celle de Tissot, de 1624, dont un exemplaire existe à la Bibliothèque de Besançon ; la carte d'Alsace est la reproduction de celle de Daniel Speckel (Strasbourg, 1576). La carte du Palatinat du Rhin est identique à celle qui se trouve dans l'atlas de Mercator-Hondius de 1633. La carte des Pays-Bas est un agrandissement de : Belgii sive Germaniæ inferioris accuratissima tabula auctore Henrico Hondio, 1631, dans le même atlas, etc.

L'originalité apparaît avec plus d'évidence sur la grande carte du Nord de la France. Là aussi les documents existants ont été mis à profit : carte du Hainaut de Montaner, carte du Comté d'Artois de Jean Surhon, mais ces documents ne sont pas servilement copiés, et, pour certaines parties, notamment pour la région de Beauvais et les environs de Paris, la carte paraît originale. Peut être Tassin s'est-il servi de la carte suivante sans date ni nom d'auteur, contemporaine du règne de Louis XIII.

26. Description Genera (sic) || de Lelection de Paris || Contenant les chastellenies || de S[t].Marcel S[t].Denis et S[t].Maur || D'Argenteuil, Montmorency, || Gonnesse, Chelles, Lagny, || Villeneuve, S. Cloud, Poissy, || Monle Hery, Corbeuil, et || Brie-Comte Robert. S. n. S. d.

Pas de graduation. 0,52×0,39. Une lieue = 0,025. A droite les armes de Louis XIII, entourées du Collier du St Esprit.

Bib. nat. Section des cartes, Portf. 215, 3231.

Un autre tirage porte l'indication : A Paris par Jean Boisseau Enlumineur du Roy pour || les cartes geographiques Demeurant à la Fontaine de Jouvence Royalle. || A present devant le cheval de Bronze. 1651 (Archives nationales. NN 192, 23).

Encore n'est-il pas certain que ce ne soit pas cette carte qui dérive de celle de Tassin.

La composition de l'atlas montre clairement que l'auteur avait des préoccupations militaires. Toutes les grandes cartes représentent des régions où des opérations ont eu lieu pendant la guerre de Trente ans [1]. C'est qu'en effet Tassin n'était pas

1. C'est sous Louis XIII que les Ingénieurs-géographes commencèrent à lever de véritables plans des régions où se passaient des événements militaires. Je citerai par exemple : Carte || Particuliere des Costes de Poittou || Aunis, et de la Rochelle et || du fort St Louys comme || aussy de l'Isle de Ré || avec ses forts || 1627. A Parys chez Melchior Tavernier graveur et Imprimeur du Roy pour les Tailles Douces. Echelle de 100 toises = 0,044 (Bibl. de l'Université de Paris (Sorbonne), HVa 57 gr. in-fol.). Carte || de la Coste de la Rochelle || a Brouaige et de l'Isle || d'Oleron. Observée par le Sr de Chatillon ing[r] du Roy, 1627. A Paris chez Melchior Tavernier... Une lieue = 0,055 (*Ibid.*). La || carte || du Terri = || toire et || païs de

comme Le Clerc, Tavernier ou Mariette un simple éditeur de cartes. Il est désigné, dans le privilège d'impression qui lui fut accordé en 1631, comme Conseiller du Roi, Commissaire ordinaire des guerres, géographe de sa Majesté [1]. C'est même lui qui, le premier, a porté ce titre [2]. Ses travaux cartographiques paraissent avoir été inspirés ou commandés par le roi et le cardinal de Richelieu. Son œuvre est presque officielle. Comment Tassin aurait-il pu autrement se procurer les plans de toutes les places fortes de France ? S'il les publie, c'est avec l'autorisation du roi. « Tant s'en faut, dit-il, dans l'épître dédicatoire qu'il adresse à Louis XIII, que la hardiesse que je prends... m'ait semblé devoir estre à condamner, que je n'ay pas creu que sans son adveu [à Sa Majesté] je les deusse mettre au jour. » C'est au

Laon || nois et con = || tingents par Claude Chastillon || Avec Privilege du Roy. J. Poinsart ex. (*Ibid.*). — L'atlas de Tassin comprend deux grandes cartes qui sont de véritables plans : Description || du Cap de || la Croix || Isles Ste || Marguerite || et St Honorat. S. n. s. d. Échelle 0,0175 = 100 toises. Cette carte a dû être dressée en 1635 alors que M. d'Hémery était chargé de mettre ces îles en état de défense ainsi que toute la côte de Provence. Il avait avec lui un ingénieur : Le Plessis Besançon. A propos d'un projet de descente possible des Espagnols à Sixfours, Richelieu lui demandait « un plan de cette descente ». Voir Avenel. *Lettres, Instructions diplomatiques*, etc., *du cardinal de Richelieu*. Collect. des Doc. inédits sur l'histoire de France. Paris, in-4. t. IV, 1861, p. 706 et 724. L'autre carte est intitulée : Description du || Fort de Schincke || et pays || circonvoisins. Une lieue française = 0,05. Le fort de Schincke était situé dans les Pays-Bas, à l'endroit où se séparent le Wahal et le Leck. Il fut pris, lors du passage du Rhin, en 1672. La carte donnée par Tassin n'est qu'un agrandissement de la région correspondante de la carte : Ducatus Geldriæ novissima descriptio auctore Balth. Beckenrode, dans l'*Atlas* de Mercator-Hondius de 1633. Voir également le carton de la Descriptio Rheni Vahalis et Mosæ. *Ibid.* Seule la forteresse est figurée avec plus de détails.

1. En tête des *Plans et Profilz*, etc.

2. Le titre de géographe du roi appartint ensuite à Sanson d'Abbeville, mais il ne fut plus réservé à une seule personne. Le fils aîné de Sanson, Nicolas, l'eut du vivant de son père, puis ses deux frères Guillaume et Adrien. A la même époque Pierre Du Val signe également : Géographe du roi (voir carte 33). David Vivier portera le même titre (voir p. 321, note 1) que prennent aussi les Jaillot, Hubert et Alexis, le père Placide, beau-frère

cardinal de Richelieu qu'il dédie une autre œuvre très intéressante : un Atlas des Côtes de France [1]. Comme cartographe, il a dû profiter de tous les documents que pouvait lui procurer l'aide officielle. C'est avec ses cartes qu'ont dû être préparées et conduites les opérations militaires sous le règne de Louis XIII.

Les cartes de Tassin sont très claires, peu chargées de noms. Elles ne portent pas de graduation. On ne peut pas dire cependant que l'auteur se désintéresse des coordonnées astronomiques : il a eu soin, dans le texte de ses *Plans et Profilz,* d'indiquer toujours la longitude et la latitude des différents gouvernements. Mais évidemment ses cartes n'ont pas été dressées d'après ces coordonnées. Ce sont encore des dessins approximatifs. Ils marquent toutefois un progrès sur ceux de Templeux. On peut reprocher cependant à la gravure, à celle des petites cartes surtout, des négligences. Ainsi, sur la petite carte de Champagne, l'Aire est figurée comme si elle se continuait par la Bar au lieu de se diriger vers l'Aisne par le défilé de Grandpré ; erreur qui n'a pas été commise sur la grande carte. L'atlas de 1637 n'a pas eu, à ma connaissance, d'autre édition. Quelques-unes des cartes qui y figurent se retrouvent encore avec d'autres, de provenances diverses, dans un *Atlas* de Mariette publié en 1653. J'ai signalé l'édition donnée par Berey de la grande carte de l'Isle de France, en 1648. En 1653 paraissait encore chez Berey une grande carte de Normandie en quatre feuilles de Tassin, qui doit être, comme pour la précédente, un tirage d'une carte antérieurement parue. La renommée des Sanson qui commençaient alors leur laborieuse carrière a nui, très injustement, à sa réputation [2].

de Duval, les Robert, héritiers des Sanson. Seul Guillaume Delisle signe : premier géographe du roi.

1. *Carte generale et particulieres* (sic) *de toutes les costes de France tant de la mer Oceane que Mediterranee,* par le Sieur Tassin, geogr. ordin. de Sa Majesté. A Paris, chez Jean Messager, 1634, in-4 oblong (Bib. nat. Sect. des cartes, GeDD 815).

2. Je ne fais pas figurer dans cette liste la carte suivante, probablement contemporaine des cartes de Tassin, qui doit être plutôt considérée comme un plan de Paris et de sa banlieue. Elle ne s'étend au Nord que jusqu'au Bourget, au Sud que jusqu'à Juvisy.

Novvelle Description du Territoire et Banlieve || de la Ville Citte et

III. — Les Sanson.

Nicolas Sanson, né à Abbeville en 1600, mort à Paris en 1667, est le fondateur d'une véritable dynastie de cartographes[1]. Il eut trois fils qui suivirent tous les trois la carrière paternelle. L'aîné, Nicolas, mourut en 1648, pendant la Fronde, des suites d'une blessure reçue en défendant le chancelier Séguier à la journée des barricades. Guillaume et Adrien (morts en 1703 et 1718) furent, avec leur père, parmi les plus féconds cartographes qui aient jamais été. C'est par centaines que se comptent leurs œuvres. Une des filles de Sanson épousa Pierre Moulart, Sieur de Visé-Marets, dont le fils Pierre, qui prit le nom de Moulart-Sanson, continua la tradition de la famille. Il mourut jeune, en 1730, mais il laissait un neveu Gilles Robert (1686-1766) dont l'œuvre cartographique est également considérable et qui, lui-même, eut pour successeur son fils : Didier Robert de Vaugondy (1723-1786).

Nicolas Sanson avait commencé de bonne heure à s'occuper de géographie. Il avait dressé à 18 ans une carte de l'ancienne Gaule avec un texte explicatif. Il travailla ensuite comme ingénieur aux fortifications de sa ville natale et participa à une ins-

Vniversites de Paris. Par Jean Boisseau Enlumineur du || Roy pour les Cartes geographiques sur le pont au change A Paris, s. d.

Pas de graduation. 0,52 × 0,39. Une lieue = 0,08.

Bibl. nat. Sect. des cartes, Atlas 132, 93.

Boisseau signait déjà en 1638 une carte du Présidial de Dax, et en 1639 une carte du Roussillon.

1. Sur Nicolas Sanson et ses fils, consulter : *Mémoires pour servir à l'histoire des hommes illustres* (Niceron), t. XIII, 1730, p. 210 et la préface de l'*Atlas universel* par M. Robert et M. Robert de Vaugondy, 1757 (Bib. nat. Sect. des cartes, GeDD 1267) : Préface historique dans laquelle on traite de l'origine, des progrès et de l'état actuel de la géographie. Elle avait paru à part, en 1755, sous le titre : *Essai sur l'histoire de la géographie ou sur son origine, ses progrès et son état actuel*, par M. Robert de Vaugondy fils... Paris, 1755, in-12.

pection des places fortes de la Picardie, puis de l'Alsace. Ayant repris ses travaux cartographiques, il vint se fixer en 1645 à Paris pour y surveiller ses intérêts. Louis XIII, à qui il avait donné, dit-on, des leçons de géographie, l'appréciait fort. Il lui conféra, comme à Tassin, les titres de Conseiller et de géographe ordinaire du roi, avec une pension de 2000 livres[1]. Sanson ne s'enrichit guère d'ailleurs à son métier de cartographe et resta toute sa vie fort besogneux[2].

C'est à partir de 1645 surtout que ses œuvres se multiplient : cartes de provinces et diocèses de France, cartes de tous les pays d'Europe et du monde entier, cartes anciennes et cartes modernes[3]. Une telle abondance excluait forcément toute origi-

1. Eut-il vraiment le titre de Conseiller du roi ? Robert de Vaugondy le dit (Préface, p. 18) et il ajoute qu'il ne voulut jamais « prendre publiquement la qualité craignant de diminuer dans ses enfants l'amour du travail. » Je constate simplement qu'il n'a jamais signé ses œuvres autrement que : Nicolas Sanson géographe du roi.

2. « Nicolas Sanson ne fut pas plus heureux ; ses cartes étaient son pain : il avait affaire à Melchior Tavernier, qui était un Arabe, et le récompensait mal. Il rencontra mieux dans Mariette. Mais avec tout cela il marchait sur la *chrétienté* et était bien pauvre. Voilà comme on en use dans ce pays-ci. » *Longueruana ou recueil de pensées, de discours et de conversations* de feu M. Louis du Four de Longuerue, 1re partie. Berlin, 1754, in-12, p. 63-64.

3. Nicolas Sanson a réuni un certain nombre de ses cartes dans un Atlas qui porte le titre : *Cartes generales de toutes les parties du Monde ou les Empires, Monarchies, Républiques, Estats, Peuples, &a de l'Asie, de l'Africque, de l'Europe, et de l'Americque, tant anciens que nouveaux sont exactement remarqués et distingués suivant leur estenduë* par le Sieur Sanson d'Abbeville, Geographe ordinaire du Roy. A Paris, chez l'Autheur Dans le cloistre de Sainct Germain l'Auxerrois, pres et joignant la grande Porte du Cloistre et chez Pierre Mariette rue Saint Jacques à l'Esperance, 1658 (Bibl. nat. Sect. des cartes, GeDD 1270). — Son fils aîné, Nicolas, qui fut tué en 1648, avait commencé la publication d'un traité de géographie, sorte de manuel accompagné de cartes ; il en donna le premier volume intitulé : *L'Europe* Dediée à Monseigneur le Tellier, Secret. d'Estat. par N. Sanson le fils, Geographe du Roy. A Paris, chez Pierre Mariette, rue St Jacques à l'Espérance (titre gravé), in-4, s. d. (Bib. nat. Sect. des cartes, GeFF 8881). Toutes les cartes de ce volume, de petites dimensions et de valeur assez médiocre, sont signées Sanson le fils. Aucune n'est datée. La collection fut

nalité. En ce qui concerne la France, Nicolas Sanson se proposa surtout d'introduire sur ses cartes les divisions civiles et religieuses qui jusque-là n'y figuraient pas. Mais le fond en était soigneusement établi, à l'aide des documents qu'il pouvait se procurer[1]. Ni lui ni ses fils n'ont jamais fait des levés sur le terrain. Lenglet-Dufresnoy, qui a connu Guillaume Sanson et son neveu Moulart, raconte, en parlant du père et des fils, que « M. de Louvois avait voulu les engager à lever en détail tout le Royaume, et même à le toiser, et qu'on leur avait offert pour ce travail six cents livres par an ; ce qui ne suffisait pas même pour nourrir un de leurs chevaux[2] ». Je doute que cette anecdote soit très exacte. Louvois n'arriva en effet aux affaires qu'un an avant la mort de Nicolas Sanson. Il ajoute, et sur ce point tous les témoignages confirment son dire, que leur long labeur

continuée par Sanson le père qui fit paraître trois autres volumes : *Asie*, *Afrique*, *Amérique*. Aucun ne porte de titre dans les exemplaires de la Bib. nat. (*Ibid.*, GeFF 8882, 8883, 8884). Les cartes du volume *Asie* portent presque toutes la date 1652, celles du volume *Afrique* 1656, et enfin dans le volume *Amérique* où les dates sont plus rares on trouve plusieurs fois celle de 1657. Il y a eu plusieurs éditions de ces quatre parties, généralement réunies ensuite en un volume. Les cartes des derniers volumes sont plus soignées, mais laissent encore beaucoup à désirer.

1. Nicolas Sanson dut recevoir communication de documents officiels, comment aurait-il pu autrement indiquer les limites exactes des Généralités, Élections, Bailliages, etc... ? Colbert s'intéressait certainement à cette géographie administrative. Il eut toujours la préoccupation de faire dresser des cartes exactes. On trouve dans sa *Correspondance* une Instruction pour les maîtres de requêtes, Commissaires départis dans les Provinces (sept. 1663), qui contient une invitation pressante à faire établir des cartes de chaque généralité « au cas qu'elles ne soyent pas exactement faites » ; et s'il ne se trouve personne capable de faire ce travail « ils feront faire des mémoires fort exacts sur les anciens, tant pour les réformer que pour les rendre plus amples, lesquels Sa Majesté fera mettre ès mains du Sieur Sanson, son géographe ordinaire pour le fait des cartes ». *Lettres, Instructions et Mémoires de Colbert*, publiés par Pierre Clément. Paris, in-4, t. IV, 1867, p. 28. Nous verrons plus loin comment Sanson a procédé pour dresser la carte du diocèse de Troyes.

2. Lenglet du Fresnoy, *Méthode pour étudier la géographie*, édit. de 1768. Paris, in-12, t. I, p. 164.

n'avait guère été récompensé et qu'ils avaient à peine de quoi vivre. C'est sans doute ce qui explique qu'Adrien et Guillaume aient dû céder la plupart de leurs œuvres à un éditeur, Hubert Jaillot, qui les publia, le plus souvent, sans y mettre leur nom[1].

Nicolas Sanson eut aussi un neveu cartographe : Pierre Duval, né à Abbeville en 1618, mort en 1683, mais qui fut plutôt un concurrent de son oncle et de ses cousins. Il commença à s'occuper de cartographie vers 1645 et donna, lui aussi, un grand nombre de cartes. Il laissa en mourant toutes ses planches à son beau-frère, le Père Placide, Augustin déchaussé (1648-1734) qui corrigea et améliora son œuvre.

Nous avons de Sanson une première série de cartes intéressant la région parisienne. La plus ancienne est la suivante :

27. Isle de France, || Champagne, || Lorraine &c || Par N. Sanson d'Abbeville Geogr. du Roy 1648. R. Cordier Abbavil. sculp.

Graduée. 0,58×0,36. Une lieue commune de France = 0,005. Bib. nat. Sect. des cartes. Portf. 215, 3185.

L'Ile-de-France, sur cette carte, est de dimensions très restreintes. On y saisit cependant l'influence des cartes antérieures de La Guillotière et de Templeux. Un autre tirage porte, au-dessous de l'échelle : chez l'Autheur (*Ibid.* 3186). Viennent ensuite :

28. Govvernement || General d'Orleans, || Suivant les derniers Estats Generaux ; Et qui comprend || le Maine, le Perche, la Beauce, et le Gastinois, || au deça de la Loire ; le Nivernois, l'Orleanois, le Blaisois, || la Touraine, et l'Anjou.... Par N. Sanson d'Abbeville Geographe du Roy, chez l'Autheur, || Et chez Pierre Mariette rue Sainct Jacques a l'Espérance || .... 1650. A Peyrounin Sculp.

1. Robert de Vaugondy nous apprend toutefois que ces deux géographes furent « honorés les premiers d'un logement au Louvre ». Préface de l'*Atlas*, p. 18.

Graduée. 0,52×0,39. Une lieue commune de France = 0,004.
Bib. nat. Sect. des cartes, Ge DD 1270.

29. Gouvernement General || De || L'Isle de France, || Et Pays Circomvoisins. || Par le Sr Sanson d'Abbeville Geogr. du Roy. || A Paris chez Pierre Mariette... 1651. Jean Sommer sculpsit.

Graduée. 0,52×0,355. Une lieue commune de France = 0,008.
Ibid.

30. La Beauce || ou sont || Les Eslections De || Chartres, Dourdan, Estampes || Pluviers, Chasteau-dun || et Pays circonvoisins || par N. Sanson d'Abbeville Geographe || ordinaire du Roy. A Paris || chez Pierre Mariette.... 1652. I. Somer Sculp.

Graduée. 0,56×0,41. Une lieue commune de France = 0,017.
Bib. nat. Sect. des Cartes, Portf. 218, 3504.

De la même époque est la carte suivante non datée :

31. Diocese, Prevosté, et Eslection de || Paris || Le Diocese est divisé en Archipbrés, ou Doyennés Ruraux, || La Prevosté en Balliages, ou Prevostés subalternes, || Et L'Eslection en Chastellenies,.. || Par N. Sanson d'Abbeville Geographe du Roy || A Paris chez l'Autheur || Et chez P. Mariette rue S. Jacques a l'Esperance. A. Peyrounin sculp.

Graduée. 0,54×0,40. Une lieue commune de France = 0,021.
Bib. nat. Sect. des Cartes, Ge DD 1270.

Cette carte est dédiée à Paul de Gondi, archevêque de Corinthe, coadjuteur de l'Église de Paris. Elle est donc au plus tard, de 1651, date où Gondi devint cardinal. Le fait qu'elle est mise en vente chez l'auteur et chez Mariette et qu'elle est gravée par Peyrounin permet de supposer qu'elle doit être, comme la carte du gouvernement d'Orléans, de 1650.

La carte du diocèse de Paris, comparable par son échelle (environ 1 : 187 000) à celle de l'Ile-de-France de Tassin, est beaucoup moins soignée que celle-ci comme gravure. Elle ne lui est pas inférieure, il s'en faut, comme exactitude. Elle contient les noms de toutes les paroisses. Ce n'est cependant encore qu'un dessin par à peu près, sans indication du relief, où se marque l'influence des cartes antérieures.

Contemporaine de cette première série de cartes doit être la suivante :

32. Champaigne || et || Brie || par N. Sanson Geographe || du Roy. || A Paris chez Pierre Mariette... S. d.

Graduée. 0,45 × 0,37. Une lieue = 0,005.

Bib. nat. Sect. des cartes, Ge DD 1270.

La carte du diocèse de Paris fait partie d'une série comprenant la plus grande partie des diocèses de France que Sanson et ses fils dressèrent dans la seconde moitié du XVIIe siècle. Un grand nombre de ces cartes se rapportent à la région parisienne. J'indiquerai simplement la date de leur publication. La plupart ont eu plusieurs tirages.

PROVINCE ECCLÉSIASTIQUE DE SENS ET DE PARIS.

Diocèse de Sens Nord.	1660
— — Sud.	1660
— d'Auxerre.	1660
— de Troyes.	1656
— de Nevers.	1665
— de Paris.	s. d. (1650?)
— de Chartres Nord.	1660
— — Sud.	1660

Cette dernière est devenue la carte du Diocèse de Blois après la création de cet évêché en 1697.

Diocèse d'Orléans.	1653
— de Meaux.	s. d.

Paraît être une des plus anciennes.

PROVINCE ECCLÉSIASTIQUE DE REIMS.

Diocèse de Reims Nord.	1656
— — Sud.	1656
— de Châlons.	1656
— de Laon.	1656
— de Noyon.	1656
— de Soissons.	1656
— de Beauvais et de Senlis	s. d.
— d'Amiens (2 feuilles).	1656

Indépendamment des divisions ecclésiastiques, la plupart de ces cartes indiquent aussi les divisions civiles, généralement les bailliages et les élections. Elles témoignent de beaucoup de soins, bien que le dessin en soit assez sommaire. Évidemment Sanson devait s'entourer de tous les renseignements à sa portée. Nous connaissons, pour l'une d'entre elles, au moins, les sources où il a puisé. Robert de Vaugondy dit, en effet, que pour le diocèse de Troyes, il avait une carte manuscrite de Jubrien, corrigée par les archidiacres. Le titre de la carte du diocèse de Poitiers indique qu'elle a été dressée « sur plusieurs mémoires ». Il est probable que les évêques devaient lui fournir des documents.

Contemporaines des cartes de Sanson sont les deux cartes suivantes de Duval :

33. L'Isle de France, le Valois, || le Vexin-François, || le Hurepoix, et la Brie. || par P. du-Val geographe du Roy. || A Paris, chez l'Auteur sur le Quay de l'Orloge proche le Palais. || S. d.

Pas de graduation. 0,51×0,39. Une lieue = 0,018.

Bib. nat. Sect. des cartes, Portf. 215,3201.

Autres tirages en 1677 (*Ibid.*, Ge DD 1174,86) et en 1691 chez Mlle Du Val fille de l'auteur (Archives nationales NN 192,31).

34. La carte || des || environs de Paris || dressée par P. du Val G. D. R. || .... Et dediée || A Monsieur Lemoine Bailly || et Juge ordre. du Fort l'Evesque || et de la Temporalité de || l'Archevesché de Paris || par.... Jacques l'Agniet 1665. Se vend a Paris par Jacques l'Agniet sur le quay de la megisserie || au fort l'Evesque.

Pas de graduation. 0,50×0,38. Une lieue commune de France de 2 500 pas = 0,029. La gravure déborde hors du cadre.

Bib. nat. Sect. des cartes, Portf. 215,3234.

Autre tirage s. d. mais certainement postérieur chez Jollain (*Ibid.*, Ge DD 1174,85 *bis*). Ces deux cartes sont du même type que celles de Sanson, la première dessinée avec plus de fermeté que la seconde. Les principaux chemins sont indiqués [1].

Je mentionnerai encore, comme étant à peu près de la même époque :

35. Carte du Diocese de || Soissons || Dessigne[e] par Mr Noel le Vacher || Prestre Bachellier en Droits canon chanoine de Lesglise || Cathedralle de Laon Doyen et Curé de Berzy au Diocese || de Soissons et deputé du clergé au mesme Diocese || Gravee et mis au jour par Estienne Vouillemont. 1656 — A Paris Par E. Vouillemont || En lisle du Palais au Coin de la || Rue du Harlet a la Fontaine || de Jouvence.

Pas de graduation. 0,54 × 0,39. Une lieue = 0,021.

Bib. nat. Imprimés L^{14}_{5} gr. in-f°. T. III.

1. Je ne fais pas figurer dans cette liste deux cartes de Duval : Le Royaume de La France occidentale dit autrement Neustrie par P. du Val, geographe du Roy, 1671. — Le Royaume de la France orientale dit autrement Austrasie..., 1671. Ces deux cartes ne sont en effet que les deux feuilles d'en haut d'une carte de France en 4 feuilles. Cette carte revue et corrigée par le P. Placide, en 1703-1704, a pris place dans son Atlas : *Cartes de Geographie*. Par le R[d] Pere Placide, Augustin Déchaussé, Geographe ordinaire du Roy (Bib. nat. Sect. des cartes, GeDD 1283).

Pas plus que les Sanson, Duval ne paraît avoir dressé de cartes sur le terrain, sauf peut-être une exception, pour le duché d'Aiguillon (près de Tonneins), comme le laisserait supposer ce titre : Duché d'Aiguillon desseigné sur les lieux par P. Du Val d'Abbeville, 1654 (Bibl. de l'Université de Paris, Sorbonne, HV a 57 gr. f°). Il est vrai qu'une autre carte du même duché porte simplement : Par le Sr Pierre Du Val, domestique de Monseigneur le Marquis de St Sorlin, Abbé de St Remy de Rheims. S. d. (Bib. nat. Imprimés L^{14}_{5} gr. f°. t. V). Duval a publié deux Atlas qui ne sont en réalité que des collections de cartes d'auteurs divers : *Cartes geographiques methodiquement divisees* suivant les memoires du Sieur Du Val, Geog. du roi. S. d. (Bib. de l'Université de Paris, Sorbonne, HV a 58 gr. f°) et : *Cartes de geographie les plus Nouvelles et les plus fideles*, Avecque leurs Divisions regulieres suivant les memoires de P. du Val, geogr. ord. du roi, 1665 (*Ibid.*, HV a 57 gr. f°). Il était surtout connu pour ses petits manuels classiques, munis de cartes très médiocres d'ailleurs. Nul écolier, dit Robert de Vaugondy, n'était bien reçu de ses maîtres s'il n'était muni de son « Duval » (Préface de l'*Atlas*).

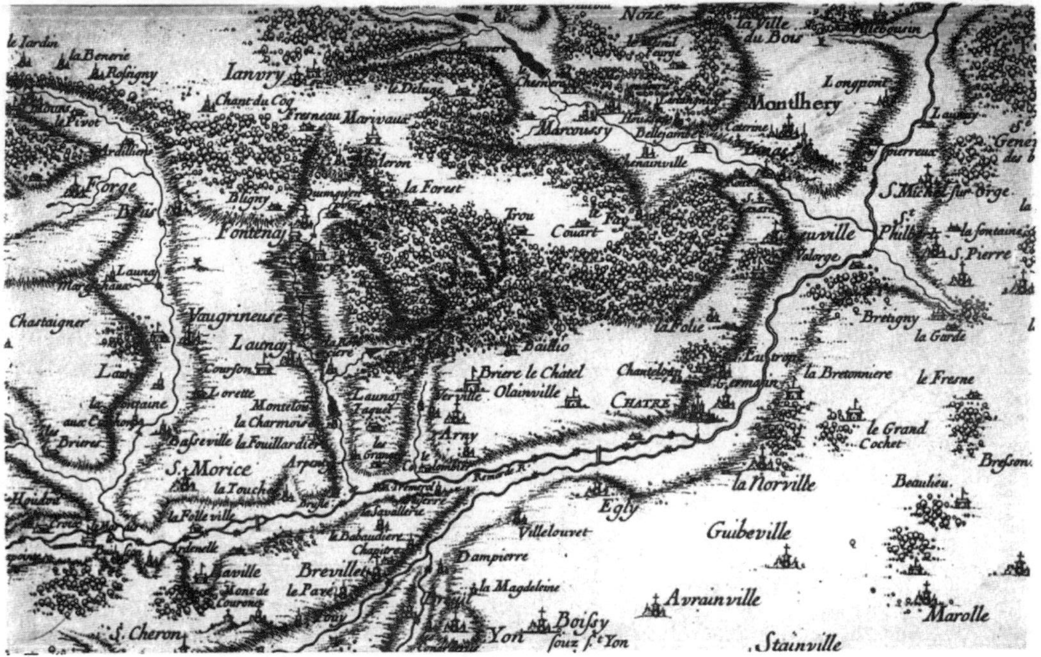

Fragment de la carte des Environs de Paris de l'Académie des Sciences (1674). Réduction de 1/5e environ.

36. Carte || de la generalité de Soissons || et paÿs Circonvoisins, dessignée par M[s] Noel le || Vacher Prestre Bachelier en droit Canon, || Chanoine.... Gravée et mise au Jour par Estienne Vouillemont Gra || veur Ordinaire du Roy pour les Cartes Geographiques, || et autres tailles douces.... A Paris chez E. Vouillemont... 1666. Dediée a Monseigneur le Marquis de Louvois...

Pas de graduation. 2 feuilles. 0,37 × 0,51. Une lieue = 0,014.

Bib. nat. Sect. des cartes, Portf. 215,3207.

Ces deux cartes ne sont encore que des essais et ne résultent pas d'un levé. Elles indiquent les forêts.

IV. — L'œuvre de l'Académie des Sciences.

Une période nouvelle s'ouvre dans l'histoire de la cartographie de la région parisienne avec l'apparition de la grande carte des environs de Paris dressée par les soins de l'Académie des Sciences.

37. Carte particuliere des || Environs de Paris — Par Messrs de || l'Academie Royalle || des Sciences. || en l'année 1674. Gravée par F. de la Pointe en l'an 1678.

Pas de graduation. 9 feuilles de 0,45 × 0,41 environ. Une lieue parisienne de 2 000 toises = 0,045. A gauche les armes de Colbert.

Bib. nat. Sect. des cartes, Portf. 215,3235.

Cette superbe carte, très élégamment gravée, comprend toute la région qui s'étend de Mantes à La Ferté-sous-Jouarre et de Pont-Sainte-Maxence à Milly-en-Gâtinais. Le relief y est figuré par des hachures, à peu près de la même façon que sur les cartes de Cassini. Les forêts sont indiquées avec soin. Elle est évidemment le résultat d'un levé sur le terrain. L'échelle est de 1 : 86 622 (Voir Pl. VII).

Chose singulière, on ne trouve sur cette carte aucun renseignement dans l'*Histoire de l'Académie des Sciences* Une allusion y est faite, en 1733, dans un Mémoire de Jacques Cassini : « On avoit aussi dressé avec un grand soin une Carte des environs de Paris, dont les principales positions avoient été déterminées géométriquement par Mrs de l'Académie[1]. » Il faut, si l'on veut en suivre l'exécution, recourir aux Registres qui contiennent les procès-verbaux inédits des séances de l'Académie. Les Comptes des bâtiments du roi fournissent aussi des indications précises sur l'époque où fut exécuté ce travail et sur ses auteurs. Le 31 mai 1669, les Sieurs Niquet, Beaulieu, Pivert et Vivier « qui travaillent à lever la carte géographique de la généralité de Paris » reçoivent un acompte de 2 400 livres. Les paiements continuent pour le même objet jusqu'en 1678 ; mais les opérateurs ne sont pas toujours les mêmes. En 1670, Beaulieu est remplacé par Dupuy. En 1671, ils sont cinq : Vivier, Dupuy, Pivert, Niquet et Loir ; en 1672, trois seulement : Vivier, Dupuy et Niquet. En 1673 aucune mention n'est faite de la carte. En 1674, Pivert reçoit 400 livres ; en 1677, Vivier en reçoit 1 000 « pour le travail qu'il a fait à la carte de la généralité de Paris, pendant six mois, escheus fin septembre. » Vivier est qualifié de mathématicien ou d'ingénieur, les autres de mathématiciens. Il n'y a aucun doute que cette carte de la généralité de Paris ne soit la carte de l'Académie. C'est en effet dans les Comptes des bâtiments du roi qu'on inscrivait les dépenses relatives aux missions et voyages des Académiciens et de leurs aides. On y trouve même l'indication du prix que coûta la gravure de la carte : 1 300 livres. Elle commença dès 1671, et le dernier paiement à de La Pointe est du 9 avril 1679[2].

Niquet et Pivert figurent dans la liste des membres de l'ancienne Académie des Sciences. Ils étaient parmi les aides, nous dirions aujourd'hui les préparateurs ou les assistants, primitivement au nombre de cinq, chargés de collaborer aux travaux des

1. Cassini, *De la Carte de la France, et de la Perpendiculaire à la méridienne de Paris* (*Hist. de l'Acad. Roy. des Sciences*, année 1733. Paris, 1735, p. 389).

2. *Comptes des bâtiments du roi sous le règne de Louis XIV*. Publiés par Jules Guiffrey. *Collect. des Doc. inédits sur l'hist. de France*. Paris, 5 vol. in-4, 1881-1901. Voir t. I et II passim.

seize membres titulaires[1]. L'ancienne Académie des Sciences devait en effet, dans la pensée de Colbert, entreprendre des recherches scientifiques. Elle était à la fois une réunion de savants s'entretenant de leurs travaux, et un centre d'études aux frais desquelles pourvoyait libéralement le ministre[2]. D'autre part Vivier accompagna Cassini[3] lorsqu'il alla en Provence observer la planète Mars.

On sait qu'une des premières occupations de l'Académie fut la mesure de l'arc d'un degré du Méridien exécutée de 1668 à 1670 par l'abbé Picard. Il avait commencé par mesurer une base entre Villejuif et le pavillon de Juvisy, puis il avait fait une triangulation entre la ferme de Malvoisine (commune de Champeuil, canton de Corbeil, Seine-et-Marne), au Sud de Paris, et le village de Sourdon, voisin d'Amiens[4]. C'est précisément à la même époque que les opérateurs mentionnés dans les Comptes travaillaient à « lever la carte géographique de la généralité de Paris ». Il eût été vraiment bien étrange qu'ils n'eussent pas appuyé leur levé sur les positions ainsi déterminées. Il est facile de constater qu'ils n'y ont pas manqué. Non seulement la distance entre le moulin de Villejuif et le pavillon de Juvisy (indiqués avec soin sur la carte) correspond bien, d'après l'échelle, aux 5 663 toises de la base mesurée par Picard ; mais si l'on joint par des lignes droites les différents points, situés dans le champ de la carte, qui ont servi de sommets pour les triangles : Villejuif, Juvisy, Montlhéry, Malvoisine, Brie-Comte-

1. « Le Ministre joignit à ces Geometres et à ces Phisiciens consommés de jeunes gens propres à les aider dans leurs travaux, et à leur succéder un jour. Ce furent MM. Niquet, Couplet, Richer, Pivert, de la Voye » (*Histoire de l'Acad. des sciences*, t. I. Paris, 1733, in-4, p. 13).

2. Voir J. Bertrand, *L'Académie des Sciences et les Académiciens de 1666 à 1793*. Paris, 1869, in-8.

3. « Ayant pris, dit-il, à cet effet en ma compagnie M. Vivier, qui étoit employé par ordre du Roy, à travailler aux Cartes du Royaume sous la direction de l'Académie des Sciences. » Cassini, *Observations astronomiques faites en divers endroits du Royaume pendant l'année 1672* (*Mém. Acad. royale des Sciences*, t. VII, 1re partie. Paris, 1729, in-4, p. 351).

4. *Mesure de la Terre*, par M. l'Abbé Picard, de l'Académie des Sciences (*Ibid.*, p. 133 et pl. III).

Robert, Tour-de-Montjay, Dammartin, milieu du tertre de Mareil-en-France (tous ces points sont indiqués avec précision sur la carte), on constitue une chaîne de triangles semblables à ceux qu'a figurés Picard sur la planche qui accompagne son Mémoire. On peut dire que la carte des environs de Paris de l'Académie des Sciences est la première qui ait été exécutée à l'aide de levés reposant sur une triangulation. C'est la première carte vraiment scientifique. Il eût été facile de la graduer puisqu'il avait fallu déterminer avec précision les coordonnées des deux extrémités de l'arc mesuré.

La carte de l'Académie, dans les Comptes des bâtiments du roi, est toujours mentionnée sous le titre: Carte de la généralité de Paris, et l'on a vu que Vivier avait continué, après 1674, à être rétribué pour des travaux se rapportant à l'exécution de la même carte. C'est donc qu'elle devait s'étendre bien au delà des environs de Paris. Deux témoignagnes, l'un de Cassini, l'autre de Picard nous montrent en effet Vivier opérant à Fontainebleau et dans l'Orléanais [1], et nous avons précisément le résultat de ses travaux sur une grande carte manuscrite signée de lui, qui porte la date de 1679,

38. Carte Generalle || Des Pais Contenus Entre Paris Orleans Gien Et Fontaine Bleau Faite Par David Vivyer 1679.

Pas de graduation. 1,80 × 0,91. 2 000 toises = 0,045. Un cartouche placé en bas, à gauche, est surmonté des armes de Colbert : au-dessous une cassette et de part et d'autre deux cornes d'abondance d'où s'échappent des pièces d'or. La carte est orientée le Nord à gauche.

Archives nationales, NN 192,146.

1. A propos d'un projet d'adduction à Versailles des eaux des étangs du Gâtinais, l'abbé Picard s'exprime ainsi : Quelque temps après, en 1678, « sur le rapport du Sieur Vivier, qui faisoit alors la carte de l'Orleanois »... (*Mémoires de l'Acad. roy. des Sciences*, t. VI, Paris, 1730, p. 700). D'autre part Cassini écrit : « La hauteur du Pole à Fontainebleau, que nous n'eûmes pour lors la commodité d'observer, fut depuis déterminée par les opérations géographiques de M. Vivier de 48°24′ 1/2 avec la différence du méridien de Paris à l'Orient de 21 minutes de degré. » *Observations astronomiques faites en divers endroits du Royaume pendant l'année 1672* (*Ibid.*, t. VII, 1re partie. Paris, 1729, p. 356).

Cette carte permet de juger de l'état d'avancement du levé à cette date. Elle s'arrête à l'Ouest à une ligne tirée à peu près de Beaugency à Maule, sur la rivière de la Maudre, qui rejoint la Seine entre Mantes et Meulan. Le cours de la Loire est figuré de Beaugency à Gien. La forêt d'Orléans est dessinée jusqu'à son extrémité orientale, ainsi que la forêt de Fontainebleau, mais la vallée du Loing reste en blanc : la carte, de ce côté, ne dépasse pas Château-Landon. Elle n'entame pour ainsi dire pas non plus la Brie. De Melun la limite va droit vers la boucle de la Marne. Au Nord, la carte ne dépasse pas Montmorency et le Vexin n'est presque pas entamé. La carte est exactement à la même échelle que celle des environs de Paris ; elle est exécutée avec le même soin : les eaux sont en bleu, les forêts en vert, le relief est représenté par de petites hachures grises. Quelques chemins sont indiqués.

Vivier continua encore ses travaux après l'exécution de cette carte. Nous trouvons la mention de paiements qui lui furent faits en mai 1680 et en janvier 1681 [1]. Il y a tout lieu de supposer que ce ne furent pas les derniers, car l'entreprise se poursuivit régulièrement, probablement jusqu'à la mort de Colbert. En 1685, en effet, le même Vivier publiait une nouvelle carte, embrassant un territoire beaucoup plus étendu. Il profita, pour cette publication, des résultats d'un autre levé exécuté entre Versailles et la rivière d'Eure, pour servir au projet de canal destiné à alimenter Versailles.

39. Carte particulière || de la conduite de || la Riviere d'Eure || depuis Pontgouin jusques || a Versailles. S. d. Moÿse J. B. Foüard Sculp.

Pas de graduation. 2,51 × 0,565. 2 500 toises = 0,145.

Archives nationales N[3], Seine-et-Oise, 526.

Cette superbe carte indique le relief, les eaux, les forêts de

1. 1680, 28 may 1680 — 21 janv. 1681. Au S[r] David Vivier, géographe du Roy, pour une année et 8 mois de ses appointements echus le 31 may 1681, 2 p[aiements], 3333 livres 6[s] 8[d]. *Comptes des bâtiments du roi*, t. I, p. 1348. Vivier avait donc un traitement de 2 000 livres par an.

toute la région comprise entre Versailles et Palaiseau à l'Est et l'Eure à l'Ouest. L'échelle est d'environ 1 : 33 600. Ce levé fut accompagné d'un nivellement exécuté avec beaucoup de soin et dont les résultats sont indiqués sur la partie occidentale du tracé du canal. Cette carte ne paraît pas avoir été mise dans le commerce, mais il en fut fait deux autres gravures, ce qui s'explique par l'intérêt qu'excita cette entreprise.

39[a] Carte Particulière || du Canal de la Riviere d'Eure || depuis Pontgouin, jusques a Versailles || ou sont exactement remarquéz || Les Aqueducs, Les Estangs, les Ponts et autres travaux || qui sont dessus et aux environs ; || Avec les Pays circonvoisins. || Dédiée au Roy || Par... Hubert Jaillot Geographe ordinaire de Sa Majesté A Paris, chez le S[r] Jaillot... 169 (dernier chiffre non gravé).

Pas de graduation. 2 feuilles. 0,71 × 0,46. Une lieue de 2000 toises = 0,065.

Bib. nat. Sect. des cartes, C 10287.

D'autres tirages existent sans date (Bib. nat. Sect. des cartes. B 2389, t. VIII, et généralement dans les atlas de Jaillot).

39[b] Carte particuliere || du || Nouveau Canal || Fait pour la conduitte de la Riviere d'Eure, || depuis Pontgoüin || jusques || a Versailles || A Paris || Chez le S[r] de Fer || dans l'Isle du Palais || sur le Quay de l'Orloge || A la Sphere Royale.... 1694.

Pas de graduation. 3 feuilles, hauteur 0,20 ; largeur 0,27, 0,27 et 0,255. Une lieue et demie parisienne ou trois milles = 0,058.

Archives nationales N[3], Seine-et-Oise, 561, 2. 3. 4.

La carte de Vivier porte le titre suivant :

40. Carte || particuliere des environs || de Paris. || et des Pays contenus entre Rouen || Clermont la Ferté sous Jouarre || Montereau faut Yonne et Verneuil || au Perche || Avec le Cours de la Riviere d'Eure et du Nouveau || Canal pour Versailles. A Monseigneur || Le Marquis de. Louvois ||

... Par.... F. Vivier. A Paris sur le Quay de l'Horloge du Palais chez Mr Maquart a l'Astrolabe 1685.

Graduée. 3 feuilles, hauteur 0,67 ; largeur, à droite 0,34, au milieu 0,395, à gauche 0,31. Une lieue parisienne de 2000 toises = 0,022.

Bib. nat. Sect. des cartes, Portf. 215,3236.

Cette carte, d'une échelle plus petite que celle de l'Académie (environ 1 : 177000) est d'une gravure très soignée[1]. Elle indique le relief et les routes. On remarquera qu'elle est graduée. La longitude de Paris est de 22°30′ E. On sait qu'une ordonnance de Louis XIII avait fixé, en 1634, l'origine des Méridiens à l'extrémité occidentale de l'Ile de Fer[2]. La carte embrasse une région très étendue et l'on peut se demander si toutes les parties en ont été levées sur le terrain. Vivier aurait pu profiter par exemple de la grande carte de Normandie en douze feuilles de Levasseur de Beauplan parue probablement en 1667[3]. Mais la

1. On remarquera qu'elle est signée F. Vivier, tandis que la carte manuscrite de 1679 est signée David Vivier. Je ne crois pas cependant qu'il s'agisse de deux personnes différentes. Il n'est jamais question dans les *Comptes des bâtiments* et dans les documents relatifs aux travaux de l'Académie que d'un seul Vivier. Celui qui est appointé comme cartographe s'appelle bien David. Incontestablement la carte de 1685 reproduit le dessin de 1679.

2. En 1682, l'Académie voulut faire déterminer la différence exacte en longitude entre l'Ile de Fer et l'observatoire de Paris. Mais l'opération n'était pas alors possible, par suite de l'état de guerre avec l'Espagne, et l'on dut se contenter de faire déterminer la longitude de l'Ile de Gorée, voisine du Cap Vert. On trouva 19°30′. La différence en longitude entre Gorée et l'Ile de Fer pouvant être évaluée d'après les cartes à 1° environ, on en conclut pour la longitude de l'observatoire par rapport à l'Ile de Fer à une différence de 20°30′ environ. C'est pourquoi on adopta plus tard sur les cartes le chiffre rond de 20° pour la longitude de Paris. Il est assez curieux que Vivier, en 1685, conserve la longitude traditionnelle de 22°30′.

3. Le Vasseur de Beauplan a dressé deux cartes de Normandie, l'une, en 1653, en 6 feuilles, une lieue = 0,016 (Bib. nat. Imprimés, Atlas L^{14}_{5}, gr. f°, t. VI), l'autre, en 12 feuilles, s. d. (*Ibid.*, Section des cartes, Port. 214, 3402). Lenglet du Fresnoy, *Méthode pour étudier la géographie*, édit. de 1768, t. I, p. 457, lui attribue la date de 1667. Cette carte fut gravée aux

comparaison des deux documents montre qu'il ne l'a pas copiée. Il n'y a donc aucune raison de supposer qu'il n'ait pas continué ses levés jusqu'aux extrémités de la carte, levés encore sommaires d'ailleurs et qui n'exigeaient pas autant de temps que nos levés de précision. Dans son ensemble, cette carte représenterait donc l'état des opérations effectuées sur le terrain jusqu'à la mort de Colbert, patron de cette grande entreprise. Nous verrons en effet qu'après la mort de Colbert les opérations en cours pour le prolongement de la Méridienne jusqu'aux extrémités du royaume furent brusquement arrêtées. L'existence même de l'Académie fut compromise; elle ne fut réorganisée qu'en 1699. La carte de Vivier est assez sobre de noms de pays. Voici ceux qui y figurent : Vexin normand, Vexin françois, Isle de France, Valois, Brie, Gastinois, Hurepoix, Beauce, Plaine du Neufbourg, Plaine de Saint-André, Rommois, Partie du Perche.

Il existe un second tirage de cette carte : A Paris || chez le Sr Jaillot, geographe du Roy || joignant les grands Augustins aux 2 globes ||... 1706 (Archives nat. NN 192,112).

De pareilles œuvres diminuaient singulièrement la valeur des essais antérieurs de représentation Aussi furent-elles immédiatement mises à profit.

La première en date de ces imitations me paraît être une carte du diocèse de Paris de Jouvin de Rochefort.

41. Diocese || de || l'Archevesché || de || Paris || Par Mr Jouvin de Rochefort || Tresorier de France. S. d.

Graduée. 0,47×0,58. Une lieue commune de France de 2 000 toises=0,034. A gauche, en haut : A Monseigneur Illustrissime et Reverendissime François de Harlay Archevesque de Paris Commandeur des Ordres du Roy Duc et Pair de France. En

frais du roi et l'on trouve dans les *Comptes des bâtiments* (t. I, p. 106, 153, 174, 209) de 1665 à 1667, mention des paiements faits pour cet objet. Le Vasseur y est qualifié d'Ingénieur du Roy. Il fut appointé de 1667 à 1669 pour travailler à la carte de Bretagne. Mais son travail n'a pas été publié. La carte de Normandie en douze feuilles est un des beaux spécimens de la cartographie du XVIIe siècle. Elle donne le relief et les forêts et résulte certainement d'une sorte de levé sommaire. Toutefois elle n'est pas comparable comme exactitude aux cartes de Vivier.

bas, à droite, dans un cartouche : Monseigneur Voicy le fruict que j'ay recueilly d'un travail de plus de mil lieues apres avoir parcouru vostre diocese dans toutes ses parties pour y lever un prodigieux nombre de villes de Bourgades, de Chasteaux et autres maisons a la Campagne qui representent agreablement les Estoilles du Firmament ou les diverses Fleurs d'un grand parterre. C'est Monseigneur ce fruict de mes peines qui me seront d'autant plus agreables que cognoissant que je nay rien espargné pour y representer non seulement tout ce qu'il y a de plus remarquable mais aussi jusques a la moindre Chaumière qui soit a la Campagne vous serez persuadé que je l'ay fait avec toute lexactitude et les moyens que mont pu fournir tous les instruments de mathématiques nécessaires a cet ouvrage... Jouvin de Rochefort.

Bib. nat. Sect. des cartes, C 20173.

Un autre tirage a reçu les modifications suivantes :

Le titre est devenu : Diocese || de || l'Archevesché || de || Paris || Dressé || sur les Memoires de Iouvin de || Rochefort Tresorier de France || 1714. A gauche, en haut, au lieu de la dédicace à Harlay : A Paris || Chez le Sr de Fer Geographe de sa || Majesté Catolique dans l'Isle du || Palais sur le Quay de l'Orloge a || la Sphere Royale 1714. La légende, en bas à droite, a été remplacée par une notice sur l'Archevesché de Paris (Bibl. de l'École normale supérieure, Paris).

Cette carte est à l'échelle de 1 : 115 000 environ. Elle indique avec beaucoup de soin les rivières, les lieux habités, les principales routes, avec moins de précision les forêts, mais ne donne pas le relief. Elle ne devait comprendre primitivement que les environs de Paris, de Louvres au Nord, à Chevreuse au Sud, de Pontoise à l'Ouest, à Lagny à l'Est. La planche de cuivre a été ensuite insérée dans une planche plus grande (on voit très bien le raccord, surtout sur le tirage de de Fer) de façon à comprendre tout le diocèse. La gravure des parties nouvelles n'est pas de la même main que celle de la planche primitive (voir le dessin des forêts). Harlay de Champvallon fut archevêque de Paris de 1670 à 1695 ; mais c'est en 1674 seulement que l'archevêché fut érigé en Duché-pairie. La carte est donc postérieure à la carte de l'Académie, tout au plus est-elle contemporaine de celle-ci. Elle est certainement antérieure à la publication de la carte de Vivier. (Jouvin de Rochefort qui figure l'aqueduc d'Arcueil pour l'amenée à Paris des eaux de Rungis, n'aurait pas manqué d'indiquer l'aqueduc de l'Eure, si le projet en avait existé au temps où il dressait sa carte.) Les autres travaux qu'on connaît de lui sont des plans de villes (Toulouse, en 1666, Paris en 1672, Troyes en 1679, Bordeaux vers 1675). La carte de l'Archevesché de Paris a dû être exécutée entre 1675 et 1680. Elle est loin d'être une imitation servile de la carte de l'Académie, on peut même, pour certaines parties, se demander si elle procède vraiment de ce modèle. Mais en joignant par des lignes droites les points qui ont servi de sommets à la triangulation de Picard, on retrouve — comme pour la carte de l'Académie — la même chaîne de triangles semblables à ceux de Picard. Cette coïncidence ne peut pas être fortuite. Il semble que l'auteur ait parcouru avec soin toute la région représentée, la carte de l'Académie sous les yeux, ajoutant de nombreux cours d'eau, ajoutant surtout tous les lieux habités, mais ne se souciant pas outre mesure de l'exactitude topographique. En dehors de la région représentée sur la carte de 1674, il semble bien aussi que l'exactitude, dans les positions, laisse plus à désirer. En somme, cette carte, comme le dit l'auteur, a nécessité un travail sur le terrain, non pas un levé nouveau, mais une sorte de revision portant principalement sur les cours d'eau et les lieux habités. Qu'est-ce alors que « les moyens qu'ont pu fournir les instruments de mathématiques » dont il parle ? Peut-être a-t-il fait quelques visées pour déterminer les positions des lieux habités qu'il a introduits sur son dessin. Jouvin, qui dressait surtout des plans de villes, était au courant des procédés de l'arpentage. La carte de Jouvin de Rochefort ne contient aucun nom de pays.

Les cartes suivantes s'inspirent directement des cartes de l'Académie et de Vivier. Publiées par Hubert Jaillot[1], elles sont

1. Alexis Hubert Jaillot, né vers 1640 à Avignon, près de Saint-Claude, en Franche-Comté, était le frère du sculpteur Simon Jaillot. Lui-même apprit à sculpter et à graver. Ayant épousé la fille de Berey, il reprit le fonds de son beau-père : Aux deux Globes, proche les Augustins, et devint comme celui-ci, éditeur de cartes. Il apporta le plus grand soin à ses publications,

très certainement l'œuvre des deux fils de Sanson, Guillaume et Adrien. Si, en effet, elles ne portent pas leur nom dans les atlas de Jaillot où elles ont pris place, il a été rétabli dans une imitation ou une contrefaçon de l'un de ces atlas publié par le libraire Mortier à Amsterdam [1].

qui sont remarquablement gravées — rien n'indique qu'il ait gravé lui-même. Il obtint le titre de géographe du roi. Jaillot a réuni une partie de ses cartes dans deux collections : un Atlas présenté au Dauphin, 1692, in-fol. et *Atlas François, contenant les cartes geographiques dans lesquelles sont tres exactement remarquez les Empires, Monarchies, Royaumes et Estats de l'Europe, de l'Asie*... Dedié au Roy par... A. HUBERT JAILLOT, Geographe ordinaire de sa Majesté. Paris, 1695. Cette dernière collection dont il avait paru d'abord deux volumes est en réalité un recueil factice qui s'est constamment enrichi. Jaillot est mort en 1712. Il a eu comme successeurs : son fils Bernard-Hyacinthe Jaillot, mort en 1739, et son petit-fils Bernard-Antoine Jaillot, mort en 1749. Le fonds passa ensuite à Jean-Baptiste-Michel Renou de Chauvigné, plus connu sous le nom de Jaillot, beau-frère et cousin du précédent qui publia une dernière édition de l'Atlas et mourut en 1780.

1. *Atlas Nouveau, Contenant Toutes les parties du Monde,*... Par le Sr SANSON, Geographe ordinaire du Roy Presenté a Monseigeur le Dauphin Par... Hubert Jaillot, Geographe du Roy. A Amsterdam, chez Pierre Mortier, et Compagnie. Le privilège des États est daté du 20 septembre 1690. Mais la publication est postérieure. En tête se trouve l'Introduction à la geographie... Par le Sieur Sanson [Guillaume]. Une table, à la seconde page, porte en titre : Table des cartes, etc. du Sr Sanson. Contenues dans ce vollume ; — au-dessous (sur un placard en typographie, collé sur la feuille) : Catalogue des Cartes et Tables géographiques de Mr Sanson, à l'Usage de Monseigneur le Dauphin qui se vendent à Amsterdam, chez Pierre Mortier (Bib. nat. Sect. des cartes, GeCC 1007, 2 vol. gr. f^o). La plupart des cartes faisant partie de cette collection portent comme seul nom d'éditeur : H. Jaillot. On verra, plus loin, n° 42^a, qu'une des cartes reproduites par Mortier a porté d'abord comme nom d'éditeur Mortier et ensuite Jaillot. Est-ce à dire qu'il y ait eu à un moment donné entente entre Mortier et Jaillot ? Lelewel dit que Mortier avait « son commerce » à Paris : « boekverkooper op vygendam, in de Stad Parys » (J. LELEWEL, *Géographie du moyen âge*. Bruxelles, 1852, in-8, t. IV, p. 236). Ce ne pouvait être qu'un dépôt ou une succursale. Toute cette histoire est très obscure.

A propos de l'attribution aux Sanson des cartes de Jaillot, Robert de Vaugondy, dans la préface historique de son *Atlas universel*, dit, en parlant de Guillaume et d'Adrien : « C'est à ces deux géographes... que feu M. Jaillot

42. La Prevosté et l'Eslection || de Paris || Dedié au Roy || Par... Hubert Jaillot. || Cordier Sculpsit. A Paris, chez H. Jaillot, Geographe Ordinaire du Roy proche les Grands Augustins, aux deux Globes. 1686.

Graduée. 0,64 × 0,45. Une lieue commune de France = 0,025.

Bib. nat. Sect. des cartes, Portf. 215,3232.

Autre tirage en 1690 avec la mention : Geographe ordinaire de Sa Majesté ajoutée au-dessous de la signature (*Ibid.*, 3233). Autre tirage en 1717 (Bibl. Univ. de Paris, Sorbonne, H Va 25 gr. f°. T. I).

Cette carte a été servilement copiée dans l'Atlas de Mortier, avec cette seule différence qu'elle s'étend un peu moins loin vers l'Est. Le titre a été modifié ainsi :

42ª Nova Territorii parisiensis tabula ad usum serenissimi Burgundiæ Ducis. — Les environs de || Paris || a l'Usage || de Monseigneur le || Duc de Bourgogne, Par.... || H. Jaillot. — A Amsterdam chez P. Mortier et Compagnie || Avec Privil. S. d.

Le titre latin en haut sur une seule ligne, en dehors de la bordure. Graduée. 0,61 = 0,45. Une lieue commune de France = 0,024[1].

Bib. nat. Sect. des cartes, Ge CC 1007. T. I.

Un autre tirage de la même planche a paru avec l'indication suivante : A Paris, Chez H. Jaillot, 1696 (Bib. nat. Sect. des cartes, Ge D 5578). Ce tirage paraît être postérieur au premier.

43. La Generalité || de Paris || Divisée en ses Eslections. || Dediée || A Messire Jean Jacques Charron || Chevalier Marquis de Menars, Baron de Conflans || Con^er du Roy en ses Conseils.... || Intendant de la Generalité de Paris || Par... A. H. Jaillot Geographe du Roy || A Paris, Chez l'Autheur || joignant les Grands Augustins aux deux Globes. 168 (dernier chiffre non gravé).

pere étoit redevable des belles cartes de deux feuilles qu'ils lui avoient faites » p. 18.

1. Cette carte ne porte pas le nom de Sanson, mais elle figure, à son numéro, dans la table des cartes de Sanson, placée en tête du volume.

Graduée. Deux feuilles, chacune de 0,63 × 0,41. Une grande lieue de France = 0,013. Le titre est sur la feuille d'en bas. Celle d'en haut porte, sur une seule ligne, au bas de la feuille : Le gouvernement de l'Isle de France, par le Sr Jaillot Geographe Ordinaire du Roy. 168 (dernier chiffre non gravé). Cette carte est donc de 1688 au plus tard. Dans les tirages postérieurs on a ajouté, à gauche de cette légende : Partie Septentrionale de la Generalité de Paris. Je ne connais qu'un tirage de la feuille d'en haut portant la date 168. Mais il est bien probable que les deux feuilles ont dû paraître en même temps. Le plus ancien tirage que j'aie trouvé de la feuille d'en bas est de 1695.

Bib. nat. Sect. des cartes. Portf. 215,3230 et GeDD 1280.

Autre tirage en 1708 (Bib. Univ. de Paris, Sorbonne, HVa 25 gr. in-f°). Comme la précédente, cette carte a été servilement copiée par Mortier sous ce titre :

43[a] Le Gouvernement General de l'Isle de France ; ou la || Generalité de Paris divisée en ses Eslections. Par le Sr Sanson Geographe Ordinaire du Roy. A Paris chez Jaillot. Première Partie. S. d.

Graduée. Deux feuilles, chacune de 0,645 × 0,42. Une lieue commune de France = 0,013. Le titre ci-dessus, en haut le long du cadre, est celui de la feuille supérieure. La seconde porte : Seconde Partie du Gouvernement General de l'Isle de France ; ou la || Generalité de Paris, divisée en ses Eslections. Par le Sr Sanson Geographe Ordinaire du Roy. A Paris chez Jaillot. S. d.

Bib. nat. Sect. des cartes, Ge CC 1007. T. I.

Imitées de celles de Vivier, ces cartes sont loin d'avoir la même valeur. Ni l'une ni l'autre ne donnent le relief. Les forêts sont indiquées, mais pas les routes. La première ne contient pas de noms de pays. Sur la seconde on lit : (partie septent.) Caux, Amienois, Santerre, Laonnois, Tierrasche, Retelois, Bray, Beauvaisis, Valois, Soissonnois, Remois, Vexin normand, Vexin françois, France (au Nord de Saint-Denis), Chartrain, Hurepoix (au-dessous de Longjumeau), Brie ; (partie mérid.) Beauce, Gastinois (à l'Ouest de Montargis, débordant à peine à l'Est du Loing) Senonois, Champagne, Auxois, Nivernois, Auxerrois, Berry, Blaisois, Orleanois.

Autres imitations des cartes de l'Académie et de Vivier.

44. Les Environs de || Paris || Dressés et Dediés || A Monseigneur le Dauphin Par son très humble Serviteur || De Fer son Geographe. A Paris || chez l'Auteur dans || l'Isle du Palais sur le Quay de l'Orloge a la Sphere Royale. Avec Privilege du Roy 1690.

Pas de graduation. Mais les coordonnées de quatre localités situées aux limites de la carte (Mantes, Lagny, l'Isle-Adam, Corbeil) sont indiquées. Ainsi, à côté de Corbeil, on a écrit : a 48 degr. 37 min. de latit. et 22 deg. 39 de longit. — 0,75×0,52. Une lieue parisienne = 0,033. A droite, en haut : Avertissement. Dans le peu d'étendüe de païs que contient cette Carte, il y a plus de sept cents Positions marquées que dans celle qui a paru la dernière. A Paris chez l'auteur... En bas, sur la bordure : Dressés (sic) par De Fer et gravés par Liebaux.

Arch. nationales, NN 192,28.

Cette carte n'indique pas le relief, mais les routes y sont marquées. Elle contient un assez grand nombre de noms de pays : Beauvaisis, Vexin françois, La Goele, Le Multien, France (autour et à droite de Saint-Denis), l'Aunay, Plaine de Saint-Denis, Plaine de Chelle, Plaine de Gennevillers, Plaine de Colombes, Plaine de Houille, Plaine d'Acheres, Plaine de Saint-Sebastien (près de Maison), Plaine de Vaugirard, Brie françoise, Hurepoix (au Sud de Longjumeau) Plaine de Longboyau, Plaine de Longjumeau, Mantoan.

45. Les || Environs de Paris || ou sont || la prevosté, vicomté, || et le presidial de Paris || Divisé en ses dix Balliages et Chatellenies nom̃ees Vulgairement || Filles du Châtelet. || — Le presidial de Meaux || Divisé en ses Balliages, avec le Balliage de Coulommiers || independant du Presidial de Meaux, etc.... || — La province de l'Isle de France ; || et Partie || des provinces de Picardie, de Brie, de Champagne, || du Gastinois, de la Beauce, et de la Normandie || Divisees en plusieurs Pays. || Dressez sur les Memoires du S^r. Tillemon || par le Sr J. B. Nolin Geographe || de S. A. Royale Monsieur. || A Paris chez J. B. Nolin sur le Quay de l'Hor-

loge du Palais || a l'Enseigne de la Place des Victoires Vers || le Pont Neuf 1698.

Graduée. 4 feuilles, environ 0,54×0,42. Une lieue commune de 2000 toises = 0,033. Lorsqu'elle est complète, la carte est entourée d'une bordure sur feuilles séparées, contenant deux vues de Paris, une de Versailles et une de Saint-Germain. A gauche et à droite de cette bordure une table alphabétique des localités avec lettres renvoyant à un quadrillage porté sur la carte (Voir l'exemplaire des Archives nationales pour cette bordure).

Bib. nat. Sect. des cartes, Portf. 215,3240 et Archives nationales NN 192,111.

Comme dessin, cette carte reproduit servilement celle de Vivier, sauf pour les environs de Chantilly, pour lesquels un plan spécial a été utilisé. Elle ne donne pas le relief. Les routes et les forêts sont indiquées. Elle contient un grand nombre de noms de pays, ou prétendus tels, dont quelques-uns figurent ici pour la première fois. Ce sont: (feuille supérieure de gauche) Telle Pays (écrit entre Meru-en-Telle et Neuilly-en-Telle), Vexin françois, Les Sablons (près d'Herblay et de Cormeilles-en-Parisis), Plaine d'Hoüille, Plaine de Colombes, Plaine d'Acheres, Plaine de Saint-Denis, Pays Mantois (au Sud de Mantes); (feuille supérieure de droite) Le Valois Pays (entre Senlis et Crépy), Soissonois, Multien Pays, Goele Pays, Galvesse Pays (entre la Ferté Milon et Château Thierry), Aunay Pays (près du Bourget); (feuille inférieure de gauche) Plaine de Grenelle, Val de Gallie (tout contre la rivière de ce nom), Plaine de Limours, Plaine de Lonjumeau, Plaine de Lomboyau, Hurepoix (à gauche de l'Orge, à cheval sur la forêt Yveline). Pays chartrain; (feuille inférieure de droite) La Brie françoise, Brie champenoise (débordant au Nord de la Marne), Gastinois (sur les deux feuilles inférieures)[1].

1. J.-B. Nolin fut un graveur de talent (voir les figures de sa carte de France), qui se fit éditeur de cartes. Il eut plus tard des démêlés avec Delisle et fut condamné pour avoir copié sa mappemonde. Le Sr Tillemon s'appelait en réalité Nicolas du Tralage. Il avait publié sous ce pseudonyme un ouvrage destiné à servir de texte à la carte de France éditée par Nolin:

On pourrait se demander, tant elle est grossièrement dessinée et gravée, si la carte suivante non datée, n'est pas plus ancienne que les précédentes. En réalité elle prend toujours comme guide le même modèle ; mais à côté de beaucoup de négligences dans la transcription des noms, l'auteur en a introduit un certain nombre de nouveaux témoignant d'une connaissance assez précise de la région parisienne. Elle est surtout remarquable par le grand nombre de noms de pays qui y sont inscrits, parmi lesquels il en est de tout à fait fantaisistes. Tout suffixe ajouté à une localité y devient un nom de pays. Je crois cette carte postérieure à celle de Tillemon.

46. Environs de Paris || A quinze et vingt lieues à la Ronde || Par Thomas Auvray Sieur de Garel. S. d.

Graduée. 0,69 × 0,57. Une lieue = 0,021.

Bib. nat. Sect. des cartes. Portf. 215,3238.

Cette carte ne donne ni les forêts, ni les routes. Voici la liste des noms de pays qu'on y peut lire : Valperron, Artie, Vexin, Mantois, Telle, Senlisien, Servois, Vâllois, Gombrilz, Retz (à cause de Villers-Cotterez), Orceois, Gallevece (entre l'Ourcq et la Marne, à l'Est), Multien, Goelle, France (entre Luzarches et Écouen), Avernes, Aulnay, Parisis, Landy, Sablons (près de Sannois), Laye (à cause de Saint-Germain-en-Laye), Isle (dans la presqu'île de Gennevilliers), Madrie, Pinserais, Cheverie (à cause de Villeneuve-en-Chevrie), Mauvoisin, Desserve, Serve, Marche, Yvelines, Landes (à l'Est de Rambouillet), Drouas, Thymerais, Chartrain, Beauce, Hurepoil (*sic*) (au Nord de Roche fort-en-Yvelines), Galluis, Josas, Longboyau, Bierre, Gastinois,

Description du royaume de France contenant ses principales divisions géographiques dressées pour la grande carte intitulée Le Royaume de France avec ses acquisitions, etc... Paris, chez Robert Pepie et J.-B. Nolin, 1693, in-18. Cette description assez sommaire présente cependant un certain intérêt à cause des noms de pays qui y sont indiqués. Nicolas du Tralage avait réuni une fort belle collection de cartes qui furent léguées avec sa bibliothèque et ses manuscrits à l'abbaye de Saint-Victor. C'est de là que cette collection a passé à la Section des cartes de la Bibliothèque nationale où elle constitue le fonds Saint-Victor.

Brie, Galaterie (à l'Est de Melun), Fertez (au Sud de la Ferté-sous-Jouarre), Montois, Gaulle (au Sud de l'Yonne, entre Montereau et Bray)[1].

Mais tandis qu'on disposait pour les régions précédemment indiquées d'excellents documents, on en était toujours réduit pour les autres aux cartes par à peu près. C'est ainsi que les fils de Sanson qui refirent, à plus grande échelle, la plupart des cartes de France dressées par leur père, n'ont guère modifié que les dimensions des cartes suivantes.

47. La Generalité || d'Orleans, || divisée en ses Eslections || Dediée a Messire Jean de Creil,... Intendant de la Generalité d'Orleans || Par... Hubert Jaillot. 1690.

Graduée. 0,71 × 0,50. Une lieue commune de France = 0,013.

Bib. nat. Sect. des cartes, Ge DD 1280.

48. Gouvernement General de || Champagne. || Ou sont divisées Les Eslections, || de la Generalité de Chaalons || et celles qui font partie || des Generalités de Paris, et de Soissons || Présenté || a Monseigneur le Dauphin || Par.... Hubert Jaillot. A Paris... 168 (dernier chiffre non gravé).

Graduée. Deux feuilles, 0,545 × 0,37 et 0,40 pour la feuille Sud. Une lieue commune de France = 0,012.

Bib. nat. Sect. des cartes, Portf. 215,3255.

49. L'Evesché de Chartres || divisé en || Archidiaconéz et Doyennéz || Dedié || A Monseigneur Paul Godet des Marais... || Par... Hubert Jaillot Geographe du Roy. 169 (dernier chiffre non gravè).

La feuille d'en haut porte 1695. Graduée. 2 feuilles, 0,645 × 0,44. Une lieue commune de France = 0,023.

Bib. nat. Sect. des cartes, Ge DD 1280.

La feuille du Sud est devenue sur un tirage postérieur :

L'Evesçhé de Blois || Divisé || en archidiaconez et Doyennez || Dediée a Monseigneur... David Nicolas de Bertier premier

1. Je ne sais rien de l'auteur. Il a signé une carte de France aussi mal gravée que celle-ci : Thomas Auvray, Sieur de Garel en Serve au Vexin.

Evêque de Blois 1706 (Bib. nat. Sect. des cartes, C 10204). Toutes ces cartes, bien qu'elles ne portent pas le nom des Sanson, sont incontestablement leur œuvre[1].

Toutefois l'exemple donné par l'Académie ne tarda pas à être suivi et nous pouvons citer, pour la région parisienne, d'autres cartes qui sont le résultat de levés exécutés sur le terrain. C'est d'abord la très belle carte du diocèse de Meaux, dressée par ordre de Bossuet, par Chevallier, maître de mathématiques du roi, qui entra en 1699 à l'Académie des Sciences (Voir Pl. VIII).

50. Evesché de Meaux || Dedié || a Monseigneur || Jacques Benigne Bossuet, || Evesque de Meaux. || Par... A Hubert Jaillot, Geographe ordinaire du Roy. Levé par l'ordre de || Monseigneur l'Evesque de Meaux || Par M. Chevallier Maistre de Mathématiques || du Roy. Cordier Sculp. A Paris Chez le Sr Jaillot Geographe du Roy.... 1698.

Graduée. 2 feuilles, 0,695×0,39. Une lieue de 2 280 toises =0,05.

Bib. nat. Imprimés, $L\frac{14}{5}$ gr. in-f°. T. III.

Cette carte indique le relief, les forêts, les routes, avec une précision qui ne sera pas dépassée par les cartes de Cassini. Les noms suivants y sont inscrits : Valois, France, Multien, Gallevesse (dans l'angle formé par la Marne et l'Ourcq), Brie. Le premier tirage de 1698 est rare. D'autres portent les dates de 1701 et 1717.

Pour l'Archevêché de Paris, la carte suivante, éditée par Besson, n'a pas moins de valeur. L'auteur a utilisé les cartes de l'Académie et de Vivier, mais il les a revisées avec beaucoup de soin. L'ensemble n'est pas inférieur à la carte de Cassini.

51. L'Archeveche || de Paris || Divisé en ses trois Archidiaconez || Et en ses deux Archiprêtrez || Et sept Doyennez Ruraux. || Dressé et mis au jour || Par ordre de son Eminence Monseigneur || le Cardinal de Noailles || 1706. A Paris || Chez Jean Besson Geografe, sur || le Quay de l'Orloge du Palais, au coin || de la rue de Harlay. Privilege du 31 Déc. 1703.

1. Elles sont reproduites avec le nom de Sanson dans l'Atlas de Mortier.

Fragment de la carte de l'Évêché de Meaux, de Chevallier, levée par ordre de Bossuet (1698).
Réduction de 1/5e environ.

Graduée. 4 feuilles, 0,45×0,40. Une lieue commune de France de 24 au degré = 0,05.

Bib. nat. Sect. des cartes, Portf. 81,43.

Un tirage de cette carte (*Ibid.*, 44) porte, gravé au titre : par N. de Fer, chez le sieur Danet, gendre de l'auteur, 1728. Mais rien ne permet d'attribuer cette carte à de Fer qui en aurait signé le premier tirage, si elle était de lui. De Fer était probablement devenu acquéreur de la planche et a dû en donner des tirages. C'est ainsi qu'on a pu lui attribuer une grande carte de l'Archevêché de Paris en 4 feuilles[1].

On comprend que d'aussi belles œuvres aient excité l'émulation et nous pouvons citer trois autres cartes de diocèses, pour la région parisienne, dressées avec le même souci d'exactitude.

52. Carte Topographique du Diocese de Senlis || Levée sur les lieux par Mr. Parent curé d'Aumont, et assujettie aux Observatiōs Astronomiq ; et aux Operations geometriques de Messieurs de l'Academie Royale des Sciences || par Guillaume de l'Isle de la mesme Academie || A Monseigneur Jean François de Chamillard Evêque de Senlis || .... A Paris chez l'Auteur sur le Quay de l'Horloge avec Privilege du 28 aout 1709. Desrosiers sculp.

Graduée. 0,645×0,47. Une lieue commune de pays de 2100 toises = 0,046.

Bib. nat. Sect. des cartes, Atlas 117.

53. Carte || particuliere du || Diocese de Rouen || dressée sur les lieux || par Mr. Fremont de Dieppe, sous les yeux et par les Ordres || de feu Mre. Jacques Nicolas Colbert, || Archevesque de Rouen. || A Paris chez Berey Graveur de l'Academie Royale des Sciences || rue St Jacques à la vieille Poste... 1715.

Pas de graduation. 6 feuilles de 0,52×0,68. Une lieue de 3000 pas géom. = 0,045.

Bib. nat. Sect. des cartes, C 10206.

1. Lenglet du Fresnoy, *Méthode pour étudier la géographie*, édit. de 1768, t. I, p. 172. Voir également la *Bibl. hist. de la France* du P. Lelong, édit, Fevret de Fontette, t. I, p. 75, n° 1115. Cette carte y est d'ailleurs confondue avec celle de Jouvin de Rochefort.

Cette très belle carte s'étend à l'Est jusqu'à l'Oise et donne la première représentation exacte du Vexin français.

Plus tard, on lèvera encore avec beaucoup de soin la carte du diocèse de Sens.

54. Carte || Topographique || du || Diocese de Sens || Divisé en ses cinq Archidiaconés || et ses douze Doyennés || Dédiée à Monseigneur.... J. Joseph Languet || Archeveque de Sens || Levée Géométriquement sous ses ordres Par M. Outhier Prêtre || du Diocese de Besançon, Correspondant de l'Academie des Scien^{ces} || Assujetie aux Observations de M^{rs} de la ditte Academie || et aux operations de M^{r}. de Cassini. Se vend a Sens chez André Jannot.... a Paris chez la Ve Mazières et J. Bap^{te} Garnier Rue St Jacques a la Providence 1741. Gravé par Delahaye.

Graduée. 2 feuilles de $0,42 \times 0,70$. Une lieue de 2 282 toises $= 0,024$.

Bib. nat. Section des cartes, B 2389. T. VIII.

Les opérations de M. de Cassini dont il est ici question, sont les chaînes de triangulation qui seront mentionnées plus loin.

IV. — Delisle.

Les documents nouveaux, au fur et à mesure de leur apparition, furent utilisés par les cartographes, par ceux du moins qui se préoccupaient d'exactitude. Parmi ceux-ci, le plus justement célèbre est Guillaume Delisle, né à Paris en 1675, mort à 51 ans, en 1726. Élève (1708), puis adjoint (1716) et membre, ou, comme on disait alors, associé de l'Académie des Sciences (1718), appelé à donner des leçons de géographie à Louis XV, ce qui lui valut le titre nouveau de premier géographe du roi, Delisle fut un érudit et un savant[1].

1. On peut consulter sur Delisle son Éloge, par FONTENELLE, dans les *Éloges des Académiciens de l'Académie Royale des Sciences morts depuis l'an 1699*. Paris, 1766, in-12, t. II, p. 253-270. — *Lettre* [de Fréret] à M. de

Dès 1682, Cassini avait pu faire dessiner sur le pavé de la tour occidentale de l'Observatoire l'hémisphère Nord corrigé d'après les déterminations nouvelles déjà exécutées sous les auspices de l'Académie. En 1684 de la Hire avait présenté à ses confrères la carte rectifiée du royaume, d'après les observations astronomiques faites sur les côtes, de 1679 à 1682, par Picard et par lui-même. C'est la carte bien connue qui ne fut publiée que plus tard, en 1693, et qui est insérée dans le tome VII des Mémoires de l'Académie. La voie était donc toute tracée : résolument, sous la direction de Cassini, Delisle s'y engagea et travailla à cette grande œuvre de la réforme cartographique que poursuivit après lui d'Anville. A vrai dire, ce n'est pas sur les cartes de la région parisienne qu'il a pu donner la mesure de son esprit critique. Sur ce terrain, la réforme était faite. Il n'y avait qu'à tenir compte des documents publiés. On avait décidé, pour vérifier la mesure du degré exécutée de 1668 à 1670 par Picard, de poursuivre, jusqu'aux extrémités du royaume, la mesure de la méridienne. L'opération avait commencé en 1683. Cassini avait prolongé la chaîne de triangles, au Sud, jusqu'aux environs de Montluçon ; de la Hire était allé vers le Nord jusqu'au mont Cassel, en Flandre. La mort de Colbert fit interrompre les travaux. Ils ne furent repris et menés à peu près à terme qu'en 1700-1701. On ne trouvera donc pas grande différence entre les cartes suivantes de Delisle et les modèles qu'il a forcément imités. Elles ont le mérite d'être très soignées et très claires, mais ne tiennent dans son œuvre qu'une place subordonnée.

55. Carte de la Prevosté et Vicomté de Paris Dressée sur un grand nombre de Memoires particuliers assujettis aux Observations de Mrs de l'Academie Rle. des Sciences par G. Delisle Premier Geogr. du Roy. A Paris Chez l'Auteur

L. R. *Sur les ouvrages géographiques* de M. de Lisle, Premier géographe du Roy, de l'Académie Royale des Sciences, et sur sa mort .. *Mercure de France*, mars 1726, p. 468. Du même, *Réponse à un article de Niceron... Memoires pour servir à l'histoire des hommes illustres* [Niceron], t. X, 2e partie, 1731, p. 8. Parmi les travaux récents : Ch. Sandler, *Die Reformation der Kartographie um 1700*. München et Berlin, 1905. Texte et Atlas.

sur le quay de l'Horloge avec Privilege Avril 1711. Des Rosiers fecit.

Titre sur toute la largeur, en haut de la carte. Graduée. 0,635×0,49. Une lieue commune de France de 2 282 toises =0,025.

Bib. nat. Sect. des cartes, Ge DD 1282.

Cette carte contient les noms de pays suivants : Vexin françois, Plaine de Lys, Les Avernes campagne de froment de 3 lieües d'étendue (à l'Est de Gonnesse), Plaine de Saint Denys, Plaine d'Houilles, Plaine de Colombes, Plaine de Saclé, Plaine de Longboyau, Brie, Gastinois (entre l'Essonne et la forêt de Fontainebleau), Hurepois (entre Cernay et Longjumeau), Pays chartrain, Beauce, Champagne ou Plaine de Saint-André. On remarquera que Delisle adopte la longitude de 20° pour Paris (Observatoire).

56. Carte de la Champagne et des Pays voisins ou l'on voit la Generalité de Chalons partie de celle de Soissons &c || par *Guillaume DelIsle* de l'Academie Royale des Sciences A Paris chez l'Auteur sur le quai de l'Horloge du Palais. Avec Privilege du Roy 15 mars 1713.

Même disposition du titre. Graduée, 0,625×0,455. Une lieue =0,0125.

Bib. nat. Sect. des cartes, Ge DD 1282.

57. Partie Meridionale de Champagne. par Guillaume De L'Isle de l'Academie Roy[le] des Sciences. A Paris chez l'auteur... août 1713.

Même disposition du titre. Graduée, 0,67×0,45. Une lieue de Champagne de 25 au degré=0,0125.

Bib. nat. Sect. des cartes, B 2389, T. VIII.

Noms inscrits sur ces deux cartes qui se raccordent : France (au Sud de Dammartin), Multien, Gallevesse (dans l'angle formé par la Marne et l'Ourcq, à l'Est) Tartenois, Brie pouilleuse (au Sud de Montmirail).

58. Carte de la Beauce du Gatinois de la Sologne et Pays voi-

sins compris dans la Generalité d'Orleans par Guillaume Delisle Premier Geogr. du Roy de l'Academie Rle. des Sciences || avec Privilege 6 mars 1718. A Paris chez l'Auteur le Sr De l'Isle...

Même disposition du titre. Graduée, 0,62×0,49. Une lieue de Beauce ou de Gatinais de 1 700 toises ou d'environ 35 au degré = 0,09.

Bib. nat. Sect. des cartes, Ge DD 1282.

Noms inscrits : Haute Beauce, Basse Beauce, Gatinois (des deux côtés du Loing, près de Château-Landon), Puisaye.

Pour la suivante, Delisle ne disposait que de matériaux de moindre valeur. On remarquera que le titre n'indique pas qu'elle a été levée sur les lieux. Ce n'est pas une carte topographique. Le relief y est à peine indiqué.

59. Carte du Diocese de Beauvais Dressée sur les Memoires de M. le Scellier Conseiller du Roy Secretaire de la Cour Par Guillaume de lIsle de l'Academie Rle. des Sciences. A Paris chez l'Auteur... Privilege de juin 1710.

Même disposition du titre. Graduée, 0,595×0,46. Une lieue de 20 au degré = 0,03.

Bib. nat. Sect. des cartes, Atlas 117.

Voici encore deux cartes non datées qui procèdent des mêmes documents qu'a utilisés Delisle.

60. Carte || de l'Isle || de || France || Dressée Sur les dernieres || Observations de Mrs. de l'Acade || - mie Royalle des Sciences || par le Sr Baillieul || geographe

Graduée. 0,205×0,14. Une lieue = 0,003.

Bib. nat. Sect. des cartes, Portf. 215,3206.

61. Les Environs de Paris a trois lieues a la Ronde. S. n. S. d.

Graduée. Carte limitée par un cercle de 0,48 de diamètre. Une lieue de 3 000 pas géométriques ou de 2 500 toises = 0,066.

Bib. nat. Sect. des cartes, Ge DD 1282.

Le catalogue manuscrit placé en tête de cet atlas attribue cette carte à d'Anville et l'on trouve en effet, dans la *Notice des ouvrages de M. d'Anville*, Paris, an X, p. 93, mention d'une carte des environs de Paris à trois lieues à la ronde dont les dimensions correspondent bien à celle-ci. Elle fut, dit la Notice, après la mort de d'Anville, arrangée pour former une carte « du Département de Paris ».

Mais, à côté de ces cartes si soignées, la suivante, qui n'est même pas graduée, ne montre guère de progrès.

62. Les Environs de Paris ou se Trouve l'Isle de France, le Vexin François et Normand, || la Champagne Normande, l'Hurepoix, la Brie françoise, champenoise et pouilleuse, le Soissonois, le || Valois, et le Beauvaissis, et Grande Partie de la Beauce, et du Gastinois par N. de Fer Geographe de Sa Majesté Catolique et de Monsr. le Dauphin. A Paris chez l'Auteur dans l'Isle du Palais sur le Quay de l'Orloge a la Sphere Royale 1712. P. Starckman sculpsit.

Titre placé en haut de la carte, sur trois lignes. Pas de graduation. 0,675×0,485. Une lieue parisienne de 2 200 toises=0,019.

Bib. nat. Sect. des cartes, B 2389. T. VIII.

Un tirage s. d. de cette carte porte : Se vend chez Danet, gendre de l'Auteur a Paris su (*sic*) le pont N. Dame a la Sphere Royale (Bib. nat. Sect. des cartes, C 2422). La carte de de Fer contient les noms suivants : Caux, Vexin normand, Vexin françois, Beauvaissis, Valois, Soissonois, Brie pouilleuse (au Nord de la Marne, des deux côtés de l'Ourcq), La Goele, Multien (au Sud de la Goele), le Parisis, l'Aunay, Pays de l'Isle de France, Brie champenoise, Brie françoise, Gâtinois, Hurepoix (au Sud de Chevreuse et de Palaiseau), Beauce, Mantois ou Mantoan, Perche, Champagne normande.

Les cartes des Sanson, publiées par Hubert Jaillot, ne pouvaient plus rivaliser avec les représentations à grande échelle de la région parisienne, avec les belles cartes des diocèses de Meaux et de Paris ; aussi le fils et successeur d'Hubert, Bernard-Hyacinthe Jaillot en fit-il graver de nouvelles, beaucoup plus grandes, qui paraissent bien, celles-ci, être son œuvre[1].

1. « Il ne laissoit pas de travailler par lui-même ; mais dans les choses sur lesquelles il lui naissoit quelque doute, il se laissoit volontiers guider par les personnes habiles, qui lui faisoient le plaisir de l'aider de leurs

63. Les Environs de || Paris || et Partie des Provinces voisines || Dressez sur les Memoires et nouvelles Observations || de Messieurs de l'Academie Royalle des Sciences, || Et sur Plusieurs dessins levez sur les Lieux || Par le Sr. Jaillot Geographe ordinaire du Roy. 1722.

La carte porte, en bas à gauche : Avec Privilege de Sa Majesté 1721. Graduée. 4 feuilles de 0,58×0,43. Une lieue commune de France de 25 au degré = 0,26.

Bib. nat. Sect. des cartes. Portf. 85,36.

Autre tirage avec la date de 1723 (*Ibid.*, B 2389. T. VIII). On trouve encore un tirage de cette carte en 1781 à Paris, chez Desnos (*Ibid.*, rouleau 252, Inv. gén. 751). Cette carte qui donne le relief, les forêts et les routes a surtout l'avantage d'être fort bien gravée et de grandes dimensions (Échelle d'environ 1 : 170 000). Malgré les indications, d'ailleurs assez vagues du titre, on n'y trouve rien qui n'ait déjà figuré sur les documents antérieurs. Jaillot donne comme longitude à Paris 22°30' ; il ne tient donc pas compte des observations de longitudes faites à Gorée. Cette carte contient un grand nombre de noms : (en haut, gauche) Pays de Caux, Vexin normand, Vexin françois, Beauvaisis, Pays de Telle (entre Ivry-le-Temple et Pressy près de l'Oise), Champagne normande, Plaine de Saint-André (entre Passy et Évreux), Pays mantois, Plaine d'Achères ; (en haut, droite) Isle-de-France, La Goelle, Valois, Mulcien, le Parisis, l'Aunay, Plaine de Houilles, Plaine de Colombes, Brie pouilleuse (au Nord de la Marne, des deux côtés de l'Ourcq), Gallevesse (entre la Marne et l'Ourcq, à l'Est), Soissonnois ; (en bas, gauche) Pays chartrain, Beauce, Hurepoix (à gauche des Ivelines, entre Chevreuse et Limours) ; (en bas, droite) Plaine de Saint-Denis, Plaine de Vaugirard, Plaine de Longboyau, Plaine de Longjumeau, Gastinois (à gauche de la forêt de Fontainebleau), Brie françoise, Brie champenoise, Brie, Senonois (entre la Seine et l'Yonne).

lumières. » Lenglet du Fresnoy, édit. de 1768, t. I, p. 167. Dans la préface de son *Atlas*, Robert de Vaugondy, l'héritier des Sanson, critique vivement les œuvres de Bernard Jaillot, à qui il refuse toute originalité. Mais Robert est un concurrent.

64. La Generalité || de Paris || Divisée || en ses vingt deux Elections || Scavoir || Paris, Beauvais, Compiegne, Senlis || Meaux, Rozoy, Coulomiers, Montereau, || Provins, Nogent, Sens, Joigny, S Florentin, || Tonnerre, Nemours, Melun, Estampes, Mante, || Montfortlamaury, Dreux, Pontoise, Vezelay || Dedié || a Messire Nicolas Prosper Bauyn || Chevalier Seigneur d'Angervilliers Conseiller d'Estat || Intendant de la Generalité de Paris. || Par... Bernard Jaillot || Geographe du Roy. 1725. Gravé par Delahaye.

Graduée. 4 feuilles de 0,49×0,62. Une lieue commune de France = 0,017.

Bib. nat. Sect. des cartes, Barbier, 1095.

Noms inscrits : France, Hurepoix (au-dessus de Montlhéry (des deux côtés de l'Orge), Gastinois (au Sud de Château-Landon, à gauche du Loing, l'S seul est à droite de la rivière), Vexin françois, Brie, Valois. Cette carte ne donne pas le relief, les routes et les forêts sont indiquées.

Pour compléter l'ensemble de la région parisienne, je citerai encore :

65. La Generalité de || Soissons || Divisée en Sept Elections || Scavoir || Soissons — Laon Noyon Crespy Clermont Guise en Picardie — Chateau-Thiery en Brie Dressée sur les Nouvelles observations. Par le Sr Jaillot... 1723.

Graduée. 0,64×0,49. Une lieue commune de France = 0,015.

Bib. nat. Sect. des cartes, B 2389. T. VIII.

La carte des environs de Paris, de Bernard Jaillot, est la dernière des grandes cartes de la région parisienne qui ait été publiée avant l'apparition des premières feuilles de Cassini. Mais si l'on veut se rendre compte des progrès de la cartographie de précision dans la première moitié du XVIIIe siècle, il faut examiner certaines cartes spéciales, qui par leur échelle doivent être plutôt considérées comme des plans, et qui témoignent de la très grande habileté de leurs auteurs. Je citerai notamment le plan de Paris et de ses environs de Roussel, qui ne s'étend pas, au Nord, au delà de Saint-Denis, mais qui pour la banlieue immédiate de Paris est d'une très grande précision [1].

Mention doit être faite aussi des cartes de forêts dressées pour l'usage des chasses, et dont il existe tout un ensemble. En 1624 déjà, Picard en gravait une de la forêt de Fontainebleau (Bib. nat. Sect. des cartes, Portf. 215,3221). C'est à partir de la fin du siècle, surtout pendant la première partie du XVIIIe siècle, que ces œuvres se multiplient, pour aboutir enfin à la merveilleuse Carte des chasses, achevée en 1807 seulement, et qui est le plus beau spécimen de cartographie de précision antérieur à notre Carte d'État-Major [2]. On peut dire que tous ces travaux préparaient et rendaient nécessaire la grande œuvre à laquelle le nom des Cassini demeure justement attaché.

On rapporte parfois à l'année 1747 l'idée première de l'exécution de cette carte. Il n'y a aucun doute que l'abbé Picard n'ait montré la nécessité, si l'on voulait dresser des cartes exactes, d'étendre sur toute l'étendue du territoire des réseaux de triangles. Un mémoire qu'il remit sur cette question à Colbert, en 1681, est tout à fait explicite [3]. Il mourut en 1682, et la mort de Colbert,

1. Paris, ses fauxbourgs et ses environs || où se trouve le détail des villages, châteaux, grands chemins pavez et autres, des hauteurs, bois, vignes, terres et prez, levez géometriquement par le Sr Roussel C[ne] Ingénieur ord[re]. du Roy, Ch[er]. de St-Louis. A Paris, chez le S[r]. Jaillot, 1731, 9 feuilles, la carte assemblée a 1[m],875 × 1[m],81. L'échelle est d'environ 1 : 50 000 (Bib. nat. Sect. des cartes, Portf. 107). Cette carte a été reproduite, réduite aux 2/5, dans l'*Atlas des anciens plans de Paris*.

2. Voir G. MARCEL, *A propos de la Carte des chasses* (Rev. de géog., 1897, t. XLI, p. 344-356).

3. Mémoire présenté à Monseigneur Colbert touchant la carte du Royaume par Mr Picart. *Registres manuscrits de l'Académie des Sciences. (Archives de l'Acad. des Sciences)*, t. IX, f° 96, recto. Voici les passages principaux de ce mémoire : « Outre que le dessein de faire la carte du Royaume par provinces de la maniere que l'on a commencé seroit si long à exécuter qu'il n'y auroit pas lieu d'espérer d'en voir la fin ; il est certain que pour faire un bon assemblage de toutes les pièces après qu'elles seroient achevées, il en faudroit tousjours venir a un chassis general, au lieu que ce chassis estant premierement fait, il seroit facile ensuite de le remplir.

« Pour la construction d'un tel chassis qui distribuëroit tout le Royaume en 1683, fit ajourner le projet qu'on ne perdit jamais complètement de vue. Sans pouvoir entrer ici dans le détail de cette histoire si intéressante, je dirai simplement qu'il fut repris définitivement en 1733, et qu'à cette date le plan en est exposé par le second des Cassini, Jacques, dans un mémoire publié en 1735 dans l'*Histoire de l'Académie des Sciences* [1].

C'est pour préparer le travail des topographes qu'on commença, en cette même année 1733, à établir une première chaîne de triangles, perpendiculaire à la méridienne, de Brest à Strasbourg; six autres furent successivement mesurées, à des intervalles de 60 000 toises. On menait d'autre part quatre parallèles à la chaîne de triangles de la méridienne. Ces opérations étaient terminées en 1744 et tout ce réseau de triangles était figuré sur une carte qui fut présentée en 1745 à l'Académie [2]. Il ne restait plus qu'à donner l'ordre de commencer les levés sur le terrain, surtout à trouver les ressources nécessaires à l'exécution d'une œuvre de cette importance. La décision de Louis XV y pourvut en 1747.

Les travaux commencèrent sur le terrain en 1750, et par les environs de Paris, pour lesquels on possédait déjà d'excellents matériaux. Les deux premières feuilles, celle de Paris et de Beauvais, parurent en 1756. Soixante feuilles étaient terminées en 1760. On sait que la carte de Cassini ne donne aucun nom de pays.

Dans l'intervalle on avait continué à dresser des cartes. J.-B. Nolin, le fils, publie en 1746 :

par triangles liez ensemble, on pourroit commencer en faisant une route ou traverse depuis Dunquerque jusqu'a Perpignan qui sont a peu prez dans le meridien de Paris.

« Cette route se trouve commencée par ce qui a esté fait pour la mesure de la terre... La grande traverse cy dessus estant finie, on en pourroit faire une qui contourneroit le Royaume suivant les frontières et les costes, laquelle seconde route on lieroit avec la première. »

1. *De la Carte de France et de la perpendiculaire à la méridienne de Paris* (*Hist. Acad. des sciences*, année 1733. Paris, 1735, in-4, p. 389-405.)

2. Cassini de Thury, *Sur la Description géométrique de la France* (*Hist. Acad. des sciences*, année 1745. Paris, 1749, in-4, p. 553-560). La carte, qui porte la date de 1744, se trouve, complétée et revue, dans la *Description géométrique de la France*, par M. Cassini de Thury. Paris, 1783, in-4.

66. Carte || du || Gouvernement || Militaire || de || l'Isle de France. || Dressée || Sur les Memoires des Meilleurs Auteurs || Suivant les Observations Astronomiques || par le Sr. Janvier || A Paris || chez le Sr J. B. Nolin rue St Jacques || a l'Enseigne de la || Place des Victoires. 1746. Gravée par Chambon. Dedié et Présenté à Monseigneur le Duc de Gesvres.

Graduée. 0,55×0,44. Une lieue de France de 2282 toises = 0,009.

Bib. nat. Sect. des cartes, B 2389. T. VIII.

Cette carte est accompagnée dans les marges d'une table alphabétique des noms de lieux avec renvoi à leur position au moyen de lettres.

Mais l'entreprise la plus intéressante est celle des héritiers des Sanson : Robert et son fils Robert de Vaugondy qui, en 1757, achèvent la publication d'un grand atlas[1]. Il est précédé d'une intéressante préface où, pour chaque carte, sont indiquées les sources utilisées. Voici, par ordre de date, celles de ces cartes qui se rapportent à la région parisienne.

67. Partie septentrionale || du gouvernem. general de || Champagne || où se trouvent || le Retelois, le Rhemois la Champagne propre, || Partie de la Brie et du Pertois, &c || Parle Sr. Robert Géog. ord. du Roy. 1752.

Graduée. 0,59×0,48. Une lieue de Champagne de 20 au degré = 0,023.

68. Partie Méridionale || du Gouvernemt. Général de || Champagne || qui comprend || la Champagne propre, le Vallage, || le Bassigny, le Senonois, et une partie || de la Brie et du Perthois || par le Sr Robert... 1752.

Graduée. 0,63×0,475. Une lieue de Champagne de 25 au degré = 0,014.

69. Environs || de Paris || par le Sr Robert || Geographe ordinaire || du Roi. || 1753.

Graduée. 0,585×0,48. Une lieue commune de France = 0,024.

1. *Atlas Universel*, Par M. Robert Geographe ordinaire du Roy, et M. Robert de Vaugondy son fils geographe ord. du Roy et de S. M. Polo-

Cette carte est très intéressante. C'est la première en date qui indique des limites autour des différents pays. Ils sont au nombre de cinq dans l'étendue de la carte : Isle de France, Brie françoise, Gatinois, Hurepoix, Mantois.

70. Gouvernement Général || d'Orléanois || où se trouvent || l'Orleanois propre, le Blaisois, le Gatinois, || et la Beauce, qui comprend || le Vendomois, le Dunois, et le Pays Chartrain || par le Sr Robert de Vaugondy fils geographe ordin. du Roi. 1753.

Graduée. 0,575×0,465. Une lieue de Beauce de 34 au degré =0,008.

71. Gouvernement Général || de || l'Isle de France || divisé par Pays || par le Sr Robert Geographe ord. du Roi. 1754.

Graduée. 0,52×0,47. Une lieue moyenne de 25 au degré =0,011.

Comme la carte des environs de Paris, celle-ci délimite les pays qui sont au nombre de onze : Vexin françois, Isle de France, Vallois, Soissonois, Laonnois, quartier de Noyon, Beauvaisis, Mantois, Hurepoix, Gatinois, Brie.

Les cartes de Robert indiquent à peine le relief, seule la carte des environs de Paris donne plus d'importance à la topographie.

A son tour, Janvier, en 1760, introduit des limites exactes entre les pays.

72. Le || Gouvernement militaire || de || l'isle de France || Divisé || en 12 Pays, Sçavoir : l'Isle de France propre, || le Vexin François, le Beauvaisis, || Le Noyonnois, le || Laonnois, le Soissonnois, le Valois, la Brie Françoise, || le Gastinois François, l'Hurpois, le Mantois, || et le Timerais. Dressé par le S[r]. Janvier, Géographe, || a Paris, chés Lattré Graveur rue St Jacques au coin || de celle de la Parchimenerie à la Ville de || Bordeaux. Avec Privilege du Roy. 1760.

noise... 1757. A Paris chez les Auteurs. Quay de l'horloge du Palais, Boudet Libraire Imprimeur du Roi, rüe St Jacques. Bib, nat. Section des cartes, Ge DD 1267.

Graduée. 0,645×0,465. Une lieue commune de 2 282 toises = 0,009.

Bib. nat. Sect. des cartes, Portf. 85,28.

Un autre tirage, de la même année, porte : rue St Jacques près La Fontaine Saint-Severin... (Archives nat. NN 192 55.)

Voici donc les pays considérés comme de véritables subdivisions à limites bien établies et leur nombre fixé à douze pour le Gouvernement de l'Isle de France. C'est le chiffre auquel on s'en tiendra et qu'adopteront désormais géographes et cartographes. Je citerai comme exemple la carte anonyme suivante, assez négligée et dont la facture paraît archaïque. Je la crois cependant inspirée de celle de Janvier. Toutefois les pays n'y sont pas séparés les uns des autres.

73. L'Isle || de || France || et || les Païs qui li = || mitent l'eten || due de ce || Gouvernement Se || vend a Paris || chez Crépy rue St || Jacques vis a vis la rue du || plâtre. S. n. s. d.

Graduée. 0,56×0,44. Une petite lieue de France = 0,007. Une vue de Paris dans le coin supérieur de gauche.

Biblioth. du Laboratoire de géog. physique de la Faculté des Sciences de Paris.

On lit en bas : Les noms des païs de ce Gnt sont Gravés en Lettres Capitales droites. Ces noms sont les suivants : Le Bauvoisis, le Noyonnais, le Laonnois, le Soissonois, le Valois, le Vexin Fs, la France, la Brie françoise, l'Hurepoix, le Gastinois F., le Mantois, le Timarais. En dehors des limites du Gouvernement et en plus petites lettres on lit : Lieuvin, Romois, Le Vexin normand, Caux, Bray, Lamienois, La Tirache, Rethelois, Remomois, Senonois, la Beauce.

Les imitations des cartes de Cassini ne devaient pas tarder à supplanter les publications antérieures, dont les tirages continuent cependant assez longtemps encore. Dès 1763 paraissait pour la généralité de Paris un atlas contenant une réduction de ces cartes : *Atlas chorographique, historique, et portatif des Élections du Royaume. Généralité de Paris. Divisée en ses vingt-deux Élections... représentée... par autant de cartes levées sur le Terrein par ùne Société d'ingénieurs.* Dirigées et données au Public par le Sr Desnos, Ingénieur géographe pour les globes et sphères. Accompagnées d'une Description par M. l'abbé Regley. 1763. A Paris, Chez Desnos. Un vol. in-4 (Bib. nat. Sect. des cartes, GeFF 8865). Comme les cartes de Cassini, ces cartes ne contiennent plus de noms de pays.

APPENDICE VI

LETTRE D'ADAM DE LA PLANCHE A ABRAHAM ORTELIUS, AU SUJET DES CARTES DE LA GUILLOTIERE.

.... Jay ce jourdhuy baille a monsieur Conrard lvn de mes meilleurs amis la Charte de Touraine et celle du Lymosin qui sont toutes deux imprimees a Tours. Celle de Touraine est lvne de celles que ie vous auois enuoyees et qui furent perdues dont laultre estoit celle du Maine laquelle ie vous eusse enuoyee à ce voyage mais vous lauez recouuree depuis et est comprise en vostre 5e augmentation. Il ny a pas plus de quinze jours que iay recouuree celle du Lymosin car il ne sen trouuoit plus en ceste ville. Jay aussi baille audit Sr Conrard la Charte et pourtraict de la vraye Isle de France que mondit Sr Pithou ma donnee pour vous en faire vn present. Ledit Sr Conrard a mis les dites trois chartes en son coffre quil faict charger pour enuuoyer en Zelande ou il sachemine aussy et ma promis de les vous faire tenir seurement et en mains propres ce que iespere Dieu aydant. LIsle de France que ie vous enuoye a este faicte escripte et peinte par le feu bon homme M^{r}. Francoys de la Guillotiere. Nous vous leussions enuoyee plustost mais monsieur Pithou a este huit ou neuf mois a se resouldre sil la deuoit enuoyer ou non creignant quelle fut perdue. En la fin je len ay tant presse quil la fait mais auparauant que ce faire il la fait coppier et en a retenu la coppie ce qui a este long a faire. Sil ny auoit plus de guerre entre vous et nous et que les chemins feussent sans danger ledit Sr Pithou vous enuoiroit encore les originaulx de plusieurs aultres chartes quil a. Lesquelz ledit La Guillotiere

1. ABRAHAMI ORTELII... *Epistulæ*... 1524-1628. Edidit JOANNES HENRICUS HESSELS. Cantabrigæ, Typis Academiæ, 1887, in-4. Lettre 279.

luy a laissez par Testament. Il ma dit que si vous luy pouuez bailler ung homme par deca qui les peut coppier pour vous il les vous baillera volontiers. Je les ay toutes veues et maniees. Ce sont de tresbelles pieces et bien escrites...

... Quant a la charte Gallicane dudit S[r] de la Guillotiere, ledit S[r] Pithou en a les planches en son estude avec lespreuue imprimee. Jay le tout veu et manie mais ce qui est cause quelle ne se met en lumiere c'est un different entre celluy qui en a fait tailler lesdites planches et les heritiers du deffunt pour le proffit et emolument de l'impression et aussy pour l'inscription. Je vous enuoye le cathalogue des Chartes que monsieur Pithou a par devers luy et lesquelles il voudroit estre entre voz mains. Et pour reuenir a lIsle de France que ie vous enuoye je vous veulx bien aduertir quon en a imprimé une pardeca depuis ces troubles qui ne vault rien du tout affin que si elle vient entre voz mains vous nen faciez point d'estat et ceux qui lont imprimee confessent ce que ie vous en escris. Celle cy que ie vous enuoye est tresbien faicte et fort diligemment selon que le feu bon homme pour son vieil age y a peu trauailler et me semble quil est fort malaise den faire une mieulx descripte.

Toutefois ie vous veux encore aduertir quil a obmis lIsle Adam sur la riuiere dOyse qui est vn petit bourg ou y a vn pont a une petite lieue de Beaumont du coste de la Picardie ce que vous pourrez corriger sur vne Charte de Mercator que vous me donnastes vne fois quand iestois par dela qui est de la France Picardie et Champagne laquelle ie vous rendis auec quelque correction de ma main. Il y a aussy vn petit village sur la riuiere de Seine entre Argentueil et Croissy quil a nomme Ouille. Il faut l'escrire par (H) Houille et fault quil soit un petit plus esloigné de la riuiere que Beson, Chatou et Croissy. Lesquelz villages sont sur le bord de la riuiere mais Houille en est eloigne denviron demye lieue et La Carriere en doibt aussy estre esloigne un bien petit mais non pas tant que Houille....

A Paris ce 27 Octobre 1595.

Vostre tres humble seruiteur et entier amy a jamais,
[Adam][1] De la Planche.

1. Ajouté de la main d'Ortelius.

TABLE DES PLANCHES

Pages.

Planche I. — Le bassin de la Seine, d'après la carte qui accompagne le Mémoire de Buache (1752). Réduction de 1/5e. 30

Planche II. — Fragment d'une carte accompagnant la Géographie prototype de la France de Denaix (1841). Réduction de 1/5e. . 32

Planche III. — Fragment de la carte de France d'Oronce Finé (1525). Réduction de 1/4 environ. 78

Planche IV. — Le Gouvernement général de l'Ile-de-France divisé en pays, d'après la carte de Robert (1754). 94

Planche V. — Fragment de la carte de l'Ile-de-France, de La Guillotière (1598). Édition française de Jean Le Clerc. Réduction de 1/3 environ. 182

Planche VI. — Vignette de la carte anonyme du Gâtinais-Sénonais, gravée par les soins de Jean Jansson. Réduction de 1/4.. . . 298

Planche VII. — Fragment de la carte des Environs de Paris de l'Académie des Sciences (1674). Réduction de 1/5e environ. . 316

Planche VIII. — Fragment de la carte de l'Évêché de Meaux, de Chevallier, levée par ordre de Bossuet (1698). Réduction de 1/5e environ.. 334

TABLE DES MATIÈRES

Pages

INTRODUCTION 1

CHAPITRE I. — **La notion de Région naturelle.**

La notion de région naturelle est née de l'étude directe du sol. — Premiers essais de cartes géologiques de la France. — La division du Vivarais en régions naturelles de Giraud-Soulavie (1780). — Le Comité et le *Journal* des Mines. — L'influence et les idées de Coquebert de Montbret. — Première application de la géologie à une description géographique des environs de Paris de Cuvier et Brongniart (1808-1810). — Idées et travaux de d'Omalius d'Halloy. — Les Géologues normands : de Caumont, Antoine Passy. — *L'Explication de la Carte géologique de la France* de Dufrénoy et Élie de Beaumont (1841). — Pourquoi les géographes n'ont pas reconnu plus tôt l'avantage des divisions naturelles. — Vogue de la théorie des bassins. 7

CHAPITRE II. — **Les noms de Pays.**

Comment désigner les régions naturelles ? Premiers essais de d'Omalius d'Halloy. — De l'avantage qu'il y a à se servir des anciens noms et particulièrement des noms de pays. — Application à une division naturelle de la France. — Description de la Belgique. — Les idées de Victor Raulin. — Sa Carte géologique des environs de Paris (1843) et les noms qu'il y inscrit. — L'*Essai d'une division de l'Aquitaine en pays*. — Les idées d'Antoine Passy. — Son *Essai sur les contrées naturelles de la France*. — Les noms de pays du département de l'Eure. — Toutes les régions naturelles ont-elles des noms de pays ? — Nécessité de reprendre l'examen de ces questions et de procéder à des enquêtes. — Raisons du choix de la région parisienne. 35

CHAPITRE III. — **La Beauce.**

Description géographique. — Ce qu'on entend dans le pays par « la Beauce ». — Discussion des opinions émises sur l'étendue de la Beauce. — Erreurs et confusions des historiens. — Extension exagérée de la Beauce à l'Ouest de Vendôme. — Origine de cette erreur. — De l'emploi des noms à suffixes. — La Beauce, région agricole. — Signification du nom de Beauce.. 55

CHAPITRE IV. — **Le Hurepoix.**

Description de la région située au Sud de Paris. — Le nom de Hurepoix inconnu des habitants du pays. — Ce qu'on entendait par Hurepoix au XVIIe siècle. — La Hérupe des chansons de geste. — La localisation du Hurepoix au Sud de Paris est le fait des géographes et des cartographes. 83

CHAPITRE V. — **Le Gâtinais. La Puisaye.**

Aspect différent des régions situées à l'Est et à l'Ouest du Loing. — Double signification du nom de Gâtinais. — Le Gâtinais historique. — Le Gâtinais, pays de la vigne. — Ce qu'on entend par Puisaye. — La Puisaye, région forestière. . . . 101

CHAPITRE VI. — **Prétendus noms de Pays au Sud de Paris.**

La Forêt de Bière ou de Fontainebleau. — Origine du nom de Josas. — « Jouy-en-Josas » est le résultat d'une confusion. — La forêt de Laye. — La forêt Yveline. — Le Pinserais, forme française du nom du *pagus* de Poissy. — La Madrie, forme savante du nom du *pagus Madricensis*. — Le Drugesin ou Drouais, forme française du nom du *pagus* de Dreux. — Le nom de Mantois, tardivement employé pour désigner les environs de Mantes.. 117

CHAPITRE VII. — **La Brie. La Gallevesse. Le Montois.**

Description géographique de la Brie. — Hypothèses sur l'origine du nom de Brie. — L'ancienne Brie, région forestière. — Ce qu'on entend aujourd'hui par Brie : la Brie, région agricole.

— La Brie pouilleuse et la Gallevesse. — Confusions et embarras des géographes au sujet de la Gallevesse. — Comment on a fini par la placer au Nord de la Marne. — Les Gallevesses, lieux dits, sont uniformément de mauvaises terres. — Ce nom a perdu toute signification. — Confusions au sujet du Montois. — Le Montois désigne les environs de Mons. 128

Chapitre VIII. — **Tardenois, Orceois, Multien, Valois, Soissonnais, Goële, Servais, Aulnaye.**

Description géographique de la région située au Nord de la Marne. Le Tardenois, ancien *pagus Tardunensis*. — L'Orceois, ancien *pagus Orcensis* ou de l'Ourcq. — Ce nom ne s'est conservé que dans les suffixes. — Le Multien, ancien *pagus Melcianus* ou *pagus* de Meaux. — Comment ce nom, en concurrence avec celui de Brie, a fini par désigner une région agricole au Nord de la Marne. — Le Valois historique et le plateau du Valois. — Ce qu'on entend par Soissonnais. — Signification du nom de Goële. — La Gohelle de l'Artois. — La Chapelle-en-Serval et le Servais. — Confusion possible au sujet du nom d'Aulnaye. 153

Chapitre IX. — **La France, le Parisis.**

Description géographique de la région située au Nord de Paris. — Ce qu'on entendait par « la France ». — Localisation des noms dits « en France » depuis le XVIe siècle. — La France, région agricole. — Comment le nom de France a pu être attribué à une si petite partie du royaume. 180

Chapitre X. — **Le Vexin français. Le pays de Thelle.**

Description géographique de la région située à l'Ouest de l'Oise. — L'ancien *pagus Vulcassinus* et l'Archidiaconé du Vexin français. — Signification populaire du nom de Vexin. — Attribution toute récente de ce suffixe à plusieurs localités. — La forêt de Thelle. — Extension abusive de ce nom à tout le plateau. 193

Chapitre XI. — **Conclusion. I. Les Noms de Pays.**

Les noms populaires. — Noms historiques. — Noms désignant les environs d'une localité. — Véritables noms de pays. — Signification agricole des noms de pays. — Emploi des noms historiques comme noms de pays. — Confusions qui en résultent. — Toutes les régions naturelles n'ont pas de nom populaire. — Les noms à suffixe ne nous renseignent pas à eux seuls sur l'existence et l'étendue des pays. 204

CHAPITRE XII. — **Conclusion. II. Les régions naturelles.**

Sur quels principes fonder une division en régions naturelles ? — Différents facteurs qui interviennent, suivant qu'on considère une région plus ou moins étendue. — Le climat. — L'altitude. — La nature du sol. — Définition des régions naturelles. — Nécessité de s'en tenir à des divisions physiques. — Régions naturelles et régions économiques. — Régions naturelles et divisions politiques ou administratives. — Comment désigner les régions naturelles ? — La considération des régions naturelles n'est pas tout en géographie. 216

APPENDICES.

I. **Examen des noms de pays du département de l'Eure, d'après Antoine Passy.** 239

II. **Le Bassigny.** — Description de la région. — Ce qu'on entend actuellement par Bassigny. — Chaumont et Is-en-Bassigny ne sont pas en Bassigny. — Le Bassigny historique. — Comment il s'est étendu de plus en plus. — Le Bassigny, dénomination rurale, empruntée à une ancienne division politique. . . . 253

III. **La Woëvre et la Haye.** — Description de la région. — Ce qu'on entend aujourd'hui par « la Woëvre ». — La grande Woëvre et la petite Woëvre. — La Haye. — Le nom de Woëvre, très répandu dans la nomenclature géographique de la France, désigne un lieu boisé. — La Woëvre historique. — Les deux comtés de la Woëvre. — Confusion des historiens entre la Woëvre, région agricole, et la Woëvre historique. — Floraison des suffixes en Woëvre. — Comment quelques-uns se sont conservés en dehors de la véritable Woëvre. — La Woëvre des géologues. — La Haye, région forestière. — Le Jarnisy. 261

IV. **Les régions naturelles du Vivarais, d'après Giraud-Soulavie.** 282

V. **Sur les progrès de la cartographie de la région parisienne jusqu'à la carte de Cassini.** — I. Premières cartes spéciales par renseignements. — La Guillotière ; sa carte de l'Ile-de-France ; sa grande carte de France. — Les cartes de la région parisienne de Damien de Templeux. — Nombreuses imitations : Mercator, Jansson, Blaeu. — II. L'Atlas de Tassin. — Premier essai de cartographie officielle. — III. Les Sanson. — Duval. — Caractère pratique de leur œuvre. — IV. La carte de l'Académie des sciences. — Elle s'appuie sur la triangulation de l'abbé Picard pour la détermination de la longueur du degré. — Les opérateurs. — Vivier continue ses levés jusqu'à la mort de Colbert. — Cartes inspirées de celle de l'Académie des sciences. — L'œuvre de Guillaume et Adrien Sanson publiée par Jaillot. — Cartes de Tralage et d'Auvray. — Abondance, sur ces cartes, de prétendus noms de pays. — Le Diocèse de Meaux de Chevallier. — V. Les cartes de Delisle. — La grande carte des environs de Paris de Jaillot (1722). — Préliminaires de la carte de Cassini. — Les cartes de Robert et de Janvier et les pays considérés comme des divisions administratives. — La Carte de Cassini. . . . 284

VI. **Lettre d'Adam de la Planche à Ortelius au sujet des cartes de La Guillotière.** . . . .

Table des Planches. 351

[illegible]

Compte rendu de *Régions naturelles et noms de pays* paru dans le *Journal des savants* en 1909*

Paul Vidal de la Blache

* septembre p. 389-401, octobre p. 454-462.

RÉGIONS NATURELLES ET NOMS DE PAYS.

L. GALLOIS. *Régions naturelles et noms de pays. Étude sur la région parisienne.* 1 vol. in-8°, 358 p. (avec 8 planches hors texte). Paris, A. Colin, 1908.

PREMIER ARTICLE.

I

M. L. Gallois, professeur à la Faculté des lettres de l'Université de Paris, a publié, sous le titre de « Régions naturelles et noms de pays », un volume qui mérite d'être signalé à l'attention. La formule même de ce titre indique un rapport qui a besoin d'être expliqué. Qu'est-ce qu'une région naturelle? Qu'entend-on par nom de pays? Pourquoi et comment y a-t-il lieu d'associer ces deux notions? En quoi convient-il de les distinguer? Il ne peut s'agir assurément de définitions abstraites répondant à des questions de pure théorie. Ces questions sont sorties d'elles-mêmes du progrès des recherches; elles ont une histoire qui intéresse directement les progrès récents de la science géographique.

On peut à peu près fixer la date où les notions de *régions naturelles* et de *pays* se sont introduites dans la langue scientifique. Elles se présentèrent à l'esprit dès qu'on commença à se livrer à des observations systématiques sur le terrain et à entrer en contact direct avec la nature. Cela explique pourquoi l'initiative, en France du moins, ne vint pas des géographes, mais des géologues. Nos géographes du XVIIIe siècle, les Delisle, les d'Anville, avaient excellé dans l'analyse critique des documents, et l'œuvre qu'ils ont accomplie a fourni une base solide à la cartographie moderne. Mais ces érudits ne se préoccupèrent qu'assez peu de divisions physiques. La seule tentative en ce sens fut celle de Philippe Buache [1]; elle fut loin d'être heureuse. Elle reposait en effet sur une confusion entre les montagnes et les lignes de partage des eaux. Cette conception systématique, exagérée comme à plaisir par les disciples de Buache [2], jouit longtemps chez nous d'une vogue qui contribua à entretenir un divorce fâcheux, je ne dirai pas entre géologues et géographes, mais entre certains géographes et l'observation de la nature.

Déjà pourtant de nouvelles voies s'étaient ouvertes, par les travaux de l'abbé Guettard. Un des maîtres de la géologie moderne, sir Archibald Geikie [3], s'est plu récemment à remettre en lumière les mérites de ce savant. N'aurait-il eu que celui d'avoir reconnu l'origine volcanique des monts d'Auvergne, ce serait assez pour préserver son nom de l'oubli. Mais on peut dire du mémoire qu'il publia dès 1746 pour accompagner une première esquisse de carte géologique du nord de la France [4], que ce fut le point de départ d'un mouvement d'idées très fécond. On s'aperçut et on déclara qu'un certain ordre préside à la disposition des masses minérales, et qu'il y a des pays caractérisés par les roches qui les constituent. Nous pourrions alléguer que pareille remarque avait été faite, près de deux cents ans auparavant, par Bernard Palissy [5]; tant il est vrai que l'habitude de l'observation directe est capable de devancer la marche de la science ! Mais ce qui n'avait été chez Palissy qu'un pressentiment devint une idée directrice pour les générations de naturalistes et de savants qui collaborèrent, après Guettard, à fonder l'étude scientifique du sol de la France.

(1) Buache, *Essai de géographie physique, où l'on propose des vues générales sur l'espèce de charpente du globe, composée des chaînes de montagnes qui traversent les mers comme les terres.* (*Hist. Acad. roy. des sciences, 1752. Mém. de math. et de phys.*, p. 339-416). La carte du bassin de la Seine qui accompagne ce mémoire est reproduite par M. Gallois (p. 30, pl. I).

(2) Voir dans le livre de M. Gallois (p. 32, pl. II) la reproduction d'un fragment de carte accompagnant la *Géographie prototype de la France* (1841) par Denaix, officier attaché au Dépôt de la Guerre.

(3) *The founders of geology. Lecture I* (p. 14-46). — Baltimore, H. John Hopkins Press, 1901.

(4) *Mémoire et carte minéralogique sur la nature et la situation des terrains qui traversent la France et l'Angleterre* (*Hist. Acad. des sciences, 1746*), p. 363.

(5) *Discours admirables de la nature des eaux et fontaines, etc. — Des pierres*, II, 169, p. 188.

M. Gallois a tenu à rappeler les noms et les mérites de ces initiateurs [1]; je ne puis que renvoyer le lecteur aux substantiels chapitres historiques qui ouvrent son livre. Je dois pourtant signaler, dans cette pléiade d'hommes distingués, le nom assez oublié aujourd'hui de Coquebert de Montbret, qui fut directeur du *Journal des Mines*, fondé par la Convention, et, sous le Consulat, directeur de la Statistique de la France. C'est une intéressante figure que ce personnage, qui, après avoir débuté dans la diplomatie, devint voyageur et naturaliste par goût, ami de Berthollet, Monge et Fourcroy; et qui, à travers les incidents d'une carrière administrative très variée, ne perdit jamais de vue les idées qu'avait éveillées en lui l'observation des réalités naturelles. C'est comme directeur de la Statistique qu'il conçut et mit sur pied le projet d'une description de la France, qui eût été fondée sur des bases moins variables que les divisions politiques. « Il voulait appuyer son travail sur une division en régions physiques; . . . et il pensait que les seules divisions propres à atteindre le but qu'il se proposait étaient celles déterminées par la nature du sol [2]. » Ainsi s'exprimait plus tard à ce sujet le confident de ses idées, auquel il confia le soin de réunir les matériaux de cette œuvre, d'Omalius d'Halloy, qui, de Liége, sa patrie, était venu poursuivre ses études à notre Muséum d'histoire naturelle. Muni, grâce à l'autorité de son protecteur, de tous les renseignements dont disposaient les préfets et les ingénieurs des mines, le jeune savant entreprit à pied de longues pérégrinations, non seulement dans la France du Nord, y compris la Belgique, mais dans le Midi, en Italie et dans une partie de l'Allemagne. Une fructueuse moisson fut le résultat de ces recherches. De 1808 à 1816 les mémoires de d'Omalius d'Halloy, accompagnant des cartes géologiques partielles, se succédèrent rapidement [3]. Ils eurent

[1] Le premier collaborateur de Guettard ne fut autre que Lavoisier; puis vint Monnet, qui publia en 1780 le résultat de leurs communs travaux sous le titre: *Atlas et description minéralogique de la France. — Première partie.* En même temps commençait la remarquable publication de l'abbé Giraud-Soulavie: *Histoire naturelle de la France méridionale* (Paris, 7 vol. in-8°, 1780-1784).

[2] *Observations sur un essai de carte géologique de la France, des Pays-Bas et des régions voisines* (*Annales des mines*, tome VII, 1822).

[3] D'Omalius d'Halloy présenta à la Classe des Sciences de l'Institut, le 16 août 1813, une carte intitulée: *Esquisse de l'étendue géographique du bassin de Paris et des terrains environnants*, accompagnée d'une *Notice sur l'étendue géographique du terrain des environs de Paris*. Ces documents, manuscrits l'un et l'autre, sont conservés à la Bibliothèque de l'Institut (*Fonds Cuvier, carton D, liasse 88, pièce I*), et signalés à la page 15, n° 88, du *Catalogue des manuscrits du fonds Cuvier* par Henri Dehérain (Paris, Champion, 1908).

La carte et le mémoire imprimés ne

enfin pour couronnement la publication, en 1822, d'un *Essai de carte géognostique de la France*, qui resta jusqu'en 1841, date de la publication de la grande carte de Dufrénoy et Élie de Beaumont, le premier travail d'ensemble sur la conformation géologique du sol français.

Ce qui pour nous est d'un intérêt particulier dans ces travaux et dans ceux qui se poursuivaient pareillement à la même époque, c'est l'élargissement progressif de l'horizon scientifique dont ils témoignent. L'habitude d'observer sur le vif ne tarda pas à ouvrir les yeux sur les relations qui existent entre les divers phénomènes qui se manifestent à la surface du sol. On se familiarisa avec l'idée qu'un certain rapport unit la nature des terrains, les formes du relief, la physionomie de la végétation, et même, dans une certaine mesure, les œuvres des hommes. La transition s'opérait ainsi naturellement entre la géologie et la géographie. Il y a une remarquable similitude entre les vues que d'Omalius d'Halloy ne cessa d'exprimer dans ses nombreux écrits [1] et celles qu'avec plus d'éloquence formulait Cuvier dès 1808. Ces idées semblaient germer d'elles-mêmes, devant l'observation du sol, chez tout esprit capable de vues générales. Ce qu'avait jadis pressenti Buffon, ce qui allait inspirer en Allemagne les premières œuvres de Karl Ritter, l'idée d'un enchaînement naturel des faits géographiques, devint un thème ordinaire pour ceux qui, chez nous, consacrèrent leurs recherches à la conformation des terrains. On le retrouve non seulement dans certaines pages devenues classiques d'Élie de Beaumont (*Introduction à la Carte géologique*), mais dans les écrits de novateurs moins connus qui prirent, de leur côté, l'initiative de recherches de géographie régionale. Nous nous plaisons surtout à mentionner ici les études auxquelles donna lieu en Normandie l'impulsion de la *Société Linnéenne :* celles de de Caumont, dès 1828, sur le Calvados, et celles d'Antoine Passy, en 1832, sur la Seine-Inférieure. Ces observateurs voyaient et sentaient la nature. Il y a une sorte d'enthousiasme scientifique qui surprend parfois le lecteur de ces mémoires spéciaux. « Que de circonstances imprévues, dit de Caumont, viendront charmer le voyageur, s'il peut reconnaître la nature des terrains!... Il verra chaque butte, chaque vallée avec un plaisir qui

parurent qu'en 1816, dans le tome Ier des *Annales des mines* (p. 231-266), avec quelques additions et remaniements. De nombreux noms de pays, absents de la carte manuscrite, figurent sur la carte imprimée.

[1] En dernier lieu dans sa *Note sur les divisions géographiques* (*Bull. de l'Académie royale des Sciences et Belles-Lettres de Bruxelles*, t. XI, 2e *partie*, 1844).

ne peut être bien conçu que de ceux qui l'ont éprouvé [1]. » Plaisir d'interpréter et de comprendre! Cet appel, il est vrai, resta longtemps sans écho chez nos géographes.

C'est avec raison que M. Gallois s'est attaché à retracer ces précédents : on voit ainsi comment se posa la question de noms. Elle est liée à l'histoire des idées. La notion nouvelle de divisions physiques devait donner lieu à une nomenclature nouvelle. Il ne s'agit pas précisément, dans le principe, de substituer une série de divisions physiques aux divisions en usage, mais plutôt de fixer dans des types les régions dont on aurait distingué l'individualité. Désignées, spécifiées, elles passaient à l'état de données scientifiques, comparables et susceptibles de classification. On vit ainsi s'introduire, au fur et à mesure des recherches, des noms tels que *Bassin de Paris*, *Plateau central*, qui devaient acquérir droit de cité en géographie. La constitution d'une nomenclature appropriée est une nécessité pour toute science naturelle. Ce travail s'imposa dès le début aux naturalistes devenus géographes; travail qui est loin encore d'être terminé, comme le savent bien tous ceux que préoccupe la rigueur des définitions, base de tout groupement et de toute synthèse légitime.

Dès l'origine de ces recherches l'attention avait été attirée vers certains noms qui, sans avoir d'existence officielle, vivaient dans l'usage populaire. Les premiers qui soient mentionnés dans les mémoires ou écrits spéciaux appartiennent aux régions par lesquelles avait commencé l'enquête géologique : *Beauce*, *Brie*, *Bray*, *Sologne*, etc. Mais on constata bientôt qu'il y en avait beaucoup d'autres; et la valeur de ces vocables, considérés comme des créations spontanées de l'observation populaire [2], fut hautement appréciée. Plus renseigné que personne par ses longues pérégrinations, d'Omalius d'Halloy s'employa en leur faveur à une véritable tâche de réhabilitation. Il proteste contre l'injuste discrédit dans lequel ils seraient tombés, d'après lui, chez les géographes, « qui se croient, dit-il d'un ton de reproche, obligés d'emprunter un correctif, et de dire : la contrée vulgairement désignée par tel nom » [3].

(1) De Caumont, *Essai sur la topographie géognostique du département du Calvados*, p. 11 (Caen, 1828).

(2) « On comprendra de mieux en mieux que la connaissance des noms de ce genre et de tout ce qu'ils expriment est à la fois la base de la géographie ordinaire et de la géographie minéralogique. » (Dufrénoy et Élie de Beaumont, *Explication de la carte géol. de la France. Intr.*, p. 7).

(3) *Note sur les divisions géographiques* (*Bulletin de l'Acad. royale des Sciences et Belles-Lettres de Bruxelles;* tome XI, 2e partie, 1844), p. 198.

Ce n'était pas seulement une entreprise curieuse, mais une œuvre utile et non sans portée scientifique, que de remettre en circulation et de s'efforcer de faire reluire ces vieilles médailles. Plusieurs savants de grand mérite s'éprirent, avec ou après d'Omalius, de ces noms de pays, et portèrent dans ce prosélytisme un véritable zèle de découvertes. L'exagération était à craindre ; et cela ne manqua point. « Le bon sens du paysan, écrivait l'un d'eux, a devancé la science ; il a distingué par un nom particulier *chaque* étendue offrant le même aspect et la même culture [1]. » Ainsi, par une fortune inattendue dont elle n'est pas coutumière, la science aurait récolté ce qu'elle n'avait pas semé ! Et les paysans eussent accompli sans s'en douter l'œuvre scientifique délicate devant laquelle tâtonnaient encore les efforts des spécialistes !

Ce qui inspirait ces exagérations, c'était le désir de transporter dans la cartographie, avec la précision et la contiguïté de limites qu'elle exige, un ensemble complet de régions physiques. L'idée de fonder une carte de France sur les divisions de pays a hanté certains esprits, et plusieurs en ont fait la tentative, C'était autre chose au fond que la pensée scientifique qui avait présidé aux premières velléités de nomenclature nouvelle. On se proposait ainsi une application, ou plutôt une extension qui n'était pas sans danger. Que l'on mît à contribution les noms populaires, rien de mieux ; mais il eût été bon de se prémunir par une réflexion très simple contre l'idée d'en tirer un système de divisions territoriales. Ces vocables ont pour ceux qui les emploient la valeur d'une notation ; mais comment supposer qu'une idée d'ensemble ait présidé à leur formation ? Les divisions d'une contrée se présentent au cartographe sous l'image d'un casier dont il faut garnir les cadres : telle n'est pas assurément la conception du populaire. N'était-il pas à craindre dès lors que, pour remplir à tout prix les cadres de la carte, on se montrât trop complaisant sur le choix des pièces à introduire, et qu'on admît sans contrôle toutes celles qui pouvaient s'offrir ?

Il subsiste sur le vieux sol historique de France un vocabulaire hétérogène de noms vacants et sans emploi ; source de tentations pour les cartographes en quête de noms de pays. Chaque époque a déposé dans la nomenclature des sédiments successifs, dont il reste çà et là quelques fossiles. Les peuplades gauloises, les cités romaines, les *pagi* mérovingiens, les comtés féodaux, sans parler des provinces monarchiques encore si vivantes, ont laissé certains témoins et certaines survivances. La plus grande partie de ce matériel a sombré au cours des temps ; mais quelques débris

[1] *Description géologique de la Seine-Inférieure* (1832), p. 196.

surnagent, pourvus d'une existence plus ou moins factice, qu'ils doivent à des circonstances diverses. Plusieurs ont été recueillis et plus ou moins arbitrairement limités par les lexicographes du XVIIe siècle; ils ont passé de là dans les cartes du siècle suivant, qui nous les transmettent à leur tour[1]. On les y trouve localisés avec une apparence de précision dont il ne faut pas être dupe, car elle ne tient souvent qu'à la nécessité de tracer des compartiments contigus. Leur seul titre au nom de pays est d'être dépourvus d'application politique actuelle.

Sommes-nous sûrs, du moins, que les noms de pays dont on ne saurait suspecter l'authenticité n'aient pas été l'objet d'extensions ou de déformations arbitraires? On se fonde généralement, pour en déterminer le domaine, sur l'adjonction, à certains noms de communes, de suffixes tels que « en Thelle, en Beauce, en Vexin, etc. », qui figurent dans les documents officiels de notre époque. Mais cet indice ne mérite pas toujours créance, et M. Gallois nous met en garde. Il est arrivé plusieurs fois, depuis la création et surtout l'organisation définitive des départements qui eut lieu au début du Premier Empire, qu'on a eu recours à de tels procédés afin de distinguer des communes homonymes. Ce serait certainement accorder trop de crédit à ces arrêtés préfectoraux ou à ces délibérations de conseils municipaux , moins préoccupés de géographie scientifique que de pratique administrative et de réglementation postale, que de faire fond, sans critique préalable, sur ces témoignages.

« Il plane donc, dit M. Gallois[2], sur ces noms de pays une incertitude qu'il est bon de dissiper. » Telle a été l'idée initiale de son travail. On entrevoit par ce qui vient d'être dit les difficultés de la tâche entreprise, mais on en discerne aussi l'intérêt. Car si ces noms de pays ne sont pas *mera nomina*, si, comme en ont jugé les observateurs excellents que nous venons de rappeler, ils ont vraiment jailli de source, ils représentent comme le reflet d'une contrée dans l'âme de ses habitants.

II

On est frappé et presque surpris au premier abord de l'abondance et de la variété des matériaux que M. Gallois a mis en œuvre. Il a fait usage des descriptions, guides ou dictionnaires qui concernent, spécialement ou non, la région parisienne depuis le XVIe jusqu'au XVIIIe siècle. Ces docu-

(1) Le carte du *Gouvernement général de l'Île-de-France divisé par pays*, par le sieur Robert, géographe ord. du Roi (1754), donne un exemple de ce système factice de divisions. Elle est reproduite dans le livre de M. Gallois (p. 94, pl. IV; — cf. p. 346, n° 71).

(2) P. 53.

ments sont de caractères différents : les uns, comme la *Notitia Galliarum* d'Adrien de Valois, sont des œuvres d'une estimable érudition; d'autres, tels que la *Descriptio fluminum Galliarum* de Papire le Masson (1618), ou les *Rivières de France* de Coulon (1644), contiennent, sous une forme plus littéraire et dans un style parfois trop orné, des renseignements précis, bons à recueillir; d'autres, comme la *Division et Dénombrement de France* d'Expilly, ont un caractère plus statistique. M. Gallois, dans l'emploi de cette volumineuse littérature, fait preuve de la maîtrise qu'on lui connaissait déjà sur l'histoire documentaire de la géographie. Mais en outre, avec ce sens des réalités vivantes qui est la première vertu d'un géographe, il a tenu à contrôler sur place les indications fournies par les livres; et parmi ces livres mêmes, il a accordé une attention particulière aux ouvrages, malheureusement trop rares, qui n'ont pas dédaigné aussi de consulter le populaire sur ces questions où il a certainement son mot à dire. C'est à ces sources d'information qu'avait eu recours l'auteur d'un opuscule paru en 1552 sous le titre : *La Guide des chemins de France*[1]. Cet auteur anonyme, qu'on suppose n'être pas différent de l'imprimeur qui a édité le livre, Charles Estienne, avait, dit-il, « consulté *messagiers, marchans et pellerins* ». Il semble s'en excuser, tant le procédé paraissait alors insolite! Nous souhaiterions fort aujourd'hui que son exemple eût trouvé plus d'imitateurs.

Les cartes, comme nous l'avons vu, ont joué un grand rôle dans les attributions, vraies ou fausses, qu'on a faites des noms de pays : aussi ont-elles été l'objet d'un classement systématique. M. Gallois a été amené à dresser un catalogue critique des cartes spéciales de la région parisienne, depuis Henri IV jusqu'à l'œuvre de Cassini exclusivement[2]. Chacune de ces pièces, au nombre de 73, est brièvement décrite et analysée. On saura d'autant plus de gré à l'auteur d'avoir ajouté à son livre cet appendice que c'est la première fois qu'un travail d'ensemble a été accompli sur la

[1] *La Guide des chemins de France*; à Paris, chez Charles Estienne, imprimeur du Roy, 1552; in-12. Préface. (Bibl. nat. L 25; réserve.)

[2] Appendice V. *Sur les progrès de la cartographie de la région parisienne jusqu'à la carte de Cassini* (p. 284-348). Quelques reproductions illustrent ce catalogue. Les voici : Fragment de la carte de l'Île-de-France, de la Guillotière (1598). Édition française de Jean Leclère (pl. V). Vignette de la carte anonyme du Gâtinais-Sénonais, gravée par les soins de Jean Jannson (pl. VI). Fragment de la carte des environs de Paris de l'Académie des Sciences (1674) [pl. VII]. Fragment de la carte de l'évêché de Meaux, de Chevallier (1698) [pl. VIII]. Le gouvernement général de L'Île-de France divisé en pays, d'après la carte de Robert (1754) [pl. IV].

cartographie de la région parisienne. On y suit le développement et les progrès de cette œuvre scientifique, qui n'est pas sans rapport avec l'histoire générale de la France. La première carte, contemporaine de la bataille d'Ivry, a été visiblement inspirée par les opérations militaires de Henri IV autour de Paris. Plus tard Richelieu imprima une impulsion puissante et générale aux travaux cartographiques; c'est alors que les ingénieurs-cartographes commencent à lever de véritables plans des régions où se passaient des événements militaires. Puis, avec Colbert et l'Académie des Sciences, s'ouvre une période nouvelle à laquelle la région parisienne est redevable des superbes cartes qu'exécutèrent, de 1669 à 1685, « les sieurs *Niquet*, *Beaulieu*, *Pivert*, et surtout *Vivier* », dont les émoluments figurent aux procès-verbaux encore inédits des séances de l'Académie. L'exemple rencontre des imitateurs; et nous trouvons en 1698 une très belle carte du diocèse de Meaux « dédiée à Mgr Jacques-Bénigne Bossuet, évêque de Meaux, par M. Chevallier, maistre de mathématiques du Roy ».

On peut juger ainsi qu'à l'encontre de l'ordinaire, le livre de M. Gallois tient plus qu'il ne promet. L'intérêt de ces appendices s'ajoute à celui des démonstrations, dont l'autorité en est affermie.

Nombreux sont, dans la région parisienne, les noms de pays auxquels M. Gallois a consacré une plus ou moins longue analyse : on en compte près d'une trentaine. Il serait impossible ici de suivre d'un bout à l'autre ce travail critique. Nous y renverrons le lecteur, nous contentant de citer quelques exemples topiques, qui permettent d'apprécier la méthode et les résultats.

La *Beauce* est le type de ces sortes de noms. Jamais ce nom ne s'est appliqué à une division civile. On s'en est servi parfois pour distinguer, sous forme de suffixe, telle ou telle division ecclésiastique, et pas toujours à bon escient. Mais, lorsque le nom s'est trouvé ainsi fourvoyé hors de son domaine naturel, comme par exemple au sud d'Orléans ou à l'ouest de Vendôme, ces applications ont rencontré un démenti dans l'usage populaire. Un examen critique et comparatif des textes montre, contrairement aux assertions de certains savants, qu'il n'y a pas lieu de croire que ce nom ait jamais désigné autre chose que ce qu'entendent aujourd'hui les habitants (1). Un Beauceron ne se trompe pas, pas plus que

(1) Le plus ancien texte connu qui mentionne la Beauce (*Belsa*) est dans la vie de saint Germain par Venance Fortunat, au VIe siècle. Un texte postérieur d'un siècle, du grammairien gallo-romain Virgile, « nous apprend, dit M. Gallois (p. 82), que *belsa* est synonyme de plaine, et qu'il peut aussi

ne se tromperait un Cauchois, sur ce qui est et sur ce qui n'est pas son pays. Il n'a pas eu besoin de consulter livres ou cartes; il n'a pas puisé cette notion à l'école primaire : mais il sait bien que la Beauce est le pays des grandes moissons de blé, celui où ce genre dominant de culture règle le cycle traditionnel des occupations et des préoccupations de l'année. C'est bien sous cette forme que s'est implantée et enracinée dans son esprit l'idée de pays. Les terrains à vignobles ou à forêts ne sont plus la Beauce. Que cette conception traduise un fait géologique, soit l'existence d'un calcaire limoneux sur un sous-sol perméable, rien de plus naturel et de plus intéressant que cette coïncidence; mais l'expression, pour ceux qui l'emploient, représente un genre de vie.

Le cas de la *Brie* est plus complexe. L'appellation n'est pas moins ancienne, et n'échappe pas moins que celle de Beauce à toute étymologie latine. Mais dans les *Vies des Saints*, où elle figure dès le VIIe siècle, elle est désignée à la fois comme *saltus* et comme *pagus;* ce dernier mot entendu non au sens de division politique, mais dans le sens populaire qu'il a gardé et qu'exprime le mot de pays. Ce dualisme d'expressions répond bien à l'idée d'une contrée où les forêts occupent de grandes étendues, mais où il existe entre les parties boisées assez d'espace pour admettre aussi de larges cultures. Le nom de Brie a été maintes fois mis à contribution pour spécifier des circonscriptions soit ecclésiastiques, soit féodales [1]; ce n'a pas été impunément. Il a été ainsi tiraillé pour ainsi dire, en sens divers; et l'on ne saurait être surpris de l'attribution excentrique qu'il paraît recevoir dans certains documents. La question est de savoir si ce nom éveille actuellement un rapport dont les habitants aient conscience. Or, ici comme pour la Beauce, une idée très nette de genre de vie se fait jour. Le témoignage populaire, rectifiant l'extension abusive due aux circonstances politiques, ramène la Brie au large plateau situé entre la Seine et la Marne [2]. Encore ne désigne-t-il que le plateau même, et non les pentes, que garnissent généralement des taillis, des vergers ou des vignes. La Brie est la région des grandes fermes disséminées, des espaces où s'étendent, entremêlés çà et là de bouquets d'arbres,

être identifié avec *gramina*, prairies ». — Cette explication ne rappelle-t-elle pas le nom de *prairies*, que nos Français d'Amérique appliquèrent aux plaines qui sont devenues aujourd'hui un des greniers à blé du monde?

[1] On trouve, au XIe siècle, ce nom appliqué à la fois à des archidiaconés de cinq diocèses différents : Paris, Meaux, Soissons, Sens et Troyes. — Il désigne, un peu plus tard, une partie des domaines des comtés de Champagne.

[2] Voir dans Gallois (p. 137) les preuves et témoignages.

des champs de blé ou de betteraves. Ici encore il y a rencontre entre la géologie et la conception populaire, mais par des voies imprévues.

L'examen du nom de *Hurepoix* présente un cas inverse, des plus singuliers. Géologues et géographes s'accordent aujourd'hui à désigner de ce nom la contrée de sables et de grès, entrecoupée de plateaux à meulières, qui s'étend de la Ferté-Aleps à Rambouillet et de Dourdan à Sceaux. L'attribution se justifie géographiquement; mais l'instinct populaire n'y est pour rien, le nom est généralement ignoré des habitants. Ce vocable est ancien cependant; mais si l'on consulte les textes et les cartes, on s'aperçoit qu'il a été successivement localisé dans les endroits les plus divers entre la Seine, l'Yonne et la Loire [1]. M. Longnon nous a appris que dans les chansons de geste, où il apparaît pour la première fois, il désigne une région très étendue s'opposant à la *France* située au Nord de la Seine [2]. Cette circonstance est la seule qui se soit montrée stable. Ce n'est qu'au XVIIIe siècle que ce vocable vagabond a fixé son assiette et pris sa place actuelle, par une attribution que la science a ultérieurement confirmée et dont elle a fait son profit [3]. Mais l'attribution est toute fortuite; elle tient simplement à ce que les cartographes qui s'avisèrent d'introduire dans la province d'Île-de-France une subdivision par « régions ou contrées », ne trouvèrent pour ce vague nom historique, entre la Brie, la Beauce et le Gâtinais, déjà en possession, que cette place vacante.

Voici maintenant des exemples de noms historiques dont l'usage populaire s'est emparé pour les affubler d'un sens spécial, conforme à ses besoins. Le *Gâtinais,* quelle que soit d'ailleurs l'origine physique du nom, continue à désigner, pour les gens instruits, une ancienne division historique, qui s'est probablement constituée autour de la voie romaine d'Orléans à Sens. Mais il en est autrement pour « ceux qui vivent du sol ». Des témoignages très précis, appuyés de documents d'archives, montrent qu'il se restreint pour eux au pays de vignobles qui s'étend sur la rive gauche du Loing, près de Beaune-la-Rolande.

Le *Multien* s'est détaché, de même, de son noyau primitif qui était la ville de Meaux, pour désigner au sens populaire les plateaux fertiles et

(1) La carte d'Oronce Finé (1525), suivie de la plupart des cartes du XVIe siècle, place le Hurepoix entre Montargis et Briare. Il est généralement situé à l'ouest du Loing, dans les cartes du XVIIe siècle. Piganiol de la Force, dans sa *Nouvelle description de la France* (1753), avoue son embarras.

(2) A. Longnon, *L'Île-de-France, Son origine, ses limites, ses gouverneurs* (*Mém. de la Soc. de l'Hist. de Paris et de l'Île-de-France*, t. I, 1875), p. 1-43.

(3) *Carte de Robert* (1754), déjà citée (p. 94, pl. IV).

limoneux qui suivent la rive droite de l'Ourcq, dans lesquels la ville elle-même n'est pas comprise.

Que dire enfin du sens populaire qu'a pris le nom de *France?* On le trouve très communément employé, dès le XVIe siècle, pour désigner les campagnes fertiles qui s'étendent entre Saint-Denis, Luzarche et Dammartin-en-Goële. On le distingue nettement des pays voisins, Brie, Valois, Santerre [(1)]. Sa signification agricole est définie, au dix-huitième siècle, par Delamarre : « Pays de grandes et vastes plaines, les plus fertiles du royaume, où il croît le plus beau et le meilleur froment [(2)]. » Des dictons ruraux confirment cette acception. Il est très probable que le voisinage du marché parisien, avec la concurrence que s'y faisaient les blés de provenances contiguës et diverses, a rendu cette dénomination nécessaire ou du moins utile; mais elle s'est si bien enracinée que, malgré tous les changements, je ne suis pas sûr que des expressions telles que « vent de France » ne se rencontrent pas encore dans la bouche de quelque vieux paysan de la Brie ou du Vexin. Ainsi, par une singulière évolution, ce nom qui tour à tour s'est appliqué à la région entre la Loire et le Rhin, puis à la région au nord de la Seine, puis au royaume en même temps qu'à une province, a été investi par le langage populaire d'un sens rural et restreint qui a coexisté avec les diverses significations historiques.

Mais pour quelques noms que l'usage a conservés ou adoptés, beaucoup d'autres végètent et sont en voie de disparaître. On en trouvera des exemples dans le livre qui nous occupe [(3)]. Celui de *Gallevèse*, déformé parfois par ignorance en *Galeuse*, n'éveille plus d'écho chez les paysans, bien que les géographes des siècles derniers eussent l'habitude de le localiser au nord de Château-Thierry. C'était pourtant un nom réellement populaire. S'il a disparu comme nom régional, on le retrouve encore dans quelques lieux-dits du département de Seine-et-Marne [(4)]. Comme la plupart de ces vieilles appellations rurales, reliques de langues perdues dont l'étymologie nous échappe, il semble avoir exprimé un sens générique, celui sans doute de *mauvaises terres*.

Ainsi chaque nom mérite d'être étudié à part, comme l'a fait M. Gallois. Chacun a son histoire propre. À travers une nomenclature hétérogène, léguée par la tradition ou par l'histoire, on démêle l'effort populaire pour approprier une nomenclature à son usage. Une sève cir-

(1) *La Guide*, etc., p. 10.

(2) *Traité de la police* (1722), t. II, p. 435.

(3) *Goële*, qui paraît signifier un lieu boisé.

(4) Cités par M. Gallois (p. 150, n. 2).

cule, animant certains vocables, leur infusant parfois une vie nouvelle, greffant même une signification populaire sur une dénomination historique. Ailleurs la sève s'est retirée.

P. VIDAL DE LA BLACHE.

(*La fin à un prochain cahier.*)

RÉGIONS NATURELLES ET NOMS DE PAYS.

L. GALLOIS. *Régions naturelles et noms de pays. Étude sur la région parisienne.* 1 vol. in-8°, 358 p. (avec 8 planches hors texte). Paris, A. Colin, 1908.

DEUXIÈME ET DERNIER ARTICLE [3].

III

Ces questions ne noms de sont pas de simples questions de formes. Ce serait faire tort au livre qui nous occupe et méconnaître les intentions de l'auteur, que de ne pas essayer de dégager quelques-unes du moins des considérations générales qu'il soulève.

Ces observations sur la région parisienne peuvent s'appliquer au reste de la France, ainsi qu'à beaucoup d'autres contrées. Nul n'a plus contribué à mettre en lumière cette vérité, que M. Gallois dans les diverses

(1) M. Jagić a été élu en 1908 correspondant de l'Académie des Inscriptions et Belles-Lettres.

(2) Voir *Le Monde slave* (2e édition) et *Souvenirs d'un Slavophile* (Paris, Hachette, 1905).

(3) Voir le premier article dans le cahier de septembre, p. 389.

monographies qu'il avait déjà antérieurement publiées [1]. En réalité, les noms populaires de pays sont moins répandus que ne l'avait fait croire le désir d'en garnir la carte. Une analyse critique en réduit notablement le nombre. Mais elle montre que vraiment il en existe, doués d'une vitalité singulière. Il y a des pays dont le nom évoque à lui seul un aspect dont il paraît inséparable, qui sont devenus synonymes d'un genre de vie. Qu'ils offrissent matière à d'autres possibilités, rien n'empêche de l'admettre; mais celles qui ont prévalu les ont marqués d'une telle empreinte qu'elle a frappé l'imagination populaire. Elle les distingue; et ce nom d'origine souvent inconnue qui nous parvient à travers les âges spécifie, aujourd'hui comme autrefois, une étendue de physionomie particulièrement tranchée, se détachant sur les étendues qui ne doivent de nom qu'à la politique ou à l'histoire.

L'analyse montre, en outre, — ce qui est peut-être plus imprévu, — que des noms de ce genre se sont formés de tout temps, qu'il peut et qu'il doit sans doute s'en former encore. Ils proviennent du désir, ou plutôt du besoin de fixer dans le langage les objets qui tiennent à la vie quotidienne, et que ramène incessamment à l'attention des habitants le milieu dans lequel ils vivent. Ils sont la traduction pratique de ce milieu. Il faut, pour bien se rendre compte des facultés d'observation dont ils dérivent, entrer en familiarité plus intime avec les choses et les gens, de façon à apprécier les ressources que déploie le langage des paysans pour distinguer les qualités ou caractères des objets qui tiennent à la vie du sol. On composerait un dictionnaire rural par localités, avec les termes qui spécifient les diverses qualités du terroir : ici les *groies*, *varennes*, *terres froides*, etc.; ailleurs les *boulbènes*, *peyrusquets*, etc.; ou bien avec ceux qui désignent les formes de végétation dont le sol est encombré ou garni : ici les *brandes*, là les *touyas*, ailleurs les *garigues*, etc. Certains noms génériques de la langue actuelle, tels que *Champagne* ou *Plaine*, *Val*, *Marais*, *Bocage* ou *Boischaut*, *Planèze*, *Causses*, etc., ne sont pas des traductions moins exactes que ces vieux noms de pays dont l'étymologie nous échappe. Le principe dont ils sont issus est le même; c'est d'une racine commune qu'ils ont poussé, là où la nécessité s'est fait sentir de déterminer des contrées franchement distinctes par leurs habitudes propres, ou s'opposant vigoureusement les unes aux autres.

[1] *Le Bassigny*; *La Woëvre et la Haye* (appendices II et III, p. 240-261, dans le volume qui nous occupe). — Du même auteur : *La Dombes* (*Annales de géographie*, t. I, 1892; p. 121-131); *Le Mâconnais et le Charolais* (*ibid.*, t. III, 1894, p. 428-449), *Le Beaujolais et le Lyonnais* (*ibid.*, t. IV, 1895, p. 287-309).

Spécifier et localiser sont pour les gens vivant de la terre le résultat d'une même opération de l'esprit, qui trouve son expression directe dans le langage.

« On ne s'étonnera pas, dit M. Gallois [1], dans un vieux pays agricole comme la France, de cette attention obstinée accordée à la terre. » On s'en étonnera d'autant moins qu'à chaque genre de vie formé en rapport direct avec la nature, correspond aussi un vocabulaire spécial. Que l'on remarque, par exemple, de quelles expressions souvent imagées et pittoresques le marin scandinave ou le marin breton ont gravé dans leur mémoire les silhouettes d'écueils, d'îles ou de côtes, entre lesquelles se joue leur existence. Les particularités de l'existence montagnarde n'ont pas été une moindre source de vocables : l'*adroit* et l'*ubac*, dans nos Alpes, pour distinguer les orientations; les *basses* et les *collines*, dans les Vosges, pour déterminer les zones de culture; l'*Alpe*, la *montagne* ou la *chaume*, pour les migrations pastorales [2]. Il n'est pas rare que le mot ait pris dans la bouche des montagnards un sens différent de celui que lui prête le langage ordinaire.

Tel est le vocabulaire, attestant l'exercice toujours actif de la faculté populaire d'observation, parmi lequel se détachent ce que l'on a appelé des noms de pays. Ces noms persistent, incessamment ramenés par le cycle des occupations. Ils durent autant que les modes d'existence qui les ont fait naître, plus longtemps parfois que la langue même dont ils dérivent. Ce n'est pas une notation scientifique, moins encore une qualification esthétique : ce qu'ils envisagent dans la nature ambiante, c'est sa fonction pratique et quotidienne, son effet immédiat sur la vie qui s'y est implantée. Mais, ainsi qu'il faut s'y attendre, ce concept populaire est limité à l'horizon de ceux qui l'ont créé et le perpétuent. Il a pour la science la valeur d'un document, qu'elle peut et doit utiliser, mais à condition de lui conserver le sens précis et restreint qui fait son originalité et son mérite propre.

L'expression de région naturelle répond, au contraire, à un concept scientifique qui s'est formé et fortifié par les progrès de la science. En avançant dans la connaissance du globe, nous avons vu que les faits naturels se produisent sur une large échelle. Soit qu'il s'agît de masses minérales, soit que l'on considérât des formes de configuration et de

[1] P. 210.

[2] Un récent observateur du Sahara nous apprend que les Touareg ont une quinzaine d'expressions pour désigner, suivant leurs formes ou leurs colorations, des hauteurs, mais aucune pour désigner une hauteur au sens général (Chudeau, *Sahara soudanais*, p. 20. Paris, A. Colin, 326 p., 1909).

relief, ou des formations végétales, ou des genres de vie humaine, ce n'est pas le cas isolé, mais le groupement des faits qui s'est imposé à la recherche. Tout groupement répond à une étendue, et c'est à la déterminer que s'est efforcée l'idée régionale. Géologues, météorologistes, botanistes, ont été amenés, indépendamment les uns des autres, par les nécessités mêmes de leurs recherches, à se faire, en un certain sens, géographes. Car ils ont dû exprimer régionalement les groupes de phénomènes, les associations, les types, que les progrès de la méthode comparative leur avaient appris à former. Et leurs idées prenaient d'elles-mêmes une empreinte géographique. Car les classifications auxquelles ils étaient conduits, chacun dans l'ordre de faits correspondant à leurs recherches, mettaient de mieux en mieux en lumière une notion qui est l'essence même de la géographie, celle de l'unité terrestre : à mesure que de la répartition des phénomènes ils remontaient aux causes qui les ont produits.

Il peut y avoir en un certain sens autant de régions qu'il y a d'ordres différents de phénomènes; il n'y a pas, en effet, de raison, — tout au contraire, — pour que des régions géologiques, climatiques, botaniques, se superposent exactement. Le Boulonnais, par exemple, a sa continuation géologique, par delà le Pas-de-Calais, dans le Weald : le géologue peut faire abstraction du détroit pour considérer l'unité de l'ensemble; le géographe ne le peut pas. L'Inde appartient, comme la Chine, au domaine des moussons asiatiques : nul ne songerait à faire coïncider cette région météorologique avec une même région géologique ou botanique. Ces aires de répartition, dont quelques-unes sont très vastes et peuvent se subdiviser à leur tour, ne correspondent pas à des compartiments où la nature aurait travaillé sur un plan particulier. Mais elles intéressent, chacune dans leur genre, le géographe, puisqu'elles contribuent à titres divers à imprimer à la surface terrestre cet aspect de variétés régionales, qui tient essentiellement aux lois qui gouvernent le monde physique.

La surface terrestre est, en effet, le *substratum* commun où les effets de ces différents facteurs s'inscrivent en caractères plastiques. Il existe entre les phénomènes naturels un étroit enchaînement. Bien que relevant de causes différentes, qu'il convient d'étudier chacune à part, ils réagissent sans cesse les uns sur les autres. Sans revenir sur ce qui a déjà été dit des relations réciproques entre la nature des roches, le relief, l'hydrographie, le climat, la végétation, etc., il suffit de faire remarquer que de ces rapports naissent des aspects caractéristiques. Il revient au géographe de mettre en lumière les ensembles originaux qui sont produits sur la surface du globe par les combinaisons pleines de variétés que réalisent ces phénomènes. C'est en ce sens aussi qu'il peut exister des régions naturelles; l'expression de *Naturgebiet*, qui revient souvent dans l'œuvre de Karl Ritter, répond à des divisions de ce genre. Elles résultent de l'ensemble des phénomènes physiques qui se combinent dans la physionomie d'une contrée. Les réactions réciproques des agents physiques, aussi bien que les faits d'association et de symbiose qui caractérisent le monde vivant, ne se traduisent en physionomies expressives qu'autant qu'elles s'exercent sur une certaine étendue. La région est le cadre nécessaire qui répond à ce champ d'études. La forme régionale s'impose ainsi dans la plupart des cas aux recherches géographiques.

Il était nécessaire d'insister sur ces distinctions. On saisit mieux désormais les différences essentielles d'origine qui séparent l'idée de *pays*, création populaire, de l'idée scientifique de *région*, et l'usage qu'il convient d'en faire. Les deux notions ont pourtant ceci de commun, qu'elles expriment, l'une et l'autre, des individualités ou, si l'expression semble ambitieuse, des groupes naturels, dans lesquels entre un élément humain. La présence de cet élément est manifeste dans l'idée de pays; elle n'est pas étrangère non plus à l'idée de région; car toute division de ce genre, dans l'état actuel du globe, est déjà plus ou moins marquée de l'empreinte humaine, fruit d'une si longue et si intime collaboration qu'une observation attentive suffit à peine pour dégager la part respective de la nature et de l'homme. Signalons toutefois ici un avertissement très opportun que nous donne M. Gallois. « Je crois, dit-il, que c'est dans la nature même qu'il faut chercher le principe de toute division géographique[1]. » Rien de plus juste. Il est bon de se tenir en garde contre la prééminence excessive que l'homme s'accorde à lui-même dans ses spéculations scientifiques. Partir, comme on le fait souvent, de faits historiques et sociologiques pour demander comme par surcroît à la géographie son explication, c'est risquer de fausser à la fois la géographie et l'histoire.

Mais en même temps on ne saurait méconnaître qu'une individualité naturelle est une force qui attire dans son orbite la sphère d'activité humaine, et qu'il est permis de se demander si l'effet ne s'en fait pas

[1] P. 222. Et plus loin, non peut-être sans quelque exagération : « C'est à des unités, grandes ou petites, mais toutes d'ordre physique, qu'il convient de réserver le nom de régions naturelles. » Il entre bien de la complexité dans des unités telles que le *Bassin parisien* ou le *Massif central*.

sentir jusque sur l'histoire. Il ne manque pas d'exemples qui trahissent cette influence. L'unité française ne s'est-elle pas cimentée dans le bassin de Paris? Que sont, en Suisse, les cantons primitifs, sinon de véritables microcosmes, dont chacun correspondrait bien, au sens exact, à un pays? Le pays représente, il est vrai, surtout un régime de vie cantonale et archaïque, dont les clans d'Albanie et jusqu'à nos jours les *pieve* de Corse[1] fournissaient des exemples attardés en Europe. Mais il est arrivé aussi que, grâce au concours de circonstances générales, cette force résistante a servi de noyau à de grandes formations politiques. Des États sont nés, autour des Alpes et des Pyrénées, d'un groupement de vallées. Les régions naturelles, susceptibles de plus grandes étendues que le pays, peuvent à plus forte raison contribuer à la formation d'États.

La question, si on y regarde de près, n'est pas sans intérêt pratique. Car si réellement une force réside dans ces divisions naturelles, pourquoi ne chercherait-on pas à en appliquer le bénéfice aux divisions administratives dans lesquelles se meut notre vie publique? L'idée est séduisante; elle a tenté plusieurs esprits libéraux[2]. Substituer des autonomies vivantes à des agrégats de molécules, ne serait-ce pas la meilleure garantie contre l'excès de centralisation? Le despotisme seul est intéressé à rompre les rapports naturels que les conditions physiques créent entre les hommes.

Ce sont là, certes, des préoccupations qui s'imposent à la réflexion comme au respect. Le sentiment de personnalité et d'indépendance que l'homme tire d'un sol dont il sent en lui la *virtù*, est une valeur et, pour ainsi dire, un capital dont une société doit se montrer ménagère. Nul doute que la constitution d'unités plus étendues et plus en rapport avec les cadres naturels que celles que nous a léguées l'histoire, ne fût d'un grand avantage pour la vie politique de notre pays. Si le jour vient de substituer à nos départements et à nos arrondissements des divisions de ce genre, la géographie ne sera pas une conseillère à écarter.

Il faut dire toutefois qu'on s'exposerait à de nombreux mécomptes si l'on s'attendait à trouver ces divisions déjà tracées soit dans l'usage populaire, soit dans les catégories de la science. Il importe avant tout qu'elles soient pratiques, c'est-à-dire qu'elles tiennent compte et des habitudes

(1) La *Cinarca* ou *Paesé d'Orcino* formait une *pieve*, soit un petit pays embrassant tout au plus neuf kilomètres. (Voir Fr. Ratzel, *La Corse, étude anthropogéographique*, dans *Annales de géographie*, tome VIII, 1899, p. 313).

(2) P. Foncin, *Les Pays de France, projet de fédéralisme administratif*. (1 brochure, 80 pages. — Paris, Armand Colin, 1898.)

acquises et des besoins actuels d'une société en marche. Tel ne serait pas toujours le cas d'un pays ou d'une région naturelle. Comme M. Gallois le fait observer avec raison, le Massif central, vraie région naturelle pourtant, « serait un cadre administratif bien incommode [1] ». Et quant aux pays, il est permis de douter que, tels que nous venons de les caractériser, ils représentent une forme très appropriée à la vie moderne. En fait, l'histoire de France semble apporter à cet égard un témoignage plutôt négatif; car on peut constater que, du moins dans le Bassin parisien, aucune de ces individualités rurales, qui pourtant s'y sont montrées très vivaces, n'a jamais correspondu à une division administrative ou politique.

Cela tient sans doute à ce que la France est une contrée de relations larges et faciles, où les causes locales ont cessé de bonne heure d'exercer une domination exclusive. Il y a un motif qui, lorsque l'horizon a commencé à s'étendre, prend un empire croissant sur les relations humaines : c'est la solidarité entre régions différentes, en un mot le commerce. Des routes s'établissent pour faciliter les échanges; des habitudes nouvelles se nouent; des villes naissent au carrefour des routes. Un principe actif de changement s'est introduit désormais dans les relations humaines. La ville n'est pas une création qui sorte naturellement du pays : tout au contraire. Sa place naturelle est au contact de régions différentes. Chartres n'est pas au centre, mais à la périphérie de la Beauce. On pourrait citer, d'un bout à l'autre de la France, des dictons qui attestent que l'instinct populaire a parfaitement conscience d'une sorte d'antinomie, ou du moins d'une distinction entre le pays [2] et la ville.

Or, comme le fait très bien remarquer M. Gallois, le principe de formation politique qui a prévalu dans notre pays a été de très bonne heure la ville. « Lorsque, dit-il [3], on réfléchit à la manière dont se sont formées chez nous les unités politiques, on ne peut manquer d'être frappé du très grand rôle qu'ont joué les villes dans cette organisation. » L'auteur, en s'exprimant ainsi, pense surtout aux chefs-lieux de cités romaines, devenus les points fixes et comme les pivots de nos divisions ecclésiastiques et historiques. Mais que d'exemples ultérieurs confirment encore cette appréciation! La Flandre, telle qu'on la voit dès le moyen âge, est une formation politique, née de la combinaison de villes industrielles et de campagnes largement nourricières. La Normandie se présente

(1) *Ouvrage cité*, p. 230.

(2) Morlaix, dit-on, est à cent lieues du Pays de Léon. — Saint-Flour touche à la Planèze, mais n'en est pas.

(3) *Ouvrage cité*, p. 227.

comme une association de pays, groupés autour de deux villes qui ont concentré deux foyers d'attraction, Caen et Rouen.

Si l'histoire rend ainsi témoignage de l'influence politique de ces organismes urbains, combien à plus forte raison convient-il d'en tenir compte dans nos société actuelles! Nos grands centres industriels engendrent des relations dont la trame s'étend sans cesse et couvre de mailles de plus en plus serrées les contrées environnantes. Lyon n'occupe qu'un territoire restreint : son activité urbaine a suffi pour créer une région lyonnaise, dont la périphérie plus ou moins indécise s'écarte jusqu'à vingt ou trente lieues de la métropole. Si le mouvement de concentration de la grande industrie continue du même pas que depuis un quart de siècle, le rôle des villes dans les formations politiques ne fera que grandir. C'est la ville, en ce cas, qui groupe le territoire. Le faisceau d'intérêts qui se noue autour de ces centres de capitaux, d'impulsions et d'activités diverses, exerce sur les relations humaines une influence qui semble plus impérieuse que le lien traditionnel que représente le nom de pays; attache quelque peu intermittente, au milieu des mouvements multiples qui tendent aujourd'hui à arracher les hommes à leurs foyers.

Il ne serait pas permis à ceux qui entreprendraient de remanier dans un sens pratique et moderne les divisions dans lesquelles aurait à se mouvoir la vie politique, de négliger des réalités qui s'imposent avec cette puissance. Mais peut-être est-ce plus que jamais le cas, en face de ces phénomènes envahissants, d'insister sur les relations, réelles et vivantes aussi, quoique moins directement saisissables, qui tiennent à l'entourage physique, aux influences directes et immédiates du sol, à ce qu'il y a de plus intime dans la nature humaine. Il serait probablement exagéré de les croire irrévocablement condamnées à se confondre et à se perdre, comme diluées dans les grands courants de la vie économique moderne. Car ces relations ont des racines plus profondes et plus tenaces que ne le feraient supposer les apparences. Elles se manifestent jusque dans certains milieux où on ne les attendrait guère. Même dans la jeune Amérique de bons observateurs nous signalent, soit dans les replis des Appalaches [1], soit dans les montagnes du Sud du Brésil, la formation de petites sociétés d'origine européenne vivant à la façon de nos vieux pays.

[1] Voir, par exemple, l'étude de miss Ellen Churchill Semple : *The Anglo-Saxons of the Kentucky mountains; a study in Anthropogeography* (*Geographical Journal, June 1901*).

Nous voilà donc ramenés à ces termes de pays et de régions naturelles, que le livre de M. Gallois s'est proposé d'expliquer. Ce ne serait pas assez de dire qu'il nous a donné la note juste; on voit que ce livre est très suggestif. Peut-être quelques-uns trouveront-ils qu'il suggère plus qu'il ne développe; mais ce regret même, si tant est qu'il soit fondé, n'implique-t-il pas un éloge? Les érudits trouveront dans cet ouvrage la solution de plusieurs intéressants problèmes; mais en outre il offrira matière aux réflexions de ceux qui, sous les noms, chercheront à scruter des réalités d'ordre scientifique.

P. VIDAL DE LA BLACHE.

Table des matières

Préface
M.-V. Ozouf-Marignier et M.-C. Robic.......................p. VII
Bibliographie.......................p. XLIX
Photographies.......................p. LVII

Régions naturelles et noms de pays.
Étude sur la région parisienne
Lucien Gallois
Introduction.......................p. 1
Chapitre I. La notion de Région naturelle.......................p. 7
Chapitre II. Les noms de Pays.......................p. 35
Chapitre III. La Beauce.......................p. 55
Chapitre IV. Le Hurepoix.......................p. 83
Chapitre V. Le Gâtinais. La Puisaye.......................p. 101
Chapitre VI. Prétendus noms de Pays
au Sud de Paris.......................p.117
Chapitre VII. La Brie. La Gallevesse. Le Montois.......................p. 128
Chapitre VIII. Tardenois, Orceois, Multien,
Valois, Soissonnais, Goële, Servais, Aulnaye.......................p. 153
Chapitre IX. La France, le Parisis.......................p. 180
Chapitre X. Le Vexin français. Le pays de Thelle.......................p. 193

Chapitre XI. Conclusion. I. Les Noms de Pays ....p. 204
Chapitre XII. Conclusion. II. Les régions naturelles.......p. 216
Appendices...p. 239
Table des planches...p. 351
Table des matières ....p. 353

Compte rendu de *Régions naturelles et noms de pays* paru dans le *Journal des savants* en 1909
Paul Vidal de la Blache ....p. 359

Achevé d'imprimer sur les presses de l'Imprimerie BARNÉOUD
B.P. 44 - 53960 BONCHAMP-LÈS-LAVAL
Dépôt légal : avril 2008 - N° d'imprimeur : 804039
Imprimé en France